Méthodes de recherche
en intervention sociale

Robert Mayer, Francine Ouellet,
Marie-Christine Saint-Jacques,
Daniel Turcotte et collaborateurs

Méthodes de recherche en intervention sociale

gaëtan morin
éditeur

Données de catalogage avant publication (Canada)

Vedette principale au titre :

Méthodes de recherche en intervention sociale

Publ. antérieurement sous le titre : Méthodologie de recherche pour les intervenants sociaux.
Comprend des réf. bibliogr. et des index.

ISBN 2-89105-748-1

1. Sciences sociales – Recherche – Méthodologie. I. Mayer, Robert, 1943-   . II. Ouellet, Francine, 1950
17 avril-   . III. Titre : Méthodologie de recherche pour les intervenants sociaux.

HV11.M39   2000   300'.7'2   C00-940296-9

Tableau de la couverture : *Promenade dans le parc*
Œuvre de **Gérard Castonguay**

Né à Montréal en 1933, Gérard Castonguay étudie à l'École du meuble de Montréal et complète sa formation en graphisme et peinture à l'Académie des arts du Canada. Il a travaillé comme concepteur-graphiste-illustrateur et depuis plus de 20 ans, il se consacre à la peinture.

Entre autres distinctions, il a été sélectionné pour la Biennale de la Société Nationale des Beaux-Arts à Paris en février 1993.

On trouve ses œuvres à la Galerie Myrka Bégis, à Saint-Lambert.

Montréal, Gaëtan Morin Éditeur ltée
171, boul. de Mortagne, Boucherville (Québec), Canada   J4B 6G4. Tél. : (450) 449-2369
Paris, Gaëtan Morin Éditeur, Europe
105, rue Jules-Guesde, 92300 Levallois-Perret, France. Tél. : 01.41.40.49.19

Révision linguistique : André Duchemin

Imprimé au Canada 4 5 6 7 8 ITM 12 11 10 09 08

Dépôt légal 1er trimestre 2000 – Bibliothèque nationale du Québec – Bibliothèque nationale du Canada

Hommage à Francine Ouellet

Francine était de ces êtres exceptionnels que l'on n'oublie pas. Même après deux ans d'absence, son souvenir en tant que collègue et amie est toujours présent dans nos cœurs. Lors de son décès, plusieurs témoignages lui ont été rendus soulignant ses nombreuses qualités personnelles et professionnelles, et ce à juste titre, car elle le méritait tant. À l'occasion de la parution du présent livre, dont elle avait elle-même conçu le projet il y a quelques années, c'est notamment son apport à la discipline du service social ainsi qu'à la recherche sociale que nous tenons à souligner.

Comme professeure, Francine a fait œuvre de pionnière en élaborant de nouveaux cours dans les domaines de la recherche sociale, du féminisme et de la violence conjugale. En même temps qu'elle menait de front enseignement et recherche, elle tenait à être présente aux trois cycles de formation (baccalauréat, maîtrise et doctorat) et à donner des cours à de grands groupes d'étudiants, car elle aimait vraiment son métier d'enseignante. Francine était d'ailleurs reconnue, tant par ses pairs que par les nombreux étudiants qu'elle a dirigés, comme une excellente méthodologue en recherche, dotée de qualités pédagogiques exceptionnelles. Elle s'est investie, par exemple, dans la réalisation de plusieurs documents pédagogiques tels que des vidéos afin de rendre l'enseignement de la recherche moins rébarbatif. À ce propos, son rôle a été reconnu par l'ensemble de ses collègues puisque Francine a reçu en mai 1998, et à titre posthume, le prix du RUFUTS (Regroupement des unités de formation universitaire en travail social) pour son importante contribution à la formation en travail social.

Pendant toute sa carrière, Francine a été préoccupée par l'action et par l'intervention sociale et son engagement dans la mise sur pied du CRI-VIFF (Centre de recherche interdisciplinaire sur la violence familiale et la violence faite aux femmes), centre qu'elle a codirigé durant plusieurs années, en constitue un excellent exemple. Par ailleurs, elle aimait communiquer et partager ses connaissances, comme en témoigne l'imposante liste de ses publications.

Bien qu'elle ait été une femme de tête, elle était aussi profondément une femme de cœur, d'engagement et de passion. Musicienne, elle respirait la joie de vivre et ne manquait jamais une occasion de profiter du côté «festif» de la vie. Francine était aussi fidèle à ses engagements et aux gens qu'elle aimait, parmi lesquels sa famille immédiate figurait au premier plan. Pour nous, Francine demeurera une collègue et une amie irremplaçable. Par ce livre, nous voulons poursuivre son œuvre.

Au-delà de la perte pour sa famille, ses amis et ses collègues, son décès représente aussi une perte pour l'ensemble de la profession en service social et dans les milieux de la recherche sociale au Québec.

TABLE DES MATIÈRES

PREMIÈRE PARTIE
LA RECHERCHE SOCIALE

Chapitre 1
L'évolution de la recherche sociale au Québec (1960-2000)
Le cas du champ des services sociaux
Robert Mayer avec la collaboration de Francine Ouellet

Chapitre 2
Le processus de la recherche sociale
Daniel Turcotte

DEUXIÈME PARTIE
LES TECHNIQUES DE RECHERCHE

Chapitre 3
Les techniques d'échantillonnage
Francine Ouellet et Marie-Christine Saint-Jacques

Chapitre 4
Le questionnaire
Robert Mayer et Marie-Christine Saint-Jacques

Chapitre 5
L'entrevue de recherche
Robert Mayer et Marie-Christine Saint-Jacques

Chapitre 6
L'observation directe
Jean-Pierre Deslauriers et Robert Mayer

Chapitre 7
Quelques éléments d'analyse qualitative
L'analyse de contenu, l'analyse ancrée, l'induction analytique et le récit de vie
Robert Mayer et Jean-Pierre Deslauriers

Chapitre 8
L'analyse de données quantitatives
Marie-Christine Saint-Jacques

TROISIÈME PARTIE
LES PERSPECTIVES DE LA RECHERCHE SOCIALE

Chapitre 9
L'analyse des milieux et des problèmes sociaux
Robert Mayer

Chapitre 10
L'analyse des besoins
Francine Ouellet et Robert Mayer

Chapitre 11
La recherche dite « alternative »
La recherche-action, la recherche participative, l'intervention sociologique, la recherche féministe et la recherche conscientisante
Robert Mayer et Francine Ouellet

Chapitre 12
L'évaluation de l'intervention et l'évaluation de programme
Daniel Turcotte et Caroline Tard

INTRODUCTION

*Unanimity of opinion may
be fitting for a church, for the
frightened victims of some (ancient, or
modern) myth, or for the weak and
willing followers of some tyrant;
variety of opinion is a feature
necessary for objective knowledge;
and a method that encourages variety
is also the only method
that is compatible with a
humanitarian outlook.*

Paul Feyerabend, 1968, p. 33

Le titre de cet ouvrage, *Méthodes de recherche en intervention sociale*, évoque le changement de cap que nous souhaitons donner à ce livre par rapport à la première édition parue en 1991. Près de dix années à pratiquer et à enseigner la recherche nous ont convaincus de la nécessité de mettre au point un outil de référence qui tienne compte des particularités inhérentes à l'intervention sociale. Ce livre a été structuré à partir des questionnements et des préoccupations par rapport à des populations et à des contextes qui caractérisent la recherche sur l'intervention sociale au Québec. S'il vise en premier lieu le domaine du travail social, particulièrement dans les exemples présentés, il ne s'y restreint pas. En effet, ce livre s'adresse tout autant aux personnes qui font de la recherche dans les domaines du counseling, de la criminologie, de l'éducation spécialisée, de la psychoéducation, de la psychologie et de la sociologie. Il est destiné en priorité aux étudiants de premier et de second cycle, ainsi qu'aux professionnels de l'intervention qui débutent en recherche. De plus, tout chercheur moins familier avec une technique ou un type de recherche particuliers trouvera ici des connaissances de base lui permettant par la suite de consulter des ouvrages plus spécialisés.

La méthodologie, en fait, peut être vue comme un acte d'observation et d'analyse, acte tributaire d'une définition que l'on se donne de la science. Cette définition variera selon le paradigme épistémologique adopté. Selon l'alignement privilégié, le chercheur se situera dans une démarche déductive ou inductive, misera sur l'objectivité ou sur la subjectivité, formulera des hypothèses au préalable ou les laissera émerger des données d'observation. Reconnaître que la science repose sur des conventions, c'est admettre qu'on ne peut prétendre qu'il n'y ait qu'une seule méthodologie scientifique, pas plus qu'on ne peut prétendre, par ailleurs, que la réalité sociale soit unifiée. Parce que les problématiques sur lesquelles travaillent les intervenants sociaux sont complexes, on doit chercher à les aborder de diverses façons. Notre objectif est d'offrir aux chercheurs différents outils permettant, au-delà des frontières épistémologiques, d'appréhender cette complexe réalité. Les propos de Feyerabend présentés en exergue traduisent cette conception de la méthodologie. Elle est là pour soutenir le développement des connaissances, elle ne saurait en dessiner les limites ou y mettre un frein.

L'originalité de *Méthodes de recherche en intervention sociale* se situe dans l'approche adoptée: les principes de base de la méthodologie sont appliqués constamment au contexte dans lequel se pratique l'intervention sociale, que ce soit auprès d'individus, de groupes ou de communautés. Par rapport à l'édition originale, ce volume propose un contenu renouvelé par l'ajout de nouveaux chapitres et une mise à jour des chapitres déjà existants.

Cet ouvrage comprend douze chapitres traitant principalement de trois thèmes: l'évolution de la recherche sociale, les techniques essentielles à la conduite d'une recherche sociale et les perspectives de recherche plus particulières à l'intervention.

Avant d'aborder les étapes concrètes de la méthodologie, nous croyons utile de faire le point sur l'évolution, les fonctions et la pertinence de la recherche sociale (chapitre 1). Ce premier chapitre est aussi l'occasion de lier les questions de méthode aux perspectives théoriques qui ont dominé à différents moments, perspectives qui ne manquent pas d'alimenter le débat entre les méthodes quantitative et qualitative, et entre les visions positiviste et constructiviste de la science.

Le volume aborde ensuite la recherche dans une perspective dynamique en présentant son processus et en documentant les différentes étapes qui le constituent (chapitre 2). Ces étapes seront tantôt décrites dans ce chapitre, tantôt simplement introduites en vue d'une présentation détaillée ailleurs. S'il existe plusieurs façons de modéliser le processus de recherche, le modèle adopté ici se veut flexible. Il permet en effet de rendre compte des variations dans le processus de recherche selon le mode de raisonnement adopté. Pour faciliter la compréhension, la présentation de ce processus s'accompagne d'une mise en parallèle avec le processus d'intervention; ainsi le lecteur peut se référer à un univers peut-être plus familier.

Les six chapitres qui suivent ouvrent sur une dimension plus concrète de la recherche. Après avoir discuté des fondements ainsi que du processus, le chercheur a déjà fait des choix. Il a un ou des objectifs précis et il privilégie un type de rapport avec le milieu par l'entremise de la stratégie de recherche qu'il a choisie; il doit maintenant se situer par rapport à des aspects concrets de collecte et d'analyse de données. Quel type de données seront utilisées? Comment seront collectées les données? Quelles personnes seront rencontrées? Comment sera traité le matériel recueilli? Bien que techniques, ces questions ne doivent pas être minimisées. Elles seront abordées à l'intérieur des chapitres portant sur l'échantillon, le questionnaire, l'entrevue de recherche, l'observation directe, l'analyse qualitative des données et l'analyse de données quantitatives.

Le choix de ces six chapitres repose principalement sur les pratiques de recherche spécifiques de l'intervention sociale. Les chapitres 2 à 6 ont une particularité : ils présentent d'abord une synthèse des écrits sur l'outil ou la stratégie en question, synthèse agrémentée d'exemples de recherches québécoises, puis un laboratoire, c'est-à-dire une série de courts exercices permettant au lecteur de s'exercer par rapport à la stratégie choisie. Le corrigé de chacun des exercices proposés se trouve à la fin du volume.

La question de l'échantillonnage (chapitre 3) dépasse la méthode, que celle-ci soit quantitative ou qualitative. En effet, peu importe l'orientation choisie, la question du nombre de personnes à interroger ou à rencontrer se pose. Le chapitre consacré à l'échantillonnage vise à présenter au lecteur les diverses possibilités à cette étape de la recherche.

Le questionnaire (chapitre 4) est certes la stratégie de collecte des données la plus connue et la plus couramment utilisée. Nous avons jugé important de faire le point sur cette question et de présenter l'utilité de cette technique, ses limites et ses modalités. Ainsi, selon l'objet d'étude, le questionnaire pourra être très structuré, semi-structuré ou non structuré ; il pourra être envoyé par la poste ou soumis directement en entrevue. Le questionnaire pourra également exiger une réflexion sur des attitudes individuelles ou collectives face à des phénomènes sociaux. Ce chapitre aborde aussi, en annexe, le thème des questions visant la mesure des attitudes.

Si l'entrevue de recherche (chapitre 5) peut être vue comme une variante de l'utilisation du questionnaire, elle peut aussi prendre une forme bien particulière dans le cadre d'études à caractère plus qualitatif. Dans ce contexte, toute une composante liée à l'interaction entre l'intervieweur et la personne interviewée doit être prise en compte et préparée. Ainsi, au savoir-faire en recherche s'ajoute la notion du savoir-être, qualité généralement présente chez les intervenants sociaux, mais qui devient essentielle dans un contexte de développement de connaissances.

Comme la compréhension d'un milieu d'intervention passe régulièrement par l'observation, un chapitre est consacré à l'observation directe (chapitre 6), stratégie qui fait appel aux habiletés d'action et de recherche de l'intervenant, et qui offre une lunette privilégiée sur le social en action.

Ces stratégies et méthodes de collecte de données servent à constituer un matériel qui doit ensuite être analysé. Deux chapitres sont consacrés à l'analyse des données. Le premier porte sur l'analyse qualitative des données (chapitre 7) où diverses perspectives sont présentées : l'analyse de contenu, l'analyse ancrée, l'induction analytique et le récit de vie. Les différents types d'analyse de contenu ainsi que les étapes techniques de son déroulement sont décrits et illustrés. Le second porte sur l'analyse de données quantitatives (chapitre 8). Il cherche à présenter l'ensemble de ce processus, depuis la codification des questionnaires jusqu'au traitement statistique des données, en passant par la présentation graphique des résultats.

Les quatre chapitres suivants traitent des perspectives de recherche particulièrement utiles à l'intervention sociale. Ainsi, le chapitre 9 examine la méthodologie propre à l'analyse des milieux. Il en montre le déroulement étape par étape et explique comment ce type d'étude contribue au développement d'une intervention sociale mieux adaptée à la communauté à laquelle elle s'adresse. Le chapitre se termine par un bref examen de la méthodologie propre à l'analyse des problèmes sociaux.

Il est possible d'effectuer une étude de besoins à différents moments d'une intervention, mais, de façon générale, elle se fait au tout début, avant toute action. Elle s'avère également utile aux intervenants qui veulent tâter le pouls de leur milieu ou planifier une concertation en vue de l'établissement de nouveaux services ou de nouvelles ressources. Le chapitre portant sur l'analyse des besoins (chapitre 10) en présente trois formes, selon que l'on s'inscrit dans une démarche déductive, inductive ou mixte de détermination des besoins. Différentes stratégies d'étude des besoins sont également discutées, notamment le groupe nominal, le forum communautaire ou la recherche de type épidémiologique.

Le chapitre 11 regroupe ce que nous avons choisi d'appeler la «recherche alternative». Il s'agit, en fait, de différentes approches qui, par leurs fondements théoriques et leurs orientations idéologiques, s'écartent d'une manière plus traditionnelle de penser et de faire de la recherche. Les approches privilégiées ici ont ceci en commun qu'elles partagent un principe fondamental du travail social: la participation des divers acteurs impliqués dans le processus de recherche (chercheur, intervenant, la population du milieu). Ainsi, il y est question de recherche-action, de recherche participative, d'intervention sociologique, de recherche féministe et de recherche conscientisante.

Enfin, cet ouvrage se termine sur un chapitre qui traite de la recherche évaluative. L'approche mise de l'avant propose de concevoir l'évaluation comme un outil permettant de porter un regard critique sur la pratique; de ce fait, l'intervenant y est vu non pas comme un objet qui se fait évaluer, mais plutôt comme un sujet actif dans le processus d'évaluation. Deux formes d'évaluation sont présentées, soit l'évaluation de l'intervention et l'évaluation de programme. Elles sont toutes deux illustrées à l'aide de plusieurs stratégies de recherche, telles l'évaluation sur système unique ou l'évaluation formative, elles-mêmes ponctuées de nombreux exemples qui en facilitent la compréhension.

Nous croyons proposer aux chercheurs et aux étudiants un ouvrage méthodologique près des objets et des sujets propres à l'intervention sociale. Comme l'a si bien dit Daly (1973: 11-12): «Il fut communément admis que le choix d'un problème soit déterminé par la méthode, plutôt que de faire en sorte que la méthode soit déterminée par le problème. Cela signifie que la pensée est soumise à un tyran invisible.» Espérons que ce volume contribuera, modestement, à mettre la méthode au service d'une meilleure compréhension du monde qui nous entoure et de l'amélioration des pratiques.

Robert Mayer
Marie-Christine Saint-Jacques
Daniel Turcotte

PREMIÈRE PARTIE

La recherche sociale
Évolution et processus

CHAPITRES

CHAPITRE 1

L'évolution de la recherche sociale au Québec (1960-2000)

Le cas du champ des services sociaux

Robert Mayer avec la collaboration de Francine Ouellet

MISE EN CONTEXTE

Vous vous retrouvez dans une fête de famille et on vous pose la question: «À quoi sert la recherche en travail social, qu'est-ce que cela fait concrètement?» Vous voulez répondre en invoquant l'évolution de l'intervention sociale et de la recherche sociale au Québec. Mais comment le faire brièvement?» Ce chapitre devrait vous y aider.

INTRODUCTION

La genèse de la recherche sociale est relativement ancienne (voir l'annexe, p. 36); toutefois, dès le départ, il faut souligner que la recherche sociale au Québec ne soulève un véritable intérêt que depuis les années 1960, intérêt qui s'est ensuite renforcé, surtout depuis les années 1970 et 1980. Il n'est pas étonnant, dans les circonstances, que certains rapports sur l'état de la recherche sociale au Québec soulignent sa pauvreté (Gouvernement du Québec, 1988) ou son faible développement (Conseil des Universités, 1979: 11). Ces constatations vont s'accompagner d'une réflexion sur le rôle de la recherche par rapport aux pratiques sociales. L'orientation de cette réflexion a conduit la plupart des auteurs à élaborer une nouvelle conception de la recherche sociale, articulée autour de trois thèmes principaux: *désacraliser*, *désétatiser* et *désinstitutionnaliser* la recherche sociale (Lefrançois, 1976; Lacroix, 1976). En effet, affirme Lefrançois et Soulet (1983: 181), on ne peut définir la recherche sociale «uniquement comme produit scientifique, on ne peut la réduire à sa seule dimension instrumentale, encore moins à ses apports théoriques ou cognitifs», parce qu'elle comporte aussi des rapports sociaux. Par conséquent, comme toute démarche à caractère social, elle constitue un «enjeu social» (*ibid.*: 182) autour duquel pouvoirs et idéologies entrent en interaction.

Lefrançois et Soulet (1983: 147) ont procédé à l'analyse de l'évolution de la recherche sociale au Québec en essayant de montrer, d'une part, le lien dialectique qui unit les structures sociales et les structures scientifiques, et, d'autre part, l'étroite interdépendance entre les structures sociales d'une époque donnée, les discours sur le travail scientifique et les systèmes produisant la connaissance. Plus précisément, la recherche sociale au Québec serait le produit d'un «double mouvement de pénétration massive de l'État dans le champ social et d'opposition des mouvements sociaux» (*ibid.*: 180). C'est dans cette perspective que nous allons retracer brièvement l'évolution de la recherche sociale au Québec, une recherche qui se veut habituellement appliquée et qui poursuit des objectifs différents et complémentaires: d'un côté, l'analyse (ou la compréhension) des phénomènes sociaux et des problèmes sociaux, de l'autre, l'amélioration de la gestion et de l'intervention sociale (Poirier et Tremblay, 1994).

1.1   LA RECHERCHE SOCIALE DANS LES ANNÉES 1960

Durant la période qui a précédé la Seconde Guerre mondiale et la période de la «grande noirceur», la recherche sociale est principalement dominée par la sociologie (Lefrançois et Soulet, 1983). Une préoccupation commune semble se dessiner: celle de constituer une macrosociologie du Québec qui, par le détour d'une critique des idéologies dominantes et d'une dénonciation du régime duplessiste, conduira à l'édification d'une société nouvelle. Avec la mort de Duplessis survient la Révolution tranquille, marquée par les idéologies de rattrapage et de modernisation, et surtout par la mise en place d'un État québécois «fort», qui prend en main les secteurs stratégiques du développement social et économique. La recherche sociale se développe selon la conjoncture sociopolitique (Rhéaume, 1982: 47). Par exemple, c'est alors qu'apparaissent les premières pratiques de *recherche participative*. Une des plus célèbres est celle du Bureau d'aménagement de l'est du Québec (BAEQ), qui vise à élaborer un plan d'aménagement de la région tout en intégrant à sa méthode de recherche et de planification une démarche d'animation sociale pour susciter la participation des populations concernées.

Mais quelle conception de la recherche sociale se faisait-on à ce moment? Les écrits de plusieurs auteurs de l'époque (Blais-Grenier, 1968; Du Ranquet, 1975; Zay, 1968) révèlent qu'il s'agit d'une conception strictement utilitaire. Pour Zay (1968: 7), la recherche à favoriser dans les agences de service social doit être concrète, c'est-à-dire servir à améliorer l'efficacité administrative de l'organisme et favoriser l'avancement des connaissances professionnelles. Ce type de recherche vise donc essentiellement à décrire les caractéristiques des clientèles, à étudier leurs problèmes et leurs besoins et à analyser les services (*ibid.*: 5) pour «déterminer si les services rendus correspondent aux besoins». Zay exclut donc de la recherche sociale l'analyse des dimensions sociopolitiques des problèmes sociaux ainsi que l'analyse critique des solutions proposées par les pouvoirs en place.

En fait, Zay tient à distinguer la recherche fondamentale, «orientée vers la connaissance et la compréhension de phénomènes généraux» (Du Ranquet, 1975:74) de la recherche en service social, devant être orientée vers une meilleure connaissance des problèmes pratiques. Et c'est encore cette même perspective utilitaire que l'on retrouve dans le rapport de la Commission d'enquête sur les services de santé et le bien-être social (CESBES, 1972).

Au début des années 1960, le système des services sociaux au Québec est essentiellement privé; il s'agit d'un réseau d'agences diocésaines exerçant leurs fonctions dans une grande liberté d'action, l'État n'assumant qu'un rôle supplétif et subsidiaire selon l'esprit du temps. Divers événements marquent cette période qui correspond à une phase de professionnalisation de l'intervention sociale (Rousseau, 1978). La Révolution tranquille va permettre au service social d'élargir ses perspectives. Les objectifs de développement social poursuivis par les élites dirigeantes s'accompagnent d'un discours sur la rationalité et la participation des citoyens. Ce sera la période de floraison des activités d'animation sociale et des initiatives communautaires dans le domaine sociosanitaire. Progressivement, l'action du service social passe de l'aide individuelle à l'organisation communautaire; conséquemment, les problèmes sociaux sont moins perçus comme des problèmes de «personnalité» que comme des problèmes d'ordre structurel et organisationnel. L'évolution du service social au cours de cette période se caractérise par le passage d'une logique religieuse à une rationalité étatique (Palard, 1982).

Mais malgré ces développements, la recherche sociale demeure relativement peu intégrée dans les services sociaux et les conseils d'œuvres. Elle se définit davantage en termes de recherche appliquée qui vise notamment l'analyse des besoins et des problèmes sociaux ainsi que l'évaluation des services et des ressources institutionnelles. À cette époque, la recherche sociale n'avait pas de spécificité méthodologique, sinon que d'obéir à une conception positiviste de la science et de pratiquer un traitement statistique des données. La recherche sociale est alors davantage d'orientation quantitative que qualitative: la recherche sur la pauvreté (l'opération Rénovation sociale, 1965, et la Troisième solitude, 1967) en fournit de bons exemples. Dans la perspective positiviste, l'intervenant social est défini comme un «expert» dont le rôle se «rapproche d'une sociotechnologie» et qui vise à appliquer la méthode scientifique à l'analyse des problèmes sociaux (Groulx, 1984).

L'enseignement de la recherche sociale est aussi marqué par le modèle positiviste (Bourdieu, Chamboredon et Passeron, 1968). À l'aide de réflexions épistémologiques, il s'agira d'appliquer l'esprit scientifique à la réalité de l'intervention sociale. Dans cette perspective, il importe de réfléchir «sur les conditions objectives nécessaires à la production d'un savoir scientifique» (*ibid.*). Parmi ces règles, il y a celles qui concernent la rupture avec la connaissance vécue et la construction de l'objet scientifique: «le fait scientifique est conquis, construit et constaté; conquis sur les préjugés, construit par la raison, constaté dans les faits» (Quivy et Van Compendhoudt, 1988: 14). La démarche scientifique est donc marquée par trois étapes principales, qui sont, dans l'ordre: la rupture, la construction et la constatation (ou expérimentation). Ces étapes vont se retrouver dans de nombreuses recherches sociales de l'époque (Marquart, 1973).

Toutefois, avec le développement de la recherche qualitative s'amorce une période de rupture et d'émancipation par rapport au positivisme qui était passé en un demi-siècle «de simple stratégie de recherche à celui d'appareil pour réguler le champ des sciences humaines» et «d'un statut purement épistémologique à un statut résolument hégémonique» (Baby, 1992: 12). C'est en somme une nouvelle période qui commence pour la recherche sociale dans la mesure où elle acquiert une nouvelle vocation, celle d'étudier les problèmes sociaux et de contribuer aux priorités de l'État (Tremblay et Poirier, 1994). Par exemple, dans son célèbre livre intitulé *L'imagination sociologique*, Mills (1968) propose des orientations théoriques et méthodologiques permettant d'éviter les pièges des méthodologies dogmatiques (l'idéalisme et l'empirisme abstrait). Le chercheur-intervenant doit être un partisan intellectuel qui aime son métier. Concrètement, Mills conseille d'être un «bon ouvrier», un artisan intellectuel qui évite le fétichisme de la méthode et de la technique, et qui développe sa propre méthodologie et sa propre théorie. L'étonnement et la curiosité doivent être le propre du chercheur. Stimulé par les idées, il sait que les faits disciplinent la raison, même si elle doit toujours être «à l'avant-poste du savoir». En ce sens, réflexion théorique et recherche empirique s'équivalent et se complètent. L'honnêteté intellectuelle et l'imagination sociologique sont des qualités primordiales pour Mills. En étant intellectuellement honnête, le chercheur-intervenant peut utiliser au maximum sa créativité et son sens critique. Il peut aussi éviter de déformer les faits pour les adapter à une théorie préconçue ou pour justifier l'idéologie au pouvoir. En stimulant son imagination sociologique, il se donne la capacité de faire le lien entre les épreuves individuelles et les enjeux collectifs, et de passer aisément des problèmes particuliers aux structures sociales qui les englobent.

Sur le plan théorique, le modèle le plus influent à cette époque est sans aucun doute le *fonctionnalisme*. Ses concepts clés de fonction, d'organisation sociale, de structure, de statuts, de rôles, de valeurs et d'anomie sont parmi les plus connus du langage sociologique; chacun transpose à sa façon la métaphore biologique d'une société comprise comme un organisme vivant constitué de parties interdépendantes. Le modèle fonctionnaliste d'analyse des problèmes sociaux s'articulera autour des théories de la déviance individuelle et de la désorganisation sociale (Merton et Nisbet, 1961). Avec la théorie de la désorganisation sociale, les problèmes sociaux seront interprétés comme un manque d'harmonie ou une contradiction entre les statuts, les normes, les règles et les systèmes de valeurs des groupes sociaux. Par exemple, l'approche fonctionnaliste explique la pauvreté par le changement social et la complexification de l'organisation sociale, qui rendent périmés certains rôles sociaux (Robert, 1971). À la même période, le concept de *culture de la pauvreté* (voir le chapitre 9) est aussi très répandu en service social. Par exemple, Lewis (1961) définit la culture de la pauvreté à l'aide de caractéristiques qui peuvent être regroupées sous quatre pôles principaux: les rapports avec la société globale, la communauté locale, la famille et l'individu. Il estime que la «culture de la pauvreté» présente une fonction d'adaptation dont l'aspect essentiel est d'être positive, dans la mesure où elle est dotée d'une structure, d'un système de rationalisation et d'autodéfense sans lequel les pauvres ne pourraient survivre.

1.2 LA RECHERCHE SOCIALE DANS LES ANNÉES 1970

Avec la prise en charge par l'État québécois du réseau des services sociosanitaires, la recherche sociale se développe à l'intérieur de multiples organismes: ministère des Affaires sociales, centres de services sociaux (CSS), départements de santé communautaire (DSC), centres locaux de services communautaires (CLSC), Office des professions, etc. Face à la puissance de l'appareil étatique, on voit s'organiser des mouvements de résistance qui se structurent davantage et recourent, eux aussi, à l'expertise des chercheurs pour guider et alimenter leur réflexion. Tel est le cas, par exemple, de la Ligue des droits de l'homme et des coopératives d'alimentation et de logement. Les comités de citoyens tentent de leur côté de se donner de nouveaux moyens d'analyse et de lutte en mettant sur pied des services de recherche qui répondent davantage à leurs objectifs propres. Ils visent avant tout la formation et la politisation de leurs membres, contrairement aux comités de citoyens qui les ont précédés et qui s'étaient bornés, en majorité, à l'établissement de services communautaires et à des luttes défensives (par exemple, pour des questions de logement et d'aménagement du territoire).

Il va sans dire que, dans le réseau public, les perspectives de recherche, orientées par la CESBES, sont très différentes. Selon une logique bien connue, cette commission commence par déplorer l'état peu avancé de la recherche au Québec et la difficulté d'élaborer une politique sociale efficace, faute d'une véritable connaissance des faits basée sur une information objective et systématique (CESBES, 1972). Puis elle recommande comme solution une plus grande prise en charge par l'État de ce secteur (*ibid.*: 377). Dans le domaine de la recherche sociale comme dans celui de l'intervention, la Commission prône aussi la multidisciplinarité et le décloisonnement «entre la théorie et la pratique, entre la discipline et la technique, entre le chercheur et l'homme d'action» (*ibid.*: 381). Il faut donc développer, dans le champ des services sociaux, non pas la recherche théorique (recherche fondamentale), mais la recherche appliquée, c'est-à-dire la recherche axée sur l'étude des caractéristiques et les besoins sociaux des populations, sur l'analyse concrète de l'efficacité et de la qualité des services rendus, etc. (*ibid.*: 384).

Il s'agit donc d'une recherche instrumentale, utile surtout pour le pouvoir administratif et politique, dans laquelle le chercheur sert de courroie de transmission. Lefrançois (1976) a particulièrement bien analysé l'idéologie qui sous-tend cette conception de la recherche sociale et les effets qui en résultent. Le système technocratique impose sa loi «en étouffant subtilement toutes formes de contestation et en muselant la critique sociale» (*ibid.*: 81). De plus, la mainmise exercée par l'État risque de centrer la recherche sociale québécoise presque exclusivement sur les objectifs de la mission sociale que s'est fixée le ministère des Affaires sociales. Pour sa part, Lacroix (1976) estime qu'il est urgent de tenter de contrer la situation de monopole de la recherche sociale que détient l'État, puisqu'il est le principal, sinon l'unique, bailleur de fonds.

En somme, les années 1970 vont marquer une période d'étatisation des services sociaux et de bureaucratisation des pratiques sociales où la réalité institutionnelle existante va connaître un chambardement d'envergure: les services sociaux deviennent des organisations qui appartiennent désormais au réseau public. Au cours de cette période, le rapprochement du chercheur avec les acteurs sociaux va permettre la mise au point de nouvelles méthodes qualitatives plus diversifiées, et ce au détriment des méthodes quantitatives — ces dernières étant jugées inaptes à rendre compte de cette nouvelle réalité (Lefrançois, 1985a). La recherche sociale prend alors un certain essor à l'intérieur de plusieurs organismes sociosanitaires. Elle est désormais définie comme une composante importante des services sociaux et elle s'intègre davantage dans les préoccupations professionnelles des praticiens et des administrateurs ainsi que dans les programmes de formation des futurs intervenants sociaux. Selon Tremblay et Poirier (1994), les années 1970 consacrent la nouvelle légitimité de la recherche sociale, celle de contribuer au développement social et à la mission sociale de l'État.

Selon plusieurs auteurs (Baby, 1992; Poisson, 1990; Poupart, 1980), il s'agit d'une période caractérisée par le retour à l'approche qualitative et le rejet du positivisme. Il faut cependant noter que ce retour s'est effectué dans un contexte de crise: crise du savoir, crise de la sociologie, crise de la société. Poupart (1981) présente quelques raisons qui ont poussé plusieurs chercheurs à délaisser le modèle positiviste et à adopter l'interactionnisme symbolique ou la phénoménologie comme fondements théoriques et épistémologiques. Le positivisme est notamment rejeté parce qu'il est trop axé sur une conception déterministe du comportement humain. C'est précisément contre une telle conception que s'élèvent les adeptes de l'approche qualitative; ils veulent trouver une approche qui tienne davantage compte de la signification que les personnes donnent à leurs actions.

C'est au cours de cette période qu'apparaît une multiplicité de conceptions et d'orientations de recherche. À ce propos, Groulx (1984) dégage trois orientations principales de la recherche sociale au Québec, qu'il qualifie de *technocratique*, *professionnelle* et *militante*. Il précise que ces diverses conceptions «cohabitent de façon plus parallèle qu'antagoniste» dans le milieu du service social québécois. L'orientation technocratique (ou positiviste) privilégie l'analyse objective des problèmes sociaux en insistant sur l'observation des faits, sur la nécessité de concrétiser les concepts et de se doter d'instruments de mesure précis afin de pouvoir dégager des lois scientifiques concernant les individus et les groupes étudiés. Quant à l'intervention, elle se doit d'être une application des connaissances scientifiques; elle se «rapproche d'une sociotechnologie» et l'intervenant devient un «expert» qui s'appuie sur la méthodologie scientifique pour analyser des problèmes sociaux. Cette perspective témoigne d'une méfiance vis-à-vis de la notion de subjectivité et tend plutôt à favoriser les valeurs de neutralité, de rationalité, de rigueur et d'efficacité. La recherche sociale est alors perçue comme un instrument qui peut être utile et efficace pour la gestion et la planification sociales.

L'orientation professionnelle conteste la scientificité du modèle positiviste; ici, on prend le vécu comme base de recherche et d'action. Dans cette orientation, on essaie de comprendre les phénomènes sociaux plutôt que de les expliquer et on tente de révéler le savoir produit par la pratique sociale. Ainsi, on élabore un savoir d'après la pratique, et ce par l'entremise d'un processus de recherche-action qui vise à produire un savoir valable pour l'action. On affirme donc le primat de la pratique et de l'expérience comme base d'intervention. De plus, la recherche est pensée non plus en termes de gestion, mais comme un cheminement professionnel complémentaire à l'action. La préférence pour la recherche-action est affirmée, et l'intervenant devient *praticien-chercheur* afin d'intégrer les deux rôles. Cette conception vise le développement d'un savoir professionnel et l'amélioration de l'efficacité des pratiques quotidiennes.

Quant à l'orientation militante (ou partisane), elle cherche moins à comprendre ou à expliquer la réalité sociale qu'à la critiquer et à la transformer. La recherche se confond alors avec une démarche de conscientisation des classes populaires, démarche centrée sur une praxis libératrice. Le praticien-chercheur est un militant allié aux groupes populaires ou féministes. Dans cette orientation, le chercheur participe aux diverses luttes relatives aux conditions de travail et aux conditions de vie. Ainsi, l'intervenant «définit sa contribution au groupe militant par son apport de recherche ou de pédagogie-action où il n'y a plus de séparation entre les diverses activités de chercheur, d'intervenant et de militant» (Groulx, 1984: 37).

Ces orientations reflètent, bien sûr, des conceptions divergentes du rôle du service social ainsi que de la recherche sociale. Ces définitions renvoient, par exemple, aux conflits qui opposent, à cette époque, les gestionnaires aux professionnels, conflits qui se sont accentués au Québec depuis la «réforme» des affaires sociales des années 1970. Comme quoi les débats à propos de la recherche sociale n'échappent pas à la logique ni à l'influence des débats plus généraux.

Au cours des années 1970, les milieux de pratique sont en pleine effervescence, et plusieurs nouveaux modèles d'intervention font leur apparition (entre autres, l'intervention de réseau, la prise en charge par le milieu, l'intervention féministe, l'approche intégrée, etc.). Cette réflexion sur l'élaboration de modèles d'intervention a pour particularité de s'effectuer en collaboration avec des chercheurs, principalement dans des équipes multidisciplinaires. De là naîtront de nouvelles pratiques de recherche appelées recherche-action, recherche militante et conscientisante, recherche féministe, etc. La recherche sociale se transforme : elle « n'est plus pensée comme recherche appliquée mais redéfinie par rapport à l'action et à la pratique » (Groulx, 1998 : 6). Elle permet l'élaboration de modèles d'intervention à partir du vécu des clientèles et des intervenants.

1.2.1 Quelques types de recherche

Au cours des années 1970, la *recherche-action* (voir aussi le chapitre 11) devient à la mode et est adoptée rapidement par plusieurs champs professionnels. À propos de son évolution, Troutot (1980) note que la pratique de la recherche-action s'est radicalisée au cours des vingt dernières années, tant sur le plan de la problématique que des méthodologies d'intervention. De plus, et malgré ces limites, on peut constater que la recherche-action s'est répandue dans plusieurs champs d'intervention et disciplines professionnelles (Gauthier, 1987 ; Rhéaume, 1982). On doit aussi souligner que la pratique de la recherche-action au Québec n'est pas sans lien avec la conjoncture sociopolitique[1]. Par ailleurs, on remarque que ces recherches ont comme caractéristique principale de s'orienter vers l'élaboration d'un modèle de pratique défini par un collectif de chercheurs et de praticiens (Blanchet et autres, 1984 ; Groulx, 1994). Selon cette approche, le praticien, dont l'expérience est valorisée, devient « cochercheur » dans le processus d'élaboration et de validation de nouveaux modèles de pratiques sociales.

À cette époque, la *recherche féministe* (voir aussi le chapitre 11) devient populaire dans les milieux du service social. L'origine de la recherche féministe est à situer dans le contexte du mouvement de lutte des femmes des années 1970 (Beattie, 1987 ; Dagenais, 1987). En rupture avec la recherche traditionnelle de type patriarcal, la recherche féministe met l'accent sur le savoir et le vécu des femmes. De même, pour Deslauriers et Kérisit (1994 : 79), la recherche féministe « s'ancre dans le concret du travail des femmes et dans leur oppression ». Ainsi, l'objectif de ce type de recherche vise à la fois la transformation des rapports

---

1. Ainsi, au cours des années 1970, la recherche-action toucha principalement les secteurs du travail social et de l'éducation. Avec la décennie des années 1980, le climat sociopolitique est venu perturber le climat de concertation et de participation qui caractérisait, en partie, la période précédente. Mais on peut penser que cette conjoncture de crise et son effet sur l'acuité des divers problèmes sociaux ont rendu la recherche-action plus « acceptable » aux pouvoirs publics, dans la mesure où elle se veut plus pratique, plus concrète, plus préoccupée par la recherche de solutions.

sociaux de sexe ainsi qu'une meilleure connaissance de la réalité sociale en tenant mieux compte du point de vue spécifique des femmes (Beattie, 1987).

La recherche féministe peut être présentée à la fois comme un regard particulier sur le social et comme un mode d'analyse de la recherche qualitative en travail social (Groulx, 1998). La majorité des auteures féministes revendiquent une «vision féministe de la réalité sociale» qui s'oppose à la vision traditionnelle en recherche, qui tend à nier les rapports sociaux de sexe. Dans cette perspective, plusieurs auteurs ont caractérisé la vision féministe en recherche par divers paramètres, dont les principaux sont: une recherche qui prend en compte les expériences des femmes, l'intersubjectivité, la collectivisation, la femme comme sujet, l'attitude empathique et la multidisciplinarité (Ouellet, 1991). La recherche féministe en travail social se caractérise moins par sa méthodologie que par le questionnement qu'elle provoque sur des sujets longtemps occultés comme la division sociale du travail selon les sexes, la violence faite aux femmes, le sexisme ou encore le travail invisible des femmes.

Au cours de cette période, la *recherche militante* a aussi progressé en relation avec l'essor des organisations populaires, qui ont tenté de se donner de nouveaux moyens d'analyse et de lutte en mettant sur pied des recherches qui convenaient davantage à leurs besoins particuliers (Mayer et Ouellet, 1991). C'est précisément dans cette vague de formation de groupes populaires que sont nés, par exemple, le Centre de formation populaire (CFP) et le Centre coopératif de recherche en politiques sociales (CCRPS), etc. D'autres organismes plus anciens, par exemple le Conseil de développement social (CDS), vont tenter de modifier leurs pratiques de recherche afin de se réorienter vers des tâches de recherche au service des milieux populaires (Troutot, 1980). Toutefois, malgré ces bonnes intentions et à la suite d'une évolution qui fut généralement assez semblable pour tous ces groupes, la majorité d'entre eux devaient terminer leurs activités au début des années 1980 (Larivière, 1988: 80). En ce qui concerne les rapports entre les chercheurs et les militants des groupes populaires, Robert (1987: 88) estime «que les rendez-vous entre la recherche et la pratique ont été plus souvent manqués que réussis».

L'*intervention sociologique* (voir aussi le chapitre 11) a été mise au point principalement par Touraine, le sociologue français qui a sans doute eu le plus d'influence au Québec, surtout auprès de la génération d'intervenants sociaux de cette époque. Pour analyser les nouveaux mouvements sociaux, Touraine (1978, 1984b) a mis au point une approche méthodologique particulière qu'il a nommée l'intervention sociologique. Il s'agit d'une méthode d'analyse qui vise à comprendre comment se construisent et se développent les mouvements sociaux (Doise et Lorenzi-Cioldi, 1989). L'intervention sociologique peut donc se définir comme un long processus qui aboutit à l'instauration d'un va-et-vient entre l'analyse et l'action, entre les chercheurs et les acteurs (Hamel et Léonard, 1981). Selon Touraine (1980), l'intervention sociologique s'applique essentiellement auprès de groupes de militants impliqués dans un conflit social. L'accent est mis alors sur l'obtention d'une meilleure connaissance de l'action collective et moins sur l'action elle-même, comme dans la recherche militante.

1.2.2   Deux modèles explicatifs

En ce qui concerne les orientations théoriques de la recherche sociale des années 1970 en travail social, Groulx (1998) a distingué deux orientations principales: *interactionnelle* et *structurelle*. L'orientation interactionnelle considère les sujets sociaux comme des acteurs engagés dans diverses stratégies (de débrouillardise ou de survie) qui sont analysées comme des activités visant à solutionner des situations problématiques. De son côté, l'orientation structurelle s'intéresse plutôt aux processus sociostructurels qui permettent de rendre compte des stratégies déployées; d'où l'accent mis sur les rapports de pouvoir qui structurent la vie sociale plutôt que sur les réseaux sociaux.

A — La perspective structurelle (ou marxiste)

Dans les années 1970, les institutions sociosanitaires sont perçues comme des organismes de contrôle social et de véritables appareils idéologiques d'État (Althusser, 1970). L'analyse des pratiques sociales passe progressivement d'une perspective fonctionnaliste à une perspective marxiste. De même, l'analyse des politiques sociales sera elle aussi marquée par l'influence marxiste. De nombreux travaux sur le sujet, tant au Québec, ceux notamment de Duchastel (1979) et de Duchastel et Vaillancourt (1979), qu'aux États-Unis, par exemple l'ouvrage de Piven et Cloward (1971), ont montré que les diverses politiques sociales sont aussi un reflet des luttes de classes et des luttes populaires. Ces analyses ont mis en évidence l'écart entre les fonctions déclarées (souvent de nature sociale) et les fonctions réelles (d'ordre politique et économique) des politiques sociales. Le courant marxiste met l'accent sur le contrôle social assumé par les divers professionnels. Ce courant d'analyse n'est pas particulier au Québec, on le retrouve également en Europe, notamment en France (Barbier, 1973; Lascoumes, 1977; Verdès-Leroux, 1978). Au Québec, l'interprétation marxiste a été mise en avant par les groupes populaires «politisés», souvent associés à certains groupes de gauche. Dans la perspective marxiste, le développement des services sociaux est situé dans le cadre général des fonctions de l'État par rapport à l'accumulation du capital et à la gestion des rapports sociaux (Groulx, 1987). L'action des services sociaux y est considérée comme un instrument de domination économique, politique et idéologique, et leur évolution comme étant liée aux transformations du mode de production capitaliste et à la réorganisation des rapports de classe. Dans ce cadre, la réforme des services sociaux du Québec en 1970 est interprétée comme une restructuration des pouvoirs au profit d'une nouvelle classe technocratique (Lesemann, 1981; Renaud, 1978). Dans cette perspective, les établissements publics du réseau sociosanitaire sont perçus comme étant des «prolongements de l'État au service de la classe dominante» (Vaillancourt, 1993: 3), dans lesquels les intervenants sociaux disposent d'une marge de manœuvre très réduite.

B — La perspective interactionnelle

L'interactionnisme symbolique va influencer sensiblement les perspectives d'analyse de même que les méthodes de recherche des décennies 1970 et 1980 (Dorais, 1993a). Ainsi, grâce notamment à l'observation participante, aux entretiens intensifs, aux récits de vie, le chercheur tente de reconstituer les «interactions en émergence et les processus sociaux en présence» (Lefrançois, 1985b: 158). Héritiers intellectuels de l'École de Chicago (Poupart, 1980), les tenants de l'interactionnisme symbolique centrent leur attention sur le contexte immédiat dans lequel s'inscrit le comportement des individus, objet de leurs études. Dans cette perspective, si l'on veut comprendre une situation sociale ou un problème social, celui de la déviance par exemple, il ne faut partir ni des comportements des individus ni même des règles qui sont éventuellement transgressées, mais des situations dans lesquelles il peut advenir que soient désignés des déviants. En effet, pour les interactionnistes, la désignation officielle des déviances relève moins d'une analyse des conditions objectives que de l'interprétation de ceux qui interviennent dans la définition des lois et leur mise en application. De même, les tenants de cette perspective contestent l'orientation étiologique (Mourant, 1984: 145). Selon eux, analyser les causes de cette déviance indépendamment de l'étude de la dynamique sociale ayant contribué à l'émergence des normes morales, sociales ou pénales, c'est prendre les reflets des choses pour la réalité (Chamboredon, 1971). Cette approche suscite donc «un renversement de la question, qui ne se pose plus désormais au sujet de la personne du déviant, mais plutôt au sujet de la réaction sociale» (Mourant, 1984: 156). C'est pourquoi les processus d'étiquetage (*labelling*) et de réaction sociale sont au centre de la perspective interactionniste (Bachmann et Simonin, 1981, t. 1: 25). Les travaux de Massé et Brault (1979) et de Massé, St-Arnaud et Brulat (1981) sur les malades mentaux et les mères célibataires au Québec illustrent bien ce courant.

Dans la perspective interactionniste, les institutions sociosanitaires apparaissent comme des «institutions totalitaires». L'analyse interactionnelle prend ses distances avec la perspective marxiste en mettant l'accent non pas sur les rapports sociaux au sein d'une société capitaliste, mais bien sur la technostructure d'État et les conflits entre des groupes de pression (notamment les administrateurs et les professionnels). Pour divers auteurs, l'organisation de type technocratique dans la distribution des services sociaux a entraîné une dualisation entre structure et pratique, un affrontement entre deux logiques: la logique professionnelle des intervenants sociaux et la rationalité organisationnelle des technocrates. La tendance de la rationalité technocratique à se substituer à la rationalité professionnelle engendre le risque d'une «déqualification de la profession», tandis que l'absence des intervenants aux instances décisionnelles provoque chez eux démotivation, sentiment d'impuissance et épuisement professionnel (Groulx, 1984).

1.3   LA RECHERCHE SOCIALE DANS LES ANNÉES 1980

Avec les années 1980 apparaît dans le réseau public une «nouvelle recherche» qui se veut plus accessible aux praticiens et aux gestionnaires, davantage orientée vers la description ou l'analyse de situations concrètes, de clientèles et d'effets de programmes (Lacroix, 1984: 31). Plus que jamais, la recherche sociale s'impose comme une composante nécessaire et importante des services sociaux, en intégrant les préoccupations de la pratique. Dans le monde universitaire, l'évolution est similaire, car la recherche est reconnue comme une dimension importante dans la formation en service social. Cela correspond à une crise du savoir qui, selon Le Gall et Martin (1986), marque le champ de la recherche sociale depuis le début des années 1980. Il n'y a cependant pas encore de consensus sur la conception de la recherche et de ses rapports avec la pratique (Gauthier, 1984: 55). Cette absence de consensus peut être causée par la division du savoir, la distance entre les problèmes à résoudre et les preneurs de décisions, phénomènes qui s'accentuent, souligne Rhéaume (1982: 45), avec la crise économique des années 1980. Si, diront certains, le Québec a longtemps été caractérisé par la place trop grande faite aux sciences sociales, Martin et Soulet (1985) remarquent qu'à l'instar d'autres sociétés il entre dans une nouvelle phase, celle de la décroissance du social.

Nous assistons alors à une importante crise du savoir, comme le souligne Soulet (1986: 21): la contestation du positivisme et l'éclatement des paradigmes dominants en sciences sociales conduisent au questionnement de la scientificité elle-même. C'est dans une telle perspective que l'on a assisté au retour du sujet et à la réhabilitation du qualitatif dans le domaine de la recherche. Pour Fortin (1982: 94), cette réapparition du sujet s'effectue en opposition

> à un discours sociologique structuraliste, fonctionnaliste, marxiste ou technocratique qui a fait les preuves de son inefficacité à décrire le fonctionnement réel de la société, et dont les prévisions ou les projets ont croulé sous le poids combiné de la bureaucratie, des contradictions ou de la contre-productivité.

Simultanément, la remise en question de la méthode quantitative s'accentue en soulignant notamment ses limites quant à la compréhension de la complexité des rapports sociaux et, surtout, en contestant sa prétention à s'imposer comme la seule approche scientifiquement valable. Désormais, on favorise une pluralité de méthodes qui peuvent mieux s'adapter à la diversité des lieux et des objets de recherche. La recherche qualitative va donc favoriser l'exploration de nouveaux objets de recherche: le vécu, l'imaginaire, la socialité, etc. (Le Gall et Martin, 1986: 12). Bref, cette période se caractérise par la réapparition du sujet dans la science.

Par ailleurs, la recherche sociale dans le réseau sociosanitaire public se modifie sensiblement. Au Québec, le rapport de la Commission d'enquête sur les services de santé et les services sociaux, ou commission Rochon (Gouvernement du Québec, 1988), est assez typique de l'analyse du rôle et des fonctions que l'on attribue à la recherche sociale à cette époque. De l'avis de cette commission, la recherche sociale appliquée au Québec est fort mal en point et, pratiquement, tout reste à faire. D'abord, il faut reconnaître qu'elle n'a pas une longue tradition et qu'elle est sous-financée. La situation ne semble guère meilleure du côté des chercheurs. En effet, la Commission insiste sur la distance toujours grande qui sépare intervenants et chercheurs, ce qui contribue à ralentir le développement d'une «recherche sociale appliquée pertinente et de qualité» (*ibid.*: 624). La majorité des constats émanant de la Commission vont déplorer l'état de sous-développement de la recherche sociale. Tour à tour, on dénonce la faiblesse de son infrastructure, l'insuffisance des résultats, la faible présence de la recherche dans les milieux de pratique, la pénurie de recherches sociales dans les établissements du réseau sociosanitaire (centres de services sociaux [CSS], centres locaux de services communautaires [CLSC], départements de santé communautaire [DSC]) et le caractère peu scientifique de celles qui sont produites. Dans l'ensemble, il y a consensus pour dire qu'il s'agit moins d'un problème d'intérêt pour la recherche que celui de l'absence de ressources humaines et financières pour ce type d'activité (Tremblay et Poirier, 1994). Pour remédier à la situation, la Commission d'enquête sur les services de santé et les services sociaux (Gouvernement du Québec, 1988: 625) privilégie trois types de recherches: la recherche évaluative, parce qu'on «connaît encore mal l'efficacité et l'efficience des programmes, des services et des interventions liées à la pratique»; l'épidémiologie sociale, parce qu'elle «permet d'établir l'incidence et d'étudier les causes» des problèmes sociaux; et la recherche opérationnelle, parce qu'elle permet de créer «des outils facilitant, par exemple, la classification des clientèles en fonction de la quantité de services qu'elles requièrent».

Lefrançois (1989: 89) estime que l'approche de la commission Rochon vis-à-vis de la recherche sociale place cette dernière au service de la gestion. Il reproche à la commission d'opposer inutilement la recherche sociale fondamentale (compréhension des phénomènes) à la recherche sociale appliquée (qui doit viser l'amélioration des interventions et la connaissance des clientèles) (*ibid.*: 90). Cette analyse bipolaire du champ de la recherche sociale a pour effets, d'une part, «de refouler à la marge la recherche sociale appliquée, en lui attribuant un statut épistémologique moindre dans la hiérarchie du savoir scientifique», et, d'autre part, «d'occulter tout un éventail de pratiques scientifiques hautement crédibles qui tentent de produire des connaissances mieux adaptées aux nouvelles réalités à saisir et à définir» (*ibid.*). Fondamentalement, l'auteur émet l'hypothèse que la prédilection de la Commission pour la recherche sociale appliquée s'explique par le fait que tous les secteurs associés à la recherche sociale sont en crise[2].

---

2. Il y a d'abord la crise du champ politique: «Du passage de l'État-providence à l'État-gestionnaire sont nées de nouvelles nécessités, dont celle de consolider les infrastructures de services en place et surtout l'évaluation des résultats obtenus à l'intérieur des différents programmes d'aide ou de service» (Lefrançois, 1989: 93). Il y a aussi la crise du champ de la pratique sociale: «Chez les professionnels de l'intervention subsistent des malaises et des doutes quant à l'efficacité des interventions et l'adéquation de certains programmes aux besoins réels des bénéficiaires [...]» (*ibid.*). Mais la recherche sociale appliquée peut aider «à la construction de la compétence professionnelle et à accroître la visibilité des interventions» (*ibid.*: 94). Finalement, il y a la crise du champ scientifique, dans lequel, surtout depuis le début des années 1980, les «experts» des sciences humaines éprouvent un «vide existentiel» et souffrent d'une léthargie intellectuelle.

Au milieu des années 1980, la recherche sociale s'est faite plus directement inductive,

> afin de mieux décrire les vécus des intervenants ou explorer de nouvelles problématiques sociales comme la violence faite aux femmes, le sida ou les problèmes interculturels. Procédant habituellement par entrevues semi-structurées, cette démarche qualitative cherche à explorer de l'intérieur la logique d'action et d'intervention et elle fait ressortir ces questions par son attention au vécu des intervenants et aux complexités des situations d'intervention. (Groulx, 1998 : 19.)

Sur le plan méthodologique, la démarche de recherche et celle d'intervention sont clairement séparées et l'intervenant n'est plus identifié comme auparavant à un praticien-chercheur. En somme,

> la recherche-induction de type qualitatif sert à systématiser des modes d'intervention face à des problématiques nouvelles en essayant de cerner ou de comprendre de l'intérieur les choix des intervenants et les dilemmes que pose l'intervention. (Groulx, 1998 : 22.)

1.3.1   Les types de recherche

A — La sociologie clinique

La démarche de la *sociologie clinique*, relativement récente au Québec, rallie un certain nombre de chercheurs québécois (Archambault et Hamel, 1998 : 140). Cette perspective semble reposer sur un pluralisme théorique et méthodologique ; toutefois, on peut dire que, dans l'ensemble, la démarche proposée est plus proche de l'approche qualitative que quantitative (Rhéaume, 1993). Pour certains (Rhéaume, 1993 ; Sévigny, 1993), la sociologie clinique est proche de la recherche-action dans la mesure où elle reconnaît le savoir des acteurs sociaux et vise la résolution de problèmes ; mais elle s'en distingue «par le fait qu'elle ne commande pas d'emblée une pratique d'intervention auprès d'acteurs sociaux» (Archambault et Hamel, 1998 : 142). Outre le fait d'insister sur le caractère «inductif» de la démarche, la méthodologie de la sociologie clinique affiche sa distinction par sa visée compréhensive à l'échelle individuelle. Même si le terme de «sociologie clinique» demeure confus, il est possible de dégager quelques principes que la sociologie clinique partage avec la méthodologie qualitative dans son ensemble, à savoir :

> a) le passage obligé par le niveau microsociologique en vue de parvenir aux phénomènes dits macrosociologiques ; b) la mise en évidence de l'objet d'étude tel qu'il apparaît dans les données empiriques ; c) l'importance d'une saisie des expériences quotidiennes, concrètes et symboliques des acteurs sociaux ; d) l'invitation à reconnaître une valeur à ces expériences dans l'établissement de la théorie sociologique, ce qui permet d'expliquer l'objet dans sa totalité et sa complexité. (*Ibid.* : 141.)

Pour certains, l'explication des règles de la méthode de la sociologie clinique est demeurée «peu définie» et bien en deçà de la rigueur préconisée (Archambault et Hamel, 1998). Cette approche s'applique à une gamme diversifiée d'objets d'étude, comme la santé mentale (Dorvil, 1993), le travail et le milieu organisationnel (Tessier, 1993), de même que l'analyse des problèmes sociaux (Roy et Blondel, 1993), la marginalité, l'immigration, etc. On peut aussi citer les travaux de Rhéaume et Sévigny (1988) qui ont procédé à une sociologie clinique des intervenants en santé mentale. En somme, l'idée centrale de cette perspective « est que l'intervenant produit aussi des connaissances à propos de sa pratique, du cadre organisationnel et social de cette pratique, du rôle d'intervenant et de celui de client ou de patient » (*ibid.* : 18).

B — La recherche évaluative

D'une façon générale, on peut dire que, jusqu'à tout récemment en Amérique du Nord, l'approche déductive et quantitative a été dominante en évaluation (Beaudoin, Lefrançois et Ouellet, 1986 : 188). Toutefois, durant les années 1980, on a assisté à un renouveau de la recherche évaluative dans le champ des services de santé et des services sociaux. Rappelons brièvement quelques éléments de cette évolution[3] (voir aussi le chapitre 2).

Vers le début des années 1970, la recherche évaluative connaît un essor remarquable. La mesure quantitative demeure centrale, mais elle est vue comme un outil parmi d'autres (Guba et Lincoln, 1989). Pour procéder à cette description plus globale, une importance est accordée au déroulement du programme. Cette approche se nommera ultérieurement « évaluation formative », et c'est particulièrement dans ce cadre que des méthodes qualitatives seront utilisées. Progressivement, l'évaluateur passe du rôle de technicien à celui de descripteur puis de juge ; il devient un expert (Weiss, 1973). Toutes les approches de cette époque reconnaissent à l'évaluateur cette fonction centrale de juge. Le programme évalué est considéré comme une « rationalité explicite qui prévoit les résultats à atteindre et qui organise les activités comme des moyens pour atteindre l'objectif pré-établi » (Zúñiga, 1986 : 16). La recherche évaluative, qui fait appel à la logique hypothético-déductive, est critiquée depuis plusieurs années, mais est encore largement pratiquée (Ouellet et Lampron, 1987). Guba et Lincoln (1989 : 31) ont critiqué ce courant en évaluation à cause notamment de la survalorisation de la démarche positiviste.

Un intérêt croissant pour l'évaluation qualitative va se manifester dans un contexte de crise relativement aux approches dites « quantitatives » (Zúñiga, 1986). Au début des années 1980, et bien que la méthodologie quantitative soit

---

3. Du début du XXe siècle aux années 1960, plusieurs générations d'évaluateurs se sont succédé, toutes contribuant au raffinement d'outils méthodologiques incluant tests, échelles de mesure, questionnaires d'attitudes standardisés, de satisfaction… bref, tout ce qui pouvait contribuer à quantifier des résultats imputables à un programme, à une intervention, à une politique, etc. C'était l'ère de la mesure, de l'efficacité. Le rôle de l'évaluateur était alors purement technique ; il devait connaître les tests et leur fonctionnement ou être capable d'en concevoir, si aucun d'eux n'était pertinent à l'objet d'étude.

encore majoritaire dans les études évaluatives, un nouveau discours perce, soit celui d'augmenter les efforts pour considérer le client comme partenaire dans l'évaluation d'un service ou d'un programme (Patton, 1980). C'est aussi à cette période que Lecomte (1982) évoque les apports de la démarche qualitative en recherche évaluative en suggérant une approche plus globale d'un programme à évaluer, soit une approche basée sur l'observation subjective de la réalité. Une conception de l'évaluation davantage collée au milieu émerge. Ainsi, dans la perspective de la recherche évaluative formative, les données de recherche sont mises à la disposition du praticien afin qu'il puisse améliorer sa pratique. Conséquemment, il en résulte une plus grande collaboration entre le chercheur et les intervenants sociaux. Par exemple, l'évaluation à cas unique se présente comme un outil utile pour pallier la situation de séparation entre la pratique et la recherche, ainsi que les insuffisances des méthodes d'étude et de révision de cas (Beaudoin, 1986). Alors que l'évaluation traditionnelle implique presque toujours deux groupes, choisis idéalement au hasard — en vue d'une comparaison —, l'évaluation à cas unique porte sur un seul individu ou groupe, sur une seule organisation ou communauté. De même, l'évaluation traditionnelle rend le chercheur responsable de la détermination des objectifs d'évaluation, alors que, dans l'évaluation à système unique, l'intervenant devient un acteur à part entière.

Avec les années 1980 apparaît la quatrième génération en évaluation (Guba et Lincoln, 1989). Après l'ère de la mesure, puis de la description et du jugement, l'approche alternative actuellement proposée soutient qu'il est important de recueillir les points de vue différents sur une même question, sans modèle préconçu. Dans cette perspective plus qualitative, l'évaluateur, tout en étant responsable de l'évaluation, n'est plus l'expert mais agit plutôt comme un négociateur (Schonberg, 1985). Dans ce contexte, le rôle de l'évaluateur se modifie grandement, et l'on voit se profiler la notion de praticien-chercheur ou de praticien-évaluateur. Ce concept, de plus en plus à la mode (Grinnell, 1985), permet de redonner la parole tant aux praticiens qu'aux bénéficiaires. L'évaluation dans les années 1980 tend vers le recours à une multiplicité de méthodes, ce que l'on désigne par le terme de triangulation. Le praticien joue ainsi un rôle central dans l'évaluation de sa pratique et des programmes sociaux qui la régissent (Zúñiga, 1994a). En somme, il ressort que nous sommes progressivement passés d'un modèle unique, d'orientation plutôt quantitatif, à une variété de devis en évaluation: des modèles expérimentaux ou quasi expérimentaux aux approches naturalistes, en passant par toute une variété de devis mixtes.

Cette période est aussi marquée par le développement des organismes communautaires. En ce qui concerne l'évaluation des programmes mis en œuvre par ces organismes, les quelques recherches et études qui ont été menées sur ce sujet ont montré l'importance d'adapter la stratégie d'évaluation à la réalité de ces organismes. De plus, les réformes du début des années 1990 en matière de services de santé et de services sociaux ont posé de nouveaux défis aux démarches évaluatives, particulièrement pour ce qui est des programmes d'intervention en milieu naturel (Mercier, 1990). Tout cela a conduit à la diversité des approches évaluatives ainsi qu'au développement de l'approche qualitative en recherche évaluative.

C — La «redécouverte» de la théorie «ancrée» (*grounded theory*)

Élaborée antérieurement par Glaser et Strauss (1967), la *théorie ancrée* (*grounded theory*) sera redécouverte par les chercheurs du champ sociosanitaire au début des années 1980 (voir aussi le chapitre 10). Cette méthodologie consiste essentiellement à définir et à comparer les éléments constitutifs et les interactions propres à une situation sociale donnée à partir des données empiriques recueillies sur le terrain, plutôt qu'à partir de théories existantes (Laperrière, 1982). Si on la compare à d'autres méthodes, la construction empirique de la théorie modifie les rapports entre le chercheur et le milieu, elle réhabilite l'intuition et la subjectivité du chercheur, favorise l'induction et l'expérience et modifie sensiblement la finalité de la recherche dans la mesure où il ne s'agit plus uniquement de vérifier des théories déjà formulées, mais de susciter la découverte et la production de connaissances nouvelles (Laperrière, 1982; Poupart, Rains et Pires, 1983).

Selon Glaser et Strauss (1967), la recherche qualitative doit prendre comme matériel la représentation sociale que le sujet se fait de la réalité. Il s'ensuit donc une redéfinition de l'empirisme qui réintègre l'intuition du chercheur. La réapparition de l'intuition dans la recherche sociale signifie aussi la réapparition de la subjectivité et du jugement. Un autre facteur qui plaide en faveur de cette démarche est sa capacité de produire des connaissances nouvelles basées sur des observations empiriques. La systématisation de la théorie est atteinte par une analyse comparative constante de données recueillies, ce qui donne lieu à l'émergence d'une série de catégories conceptuelles et d'hypothèses reformulées jusqu'à saturation, c'est-à-dire jusqu'à ce qu'aucune donnée nouvelle ne vienne les contredire (Dorais, 1993a; Laperrière, 1982).

Le but de cette perspective est de générer concepts, hypothèses et théories à partir d'une étude de terrain. Sa logique est donc, du moins dans un premier temps, de type inductif plutôt que déductif. Plutôt que d'établir *a priori* un cadre théorique rigide et des hypothèses à vérifier, le chercheur privilégie la démarche inverse: il observe d'abord la situation, ses acteurs et leurs interprétations. À partir de là, il tente d'établir des concepts, des hypothèses et des explications pertinentes, esquisses qu'il cherche ensuite à corroborer ou à réfuter tout au long de sa recherche. Ainsi, la théorisation est conçue comme un processus continu.

1.3.2 Quelques modèles explicatifs

A — La perspective stratégique

Avec l'*analyse stratégique*, la rationalité d'action n'est plus interprétée en termes de pouvoir capitaliste ou technocratique mais de jeux d'intérêts et de pouvoir entre les différents acteurs dont les relations, interactions, négociations influent sur le développement des services sociaux. D'une façon générale, l'analyse stratégique cherche à articuler les rapports existant entre l'acteur et le système. Cette dernière insiste sur le fait que l'individu est d'abord un acteur qui dispose d'une marge de jeu, d'une liberté relative, et sur le fait que les stratégies mises en place par les acteurs sont toujours d'une rationalité limitée (Crozier et Friedberg, 1977). Qu'elles soient techniques, administratives, économiques ou autres, les conditions et les situations objectives ne sont pas déterminantes et n'interdisent pas le changement. Elles représentent plutôt des contraintes à l'intérieur desquelles les acteurs ont à évoluer. Crozier et Friedberg (1977) proposent une analyse caractérisée par une approche inductive qui porte une attention particulière au vécu des acteurs, à leur discours, à leurs perceptions, bref à leur subjectivité.

Selon cette perspective, la problématique du pouvoir est au cœur de l'action sociale, et l'intervenant social, bien que contraint par son milieu de travail, «met en place quotidiennement des stratégies et des tactiques qui correspondent à ses intérêts et à ses projets» (Troutot, 1982: 73). Par exemple, Lemieux et Labrie (1979) analysent les principaux débats qui ont entouré la mise sur pied des CLSC au cours des années 1970; pour ce faire, ils examinent la structure des relations d'influence entre les principaux acteurs. Sensiblement dans la même perspective, Gendron (1989) analyse les enjeux de l'implantation des politiques de maintien à domicile. De même, l'analyse de Lemieux (1989) dégage les principaux acteurs dans le réseau sociosanitaire québécois ainsi que leurs alliances et les modes de régulation qu'ils favorisent. Un peu dans la même perspective, on retrouve les travaux de Godbout (1983, 1987), qui dressent un bilan de l'évolution des services sociosanitaires à partir de l'objectif de la participation. Dans une perspective proche de la précédente, on peut aussi citer la recherche de Poupart, Simard et Ouellet (1986) sur la culture organisationnelle des CLSC. De leur côté, Demers et Bégin (1990) analysent la dynamique sociopolitique des organisations publiques centralisées dans le réseau sociosanitaire à travers les cas de fusions d'hôpitaux imposées par le gouvernement. En somme, le réseau des affaires sociales est alors perçu comme un système où les acteurs se déterminent dans et par l'action et par les réseaux d'influence où ils sont engagés. Quant à la pratique sociale des professionnels, elle est perçue en termes de stratégies pour améliorer leur position sociale dans le champ des services sociaux (Groulx, 1987).

B — La perspective de la régulation sociale

Au cours des années 1980, un certain nombre de chercheurs québécois se réfèrent à la *théorie de la régulation sociale* pour expliquer l'évolution du réseau sociosanitaire québécois (Lévesque, 1984). Par exemple, Bélanger, Lévesque, Bertrand et Lebel (1986) de même que Bélanger, Lévesque et Plamondon (1987: xi) ont conduit diverses recherches auprès de plusieurs CLSC, recherches qui visaient à mieux cerner le cadre réglementaire (programmation et convention collective), les formes d'organisation de CLSC, les pratiques professionnelles qui y sont réalisées, ainsi que leur correspondance à la demande sociale ou au besoin du milieu desservi. Sur le plan méthodologique, ces recherches ont eu recours à l'analyse documentaire ainsi qu'à des entrevues auprès d'informateurs clés. Dans l'approche de la régulation, le chercheur est particulièrement sensible aux conditions de travail ainsi qu'aux rapports entre les employés et la direction (l'organisation) afin de mieux cerner la nature des nouveaux compromis sociaux (Vaillancourt, 1993).

C — La perspective constructiviste

Plus en continuité qu'en rupture avec le courant interactionniste, les constructivistes mettent l'accent sur les processus de construction sociale des problèmes sociaux. Pour ces derniers, un problème social est le résultat des démarches d'individus ou de groupes concernant des demandes de modification de certaines conditions sociales (Spector et Kitsuse, 1977: 75). Cette perspective déplace l'accent traditionnellement mis sur les conditions objectives vers le processus par lequel se construisent les définitions de problèmes sociaux. Ainsi, l'existence d'un problème social dépend de l'existence des groupes qui définissent une condition comme problématique et qui veulent y remédier. Il y a deux types de groupes: ceux directement touchés par la situation problématique et ayant intérêt à la transformer, et ceux qui ne sont pas impliqués mais dont les valeurs sont heurtées par la situation. Cette approche remet nécessairement en question la notion de consensus social et conduit Spector et Kitsuse (1977) à proposer une autre définition d'un problème social: un problème social est constitué par «les démarches d'individus ou de groupes formulant des griefs et des revendications à propos de certaines conditions supposées exister». Conséquemment, les auteurs étudient les problèmes sociaux en partant des individus qui parviennent à les faire émerger en tant que problèmes et en mettant l'accent sur les intérêts des individus ou des groupes qui participent à la définition de ces problèmes.

Au cours des années 1980, plusieurs auteurs ont repris ce thème de la «construction» des problèmes sociaux. Ainsi, pour Bachmann et Simonin (1981-1982: 21), le concept de problème social est relatif et construit. De même, Martin et Chopart (1988: 85) affirment que les problèmes sociaux «n'existent pas comme tels. Ils font l'objet de processus de construction». Tachon (1985: 177) s'attarde de son côté sur l'idée que, étant essentiellement le résultat (ou le produit) «de constructions historiques», les problèmes sociaux «apparaissent comme des notions relatives, faisant l'objet de réinterprétations par les agents et les institutions dans leurs stratégies pour se partager les moyens symboliques, économiques et techniques de l'action sociale». Au Québec, un certain nombre d'études se sont inspirées de la perspective constructiviste. Par exemple, Fahmi (1987) s'est attaché à reconstituer les événements qui ont concouru à l'émergence de la prostitution juvénile en tant que problème social au Québec. Sensiblement dans la même perspective, Manseau (1988: 46) a analysé les processus de définition et de prise en charge institutionnelle du problème de l'agression sexuelle au

Québec et elle en arrive à la conclusion que l'agression sexuelle «est une forme de construit institutionnel et professionnel comme c'est le cas pour tous les problèmes sociaux qui s'élaborent à partir d'un discours extérieur à celui des personnes faisant l'objet d'un contrôle étatique».

1.4 LA RECHERCHE SOCIALE DANS LES ANNÉES 1990

Un document du ministère de la Santé et des Services sociaux (Ministère de la Santé et des Services sociaux, 1990) affirme que la recherche sociale doit viser à améliorer l'«efficience» du réseau. Une telle orientation favorise le développement de la recherche épidémiologique.

Par ailleurs, plusieurs auteurs ont signalé que diverses transformations importantes en cours dans les universités québécoises rendent très difficile la conduite d'activités de recherche; que l'on songe par exemple à la bureaucratisation des universités, à la course effrénée aux subventions de recherche, au rapprochement de l'institution avec l'entreprise privée, à la diminution du ratio professeur-étudiants, etc. (Piette, 1999). À cela il faut ajouter les difficultés particulières liées à la pratique de la recherche en sciences sociales si fortement dénoncée par un groupe de professeurs et de chercheurs (Rapport du Comité de la recherche de l'Université de Montréal, 1995): son sous-financement chronique, l'encadrement de plus en plus étroit des organismes subventionnés relativement aux orientations et aux activités des chercheurs, les problèmes causés par les procédures d'évaluation des projets de recherche, notamment du faible respect «qui s'y manifeste à l'égard des différentes approches et paradigmes en sciences sociales» (*ibid.*: 3).

À ce propos, Gélinas et Pilon (1994) présentent trois modèles théoriques de transformations des pratiques sociales en lien avec la recherche: le modèle linéaire, le modèle coopératif ou associatif et le modèle d'autodéveloppement. Ces modèles se distinguent les uns des autres «par l'origine de la question de recherche et la pratique, les stratégies et les conditions de transfert des connaissances issues de la recherche, ainsi que par les retombées de la recherche» (*ibid.*: 60)[4].

---

4. Dans le modèle linéaire, il y a transfert de connaissances lorsque «le praticien social s'approprie et utilise à ses propres fins un bien ou une connaissance produite par des chercheurs» (Gélinas et Pilon, 1994: 60). Les praticiens sont alors perçus comme étant préoccupés par des questions pragmatiques reliées à leur champ d'intervention. Dans le modèle associatif ou coopératif, la reconnaissance mutuelle des compétences est nécessaire à la réalisation du projet commun. La compétence du praticien «repose principalement sur la connaissance du milieu de pratique et des enjeux pragmatiques liés à l'intervention sociale», alors que celle du chercheur est plutôt associée à «la maîtrise du processus et de la méthodologie de recherche» (*ibid.*). Dans ce modèle, le milieu de pratique participe à l'ensemble du processus de recherche, en orientant notamment les questions de recherche et en favorisant une diffusion plus large des résultats de la recherche. Finalement, le troisième modèle, celui de l'autodéveloppement, se différencie des deux précédents en ce qu'il reconnaît aux praticiens la capacité de conduire à la fois des activités d'intervention et de recherche. Ce modèle valorise la réalisation d'un projet personnel de recherche en lien avec la pratique professionnelle.

Pour sa part, Groulx (1994) avance trois thèses décrivant les diverses relations possibles entre la recherche et la pratique : celle de l'homologie ou de l'identité, celle de l'irréductibilité ou de l'opposition et celle de l'alliance. Ces trois thèses illustrent autant de visions des enjeux, des intérêts et des finalités poursuivis par ces deux systèmes d'activités.

Par ailleurs, Tremblay (1990) constate que la recherche sociale québécoise est souvent confrontée à divers problèmes, dont ceux de la légitimité et du financement. À propos de la légitimité de la recherche sociale, Tremblay constate une diversité d'opinions, qui est perçue comme utile et nécessaire « par les intervenants professionnels et bénévoles », c'est-à-dire par ceux qui sont sur la ligne de feu pour affronter les divers problèmes sociaux, alors qu'elle semble peu reconnue par les autorités gouvernementales et faiblement financée par les bailleurs de fonds.

Outre le problème du financement, deux thèmes principaux ont fait l'objet de débats dans les milieux de la recherche sociale au cours des années 1990. Il s'agit du transfert des connaissances et des rapports entre les chercheurs et les intervenants (Parent et Saint-Jacques, 1999). Ainsi, Laflamme (1994) estime qu'il y a un grand besoin de relier la recherche et la pratique. Beaucoup d'auteurs précisent que les intervenants sociaux font généralement trop peu de recherches et que, d'un autre côté, la recherche sociale est peu utile parce que trop morcelée. Il faut donc adapter les méthodes de recherche et s'efforcer de trouver un juste équilibre entre les exigences méthodologiques de la recherche et celles de la pratique. Mais le rapprochement de la recherche et de la pratique, bien que fort enrichissant, ne va pas sans difficultés. Par exemple, selon Beaudry (1990), les conditions objectives de travail sont différentes pour le chercheur et l'intervenant. Pour jeter des ponts entre ces deux activités et rapprocher ces « deux solitudes », il faut mettre en place un ensemble de conditions qui favorisent concrètement ce rapprochement (par exemple, possibilité de poursuivre tour à tour ces deux activités, encouragement des pratiques basées sur la recherche, reconnaissance et financement de la recherche au sein même des organismes d'intervention, etc.). Si on demeure sur le plan du discours, le rapprochement est voué à l'échec.

Caouette (1991 : 112), quant à lui, estime que les recherches sociales portent souvent sur des préoccupations qui n'ont qu'un faible lien avec les problèmes quotidiens des intervenants et, précise-t-il, « on préfère ainsi faire des recherches sur des problèmes qu'on se pose plutôt que sur des problèmes qui se posent ». Il insiste sur l'implication du chercheur dans le milieu de pratique.

Pour leur part, Tremblay et Poirier (1994 : 60) rappellent que « la recherche sociale est produite majoritairement en milieu universitaire et les milieux d'intervention la considèrent souvent comme peu appliquée ou peu applicable ». Ils constatent eux aussi le peu de liens entre les chercheurs universitaires et les milieux externes.

Van der Maren et Mainville (1993) nous proposent certaines voies afin de rapprocher la recherche et la pratique. Ils estiment que, si la recherche sociale est essentielle à la formation des intervenants sociaux, elle se doit de leur être utile dans leur rôle d'«acteurs» et de praticiens (*ibid.*: 2). En outre, «cette recherche doit partir non pas d'une théorie ou d'un questionnement extérieur à la pratique, elle doit partir des problèmes tels que les praticiens les vivent et les expriment avec leurs mots propres» (*ibid.*). Telle est la voie directrice de ces nouvelles pistes de recherche.

Finalement, les problèmes particuliers qu'éprouvent les jeunes chercheurs en sciences sociales au Québec (accès à des postes, insertion dans les équipes multi-disciplinaires, financement et diffusion des résultats de recherche, etc.) ont été soulevés par plusieurs auteurs (Bariteau, 1990; Frechet, 1990; Létourneau, 1990).

1.4.1   La recherche en partenariat

Au cours des années 1990, le Conseil québécois de la recherche sociale (CQRS) redéfinit son orientation. Un des éléments les plus innovateurs dans cette réorientation est l'accent mis sur les recherches en partenariat avec les milieux de pratique. Dorénavant seront favorisées les recherches sociales qui mettent à con-tribution divers partenaires: les universités et les centres de recherche ainsi que les praticiens et les établissements de services sociaux. Cet accent sur le partena-riat apparaît, en partie, comme une réponse aux nombreux reproches que se font mutuellement les milieux de la recherche et ceux de l'intervention. Par exemple, les chercheurs reprochent aux praticiens leur manque de distanciation par rap-port à leur pratique, alors que ces derniers reprochent aux premiers leur manque de pragmatisme dans le choix de leur objet de recherche et même dans leur façon de mener leur recherche (Deslauriers et Pilon, 1994). Toutefois, ces différences, une fois nommées et corrigées, ne devraient pas empêcher la collaboration entre chercheurs et praticiens. C'est du moins la tâche que se sont donnée certains diri-geants du CQRS (*ibid.*). Deslauriers (1992) estime que cette réorientation dans le financement de la recherche sociale se caractérise par deux éléments principaux: l'accent mis sur la formation d'équipes de recherche et la recherche en partena-riat. Qui plus est, le CQRS «entend développer des équipes de recherche qui s'attaquent à des thèmes précis, axés sur la politique gouvernementale» (*ibid.*: 158). Face à une telle réorientation, des interrogations subsistent. La «supério-rité» des équipes de recherche par rapport à d'autres formes de recherche (le chercheur seul ou en duo) n'a pas encore été vraiment prouvée, estime Deslau-riers (*ibid.*). De plus, Deslauriers et Hurtubise (1997: 55) s'interrogent sur l'effi-cacité de ce virage en faveur d'un partenariat entre les milieux universitaires et les milieux de pratique dans la mesure où, quelquefois, les chercheurs se sont rap-prochés du milieu de la pratique un peu par opportunisme afin d'obtenir des sub-ventions. De même, Deslauriers et Pilon (1994: 32) estiment qu'à la faveur de la crise des finances publiques et de la recherche de la rentabilité en tout, «la pression est forte pour pousser ces deux domaines dans une collaboration forcée».

Pour sa part, le Rapport du Groupe de travail du Comité de la recherche de l'Université de Montréal (1995: 22) dénonce la conception trop normative du partenariat et de la pertinence de la recherche que l'on trouve dans les discours de plusieurs organismes subventionnaires et «qui parfois vise à mettre au pas les chercheurs et risque de faire fi de la responsabilité critique (processus de déconstruction et de reconstruction de la demande sociale) du chercheur et de la fonction critique de la connaissance». De plus, les règles d'évaluation de ce partenariat demeurent imprécises.

Clément et ses collaborateurs (1995) ont analysé les motifs d'insuccès et les conditions de succès en matière de pratiques de partenariat en recherche. Il ressort que les critères de réussite d'une recherche en partenariat concernent surtout les qualités personnelles des individus impliqués dans une telle démarche: «Outre les qualités personnelles, la qualité de relation s'établissant entre les différents partenaires est garante, elle aussi, de la réussite ou de l'échec de cette expérience» (*ibid.*: 157). Quant aux obstacles au partenariat, ils tiennent pour une bonne part «aux deux mondes d'où proviennent les partenariats et à la difficulté de créer des ponts entre les deux» (*ibid.*: 158). Plus concrètement, ces difficultés s'expliquent par des différences d'objectifs entre les partenaires, des perceptions divergentes quant à la pertinence de la recherche, la prépondérance de la démarche de recherche par rapport à l'intervention, la gestion des bénéfices symboliques (publications, congrès) ou financiers reliés au projet de recherche.

1.4.2 Deux modèles explicatifs

A — La réflexion dans l'action

Amorcé antérieurement par des chercheurs américains (Schön, 1983), le thème de la réflexion dans l'action va connaître une certaine popularité au cours des années 1990 auprès des chercheurs dans les domaines de l'éducation et du travail social. De nombreuses recherches portant sur la pratique professionnelle ont démontré un écart constant entre l'action des praticiens et la théorie qu'ils utilisent pour justifier leur pratique. Pour leur part, Deslauriers et Hurtubise (1997: 154) reprochent aux travaux de recherche qui tentent d'analyser cette connaissance pratique d'ignorer l'influence des rapports sociaux dans les pratiques professionnelles ou encore de ne pas voir que ce type de recherche peut profiter autant sinon davantage aux administrateurs de l'organisation qu'aux intervenants sociaux eux-mêmes. Ces auteurs (*ibid.*: 149) expliquent l'écart entre les modèles d'intervention enseignés à l'université et ceux pratiqués quotidiennement par l'évolution normale de tout praticien, qui en vient progressivement à élaborer son propre modèle de pratique de sorte que «les modèles enseignés servent de référence et sont utilisés dans le discours, mais les modèles issus de la pratique sont les véritables modèles opérationnels». Cet écart entre les deux types de connaissances semble le lot de la majorité des intervenants sociaux, qui doivent constamment adapter leur pratique quotidienne à la solution des nouveaux problèmes sociaux. Ce processus de recherche vise précisément à mieux connaître l'intervention sociale telle qu'elle se manifeste dans la pratique quotidienne. Il implique que l'intervenant se transforme en praticien-chercheur afin de pouvoir procéder à une réflexion sur lui-même, sur sa relation avec le client ainsi qu'avec la problématique étudiée (Schön, 1983: 163). Ce courant de recherche insiste sur la connaissance des intervenants sociaux et la rationalité qui guide leur action. Les adeptes de ce courant d'analyse utilisent le concept de science-action en opposition à la science traditionnelle. St-Arnaud (1992) estime que le contrôle des variables doit être remplacé par une réflexion systématique sur l'intervention. Une telle démarche de recherche ne peut être menée par un chercheur extérieur, elle exige la participation de l'intervenant. Sur le plan méthodologique, il s'agit pour l'intervenant de répertorier des séquences de ses interventions, de faire une liste des effets visibles que l'on cherche à produire afin d'établir un répertoire des stratégies que l'on met en place pour résoudre les problèmes. Cette réflexion sur l'action constitue une méthode scientifique en ce sens que l'intervenant se place en situation d'exploration, d'expérimentation et de vérification d'hypothèses. Dans cette même perspective, L'Hotellier et St-Arnaud (1994) présentent une démarche de recherche qui accorde une place importante à l'analyse que fait le praticien de sa pratique. Ainsi, le praticien social peut créer ses propres connaissances; la praxéologie vise alors à dégager le savoir implicite de l'action afin de rendre l'intervention plus efficace (Jouthe et Desmarais, 1993). De même, Racine (1995, 1997) a montré comment des intervenantes œuvrant dans des maisons d'hébergement pour femmes sans abri construisent leurs savoirs d'expérience.

B — Le modèle écologique

De la pensée écologique semble émerger un nouveau paradigme qui présente des ruptures épistémologiques importantes avec certaines théories qui l'ont précédé (Chamberland et Beaudry, 1990). L'écologie, terme issu des sciences biologiques, s'intéresse aux liens existant entre les différents éléments (vivants ou non) que l'on retrouve dans un milieu. Le milieu naturel est privilégié comme lieu d'étude puisque l'explication recherchée concerne l'adaptation d'un organisme à ce milieu (Tessier, 1989). Dans cette perspective, tout est interrelié et s'influence de façon continue. Toutefois, si le modèle écologique suggère de situer l'intervention dans les divers systèmes, il n'en demeure pas moins que certains auteurs ne font que se limiter aux facteurs de l'individu, de la famille et de la communauté. Par exemple, Bouchard et ses collaborateurs (1994) ont adopté une perspective écologique à l'égard du problème de la violence envers les enfants. Ils accordent une place importante à l'influence des phénomènes environnementaux sur la relation parent-enfant. Plus explicitement, ils soulignent que l'acquisition de ce que l'on appelle les compétences parentales est étroitement liée à la qualité des ressources environnementales. Pour bien saisir l'influence du milieu sur les comportements des individus, ils dégagent quatre niveaux principaux: le macro-système, l'exosystème, le mésosystème et le microsystème[5]. En somme, la perspective écologique insiste sur la diversité des dimensions de l'environnement physique, social et culturel ainsi que sur leur influence dans la problématique des parents qui maltraitent leurs enfants.

L'approche écologique a aussi permis l'analyse des problèmes des jeunes (Boissonneault et Landriault, 1984) et elle a aussi influencé le développement de l'approche «milieu» dans les centres jeunesse du Québec (Chamberland, 1998).

CONCLUSION

Au terme de cet examen de l'évolution de la recherche sociale sur l'évolution des services de santé et des services sociaux au Québec depuis 1960, nous pouvons distinguer quatre grands courants théoriques: le courant objectiviste des années 1960, le courant subjectiviste des années 1970, le courant constructiviste depuis le milieu des années 1980 et le courant écologique des années 1990. Cette diversité des modèles analytiques et méthodologiques contraste avec le triomphalisme du modèle quantitatif des années 1960. Calquée sur les méthodes des sciences naturelles, la recherche sociale des années 1960 est conçue comme une démarche dont la visée est essentiellement explicative ou objective: il s'agit d'observer des faits dans un milieu déterminé pour élaborer des hypothèses qui seront ensuite testées par une démarche empirique.

À l'opposé de la tradition objectiviste des années précédentes, un autre modèle, qualifié habituellement d'interprétatif ou de subjectiviste (Laperrière, 1984), prend son essor dans les années 1970. Celui-ci s'éloigne de la description des faits matériels et matérialisés pour appréhender les significations que les acteurs sociaux attribuent à leurs actes. Dans cette perspective, certaines orientations de la recherche sociale, comme la recherche-action et la recherche féministe,

---

5. Le macrosystème «se réfère à la qualité de la communauté et de la culture ainsi qu'aux idéologies véhiculées: ces trois facteurs exercent une grande influence sur l'aptitude à éduquer un enfant, et donc sur la relation parent(s)-enfant» (Lacroix, 1990: 54). C'est le cas, par exemple, de l'idéologie de la violence qui marque tant le comportement des parents que celui des enfants. L'exosystème est l'ensemble des contextes qui influencent la vie quotidienne des individus et qui sont donc susceptibles d'avoir une influence sur les relations parent(s)-enfant. Les études ont déjà déterminé beaucoup de facteurs négatifs: chômage, destruction des milieux de vie et déracinement social, perte des réseaux sociaux, etc. Tout cela n'est pas sans effet sur la diminution des ressources du milieu et la perte de l'estime de soi des individus. Le mésosystème concerne l'ensemble des lieux où les parents sont actifs en dehors du foyer familial: travail, association, loisir, bénévolat, etc. En ce qui concerne la problématique de la violence à l'égard des enfants, Bouchard et ses collaborateurs (1994) soulignent l'influence particulière des mauvaises conditions de travail ainsi que la faiblesse des réseaux sociaux familiaux. Le microsystème se rapporte essentiellement à l'individu, à sa famille immédiate ainsi qu'à son réseau social (Lacroix, 1990: 60).

tendent à se mettre au service de l'intervention et à concevoir des modèles de pratique. De même, la recherche-participation va s'efforcer de légitimer le processus de rétroaction dans le processus de recherche afin de donner la parole aux enquêtés.

Au cours des années 1980, la recherche sociale cherche plutôt à permettre l'adaptation de la pratique sociale par rapport à des clientèles et à des problématiques sociales nouvelles. De plus, dans un contexte de bouleversements organisationnels, elle s'emploie à déterminer les limites imposées par l'organisation et à cerner les marges de manœuvre possibles pour les divers intervenants sociaux. À cette époque, un autre modèle, plus interactionniste et constructiviste, tend à prendre forme dans le prolongement du modèle interprétatif en concevant non seulement l'objet d'étude comme l'interaction du sujet et de l'objet, mais encore comme le produit d'un processus de construction dans lequel le sujet est partie prenante. Le sens devient coconstruit à l'intérieur du processus d'analyse et d'interprétation.

Au cours des années 1990, l'orientation phénoménologique s'intéresse au sens alors que l'orientation interactionniste s'intéresse plutôt à l'action (Groulx, 1998). Toutefois, les deux perspectives d'analyse valorisent le sens commun et la vie quotidienne. Le discours du chercheur reste proche de celui du sujet, et le sens commun est un mode de connaissance considéré en lui-même comme ayant sa propre validité. Le discours du chercheur n'a pas de privilège par rapport à celui du locuteur ou de l'acteur. Les deux autres orientations, soit herméneutique et structurelle, au contraire, privilégient une lecture ou une interprétation seconde par rapport au sens immédiat et aux logiques explicites d'action. Le sens et les pratiques ne peuvent être interprétés ou compris que par rapport à un travail d'analyse qui seul peut rendre intelligible ce sens commun ou ces pratiques sociales. Ainsi, le domaine des recherches qualitatives en travail social n'est ni homogène ni consensuel. Chacune de ces orientations d'analyse donne une réponse différente ou parfois contradictoire pour ce qui est du statut des données et de leur interprétation. Le débat dépasse les questions proprement méthodologiques pour engager des façons théoriques différentes d'appréhender et d'expliquer la réalité sociale.

Par ailleurs, les recherches ont abordé l'intervention sociale sous trois aspects principaux: comme discipline, comme pratique professionnelle et comme activité organisationnelle (Groulx, 1998). Dans le premier groupe de recherches qui cherche à construire des modèles de pratique par la recherche-action, le travail social est pensé comme une discipline qui se constitue à même le mouvement de la pratique. La recherche vise alors à systématiser et à construire le savoir inscrit dans la pratique. Un second groupe de recherches interroge le travail social en fonction de la nouveauté des clientèles et des problématiques. Dans cette perspective, le travail social est considéré comme un art d'intervention, comme une pratique professionnelle dont la recherche explore les nouveaux modes de pratiques en fonction du contexte modifié des clientèles. Le dernier groupe de recherches, plus sensible aux transformations du contexte institutionnel et organisationnel, situe davantage l'intervenant comme membre d'une organisation ou d'une bureaucratie ayant à gérer des dilemmes ou des contradictions induits par les transformations de l'organisation. La recherche vise alors à reconnaître et à cerner les limites imposées par l'organisation et les marges de manœuvre possibles pour les acteurs-intervenants.

Dans tous les cas, la recherche vise à dégager des processus et à définir les dilemmes de l'action. Les auteurs, pour la plupart, plaident pour une autonomisation et une valorisation de la pratique sociale et ils refusent qu'elle soit soumise ou réduite par la logique administrative, qualifiée le plus souvent de technocratique. Il ressort donc que le champ des recherches sociales au Québec s'est considérablement diversifié et que chacune de ces orientations représente une façon particulière et différente d'appréhender et d'expliquer la réalité sociale. À l'heure où l'on dénonce souvent le discours de la pensée unique, cela représente, sans doute, un réel progrès.

LECTURES SUGGÉRÉES

BOURDIEU, P., CHAMBOREDON, J.C. et PASSERON, J.C. (1968). *Le métier de sociologue*, Paris, Mouton, 430 p.

LEFRANÇOIS, R. et SOULET, M.H. (1983). *Le système de la recherche sociale*, Sherbrooke, Département de service social, Université de Sherbrooke.

MILLS, C.W. (1968). *L'imagination sociologique*, Paris, F. Maspero, 205 p.

POUPART, J., DESLAURIERS, J.P., GROULX, L., LAPERRIÈRE, A., MAYER, R. et PIRES, A.P. (1997). *La recherche qualitative: enjeux épistémologiques et méthodologiques*, Boucherville, Gaëtan Morin Éditeur, 405 p.

POUPART, J., GROULX, L., MAYER, R., DESLAURIERS, J.P., LAPERRIÈRE, A. et PIRES, A.P. (1998). *La recherche qualitative: diversité des champs et des pratiques au Québec*, Boucherville, Gaëtan Morin Éditeur, 250 p.

ANNEXE

La recherche sociale avant les années 1960

À propos de l'évolution de la recherche sociale avant 1960, nous devons d'abord rappeler l'importance des *enquêtes sociales* qui apparaissent vers le milieu du xixᵉ siècle. À cette époque où le problème social est identifié au problème ouvrier, on commence à se préoccuper de la misère de la classe ouvrière. Leclerc (1979) a bien reconstruit la genèse de ces enquêtes sociales, qui cherchaient notamment à fonder la charité sur la science afin d'éliminer les « mauvais pauvres».

Avec le début du xxᵉ siècle (vers 1920) en Amérique du Nord, nous allons assister au développement de la méthodologie qualitative avec les travaux des chercheurs de l'*École de Chicago*. Durant cette période, une panoplie de recherches ethnographiques furent menées sur des problèmes sociaux engendrés par la vie dans les grandes villes (délinquance, criminalité, pauvreté, prostitution, itinérance, conflits raciaux, maladie mentale). Cette nouvelle perspective d'analyse des problèmes sociaux entraînera une réelle remise en question des théories biologiques qui associaient ces types de problèmes à des carences individuelles des populations vivant ces problèmes. Grâce aux théories inspirant cette école, le processus de la recherche en tant que tel sera également profondément réorienté. Les chercheurs iront sur le terrain afin de mieux saisir et comprendre la réalité vécue par les gens. En ce sens, «la connaissance de l'univers des autres de l'intérieur devra se faire par un contact direct avec leur réalité» (Poupart, Rains et Pires, 1983 : 63). Sur le plan méthodologique, la majorité de ces études vont faire un usage abondant des récits autobiographiques, racontés ou écrits, de même que des documents privés ou officiels. Elles utiliseront également l'observation participante, les statistiques sociales tirées des recensements et les cartes de distribution spatiale sur lesquelles sont répertoriés par territoire les différents problèmes sociaux. Au-delà d'un certain perfectionnisme méthodologique, ces chercheurs ont préféré demeurer à l'écoute du terrain. Ils estimaient que «pour bien appréhender le réel, il fallait être capable de s'en imprégner fortement» (*ibid.*). D'où les incitations aux étudiants «à descendre sur le terrain» (*ibid.*), à observer et à converser avec les gens et, ainsi, à tenter de connaître, par l'intérieur, l'univers des autres. Plus que la technique méthodologique, c'est le contact direct qui est privilégié. Dans un contexte où le vécu des acteurs est valorisé, il est compréhensible que les méthodes qualitatives aient été préférées. Mais on comprend aussi que cette préférence ait été fortement remise en question, à partir des années 1940, par les tenants du positivisme, «plus axés sur une conception déterministe du comportement social et plus enclins à faire l'étude des phénomènes sociaux d'un point de vue extérieur» (*ibid.*); bref, à analyser les faits sociaux comme des choses.

La période entre les années 1940 et 1960 est marquée par l'essor du positivisme scientifique. Les méthodes qualitatives perdront progressivement leur popularité et, de plus, elles seront, jusqu'à récemment, assujetties aux règles des méthodes quantitatives (Pires, 1982; Poupart, 1980). Toutefois, certains chercheurs vont continuer à proposer divers modèles de recherche sociale, comme Lewin avec la recherche-action, qui propose l'idée du développement de la science dans et par l'action (Rhéaume, 1982: 44).

CHAPITRE 2

Le processus de la recherche sociale

Daniel Turcotte

MISE EN CONTEXTE

Votre employeur vous informe qu'il veut mettre sur pied une équipe de travail dont le mandat sera d'élaborer un projet de recherche sur une problématique sociale vécue par la clientèle de votre organisme. Il souhaite que vous soyez membre de cette équipe en raison de votre expertise professionnelle. Toutefois, même si vous êtes un intervenant d'expérience, vous hésitez à accepter, car vous avez l'impression que vous êtes peu préparé pour faire de la recherche. Ce chapitre devrait vous permettre d'avoir une idée générale des différentes étapes du processus de recherche et de voir plus clairement comment votre maîtrise du processus d'intervention peut vous aider à mener une recherche.

INTRODUCTION

Le concept de méthode renvoie essentiellement à une façon de faire. Pour Legendre (1988), la méthode correspond à un ensemble de techniques ordonnées selon des règles et mises en œuvre consciemment pour atteindre un but. Dans le même sens, Angers (1992) associe ce concept à un ensemble organisé d'opérations en vue d'atteindre un objectif. De Robertis et Pascal (1987: 79) soulignent qu'une méthode est une façon de faire: «c'est l'ordre et la succession dans l'utilisation d'un ensemble de techniques.» La méthode demeure un moyen; elle indique la façon de faire, mais «elle ne définit pas les objectifs à atteindre et les valeurs auxquelles l'on se réfère» (*ibid.*: 80). En somme, elle dicte une manière de planifier son travail de recherche, elle conduit à ordonner différents actes afin d'arriver à un résultat, mais elle ne détermine pas le choix de ce résultat. Ce sont les préoccupations, les intérêts, les visées du chercheur qui guident ce choix (Dawson et autres, 1991).

À l'instar de la recherche, depuis les écrits de Mary Richmond (1917), l'intervention en service social a été considérée comme une démarche ordonnée comportant différentes étapes. Bien que le nombre et la nature des étapes qui forment cette démarche varient selon les auteurs, l'idée sous-jacente est que l'intervention en service social doit se faire méthodiquement; elle doit être structurée selon certaines étapes. Sheafor, Horejsi et Horejsi (1994) soulignent cependant qu'il ne faut pas nécessairement voir cette démarche comme étant linéaire et unidirectionnelle. En réalité, elle correspond davantage à une démarche en spirale qui, tout en étant toujours orientée vers un point d'arrivée, se caractérise par des poussées vers l'avant et des retours en arrière.

Il en est de même en recherche. Quoique la méthode de recherche soit généralement décrite comme une démarche linéaire avec des phases qui se succèdent les unes les autres, dans les faits, elle correspond davantage à une démarche récursive qui s'inscrit dans une dynamique circulaire, active et continue (Royse, 1995). Le concept de processus est donc plus approprié pour traduire cette idée puisqu'«un processus est une "marche", un "développement"» (De Robertis, 1981: 95). Ainsi, le processus de recherche correspond à un ensemble d'opérations ayant une cohérence interne, orientées vers l'atteinte d'un résultat.

■ 2.1   LES ÉTAPES DU PROCESSUS DE RECHERCHE

Tout comme pour l'intervention, il existe différentes façons de modéliser le processus de recherche. Dans le cadre de ce texte, ce processus sera découpé en six opérations, qui peuvent également traduire le processus d'intervention. Ces opérations sont:

1. La définition du problème;
2. L'élaboration du cadre d'analyse;
3. La structuration de l'action;
4. L'exécution de l'action;
5. L'analyse des produits de l'action;
6. La rédaction du rapport final.

En intervention, l'action traduit l'ensemble des stratégies et des moyens utilisés pour produire les changements visés; dans une recherche, elle correspond à l'ensemble des stratégies et des moyens utilisés pour obtenir une réponse à la question du chercheur. Dans les deux cas, même si le processus comporte un point d'arrivée, la dynamique est récursive, car la dernière étape constitue le point de départ d'une nouvelle démarche. En intervention, la fin du processus marque le début d'une nouvelle situation pour la personne aidée; en recherche, les résultats conduisent à la formulation de nouvelles questions. Ce processus est représenté dans la figure 2.1.

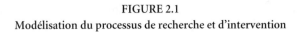

FIGURE 2.1
Modélisation du processus de recherche et d'intervention

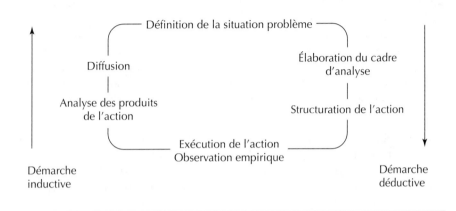

2.1.1 La définition de la situation problème

La définition du problème constitue une étape très importante, mais en même temps très difficile, tant au niveau du processus d'intervention qu'au niveau du processus de recherche. Dans l'action, l'intervenant doit s'assurer de bien saisir les besoins et les préoccupations du système-client[1] pour établir une relation de confiance et mobiliser son énergie dans une démarche de changement. En recherche, le problème retenu doit répondre à des critères de faisabilité et de pertinence pour que la démarche puisse être menée à terme et qu'elle contribue au développement des connaissances. Comme la définition du problème influence tout le reste du processus, il est donc essentiel de consacrer à cette étape le soin et le temps nécessaires. Essentiellement, cette première étape du processus peut être découpée en deux opérations majeures: le choix du sujet de recherche et la formulation de la question.

A — Le choix du sujet de recherche

La sélection du sujet de recherche représente une décision souvent plus ardue qu'il n'y paraît de prime abord. Si, dans certaines situations, ce choix est facilité par l'appartenance à une équipe de recherche ayant un champ d'intérêt bien circonscrit, le plus souvent il s'agit d'une décision individuelle du chercheur. En intervention, le choix du problème part de la situation présentée par le système-

---

1. Le terme «système-client» est utilisé pour traduire le fait que l'intervenant social est appelé à intervenir non seulement auprès de personnes, mais également auprès de couples, de familles, de groupes et de collectivités.

client et débouche généralement sur une entente combinant les visions du système-client et de l'intervenant sur ce qui doit faire l'objet de l'intervention. En recherche, la situation est à la fois semblable et différente. Semblable parce que ce choix résulte souvent d'une préoccupation liée à la pratique; différente parce que c'est le chercheur qui détermine le sujet sur lequel va porter la recherche. Selon Du Ranquet (1975), dans les recherches en service social, le point de départ est souvent un problème relié à l'intervention ou à la conjoncture sociopolitique. En fait, toutes les recherches émergent du besoin d'en savoir davantage sur un phénomène, soit pour mieux en comprendre la nature, les causes ou les conséquences, soit pour décider de mesures préventives ou correctrices des effets négatifs.

Le choix du sujet de recherche fait donc appel de façon importante à l'intuition, à la créativité et à la sensibilité du chercheur. Selon Dawson et autres (1991), la sélection d'un sujet de recherche est un processus créatif qui implique de réfléchir à différents aspects d'un thème, de formuler des questions sur ces aspects et d'évaluer si des réponses à ces questions existent déjà. Cet exercice est d'autant plus difficile que, dans les rapports de recherche, la démarche qui a conduit au choix du sujet et à la formulation des questions de recherche est rarement discutée; les jeunes chercheurs ont donc peu de points de repère pour procéder au choix de leur sujet. L'encadré qui suit présente deux exemples de questionnement de départ sur des aspects susceptibles de préoccuper des chercheurs en regard de deux problèmes sociaux: les enfants qui vivent dans des familles où sévit la violence conjugale et la perte d'autonomie chez les personnes âgées.

LES ENFANTS EXPOSÉS À LA VIOLENCE CONJUGALE

Questions liées à la compréhension du phénomène:

— Quelle est la réalité de ces enfants?
  • Sont-ils témoins directs (voir et entendre) des scènes de violence?
  • Sont-ils témoins indirects (entendre la mère raconter, voir les blessures)?
  • Sont-ils eux-mêmes victimes de violence?

— Quelles sont les conséquences du fait d'être témoin de violence?
  • À court terme: dans leurs interactions sociales?
  • À long terme: dans leurs rapports amoureux?

Questions liées aux actions à mettre en place:

— Y a-t-il des mesures qui pourraient protéger ces enfants?
  • Est-il efficace de leur apprendre des scénarios de protection?
  • Peut-on amener la mère à agir pour éviter cette expérience aux enfants?

→

— Comment atténuer les effets négatifs de cette expérience de vie?

• Y a-t-il des programmes d'intervention qui peuvent aider ces enfants?

LA PERTE D'AUTONOMIE CHEZ LES PERSONNES ÂGÉES

Questions liées à la compréhension du phénomène:

— À quoi correspond la perte d'autonomie?

• Comment les personnes âgées définissent-elles l'autonomie?

• Comment les intervenants définissent-ils la perte d'autonomie?

• Comment se manifeste la perte d'autonomie?

— Quelles sont les conséquences de la perte d'autonomie?

• Quelles sont les conséquences de la perte d'autonomie pour les personnes âgées?

• Quelles sont les conséquences de la perte d'autonomie pour les proches?

Questions liées aux actions à mettre en place:

— Y a-t-il des mesures qui pourraient retarder la perte d'autonomie?

• Quels sont les effets de l'exercice physique sur l'autonomie?

• Le fait de vivre dans son milieu naturel aide-t-il au maintien de l'autonomie?

— Comment atténuer les effets négatifs de la perte d'autonomie?

• Comment aider les personnes âgées à composer avec la perte d'autonomie?

• Y a-t-il des interventions efficaces pour aider les proches des personnes âgées?

Grinnell (1997) compare la sélection d'un sujet de recherche à la démarche de quelqu'un qui se promène dans un centre commercial à la recherche d'un cadeau pour un ami. En général, son choix sera influencé par quatre facteurs: acheter quelque chose qu'il a les moyens d'offrir, quelque chose qui va plaire à la personne qui va le recevoir, quelque chose qui est socialement acceptable et probablement un objet qui aura attiré son attention. Il en est de même dans la démarche qui conduit au choix d'un sujet de recherche. Le chercheur est généralement influencé par quatre facteurs:

1. Les ressources dont il dispose et les contraintes avec lesquelles il doit composer;

2. L'intérêt des milieux de pratique et de la communauté scientifique;

3. Le contexte social et culturel;

4. Les occasions qui se présentent.

En fait, plusieurs voies conduisent au choix d'un sujet de recherche; le plus souvent, cette décision résulte d'une démarche combinant réflexion, spontanéité et possibilité. Ainsi, tout en poursuivant son exploration des écrits sur les sujets qui l'intéressent, le chercheur doit demeurer à l'affût des questions d'actualité, des préoccupations qui circulent dans les milieux de pratique et au sein des équipes de recherche, et des thèmes qui sont privilégiés par les organismes subventionnaires. Lorsque le chercheur a cerné un problème qui l'intéresse et qu'il a précisé ses préoccupations face à ce problème, il doit se familiariser avec l'état des connaissances dans ce domaine. Lorsque cela est possible, il peut également discuter du sujet avec des experts ou rencontrer des intervenants qui œuvrent dans le domaine. Ainsi, la personne intéressée par le problème des enfants exposés à la violence conjugale aurait tout intérêt à consulter quelques ouvrages généraux sur la violence conjugale et familiale, à aller rencontrer des intervenantes qui travaillent auprès de ces enfants et à discuter avec des chercheurs qui s'intéressent à cette question. Ces démarches pourront l'amener à une vue d'ensemble des différentes possibilités de recherche dans le domaine en lui permettant d'avoir une idée plus précise de ce qui est connu et de ce qui fait l'objet d'un questionnement. Ces informations seront très utiles pour circonscrire le domaine d'investigation et formuler la question de recherche.

Rudestam et Newton (1992) formulent cinq indications pour aider au choix d'un sujet de recherche:

1. Choisir un sujet susceptible de maintenir l'intérêt pendant une longue période de temps;

2. Éviter un sujet trop ambitieux ou trop difficile. Il faut s'assurer que la recherche peut être menée à terme dans le temps prévu;

3. Éviter les sujets ayant des implications personnelles trop fortes. Il ne faut pas que la recherche soit vue comme l'occasion de régler un problème personnel;

4. Éviter de s'engager dans une recherche intéressée, c'est-à-dire une recherche qui voudrait apporter la preuve de quelque chose; la recherche demande honnêteté et objectivité;

5. Choisir un sujet qui offre la possibilité de faire un apport intéressant à l'état des connaissances: le sujet doit valoir la peine d'être traité.

B — La formulation de la question de recherche

Une fois le sujet de recherche arrêté, il faut préciser l'objet sur lequel va porter la recherche ou les questions auxquelles le chercheur va tenter d'apporter une réponse. En effet, les sujets de recherche sont larges et généraux, et peuvent être abordés sous divers angles. La formulation de la question de recherche correspond en quelque sorte à une opération de filtrage qui implique de passer d'un questionnement général à des questions spécifiques qui peuvent faire l'objet d'une investigation en utilisant la méthode scientifique. Il s'agit en quelque sorte d'approfondir l'exercice amorcé au moment du choix du sujet de recherche afin de situer le questionnement du chercheur en relation avec l'état des connaissances scientifiques et les préoccupations de la pratique, et en démontrer ainsi la pertinence.

En intervention, il est nécessaire d'avoir une vision d'ensemble de la situation du système-client avant d'établir le plan d'intervention. En effet, ces connaissances sont nécessaires pour situer les principales forces et limites de la personne et pour saisir les principaux éléments qui exercent une influence sur sa situation. Pour concevoir un plan d'intervention approprié, il faut procéder à une évaluation globale de la situation du système-client et non pas se limiter exclusivement à prendre en considération le problème particulier qui est présenté. Il en est de même en recherche.

À cette étape, deux options s'offrent au chercheur. Il peut choisir de partir de données empiriques pour construire des connaissances nouvelles sur un phénomène; cette option s'inscrit dans une démarche inductive et générative. Le chercheur part de son vécu personnel et de sa connaissance de situations particulières pour formuler un problème de recherche et en articuler une ou plusieurs questions générales. Il peut également opter pour une démarche déductive et vérificative qui l'amènera à passer en revue les connaissances théoriques disponibles pour en dégager des hypothèses ou des propositions qui seront ensuite vérifiées de façon empirique. Dans cette démarche, «la problématique s'élabore à partir de concepts issus de la littérature scientifique pour se concrétiser dans une question spécifique de recherche permettant de confronter cette construction théorique à une réalité particulière» (Chevrier, 1997: 55).

Chevrier (1997) établit une distinction entre la «problématisation» selon une logique inductive et la «problématisation» selon une logique déductive. Dans une démarche inductive, la «problématisation» se construit dans la formulation de questions découlant du sens donné à une situation concrète sélectionnée par le chercheur en vertu de son caractère original, insolite, récurrent, imprévu ou méconnu. La formulation du problème se fait à partir des connaissances du chercheur et des éléments particuliers à la situation. Par exemple, selon Miles et Huberman (1994), dans chaque situation quatre éléments peuvent être explorés: 1) les lieux, 2) les acteurs, 3) les événements et 4) les processus. Ces éléments peuvent être utilisés pour passer de la question générale de recherche à des questions plus spécifiques touchant les dimensions les plus importantes à explorer. Cette décision est toutefois sujette à révision; dans une démarche inductive, les questions spécifiques peuvent changer en cours de route selon les observations qui se dégagent des premières données. À partir de l'analyse de ses données, le chercheur élabore ses constructions théoriques. Dans cet exercice de théorisation, il a souvent intérêt à se référer à des écrits scientifiques pertinents qui peuvent lui permettre de prendre une certaine distance par rapport à ses données et l'aider à les voir sous des angles différents.

Dans une démarche déductive, la «problématisation» résulte d'une exploration systématique des connaissances sur le sujet qui intéresse le chercheur. Cette revue des écrits va le conduire à dresser l'inventaire des connaissances actuellement disponibles, à cerner les éléments qui demeurent ambigus ou inconnus et à relever ceux qui méritent d'être étudiés. S'il est essentiel de situer le sujet de recherche dans le cadre plus général des connaissances disponibles, l'exploration des écrits doit être menée à l'intérieur de certaines balises, sinon le chercheur risque d'être submergé par l'ampleur de la documentation.

Pour éviter le risque d'une trop grande dispersion, une façon de procéder consiste à partir de ses préoccupations de départ, de formuler des questions spécifiques et de rechercher dans les écrits des réponses à ces questions. Cette investigation bibliographique est d'autant plus utile que, sauf dans des cas exceptionnels, les préoccupations de recherche ont souvent été pensées ou théorisées par d'autres chercheurs; des projets similaires à celui auquel pense le chercheur ont parfois été expérimentés ailleurs. Il est nécessaire de rendre compte de cette documentation afin de situer la pertinence de sa propre démarche par rapport aux résultats de ces autres études. Un travail de recherche exige donc habituellement l'élaboration d'une bibliographie sur le sujet, afin de trouver et de consulter les documents repérés et de synthétiser l'information pertinente.

Après avoir fait un survol des écrits sur le phénomène qui l'intéresse, le chercheur est en mesure de délimiter son objet de recherche et de formuler des questions précises auxquelles il entend apporter des réponses. Cet exercice de formulation des questions de recherche peut généralement être simplifié si la recherche est abordée comme étant la mise en relation de deux ou plusieurs variables, phénomènes, concepts ou idées. Comme il est impossible d'étudier une réalité dans sa globalité, il est essentiel de délimiter le champ qui fera l'objet de l'exploration du chercheur. La mise en relation de deux objets (variables, phénomènes, concepts ou idées) conduit à préciser l'angle particulier sous lequel le problème à l'étude sera abordé. Évidemment, dans la mesure où choisir c'est renoncer à certaines options, la sélection de l'objet ou de la question de recherche donne souvent l'impression au chercheur d'être confronté à des choix déchirants où il doit délaisser des préoccupations qu'il jugeait pourtant importantes. Cependant, pour préciser l'objet de recherche, il faut chercher à réduire un problème général à quelques éléments essentiels. Cet exercice s'apparente à la logique qui prévaut lors de l'élaboration d'un plan d'intervention; comme il est illusoire de penser agir sur la globalité de la situation du système-client, il faut orienter l'action sur les zones qui apparaissent porteuses de changement.

Illustrons cette étape en reprenant les exemples précédents. Après consultation des écrits, le chercheur intéressé par le phénomène des enfants témoins de violence pourrait décider de mettre l'accent sur les conséquences de cette réalité sur les enfants. Après avoir pris connaissance des écrits sur les facteurs explicatifs des problèmes de comportement perçus chez certains de ces enfants et l'apport des théories de la victimisation et de l'apprentissage social, il peut se demander si le fait de vivre dans une famille violente a des conséquences différentes sur les filles et sur les garçons. Ce questionnement plutôt large sur les conséquences de l'exposition à la violence conjugale pourrait être davantage circonscrit en introduisant un deuxième objet, soit la résolution de conflits. Ainsi, l'objet de recherche devient orienté sur les stratégies de résolution de conflits des enfants exposés à la violence conjugale et l'objectif poursuivi est de dégager les stratégies de résolution de conflits utilisées par ces enfants. L'intérêt de cette recherche vient du fait que l'étude de ces stratégies pourrait permettre de déterminer si les enfants exposés à la violence ont tendance à recourir à des stratégies de résolution de conflits modelées sur ce qu'ils voient à la maison : les garçons vont davantage recourir à la violence, les filles vont davantage avoir des réactions associées à la victimisation. On voit donc que la superposition de ces deux objets (conséquences de la violence conjugale et stratégies de résolution de conflits) aide à délimiter l'objet de la recherche.

Conséquences de l'exposition
à la violence conjugale

Stratégies de résolution
des conflits

Reprenons le second exemple. À la suite de la revue des écrits, le chercheur constate que le concept d'autonomie est très subjectif et qu'il est porteur de significations très différentes. Cette situation apparaît problématique au niveau des services sociaux et de santé dans la mesure où il y a souvent un écart entre les différents groupes d'intervenants face aux besoins attribués aux personnes âgées. Ainsi, la définition adoptée par les intervenants de l'autonomie chez une personne âgée apparaît influencée par l'appartenance à un groupe professionnel. La combinaison des deux concepts que sont l'autonomie chez les personnes âgées et la représentation sociale offre la possibilité de mener une recherche intéressante visant à comparer les représentations sociales des intervenants sociaux et des infirmières par rapport à l'autonomie chez la personne âgée. Le concept de représentation sociale est intéressant ici parce qu'il offre une perspective qui permet d'explorer et de comprendre les conceptions de l'autonomie véhiculées par différents groupes d'intervenants.

Voici quelques exemples supplémentaires de recherches basées sur la combinaison de deux concepts. Soucieuse de mieux cerner les facteurs qui influencent l'émergence de l'aide mutuelle dans un groupe, une étudiante (Simard, 1995) a construit l'analyse d'une intervention autour de la question suivante: Est-ce que les manifestations d'aide mutuelle (concept 1) entre les membres varient selon les étapes de développement d'un groupe (concept 2)? Une autre étudiante (Deslandes, 1996), préoccupée par la réussite chez les élèves du secondaire, s'est posé comme question: Est-ce que le style parental (concept 1) influence la réussite scolaire (concept 2) chez les élèves du secondaire?

Évidemment, la superposition de deux concepts peut conduire à de multiples questions de recherche. Si, dans un premier temps, il est souvent très utile de procéder d'une façon spontanée en énumérant les différentes questions qui viennent à l'esprit, il est nécessaire par la suite de faire un examen de ces différentes questions en fonction de leur pertinence et de leur faisabilité. En effet, le chercheur doit préciser l'orientation de sa recherche en tenant compte des limites matérielles et concrètes avec lesquelles il doit composer. Mais au-delà de ces limites, il doit également être en mesure de répondre de la pertinence de sa recherche. Pour juger de l'intérêt et de la pertinence d'une question de recherche, il faut la mettre en relation avec les connaissances actuelles afin de faire ressortir comment elle se situe par rapport aux connaissances déjà disponibles ou comment elle peut répondre aux besoins des milieux de pratique. Il s'agit de faire ressortir en quoi il est important d'apporter des réponses à cette question. À cet égard, les projets de recherche sont habituellement évalués selon deux critères: leur pertinence sociale et leur pertinence scientifique. Pour préciser ces deux critères, nous nous référons à Chevrier (1997: 53-54):

La pertinence sociale d'une recherche s'établit en montrant comment elle apporte réponse à certains problèmes des intervenants et des décideurs sociaux. [...]

La pertinence scientifique d'une recherche s'établit en montrant comment elle s'inscrit dans les préoccupations des chercheurs.

La recherche n'aura pas nécessairement le même degré d'intérêt en regard de chacun de ces critères. Une recherche orientée vers le développement de connaissances plus fondamentales risque d'être moins attrayante pour l'intervention, de la même façon qu'une recherche visant l'évaluation de l'intervention peut être jugée moins intéressante sur le plan du développement de la connaissance. Il n'en reste pas moins que c'est au chercheur de démontrer l'intérêt de sa recherche eu égard aux connaissances et aux préoccupations actuelles dans le domaine. Évidemment, cet exercice comporte une référence à des valeurs de la société, d'une part, et du chercheur, d'autre part. Mais il est important de souligner en quoi le sujet mérite d'être étudié et de mettre en évidence quelle contribution la recherche proposée est susceptible d'apporter à la théorie et à la pratique. Selon Chevrier (1984), cinq motifs peuvent justifier une recherche:

1. L'absence totale ou partielle de connaissances concernant un élément du phénomène à l'étude;

2. L'impossibilité d'appliquer à une situation particulière les conclusions de recherches antérieures;

3. L'incertitude des conclusions d'une recherche en raison de problèmes méthodologiques;

4. L'existence de contradictions entre les conclusions de plusieurs recherches;

5. L'absence de vérification d'une interprétation, d'un modèle ou d'une théorie.

Comme Côté et Harnois (1968: 112) le mentionnent: «Le problème qui fait l'objet de la recherche doit être justifié par un besoin reconnu de la communauté (plutôt que par une hypothèse intéressant personnellement le spécialiste de la recherche).»

Dawson et ses collaborateurs (1991) proposent trois questions pour évaluer la valeur d'un objet ou d'une question de recherche:

1. Est-ce que les résultats de la recherche sont susceptibles d'enrichir les connaissances dans le domaine?

2. Est-ce que cette recherche est réaliste: Quelle est l'étendue de la question? Combien de temps sera nécessaire à sa réalisation? Les informations recherchées sont-elles accessibles? Les répondants vont-ils coopérer? Les ressources matérielles et les équipements sont-ils disponibles?

3. Cette recherche est-elle conforme aux critères éthiques?

Pour compléter cette évaluation, Grinnell (1997) ajoute une quatrième question: Est-ce que cette question peut être abordée par la recherche? À cet égard, il souligne que la recherche ne peut fournir de réponse «correcte» à des questions comportant des enjeux moraux ou qui relèvent de jugement de valeur, comme: Est-ce que l'avortement devrait être légalisé? Est-ce que les pères devraient avoir les mêmes droits que les mères pour ce qui est du recours à l'avortement?

2.1.2 L'élaboration du cadre d'analyse

Lorsque la question est précisée, il est nécessaire de la situer dans un cadre plus global qui va orienter la conduite de la recherche. Différents termes sont utilisés pour représenter cet ensemble de connaissances qui permet d'opérationnaliser la recherche: cadre d'analyse, cadre opératoire, cadre conceptuel, cadre théorique. Gravel (1978: 5) précise que l'élaboration d'un cadre théorique se résume pour une bonne part à la détermination des variables principales susceptibles d'exercer une influence sur le phénomène étudié et à l'analyse de leurs interrelations respectives ainsi que des éléments d'explication de ces relations. Idéalement, le cadre théorique doit répondre aux critères suivants: pertinence, exhaustivité, «amplitude» et utilité. Un cadre théorique est pertinent et exhaustif s'il permet d'analyser l'ensemble des données recueillies. L'«amplitude» du modèle concerne la variété des situations auxquelles il est applicable. Un cadre est utile s'il permet, sur le plan théorique, de donner une signification à un grand nombre de faits et, sur le plan concret, s'il nous oriente vers la solution des problèmes sociaux (Caplow, 1970: 118).

En service social, plusieurs recherches, particulièrement les recherches exploratoires et descriptives, ne s'appuient pas nécessairement sur un cadre théorique, c'est-à-dire sur un ensemble de termes, de définitions et de propositions ayant une valeur prédictive; elles sont davantage articulées autour de concepts interreliés qui permettent d'appréhender le phénomène à l'étude. Pour rendre compte de cette réalité, le terme «cadre d'analyse», utilisé dans un sens générique, sera privilégié dans ce texte. L'élaboration d'un cadre d'analyse est une étape essentielle de la recherche; c'est ce cadre qui permet au chercheur de déterminer les informations à prendre en considération pour cerner le phénomène qu'il veut étudier. Le cadre d'analyse débouche sur la spécification des hypothèses de recherche, précise l'information à recueillir pour opérationnaliser ces hypothèses et oriente les choix méthodologiques. Lasvergnas (1984: 121) précise que la théorie ou les hypothèses ne sont que des points d'appui momentanés, «des centres qui permettent une observation ordonnée, des points de repère qui enserrent du concret».

L'élaboration d'hypothèses ou de propositions concernant les relations qui existent entre différents phénomènes n'est pas propre à la recherche; elle se retrouve également au niveau de l'intervention. Par exemple, intervenir auprès d'enfants présentant des troubles de comportement par un programme axé sur le développement des habiletés sociales repose sur l'hypothèse d'une relation entre les troubles de comportement et les habiletés sociales. De la même façon, les tenants de l'approche structurale en thérapie familiale formulent l'hypothèse que l'établissement de frontières claires entre les sous-systèmes d'une famille contribue à des rapports harmonieux entre les membres d'une famille. Cette position justifie l'intérêt qu'ils portent aux relations entre les sous-systèmes d'une famille.

La formulation d'une hypothèse n'est pas l'unique voie pour délimiter les informations qui seront explorées par le chercheur et pour mettre en relation ces informations. Dans certaines circonstances, par exemple lorsque les connaissances sur un sujet sont relativement sommaires, il peut même s'avérer téméraire de formuler des hypothèses. Deslauriers (1991) suggère alors de parler de proposition de recherche, proposition qui se présente comme «un énoncé qui peut être jugé en terme de vérité ou de fausseté pour autant qu'il désigne un phénomène observable» (McCall et Simmons, 1969, cité dans Deslauriers, 1991: 97). Mais comme le mentionne Angers (1992), qu'il s'agisse d'une hypothèse ou d'une proposition, les termes doivent en être précisés.

Revenons aux exemples mentionnés précédemment. Le chercheur intéressé par les représentations sociales de l'autonomie chez les personnes âgées pourrait formuler une proposition selon laquelle la représentation de l'autonomie est en relation avec le groupe professionnel d'appartenance. Plus spécifiquement, il pourrait avancer, à titre d'exemple, que la représentation sociale de l'autonomie des personnes âgées va être différente pour les intervenants sociaux et pour les infirmières. Pour apprécier cette proposition de recherche, il va construire un cadre d'analyse autour de concepts qui vont lui permettre de cerner les représentations sociales de l'autonomie.

Dans la recherche sur les effets de l'exposition à la violence conjugale sur les enfants, le chercheur pourrait privilégier un cadre d'analyse s'inspirant des théories de la socialisation, cadre d'analyse qui le conduirait à formuler une hypothèse selon laquelle les stratégies de résolution de conflits des garçons et des filles vont être différentes: les garçons vont privilégier les stratégies agressives, alors que les filles vont avoir tendance à recourir à des stratégies de soumission.

L'élaboration d'hypothèses consiste à établir des relations entre deux ou plusieurs concepts généralement situés comme variable dépendante et variable indépendante. Angers (1992: 102) définit une hypothèse comme «un énoncé qui prédit une relation entre deux ou plusieurs termes et impliquant une vérification empirique». La relation entre les concepts mentionnés dans une hypothèse peut être de différents types:

La corrélation peut être directe ou inverse. Elle est directe si elle se présente dans les formules «moins... moins» ou «plus... plus»; par exemple, plus le niveau d'éducation est élevé, plus sont grandes les chances d'obtenir un emploi. La corrélation est inverse si elle se présente sous les formes «moins... plus» ou «plus... moins»; par exemple, plus le niveau d'industrialisation est élevé, moins il y a de diversité linguistique. (Fontan et Laflamme, 1990: 454.)

Lasvergnas (1984) distingue trois formes principales de formulation d'hypothèse: l'hypothèse univariée, l'hypothèse bivariée et l'hypothèse multivariée. La première forme se rapporte à un seul phénomène dont elle cherche à prédire la nature ou l'évolution. En voici un exemple: «Depuis 20 vingt ans, il y a eu une progression constante du nombre de naissances hors mariage.» Cette hypothèse découle de l'observation que de plus en plus de couples vivent en union de fait. L'hypothèse bivariée est la forme la plus répandue; elle prédit un lien entre deux phénomènes qui peuvent être analysés sous l'angle de leur covariation ou sous l'angle d'une relation de causalité. Dans le premier cas, les deux phénomènes sont analysés sans présumer de leur explication: «Le taux de stress des intervenants sociaux varie selon le nombre d'années d'expérience.» Dans le second cas, un des phénomènes à l'étude est présenté comme la cause de l'autre. Voici un exemple d'une hypothèse de ce type: «Le poids du bébé à la naissance est fonction de la qualité de l'alimentation de la mère pendant la grossesse.» L'hypothèse multivariée porte sur la vérification d'un lien entre plusieurs phénomènes. Un chercheur pourrait formuler l'hypothèse suivante: «Les femmes qui donnent naissance à des bébés prématurés proviennent d'un milieu socioéconomique plus faible, ont une alimentation moins appropriée et fument pendant leur grossesse.» Comme pour l'hypothèse bivariée, ces termes peuvent être présentés comme étant corrélés ou comme étant inscrits dans une relation de causalité.

Dans la mesure où les hypothèses doivent être vérifiées empiriquement, il est essentiel que les concepts qui s'y retrouvent soient transformés en variables; ces concepts doivent être traduits en phénomènes mesurables. Locke, Spirduso et Silverman (1987) fixent trois critères pour juger de la qualité d'une hypothèse: 1) l'absence d'ambiguïté, 2) l'expression d'une relation entre deux ou plusieurs variables et 3) la possibilité d'une vérification empirique. L'absence d'ambiguïté implique que les termes utilisés sont sans équivoque: ils ne laissent place à aucune interprétation. L'expression d'une relation suggère la présence de deux phénomènes qui varient l'un en fonction de l'autre dans une dynamique de covariation ou dans un rapport de causalité. Dans ce dernier cas, l'un des phénomènes est considéré comme étant la cause de l'autre. Enfin, la vérification empirique pose l'exigence que chaque concept soit traduit en phénomène observable et mesurable, donc qu'il prenne la forme d'une variable. En fait, les termes utilisés dans la formulation d'une hypothèse doivent être non équivoques, précis, signifiants et neutres. Ainsi, ils ne doivent laisser aucune incertitude quant à leur interprétation, doivent faire référence à des éléments spécifiques qui informent par rapport à une certaine réalité et à une certaine conception de la réalité, et ne traduisent pas les souhaits du chercheur ni ses jugements personnels sur la réalité (Angers, 1992).

Pour que les concepts utilisés dans une hypothèse ou une proposition correspondent à une réalité observable, il est nécessaire de les opérationnaliser. En effet, les concepts sont des symboles, des termes qui décrivent un phénomène. Les concepts traduisent la représentation intellectuelle d'une réalité; ils ne constituent pas des données concrètes, mais des abstractions (Dawson et autres, 1991). Pour faire l'objet d'une vérification empirique, ils doivent être associés à des réalités concrètes de façon à pouvoir être mesurés; ils deviennent alors des variables. Selon la définition d'Angers (1992: 117), une variable traduit «une caractéristique de personnes, d'objets ou de situations liée à un concept et pouvant prendre diverses valeurs». La concrétisation du concept pour le transformer en variable correspond à une opération importante du processus d'opérationnalisation d'une recherche. Dans cette opération, le chercheur doit garder en tête que le fait d'avoir opérationnalisé un concept ne signifie pas qu'il sera appréhendé dans toute sa globalité. L'opérationnalisation consiste à en mesurer certaines dimensions dans un contexte particulier: «Certains chercheurs […] confondent leurs propres définitions opérationnelles avec la réalité. […] tout concept imaginable peut faire l'objet d'un nombre quasi infini de définitions opérationnelles» (Dawson et autres, 1991: 28; notre traduction).

Dans certains cas, cette opération consiste à repérer dans la littérature des instruments qui permettent de mesurer le ou les concepts à l'étude. À cet égard, certains ouvrages (Fischer et Corcoran, 1994; Hudson, 1982; Royse, 1995) présentent des échelles standardisées. Lorsque plusieurs instruments sont disponibles, il est important que le chercheur fasse un choix judicieux de l'instrument dont il se servira. Pour l'aider dans ce choix, le chercheur a intérêt à consulter les recherches déjà faites sur le même sujet afin de voir quels instruments y sont utilisés et, éventuellement, prendre connaissance de l'appréciation que les chercheurs en font. Le premier critère qui doit guider le choix d'un instrument est sa capacité de répondre à la question de recherche. Dans d'autres situations, le chercheur doit décider de l'information à recueillir pour opérationnaliser les concepts considérés dans sa recherche. Un bon moyen consiste à préparer des tableaux qui montrent les concepts à l'étude et les indicateurs qui servent à mesurer ces concepts, donc à les transformer en variables. En composant ces tableaux, le chercheur s'oblige à prendre des décisions précises sur la nature des données requises et sur la façon dont il s'en servira.

Le tableau présenté dans cet encadré est un exemple de tableau élaboré dans une recherche ayant pour objectif de déterminer les différents facteurs associés à la tension familiale dans les familles recomposées (Saint-Jacques, 1991). Dans ce tableau, le concept «tension familiale» est opérationnalisé par la mesure du degré de présence (ou d'absence) de cinq difficultés: les difficultés parentales, les difficultés conjugales, les difficultés économiques, les difficultés dans les tâches ménagères et les difficultés dans les relations avec l'ex-conjoint.

Ce concept est mis en relation avec un autre, «les traits caractéristiques des rôles», qui est opérationnalisé par la mesure des éléments suivants: degré de clarté des attentes, degré de consensus quant aux attentes, présence (ou absence) de la prescription d'un rôle et nature du partage des tâches. L'hypothèse de cette étude est la suivante: «Le degré de tension du rôle familial est fonction des traits caractéristiques des rôles.» Dans cette hypothèse, la «tension du rôle familial» est la variable que l'on cherche à expliquer (variable dépendante) alors que les «traits caractéristiques des rôles» sont des facteurs explicatifs (variable indépendante). La relation présumée entre ces variables s'inscrit dans un rapport d'association et non de causalité; le degré de «tension familiale» est susceptible de varier selon les «traits caractéristiques des rôles», mais rien ne permet d'affirmer qu'ils représentent la cause de cette variation; ces deux variables peuvent s'inter-influencer dans une dynamique de causalité circulaire. Par ailleurs, dans la mesure où le chercheur considère que certains éléments peuvent influencer la relation entre ces deux variables, il doit en tenir compte en les introduisant comme «variables intermédiaires» (les termes «variable d'analyse» et «variable de contrôle» sont également utilisés). Cette dernière catégorie regroupe les variables qui peuvent s'interposer entre les variables indépendante et dépendante. Dans cette recherche, certaines variables ont été retenues comme variables intermédiaires. Parmi celles-ci se retrouvent l'âge du répondant, le type de garde d'enfant et le temps écoulé depuis la recomposition. Ainsi, l'hypothèse de cette recherche pourrait être schématisée de la façon suivante:

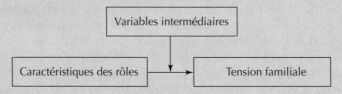

Conceptualisation des variables

Variables	Indicateurs	Catégorisation
Tension familiale	Les difficultés parentales	pas du tout difficile (1) peu difficile (2) plus ou moins difficile (3) difficile (4) très difficile (5)
	Les difficultés conjugales	pas du tout difficile (1) peu difficile (2) plus ou moins difficile (3) difficile (4) très difficile (5)
	Les difficultés économiques	jamais (1) rarement (2) quelquefois (3) souvent (4) très souvent (5)
	Les difficultés à assumer les tâches ménagères	jamais (1) rarement (2) quelquefois (3) souvent (4) très souvent (5)
	Les difficultés dans les relations avec l'ex-conjoint(e)	jamais (1) rarement (2) quelquefois (3) souvent (4) très souvent (5)

Conceptualisation des variables (*suite*)		
Variables	**Indicateurs**	**Catégorisation**
Caractéristiques des rôles	Degré de clarté des attentes	pas du tout (1) peu (2) plus ou moins (3) assez (4) très (5)
	Degré de consensus quant aux attentes	tout à fait d'accord (1) d'accord (2) en désaccord (3) tout à fait en désaccord (4)
	Prescription d'un rôle	oui (1) non (2)
	Nature du partage des tâches	égal et de même nature (1) égal mais différent (2) inégal : en fait plus (3) inégal : en fait moins (4)
Variables intermédiaires	Sexe	masculin (1) féminin (2)
	Type de famille recomposée	simple (1) complexe (2)
	Temps écoulé depuis la recomposition	moins de 1 an (1) 1 à 2 ans (2) 3 à 4 ans (3) 5 à 6 ans (4) plus de 6 ans (5)

Dans toute recherche, la formulation d'une hypothèse comporte un jugement sur la réalité étudiée et, en cela, elle est influencée par les valeurs, les idéologies, les croyances du chercheur. L'influence des valeurs sur les hypothèses soulève la question cruciale de l'objectivité en recherche. Selon Gauthier (1997: 4), l'objectivité est une «attitude d'appréhension du réel basée sur une acceptation intégrale des faits [...], sur le refus de l'absolu préalable [...] et sur la conscience de ses propres limites». La recherche est ainsi une activité de quête objective de connaissances d'après des questions factuelles. Or, cette définition de l'objectivité sous-tend le postulat qu'il est possible d'analyser un objet social de façon neutre. Or, qui analyse ou qui observe, si ce n'est un être social, lui-même intégré dans une culture, une communauté, un système de valeurs et ayant au préalable volontairement opté pour une définition quelconque de cet objet? Peut-on alors postuler qu'une définition choisie, sur la base, certes, d'une recension des écrits antérieurs, est plus objective qu'une autre? Chaque chercheur a ses valeurs, ses croyances et son cadre de référence théorique; en cela, il ne peut nier sa subjectivité. Il n'y aurait donc pas de méthode ou de technique plus objective ou plus neutre qu'une autre. Il n'y aurait, selon Namenwirth (1986), que de l'inconscience, car, aussi longtemps que les scientifiques ne sont pas conscients de leurs propres biais ou des aspects politiques cachés, ils se croient neutres et objectifs, alors qu'en fait ils sont seulement inconscients. Mies (1983) abonde dans le même sens en parlant de partialité consciente plutôt que de neutralité. Il est donc pertinent de réfléchir sur le concept d'objectivité et de se situer, comme chercheur et comme intervenant, en tant qu'être partial, qui ne peut aborder la réalité dans sa globalité complexe. Tout comme l'intervention, qui consiste à agir sur une partie de la réalité à partir d'une conception de ce qui est mieux pour la personne en difficulté, la recherche vise à appréhender certains aspects de la réalité avec la préoccupation d'y déceler des informations jugées utiles pour le développement de la société. Cette partialité consciente transparaît non seulement dans le choix du sujet de recherche, mais également dans la méthode utilisée par le chercheur.

2.1.3   La structuration de l'action

Alors que la formulation des questions de recherche et des hypothèses précise ce que le chercheur tente de savoir et quelle information peut lui permettre d'y arriver, la structuration de l'action l'amène à déterminer qui peut fournir cette information et comment elle peut être recueillie et analysée. La principale caractéristique de la connaissance scientifique par rapport à la connaissance intuitive et au sens commun est le fait qu'elle s'appuie sur un ensemble de procédures choisies rationnellement et jugées valides et fiables. De la même façon que l'intervention professionnelle se distingue de l'aide naturelle par le recours à une planification stratégique fondée sur des connaissances empiriques, la recherche exige une méthode qui fait appel à des procédures explicites dont la valeur est reconnue. Lasvergnas (1984: 119) souligne que la méthode est «le pont, la bretelle qui permet le passage entre la prémisse théorique et l'observation empirique à saisir [...]». C'est, pour Ouellet (1990b: 146), l'étape de la «mise à l'épreuve par le contrôle de l'observation ou de l'expérience».

Pour l'intervenant, la structuration de l'action correspond à l'élaboration du plan d'intervention. À cette étape, l'intervenant «détermine alors la méthode d'intervention qu'il adoptera et il spécifie les techniques à employer, en fonction de l'individu et de ses besoins ainsi que des ressources disponibles» (Rinfret-Raynor, 1987: 512). Bien sûr, ces décisions découlent d'une connaissance de la documentation sur le problème ou la problématique concernés ainsi que sur l'efficacité des méthodes d'intervention.

En recherche, cette étape correspond à l'élaboration d'un devis dans lequel le chercheur va préciser la perspective de recherche (qualitative ou quantitative), l'échantillon, les techniques de collecte de données et la stratégie d'analyse, et ce en fonction du temps et des ressources disponibles. Le Poultier (1985 : 32) affirme que cette étape

> comprend l'identification et la planification des moyens techniques néces-
> saires à la vérification des hypothèses. C'est donc à ce niveau, assez avancé
> dans le processus de recherche, que se décident des choix entre des instru-
> ments : questionnaire ou entretien, échantillonnage probabiliste ou par
> quotas, observation longitudinale ou transversale […] et que s'élabore leur
> construction.

Au moment de cette prise de décision, il faut s'assurer que les techniques utilisées sont adaptées au problème, que l'échantillon, dans le cas d'une étude statistique, est représentatif de la population étudiée ou que les sources de données, dans le cas d'une étude qualitative, peuvent fournir une information pertinente et que la recherche tout entière peut être reprise par d'autres chercheurs qui désirent en vérifier ou en récuser les conclusions (Caplow, 1970 : 142).

Il y a donc des choix à faire, de divers ordres, et toujours en rapport avec l'objet de recherche et le cadre d'analyse privilégié. Ces choix gravitent autour des éléments suivants : la perspective de recherche la plus appropriée, les sources d'information pertinentes ainsi que la collecte et l'analyse des données.

A — Le choix de la perspective de recherche

Avec le regain d'intérêt manifesté à l'égard des méthodes qualitatives depuis la fin des années 1970, la recherche sociale offre deux perspectives méthodologiques au chercheur : la recherche quantitative et la recherche qualitative. La première perspective repose sur l'utilisation de données quantifiées qui font l'objet d'analyses statistiques ; la seconde traite des données difficilement quantifiables et recourt à une analyse davantage inductive pour systématiser l'expérience de la vie quotidienne des personnes (Deslauriers, 1991). Parfois décrites comme complémentaires, parfois présentées comme antagonistes, ces perspectives présentent des avantages et des limites. Les méthodes quantitatives servent à obtenir des informations sur des aspects précis auprès d'un grand nombre de personnes, ce qui favorise la comparaison et l'analyse statistique des données. Les méthodes qualitatives permettent d'explorer les phénomènes en profondeur et d'une façon plus détaillée du fait que les données recueillies ne sont pas délimitées par des catégories d'analyse prédéterminées. Comme le synthétise Grinnell (1997), les méthodes qualitatives conduisent à une approche élargie des problèmes sociaux alors que les méthodes quantitatives sont intentionnellement spécifiques.

Ces particularités font que chaque perspective peut se révéler plus ou moins appropriée selon l'objet de la recherche. La recherche qualitative est généralement utilisée pour décrire une situation sociale, un événement, un groupe ou un processus et parvenir à une compréhension plus approfondie. L'accent est placé sur les perceptions et les expériences des personnes ; leurs croyances, leurs émotions et leurs explications des événements sont considérées comme autant de réalités significatives. Le chercheur part du postulat que les personnes construisent leur réalité à partir du sens qu'elles donnent aux situations. La recherche qualitative est donc plus appropriée pour étudier les processus sociaux (Patton, 1980, 1987; Van Maanen, 1983). Par ailleurs, les méthodes quantitatives sont plus appropriées pour la vérification d'hypothèses puisqu'elles permettent de recueillir une information dans un format standardisé auprès d'un plus grand nombre de sujets.

La question du choix d'une perspective quantitative ou qualitative concerne en fait la décision de traiter de l'universel ou du particulier. L'universel, c'est la totalité et la nécessité de la généralisation. L'analyse d'un phénomène social est en cela intéressante si elle permet la compréhension en parallèle d'autres phénomènes dits « équivalents ». Mais cette analyse, qui dépend d'une conception unifiée du social, risque de nier la part de l'altérité. L'étude du particulier concerne des caractéristiques propres à un objet, alors que l'étude de l'universel est centrée sur les traits communs à une communauté, d'après le postulat que la base de comparaison est la même.

En principe, le choix de la perspective de recherche devrait résulter de la pertinence de chacune en regard de l'objet de la recherche. Mais, dans les faits, il en va souvent autrement: la méthode dicte la façon dont les questions de recherche sont formulées plutôt que l'inverse (Reinharz, 1991). Ainsi, certains chercheurs vont constamment recourir à des méthodes qualitatives, d'autres à des méthodes quantitatives. Si des considérations techniques liées à la difficulté d'être expert dans les deux types de méthodes peuvent contribuer à expliquer cette situation, des considérations philosophiques liées à la conception de la réalité et de la connaissance distinguent également les chercheurs qui privilégient l'une ou l'autre de ces deux approches (Lincoln et Guba, 1985). Mais quelle que soit l'approche retenue, il doit y avoir une démonstration de sa pertinence par rapport aux objectifs de la recherche.

B — La sélection des sources d'information

Lorsque la perspective de recherche est arrêtée et sa pertinence justifiée, l'étape suivante consiste à déterminer quelles seront les sources d'information. Ces sources peuvent être des personnes, des organisations, des événements, des documents ou toute autre entité qui peut être étudiée. Évidemment, comme il n'est généralement pas réaliste, ni pertinent d'ailleurs, de consulter toutes les sources possibles d'information sur une question, le chercheur doit faire une sélection; il doit constituer un échantillon. En recherche quantitative, un « bon » échantillon est celui qui est statistiquement représentatif de la population à l'étude. Par conséquent, il est possible d'inférer que les résultats obtenus auprès de cet échantillon sont généralisables à l'ensemble de la population, selon des degrés de précision et de confiance statistiquement déterminés. La représentativité est donc une qualité d'ordre statistique. En recherche qualitative, le recours à de petits échantillons, généralement non probabilistes, est le plus souvent privilégié. Les sources d'information sont choisies en fonction de leur capacité anticipée de témoigner de façon intéressante et pertinente de l'objet d'étude; il s'agit ici d'une qualité de démonstration, de mise en valeur, de mise en évidence d'une réalité, peu importe que cette réalité soit vécue par quelques individus ou toute une communauté. Ce type d'échantillon ne permet pas la généralisation des résultats puisque les sujets constituant cet échantillon ne sont pas représentatifs, au sens statistique, de la population d'où ils proviennent. En recherche qualitative, rapporte Deslauriers (1991 : 58), «le but de l'échantillonnage est de produire le maximum d'informations: qu'il soit petit ou grand importe peu pourvu qu'il produise de nouveaux faits».

En ce qui concerne les sources d'information, trois éléments doivent être précisés lors de la structuration de l'action: la procédure d'échantillonnage, la localisation des sources d'information et le nombre de sujets. La procédure d'échantillonnage consiste à déterminer comment les sources d'information seront sélectionnées: S'agit-il d'un échantillonnage au hasard, stratifié, intentionnel? Différentes stratégies sont possibles tant sur le plan de la recherche quantitative que de la recherche qualitative (le chapitre 3 aborde de façon plus détaillée les techniques d'échantillonnage). Il est également nécessaire à cette étape de prévoir la localisation des sources d'information, notamment en spécifiant où et comment les sujets seront contactés. Enfin, la quantité de personnes auprès de qui s'effectuera la collecte de données doit faire l'objet d'une réflexion. Dans une recherche quantitative visant la généralisation des résultats, le nombre de sujets est déterminé par les exigences de l'analyse statistique. En recherche qualitative, cette décision repose généralement sur la saturation des données. Sur ce plan, le chercheur peut considérer qu'il y a saturation lorsque la collecte de données auprès de nouveaux sujets n'apporte pas d'information nouvelle. Faire reposer la détermination du nombre de sujets sur le principe de saturation comporte toutefois deux implications importantes auxquelles le chercheur doit s'arrêter. La première tient à la nécessité d'analyser les données à mesure qu'elles sont recueillies afin de pouvoir détecter le point de saturation. La seconde est en lien avec l'impossibilité de déterminer au départ le nombre de sujets qui devront être rencontrés et, conséquemment, de connaître la quantité d'information qui devra être analysée. C'est pourquoi il est généralement utile d'encadrer l'application de la saturation à l'intérieur de certains paramètres en fonction des limites de ressources et de temps avec lesquelles le chercheur doit composer.

C — Les techniques et les instruments de collecte des données

Le troisième aspect à clarifier pour articuler l'action renvoie aux techniques et aux instruments à utiliser pour recueillir l'information. De Robertis et Pascal (1987 : 84) fournissent quelques indications à cet égard lorsqu'ils soutiennent que:

> Les techniques d'enquête choisies doivent avoir pour qualité principale d'être pertinentes aux données qu'on veut recueillir. Il faut donc éviter ce

qui peut paraître comme la technique la plus rassurante (le questionnaire en général) ou comme la technique à la mode (cela varie avec les époques). Mais la pertinence n'est pas le seul critère de choix. Les ressources matérielles, financières, humaines dont dispose l'équipe de recherche pèsent d'un poids, souvent décisif, dans le choix des techniques.

L'éventail des techniques de collecte de données est extrêmement riche et varié: le chercheur a le choix entre le questionnaire écrit, l'entrevue face à face, l'entretien téléphonique, l'observation, etc. Toutefois, cette multiplicité n'implique pas que, pour une recherche en particulier, le choix soit illimité. Comme la technique dépend du phénomène à l'étude et des hypothèses formulées, dans la plupart des cas, il n'y a souvent que quelques techniques appropriées. Comme chacune présente des avantages et des limites, aucune technique n'est bonne ou mauvaise en soi. Elle est pertinente ou non par rapport aux objectifs de la recherche. Le choix exige donc de la réflexion: «l'utilisation d'une technique implique une analyse approfondie à la fois de l'objet d'étude et de la situation d'observation, les règles ne pouvant jamais être considérées comme absolues» (Chauchat, 1985: 20). Il faut éviter une image caricaturale de la recherche empirique, qui se résume trop souvent au recours presque magique au questionnaire et à l'utilisation de la quantification. Zúñiga (1981), Deslauriers (1982) et Turcotte (1991) soulignent les limites d'une telle conception de la recherche en service social. L'intervenant social a accès à un matériel qualitatif très riche, d'où l'importance d'en tirer profit au maximum. Par exemple, les entrevues, les journaux personnels, les autobiographies, les correspondances et les registres officiels fournissent, quand ils sont bien utilisés, des données permettant de comprendre et d'expliquer le passé, ce que les autres techniques sont impuissantes à faire.

Une fois que les techniques de collecte des données sont déterminées, les instruments qui seront utilisés doivent être mis au point. Cette opération sera plus ou moins longue et laborieuse selon la nature de l'instrument et son caractère novateur. La construction d'un questionnaire structuré, d'une échelle d'attitudes ou d'un guide d'observation peut se révéler une tâche particulièrement ardue, alors que l'élaboration d'un guide d'entrevue peut se faire plus facilement, même si un tel guide doit répondre à des caractéristiques particulières (voir le chapitre 5, qui porte sur l'entrevue). En règle générale, la mise au point des instruments ne peut se faire en dehors de toute démarche menée sur le terrain; les observations effectuées dans le cadre de prétests permettent de préciser, de rajuster et de redéfinir les questions.

Le recours à des échelles standardisées qui sont largement reconnues évite au chercheur d'avoir à construire de toutes pièces des instruments de mesure des concepts à l'étude. Toutefois, ces instruments doivent être sélectionnés avec soin. Selon Rudestam et Newton (1992), trois éléments doivent être pris en considération pour faire un choix judicieux:

1. *La pertinence.* Plusieurs échelles peuvent mesurer un même phénomène. C'est le cas, à titre d'exemples, de l'estime de soi, du soutien social, des

problèmes de comportement chez l'enfant, de la dépression. Pour sélectionner l'instrument le plus approprié, le chercheur doit d'abord considérer dans quelle mesure ces échelles sont adaptées à la population sur laquelle porte son étude et dans quelle mesure elles s'appuient sur une conception du phénomène qui est cohérente avec la sienne.

2. *La qualité métrique.* Le chercheur doit également prêter attention à la fidélité et à la validité de ces échelles. La fidélité correspond à la capacité d'un instrument de donner des résultats stables, alors que la validité traduit sa capacité de mesurer ce qu'il vise à mesurer. Si un instrument ne mesure pas vraiment ce qu'il est censé mesurer (validité faible) ou s'il le fait d'une façon inconsistante (fidélité faible), la valeur des résultats qui seront obtenus s'en trouve largement atténuée.

3. *La procédure d'utilisation.* Avant d'opter pour un instrument, il est essentiel pour le chercheur de savoir comment celui-ci doit être administré et comment calculer les résultats. Certaines échelles sont d'utilisation simple alors que d'autres exigent un entraînement spécial de la part des personnes qui sont appelées à les administrer ou qui ont à en interpréter les résultats. En outre, certaines échelles sont soumises aux droits d'auteur et il faut une autorisation pour les utiliser.

L'étude d'un phénomène social à partir d'une grille préalablement construite réduit volontairement l'espace étudié aux questions que le chercheur a prévues. Il en est ainsi de l'étude d'un objet, d'une intervention ou d'une problématique d'après des grilles prédéterminées. Le chercheur ou l'intervenant se limitent à recueillir des données qui entrent dans cette grille. Cette démarche déductive a comme point de départ une conception du social déjà construite. À l'opposé, certains chercheurs, à l'instar de certains intervenants, préfèrent explorer d'abord le terrain et recueillir des données plus générales pour ensuite formuler des hypothèses et en dégager un modèle d'action. Cette démarche est inductive en ce sens qu'elle part du «terrain» pour remonter à la théorie.

2.1.4   L'exécution de l'action

L'éxécution de l'action correspond à la mise en application du plan d'action structuré à l'étape précédente. Pour l'intervenant, c'est la phase du traitement proprement dit; pour le chercheur, c'est l'étape d'implantation de la recherche: c'est alors «qu'il entre en contact avec la réalité du terrain, qu'il expérimente le projet qu'il a préparé et qu'il peut vérifier la pertinence du devis qu'il a planifié» (Rinfret-Raynor, 1987: 513). Dans les deux cas, cette étape marque un moment critique du processus et elle pose l'exigence d'évaluer la pertinence de sa méthode de travail à la lumière de l'échéancier et des ressources disponibles. Dans cet exercice, les considérations éthiques doivent être prépondérantes; le respect des populations doit prévaloir sur l'infaillibilité du devis.

Pour le chercheur, des erreurs méthodologiques, des problèmes non anticipés avec les instruments de mesure, des taux de réponse inférieurs aux prévisions sont autant d'obstacles qui peuvent se présenter et affecter la qualité des données et, subséquemment, les analyses. En effet, tous les efforts investis dans la planification peuvent être perdus si la collecte des données manque de rigueur (Williams, Tutty et Grinnell, 1995). Il est donc essentiel de tout mettre en œuvre pour s'assurer de la qualité des données recueillies.

Une précaution à prendre à cet égard est de viser à réduire les sources de biais. Un biais est une influence extérieure produisant une distorsion qui entraîne une absence de correspondance entre la réalité et la mesure qui en est faite (Royse, 1995). Les sources de biais sont multiples. Ceux-ci peuvent résulter des caractéristiques des instruments. Ainsi, l'utilisation de termes qui offensent les répondants (par exemple, employer des termes masculins dans un questionnaire qui s'adresse à des femmes) ou la présentation de directives complexes qui créent de la confusion peuvent conduire à des données qui ne traduisent pas fidèlement les attitudes ou les comportements que la recherche veut mesurer. Les conditions dans lesquelles se déroule la collecte de données peuvent également être source de biais. À titre d'exemple, l'utilisation d'un questionnaire écrit auprès de personnes qui ont de la difficulté à lire ne produira probablement pas de données valides. De même, une recherche en milieu scolaire effectuée en septembre peut conduire à des résultats différents de ceux qui seraient obtenus si elle était effectuée en avril ou en mai. Le chercheur doit donc être vigilant face aux biais susceptibles d'être introduits par la démarche de collecte des données.

2.1.5   L'analyse des produits de l'action

Dans une démarche d'intervention planifiée, au terme de son action, l'intervenant va poser un jugement sur les changements produits et va chercher à cerner les facteurs sous-jacents à ces changements. D'une part, un tel exercice pose l'exigence de recueillir des données sur les modifications qui se sont produites dans la situation du système-client et, d'autre part, il nécessite d'organiser et d'analyser ces informations de façon à pouvoir en dégager certaines conclusions quant aux résultats de l'intervention. Il en est de même pour le chercheur : il doit structurer les informations recueillies lors de la collecte de données afin d'en tirer un sens en fonction des hypothèses ou des questions de recherche formulées au départ. C'est là l'essentiel de l'étape d'analyse des produits qui conduit à organiser les données recueillies, à les confronter et à les interpréter en relation avec le cadre d'analyse retenu au départ.

Le Poultier (1985 : 33) précise que,

dans la recherche en travail social et ailleurs aussi, un biais fréquent consiste à procéder à une simple restitution des données brutes telles qu'elles ont été recueillies, qu'il s'agisse de tableaux chiffrés, de comptes rendus ou d'extraits d'entretiens, sans autre transformation que quelques commentaires de l'auteur de la recherche. Cette attitude dénote une représentation des acteurs enquêtés ou des faits collectés comme intrinsèquement porteurs d'une vérité scientifique immédiate dans leurs discours spontanés ou dans leurs caractéristiques propres.

Il est donc essentiel d'organiser l'information collectée pour lui donner un sens.

Ainsi, les données brutes doivent faire l'objet d'une analyse où, en utilisant un processus logique, le chercheur vérifie les relations entre les variables ou examine s'il peut déceler certaines tendances. Le plus souvent, le chercheur va analyser les données en examinant dans quelle mesure celles-ci supportent ou invalident les observations tirées de la littérature. Mais il est également possible que certains modèles imprévus au départ émergent au moment de l'analyse; le chercheur doit demeurer attentif à cette éventualité. En ce qui concerne les données quantitatives, l'analyse statistique est la procédure privilégiée pour procéder à cet exercice; pour les données qualitatives, c'est l'analyse de contenu.

L'étude de la correspondance des résultats avec ceux obtenus dans d'autres recherches portant sur le même sujet ou conduites auprès du même type de population constitue l'essentiel de l'interprétation des données. Le chercheur va alors établir dans quelle mesure les résultats concordent avec les hypothèses ou les propositions de recherche et va proposer des explications aux résultats qui diffèrent de ce qui était initialement attendu.

2.1.6   La rédaction du rapport et la diffusion

Si la rédaction d'un sommaire d'intervention conduit à faire état des services fournis au système-client, cet exercice aide également l'intervenant à garder des traces des stratégies d'action qu'il utilise et des changements que ces stratégies produisent. Cette information peut servir à rendre compte de l'intervention en regard des objectifs, du processus et des résultats. La rédaction d'un rapport est donc une opération essentielle pour faire un retour sur l'action et pour assurer la diffusion des expériences individuelles. Il en est de même en recherche; le matériel recueilli doit contribuer à l'avancement des connaissances, tant sur le plan théorique que pratique.

Le travail de recherche ou d'intervention n'est pas terminé tant que n'est pas produit au moins un compte rendu minimal décrivant les principales étapes et les résultats. C'est une question de responsabilité et d'éthique vis-à-vis de l'employeur ou du bailleur de fonds et vis-à-vis des gens qui ont donné leur opinion ou qui ont participé à des actions. Comme pour le rapport d'intervention, la rédaction du rapport de recherche ne devrait pas débuter au terme du processus, mais plutôt se faire en concomitance.

Il n'existe pas de règles formelles pour la rédaction du rapport de recherche, sinon qu'il faut le rédiger dans une forme accessible à des lecteurs non spécialistes. Les pratiques actuelles suggèrent cependant que ce rapport fournisse des informations sur les éléments suivants:

1. La problématique: le problème dans le contexte des connaissances actuelles;
2. Le cadre d'analyse et les hypothèses ou propositions de recherche qui en découlent;
3. La méthodologie: un compte rendu complet des procédés de collecte et d'analyse des données;
4. Les résultats (tableaux, graphiques, cartes, etc.);
5. L'interprétation et la discussion des résultats.

Généralement, on expose la problématique en spécifiant le problème sur lequel porte la recherche et en le situant dans le contexte des connaissances actuelles afin d'établir la pertinence du sujet. Une façon usuelle de présenter une problématique consiste à structurer l'information recueillie dans les écrits autour des thèmes suivants: la définition du phénomène, sa prévalence et son incidence, ses conséquences, les modèles explicatifs et les modalités d'intervention. Bien que ces cinq éléments n'aient pas nécessairement à être tous présents, leur présentation, notamment en ce qui a trait aux trois premiers, contribue à préciser la nature de la recherche et à en justifier la pertinence.

Ainsi, dans un premier temps, il est nécessaire de définir le problème ou le sujet qui intéresse le chercheur. Comme il y a différentes façons de définir un même phénomène, le chercheur doit préciser à quelle définition ou à quelle conception du phénomène il se réfère. Une fois le problème défini, il est nécessaire de justifier en quoi il mérite de faire l'objet d'attention. Cette justification peut tenir à deux motifs: l'étendue du problème et la gravité de ses conséquences. Ainsi, la problématique a intérêt à préciser combien de personnes sont touchées par ce problème (prévalence et incidence) et à faire état des conséquences à court terme ou à long terme que les personnes directement touchées ou les proches subissent. Au terme de cet exercice, le chercheur, ayant réalisé que les connaissances actuelles ne permettent pas de cerner avec précision ces éléments, pourrait justifier la pertinence de procéder à une recherche sur ces questions. Les modèles explicatifs traduisent l'existence de relations entre des variables. Ils tentent d'apporter des réponses à des questions comme: Pourquoi les gens se comportent-ils de telle façon? Qu'est-ce qui produit tel phénomène? Il est généralement utile de passer en revue les modèles présentés dans les écrits pour expliquer le phénomène à l'étude. Cet exercice peut permettre de dégager des hypothèses de recherche. Par ailleurs, lorsque la recherche est orientée vers l'intervention, il est nécessaire d'explorer les programmes sur ce sujet. Par exemple, un chercheur préoccupé par les moyens à prendre pour réduire les conséquences à long terme de l'exposition à la violence ou pour prévenir l'épuisement des conjoints des personnes âgées en perte d'autonomie devrait prêter une attention particulière aux programmes d'intervention conçus à l'intention de ces populations.

Le rapport de recherche doit également fournir des indications sur le cadre d'analyse utilisé. Cette partie devrait notamment présenter la définition opérationnelle des principaux concepts à l'étude, spécifier en quoi le cadre d'analyse privilégié est approprié à la conduite de la recherche et préciser quelles hypothèses ou propositions de recherche en ont été déduites.

Dans le rapport, une attention particulière doit être accordée à l'organisation de l'information tirée de la littérature; il faut que le texte dépasse le «collage» de données provenant d'autres auteurs. À ce sujet, Rudestan et Newton (1992) soulignent que beaucoup d'étudiants croient que la rédaction d'une recension des écrits vise à convaincre le lecteur qu'ils ont une connaissance approfondie des travaux des autres. Basée sur cette conception, leur texte ressemble souvent à une liste d'épicerie où sont placés les uns à la suite de l'autre des paragraphes débutant par: «Smith a trouvé que …», «Jones conclut que …», «Ouellet indique que …», etc. Il faut éviter une telle présentation. L'information tirée des écrits doit être présentée d'une façon organisée et cohérente. Le lecteur ne devrait pas nécessairement y retrouver tout ce que le chercheur a lu sur le sujet; il est même possible que la majorité des textes qu'il a lus ne s'y retrouvent pas. L'important pour le chercheur n'est pas de faire étalage de ses connaissances, mais de guider le lecteur pour qu'il saisisse les fondements et la pertinence de la démarche de recherche.

À cet égard, le rapport doit également faire une description détaillée de la méthodologie utilisée et des motifs qui ont justifié le recours à cette méthodologie. Le texte devrait notamment présenter l'instrumentation utilisée (instrument et procédure de collecte des données), les caractéristiques de la population et de l'échantillon, les stratégies de traitement et d'analyse des données et les règles éthiques observées. La règle à suivre est de présenter suffisamment d'informations pour permettre à un autre chercheur de répéter la même démarche.

La section sur les résultats relate ce qui a été obtenu par la collecte des données. Il ne s'agit pas de présenter les données brutes, mais ce qui s'en dégage après analyse. À cette étape, le rapport doit se limiter à présenter les données; le chercheur doit se garder d'y insérer ses opinions. Ces données peuvent être structurées de différentes façons. La pratique la plus répandue consiste à rapporter les résultats en les situant en lien avec les hypothèses ou les propositions de recherche. Lorsque des tests statistiques ont été utilisés, le rapport doit en mentionner les résultats.

Dans la discussion, le chercheur s'approprie les résultats de la recherche pour en fournir une interprétation et en dégager la portée. Cette section débute généralement par un bref résumé des principaux résultats et une mise en relief des aspects les plus marquants. Par la suite, ces résultats sont mis en relation avec les conclusions d'autres études dans le but d'en fournir une interprétation et d'en dégager des indications pour la pratique et la recherche. La discussion devrait aussi fournir des informations sur les parties de la recherche qui ne se sont pas déroulées selon le plan prévu initialement et présenter les principales limites de la recherche.

Beaucoup de rapports de recherche et plusieurs descriptions d'expériences d'intervention restent «sur les tablettes» parce que leurs responsables ne se sont pas donné la peine de faire un effort supplémentaire pour diffuser leurs résultats (Royse, 1995). À ce propos, Fortin (1982: 99) souligne que la recherche sociale «ne peut se constituer en un savoir élitique, elle ne peut pas être, si elle se veut cohérente, un discours savant, savamment présenté et réservé à une élite». Si l'on croit que le sujet a vraiment sa place en recherche, poursuit cette auteure,

> on est obligé de repenser l'unité fondamentale de la forme et du fond du dis-cours. Un discours qui cultive l'ésotérisme et se complaît dans des formules absconses — mathématiques ou autres — ne saurait être vraiment porteur ni complice d'une transformation égalitaire de la société. (*Ibid.*)

Par ailleurs, combien de fois n'a-t-on pas entendu des intervenants et des représentants d'organismes communautaires ayant participé à une recherche se plaindre de ne pas avoir pu en lire le compte rendu ou de ne pas avoir entendu parler de cette recherche, une fois celle-ci terminée? La moindre politesse exige que les chercheurs rejoignent les gens de qui ils tirent leurs informations. Toute-fois, pour sortir du «ghetto scientifique», le recours à un langage compréhensible est incontournable. Une écriture simple et claire n'enlève strictement rien à la rigueur et au sérieux d'une analyse. Diffuser et vulgariser ses résultats auprès des personnes rencontrées constituent des tâches importantes pour l'intervenant et le chercheur. Évidemment, cette tâche de diffusion ne doit pas s'effectuer une fois l'étude achevée, mais doit correspondre à une préoccupation constante au cours de la recherche; elle permet alors le dialogue continu et favorise le processus de rétroaction.

Pour procéder à cette diffusion, il existe toutes sortes de moyens: affiches, expositions, réunions publiques, montages audiovisuels, films, conférences, communiqués de presse, dessins animés, théâtre, etc. Le choix de l'un de ces moyens dépend, entre autres, de la nature de l'information à diffuser, de la taille du public que l'on veut atteindre, du temps et des moyens disponibles. Notons que les exigences de la publication présentent des avantages considérables pour une équipe de chercheurs: elles l'obligent à respecter des délais et à faire des syn-thèses provisoires. Sans cette discipline, l'équipe risque de se perdre dans la com-plexité de l'analyse et de ne parvenir à aucun résultat transmissible.

Mais au-delà des modalités concrètes de communication aux personnes con-cernées, rendre compte des résultats d'une recherche aux gens concernés conduit souvent à une réaction timide, voire à une certaine résistance de leur part. Cela se comprend dans la mesure où la prise de conscience de ces résultats provoque sou-vent, au sein du groupe étudié, une sorte de crise qui se répercute dans les rela-tions avec les chercheurs. Cependant, Lacoste-Dujardin (1977) précise que, même si la recherche est une opération potentiellement subversive, elle peut aussi favoriser un réel dialogue entre les membres d'un même groupe. La diffusion des résultats d'une recherche a un côté stimulant; elle conduit à nommer des réalités qui trop souvent sont négligées et elle permet de se situer par rapport aux autres.

En fait, la communication des résultats d'une recherche aux personnes concernées est un acte politique qui n'est ni neutre ni désintéressé (Le Boterf, 1981a). Dans la plupart des cas, les résultats de la recherche circulent uniquement au sein de la communauté scientifique; les personnes ayant participé à la recherche se voient alors comme des «cobayes» n'ayant pas le droit de connaître l'aboutissement du travail dont ils sont l'objet. Or, la participation à une recherche peut constituer un moyen pour renforcer les capacités d'analyse et d'action des personnes (Fetterman, Kaftarian et Wandersman, 1996; Magill, 1993). Évidemment, si la diffusion des résultats d'une recherche auprès des groupes peut renforcer leurs capacités d'analyse, d'organisation et d'action, elle ne crée pas ces capacités. C'est la raison pour laquelle une rétroaction unique, en fin de processus, aura peu d'effet; si les personnes n'ont pas accès au savoir, c'est surtout parce qu'elles n'ont pas participé à son élaboration. Idéalement, la participation des personnes concernées par la recherche devrait être présente à toutes les étapes (Le Boterf, 1981a), cette participation étant un processus circulaire plutôt que linéaire, systémique plutôt qu'analytique et holistique plutôt qu'élémentaliste (Lecomte, 1976; Ouellet, 1990b).

CONCLUSION

Bien que cela ne soit pas toujours évident, il existe un rapport étroit entre la recherche et l'intervention. Ce rapport implique une analyse dialectique et holistique des phénomènes sociaux: dialectique, dans le sens de l'échange entre chercheur et intervenant, du discours partagé et de la rétroaction nécessaire; holistique, «en ce sens qu'elle tente de voir toutes les influences à l'œuvre plutôt que d'examiner un sous-ensemble isolé de variables» (De Neufville, 1986: 45); et compréhensive, dans le sens d'analyser un phénomène particulier tel qu'il se présente.

En recherche comme en intervention, «l'observateur ne peut jamais se départir totalement de certaines manières de penser, de sentir et d'agir [...] dans un univers culturel déterminé» (Ouellet, 1983: 48). Il n'y a pas d'action neutre; il n'y a que des personnes qui la conduisent. L'objectivité de la recherche doit donc être redéfinie pour faire place à l'intersubjectivité. Ainsi, plutôt que de prétendre à la vérité, le chercheur mettra en doute sa propre neutralité:

> Être objectif, donc, c'est fonder sa démarche sur une pluralité de sources d'information et de perspectives, plutôt que sur une seule méthode — celle jugée valable par les positivistes — et sur un engagement moral du chercheur à rester neutre. Face à cette pluralité de perspectives, le chercheur interprétativiste proposera un processus de négociation. (De Neufville, 1986: 45.)

Il y a donc lieu de revoir la place qui a été accordée à la méthode en recherche, car, pendant longtemps, la recherche était définie principalement par sa méthode. Qui n'a pas entendu parler d'attaques virulentes qui ont pu être portées contre des recherches très pertinentes socialement, mais controversées quant à la méthode utilisée? Les débats et rivalités de méthodes, fort heureusement, sont de plus en plus perçus comme étant stériles. L'idée de la triangulation des méthodes fait progressivement son chemin, car on reconnaît l'importance d'élargir les perspectives: «l'utilisation des différentes méthodes pour observer le même problème [...] où le recouvrement éventuel d'une partie des résultats ne vise pas à exclure ce qui n'est pas recoupé, mais plutôt à éclairer autrement le problème de la recherche» (Pires, 1987: 94). La méthode n'a donc de sens qu'en lien avec l'objet, et l'objet, pour l'intervenant social, n'a de sens qu'en lien avec son terrain. Comme le dit De Robertis (1987), la recherche n'apporte pas de solutions toutes faites ou de réponses à l'action, elle l'alimente. En contrepartie, l'action à son tour fait naître un questionnement de recherche, ce qui crée une jonction dynamique et redéfinit le rapport recherche-intervention. Cette jonction ne se situe pas seulement au niveau des contenus; recherche et intervention s'inscrivent dans une démarche similaire qui part d'un questionnement autour d'une situation problème pour aboutir à de nouvelles données sur cette situation. La figure 2.1, présentée en début de chapitre, a modélisé cette démarche en six opérations.

LECTURES SUGGÉRÉES

GAUTHIER, B. (sous la dir. de) (1997). *Recherche sociale: de la problématique à la collecte des données*, 3e éd., Québec, Les Presses de l'Université du Québec.

GRINNELL, R.M., Jr. (1997). *Social Work Research and Evaluation: Quantitative and Qualitative Approaches*, 5e éd., Itasca (Ill.), F.E. Peacock.

ROYSE, D.D. (1985). *Research Methods in Social Work*, 2e éd., Chicago, Nelson-Hall.

RUDESTAM, K.E. et NEWTON, R.R. (1992). *Surviving Your Dissertation: A Comprehensive Guide to Content and Process*, Newbury Park (Calif.), Sage.

CHAPITRE 3

Les techniques d'échantillonnage

Francine Ouellet et Marie-Christine Saint-Jacques

MISE EN CONTEXTE

Comme intervenante sociale dans l'équipe de maintien à domicile d'un CLSC, vous êtes chargée de faire une étude sur les besoins de la population âgée du territoire en ce qui a trait au transport des personnes âgées à mobilité réduite vers les hôpitaux, le CLSC ou le centre de jour. Le territoire du CLSC est étendu et regroupe plusieurs municipalités. Pour connaître les besoins de cette population, irez-vous interroger chacune des personnes âgées vivant sur le territoire du CLSC? Certainement pas! Il vous faudra cibler un certain nombre d'individus qui pourront vous fournir une opinion qui reflète celle de l'ensemble de la population âgée du territoire. Vous procéderez donc à un échantillonnage.

INTRODUCTION

Échantillonner signifie prélever à l'intérieur d'une population, généralement appelée *base de sondage*, un certain nombre de personnes afin de les observer systématiquement. L'échantillonnage est nécessaire en recherche pour deux raisons:

- La population à l'étude est généralement trop grande et il est, de ce fait, impensable d'interroger toutes les personnes qui la composent;
- Certaines lois mathématiques nous enseignent qu'il n'est pas nécessaire d'interroger tous les individus d'une population afin de connaître l'opinion générale.

Cette étape d'une recherche que constitue l'échantillonnage pose certaines difficultés au chercheur. Qui doit-on choisir? Combien de personnes? Et comment procéder? Ce chapitre vise donc à la fois à fournir des bases au chercheur et à démystifier le caractère sacré de la représentativité tant souhaitée en recherche.

L'échantillonnage peut être planifié dès le moment où l'on sait précisément quel type de population participera à l'étude (soit à l'étape de la structuration de l'action [voir le chapitre 2]). Généralement, on procède à la constitution de l'échantillon lorsque l'on est prêt à entreprendre la collecte des données.

3.1   LE VOCABULAIRE DE BASE DE L'ÉCHANTILLONNAGE

Expliquons d'abord le vocabulaire de base utilisé en matière d'échantillonnage.

La *base d'un échantillon* est la population dont l'échantillon est issu et qu'il doit représenter. Elle correspond à l'ensemble des individus qui ont des caractéristiques précises en relation avec les objectifs de l'étude. Ainsi, dans le cas d'un sondage électoral, la population sera composée de l'ensemble des électeurs, alors que, dans le cas d'une étude sur l'absentéisme scolaire, la population pourrait se limiter aux décrocheurs. Le mot «population» n'est évidemment pas utilisé ici dans le sens large; on parle aussi de population parente, de référence, de population mère, d'univers (Chauchat, 1985; Gilles, 1994; Javeau, 1990).

Les individus constituant la population sont appelés *unités* (Chauchat, 1985; Gilles, 1994) ou *éléments de population* (Selltiz, Wrightsman et Cook, 1977). Une unité n'est pas toujours un individu; elle peut correspondre à tout un groupe de personnes ou à une organisation.

L'*échantillon* correspond donc à un certain nombre d'unités ou d'éléments de la population à étudier. Si l'échantillon est statistiquement représentatif, on peut donc en déduire (inférer) que les résultats relatifs à l'échantillon s'appliquent à la population.

Une *strate* est une sous-population, c'est-à-dire un regroupement d'unités d'une population qui possèdent une ou plusieurs caractéristiques en commun (Lamoureux, 1995; Selltiz, Wrightsman et Cook, 1977). Les strates composant une population doivent ainsi être mutuellement exclusives et homogènes. Ainsi, on pourrait stratifier une population selon le sexe, l'âge, le groupe ethnique, etc.

L'*échantillon de réserve,* comme son nom l'indique, est celui que le chercheur constitue au cas où il ne pourrait rejoindre l'ensemble des individus ou unités faisant partie de l'échantillon prévu pour l'étude. Il s'agit d'une réserve d'unités destinées à remplacer des unités manquantes (à cause de refus, de non-réponses, d'incapacité de joindre les personnes, etc.) en cours d'expérience. Habituellement, l'échantillon de réserve représente environ 10% de l'échantillon prévu. Évidemment, cet échantillon de réserve doit être prélevé à même la population mère; de ce fait, il répond aux mêmes caractéristiques.

L'*échantillon effectif* correspond à l'échantillon qui subsiste une fois la collecte de données effectuée: «il réunit les sujets qui ont accepté de participer à l'étude, qui ne se sont pas désistés en cours d'expérience […] et que le chercheur estime éligibles» (Lefrançois, 1991: 61).

L'*échantillon maître* est un ensemble d'unités déjà constituées en échantillon et pouvant servir dans le cadre de plusieurs sortes d'enquêtes.

3.2   LES TYPES D'ÉCHANTILLONNAGE

Construire un échantillon, c'est choisir les unités qui le composeront et déterminer sa taille. Il existe deux méthodes classiques de construction d'un échantillon: la méthode probabiliste et la méthode non probabiliste.

3.2.1   Constituer un échantillon selon la méthode probabiliste

Cette méthode s'inspire directement de la théorie mathématique des probabilités: on suppose qu'il est aussi probable qu'une unité donnée de la population soit choisie dans l'échantillon que n'importe quelle autre. Donc, chaque unité a une chance et la même chance qu'une autre d'être incluse dans l'échantillon.

Cette méthode est la plus précise car elle repose sur la loi du hasard. Cette loi suppose qu'un échantillon ainsi constitué sera statistiquement représentatif de la population mère et assure le caractère aléatoire des erreurs de sélection (Gilles, 1994). Ainsi pourra-t-on extrapoler ou généraliser à la population mère les résultats obtenus à partir de l'échantillon.

Les techniques utilisées pour constituer un échantillon selon la méthode probabiliste sont:

— l'échantillon de hasard simple;

— l'échantillon de hasard stratifié;

— l'échantillon en grappes;

— l'échantillon systématique probabiliste;

— l'échantillon à plusieurs degrés.

A — L'échantillon de hasard simple

Cette technique repose sur le principe fondamental de l'échantillonnage de probabilité: chaque élément de la population a une chance égale d'être inclus dans l'échantillon.

Pour constituer un échantillon de hasard simple

Il s'agit de tirer au sort les unités de l'échantillon : on les numérote, on dépose ces numéros dans un contenant et on procède au tirage au hasard, jusqu'à obtention du nombre d'unités voulu. L'échantillon obtenu de cette manière est également appelé *échantillon aléatoire*.

Pour de grandes populations, on se sert d'un ordinateur, auquel on peut commander, par exemple, une série de 100 ou de 200 chiffres tirés au hasard et se situant entre tel et tel intervalle correspondant à la grandeur de notre population. Il est aussi possible d'utiliser une table de nombres au hasard (aussi appelée table de nombres aléatoires ou table de permutation des nombres) que l'on retrouve dans la plupart des volumes de statistiques.

Le tableau ci-contre présente un extrait d'une table de nombres au hasard. Celle-ci comporte 360 chiffres qui peuvent être considérés un par un (si on désire des chiffres se situant entre 1 et 9), deux par deux (si on désire des chiffres se situant entre 01 et 99), trois par trois, etc. Afin de sélectionner les unités devant composer l'échantillon, il faut suivre les étapes suivantes :

1. Attribuer un numéro à chacune des unités composant la population étudiée ;

2. Choisir, aléatoirement, un chiffre dans la table de nombres au hasard, qui servira de point de départ (on peut, par exemple, fermer les yeux et pointer un chiffre sur la table) ;

3. À partir de ce point de départ, circuler, verticalement, horizontalement ou obliquement, dans la table (sans revenir sur ses pas), jusqu'à l'obtention d'une série de chiffres correspondant au nombre d'unités désirées ;

4. Faire correspondre les unités de la population dont le numéro, assigné à l'étape 1, correspond aux chiffres sélectionnés à l'étape 3.

Afin d'illustrer cette procédure, considérons une population à l'étude comprenant 900 individus pour lesquels il faut tirer un échantillon de 269 unités. Il faut d'abord assigner un numéro à chacun des 900 individus. Par la suite, il est nécessaire de choisir, de manière aléatoire, un point de départ dans une table de nombres au hasard. Compte tenu de la taille de la population, les nombres choisis devront comprendre une série de trois chiffres afin qu'existe la possibilité de sélectionner aussi bien l'individu portant le numéro 001 que celui portant le numéro 900. Imaginons que le point de départ est la série de chiffres 179 (en caractères gras dans le tableau) ; en circulant, par exemple, de manière verticale, on obtiendra les numéros d'individus suivants : 503, 006, 608, 556, 974 (que l'on éliminera car il ne correspond à aucun individu dans la liste), 355, etc. L'échantillonnage se poursuivra ainsi jusqu'à l'obtention de 269 unités. On éliminera les nombres qui se présenteront plus d'une fois de même que ceux supérieurs à 900.

→

Table de nombres au hasard					
29450	71338	88711	61987	23017	16002
17958	37106	07982	03950	73018	46328
50375	82944	75986	01566	41844	47540
00678	53533	73349	21150	07944	68393
60863	43499	23578	71745	92430	53785
55614	57569	66004	52294	36032	69283
97410	15649	98622	03067	84354	21446
35526	48459	72239	56398	26846	11657
30605	85117	86980	23319	82502	63828
84441	86057	94979	81119	89901	33203
17347	71195	41143	94325	68797	55379

B — L'échantillon de hasard stratifié

Lorsqu'une population est peu homogène ou lorsque les objectifs de la recherche exigent une comparaison serrée entre des sous-groupes de cette population, il peut être avantageux de diviser au préalable cette population. On forme donc dans cette population des sous-groupes (des strates) ayant des caractéristiques uniformes. Le sexe et l'âge peuvent, par exemple, servir de critères, mais on peut aussi combiner deux ou plusieurs critères. Il s'agit ensuite de tirer un échantillon de hasard simple dans chaque strate et de réunir ensuite les unités ainsi tirées séparément dans un seul échantillon.

Pour constituer un échantillon de hasard stratifié

Il y a deux principes à retenir pour construire un échantillon stratifié:

1. Les strates ne doivent pas se recouper: une unité ou un élément n'est inscrit que dans une seule strate;

2. Les strates sont significatives: on les choisit parce qu'elles sont importantes par rapport aux objectifs de la recherche; on les détermine dès le départ de la recherche et on peut facilement les repérer dans la population mère.

Une fois la population divisée en strates, l'échantillonnage qui s'ensuit peut être proportionnel ou non proportionnel. On dit qu'un échantillon est *stratifié proportionnel* si le nombre de cas choisis dans chaque strate est proportionnel au nombre de cas de la strate par rapport à la population totale.

Imaginons que des chercheurs font une étude évaluative des programmes de services et de soins à domicile auprès des personnes âgées de leur région. Au départ, les chercheurs savent que trois organismes s'adressent aux personnes âgées à domicile dans ce secteur: un centre de jour (CJ), un centre local de services communautaires (CLSC) et un organisme bénévole (OB).

Étant donné qu'il est important, d'une part, d'analyser les réponses des bénéficiaires en fonction de l'organisme dispensateur de services et, d'autre part, de respecter la proportion d'individus servis par chacun, on tirera un échantillon stratifié proportionnel, comme le montre le tableau ci-dessous.

Exemple d'échantillon stratifié proportionnel

Étape 1		N	%
Déterminer la répartition et le pourcentage de bénéficiaires servis par chacun des organismes (la population mère)			
	CJ	231	50
	CLSC	179	39
	OB	49	11
	Total	459	100
Étape 2			
Déterminer la taille de l'échantillon désiré		210 unités	
Étape 3		N	%
Déterminer la répartition des unités par strate dans l'échantillon			
	CJ	105	50
	CLSC	82	39
	OB	23	11
	Total	210	100
Étape 4			
Tirer à l'intérieur de chaque strate les unités jusqu'à obtention du nombre déterminé à l'étape 3			
	CJ	tirer 105 noms	
	CLSC	tirer 82 noms	
	OB	tirer 23 noms	
	Total	210 noms	

On parle *d'échantillon stratifié non proportionnel* lorsque le nombre de cas choisis, au hasard toujours, dans chaque strate de l'échantillon n'est pas proportionnel au pourcentage de cas de chacune des strates de la population totale.

Choisir le même nombre d'unités dans chacune des strates conduit à un échantillon non proportionnel (à moins qu'il n'en soit ainsi dans la population totale). Ainsi, dans l'exemple du tableau de l'encadré, les chercheurs pourraient décider de répartir également le nombre d'unités, soit 70 par organisme, pour un total de 210, ce qui serait, dans les faits, impossible ici, le nombre de bénéficiaires dans l'organisme bénévole étant inférieur à ce nombre. On a particulièrement recours à cette technique lorsque l'objectif de l'étude est de comparer des strates.

C — L'échantillon en grappes

Lorsqu'on procède à des enquêtes sur de grandes populations, il est difficile d'utiliser des échantillons de hasard simple ou stratifiés. On choisit plutôt une autre stratégie d'échantillonnage: l'échantillon en grappes.

Pour constituer un échantillon en grappes

L'échantillon en grappes (aussi connu sous le nom d'*échantillon en faisceaux*) n'est pas composé d'unités individuelles; les grappes qui le composent sont constituées de vastes regroupements: des villes, des écoles, des usines, etc., qui serviront d'unités. Une fois les grappes désignées, on interroge tous les individus de chaque grappe.

> Un intervenant en milieu scolaire voulant entreprendre une enquête sur la consommation de drogue au secondaire pourra tout aussi bien choisir au hasard des classes dans l'ensemble des écoles concernées et interroger tous les élèves faisant partie des classes choisies. Ici, les classes sont autant de grappes.

On peut aussi, dans certains cas, utiliser une carte géographique ou une carte de secteurs de recensement et choisir au hasard des secteurs ou des aires pour ensuite interroger tous les individus concernés (des chômeurs, par exemple) qui y habitent. On appelle *échantillon aréolaire* (en référence à la notion d'aire) cette variante de l'échantillon en grappes.

D — L'échantillon systématique probabiliste

Constituer un échantillon systématique probabiliste consiste à utiliser une liste déjà établie (par exemple, une liste des bénéficiaires d'un type de service, une liste de recensement, un annuaire) et à tirer au sort les unités de l'échantillon jusqu'à l'obtention du nombre prévu. Cette technique peut en fait faciliter le procédé de tirage au sort dans le cas où la liste de départ est importante. Toutefois, elle ne peut être utilisée que d'après des listes elles-mêmes constituées au hasard. Toute forme d'ordre des noms sur une liste (par exemple, selon un ordre croissant d'âge, de revenu, etc.) invaliderait la démarche puisque la règle du hasard pur ne serait pas respectée.

Pour constituer un échantillon systématique probabiliste

Pour que cet échantillon soit fondé sur les probabilités, le premier nom ou nombre doit être tiré au hasard. Ainsi, d'après une liste de bénéficiaires sur laquelle les noms apparaissent selon l'ordre alphabétique, on pourrait procéder de la façon suivante:

1. Calculer le nombre total de bénéficiaires (population mère);
2. Déterminer la taille de l'échantillon désiré;
3. Diviser le nombre total par le nombre désiré pour déterminer le procédé de choix des unités: le nombre obtenu indiquera la périodicité du tirage de chacune (c'est ce que l'on appelle le *pas de sondage*);
4. Tirer au sort un chiffre entre 1 et le nombre obtenu: celui-ci servira de point de départ;
5. Procéder à l'échantillonnage systématique jusqu'à la fin de la liste.

---

1. Nous avons au total 1 200 bénéficiaires dans la liste.
2. Nous déterminons avoir besoin d'un échantillon de 291 personnes.
3. 1 200 ÷ 291 = 4,1: nous tirerons un nom à tous les quatre noms sur la liste.
4. Entre 1 et 4, le chiffre 3 est obtenu, par tirage au sort, comme point de départ.
5. L'échantillon sera constitué des chiffres suivants, correspondant à des noms de bénéficiaires sur la liste: 3, 7, 11, 15, 19, 23, 27, 31, 35, etc., jusqu'à épuisement de la liste.

E — L'échantillon à plusieurs degrés

Il s'agit en fait d'utiliser successivement plusieurs méthodes différentes d'échantillonnage[1] (Javeau, 1990).

Pour constituer un échantillon à plusieurs degrés

On choisit plusieurs méthodes d'échantillonnage que l'on applique l'une après l'autre.

---

1. Javeau (1990) utilise plutôt le terme de « sondage à plusieurs degrés » tout en désignant la même réalité.

Pour une enquête portant sur l'ensemble de la population canadienne, on pourrait constituer l'échantillon de la façon suivante:

1. Prendre comme point de départ le découpage des provinces (échantillon aréolaire);

2. Dans chaque aire, tirer au hasard un nombre égal de circonscriptions électorales fédérales (échantillon en grappes);

3. Dans chaque grappe, tirer au hasard le nom des personnes à interroger d'après des listes électorales (échantillon au hasard).

Il s'agirait donc ici d'un sondage à trois degrés.

3.2.2   Constituer un échantillon selon la méthode non probabiliste

La méthode non probabiliste, comme son nom l'indique, n'est pas basée sur la théorie des probabilités; donc, elle ne relève pas du hasard. On choisit plutôt l'échantillon en fonction de certaines caractéristiques précises de la population (Chauchat, 1985).

Il est évident, dans ce cas, que la généralisation ou l'extrapolation des résultats doit être limitée ou être appliquée sous toutes réserves, car on ne peut garantir que l'échantillon soit *statistiquement* représentatif de la population mère. Toutefois, cela ne signifie pas, au contraire, que l'échantillon n'est pas *représentatif* de la population que l'on veut étudier. En fait, dans certaines situations, il est presque impossible d'obtenir des données au hasard sur l'ensemble d'une population. Par conséquent, plusieurs populations seraient inobservables si l'on tenait à tout prix au respect de la loi du hasard.

Vous désirez comprendre la trajectoire familiale et sociale qui mène à l'itinérance chez des jeunes. Pour ce faire, vous souhaitez conduire des entrevues auprès de jeunes de la rue. Il n'existe aucune liste exhaustive permettant de connaître le nombre de jeunes qui vivent cette situation. Aussi, afin d'obtenir un portrait représentatif de ces jeunes, vous vous documenterez de différentes manières afin d'être certain de bien saisir ce qui les caractérise généralement (et ce qui, parfois, les particularise). Une fois ce portrait bien dressé, vous serez à même de «choisir» des jeunes qui sont représentatifs de ce groupe. Une première étude vous permettra, à certaines conditions, de généraliser les résultats à l'ensemble du groupe rencontré uniquement. Mais imaginez que d'autres chercheurs et vous-même faites de nouvelles études, dans différents endroits, milieux ou cultures; il finira par se dégager de l'ensemble de ces recherches une lecture dont la représentativité, même si elle n'est pas basée sur la loi des probabilités, sera très importante.

Dans les sciences sociales en général et dans le travail social en particulier, on doit souvent avoir recours à cette méthode, surtout lorsque la démarche de recherche privilégiée est de type qualitatif.

Les principales techniques d'échantillonnage non probabilistes sont:
— l'échantillon accidentel;
— l'échantillon par quotas;
— l'échantillon typique;
— l'échantillon «boule de neige»;
— l'échantillon de volontaires;
— l'échantillon systématique non probabiliste.

A — L'échantillon accidentel

Un échantillon constitué des gens que l'on rencontre au hasard, jusqu'à ce que l'on atteigne le nombre de personnes désiré, est un échantillon accidentel. Interroger les 30 premiers chômeurs inscrits à l'assurance-emploi à une date donnée est un exemple de ce type d'échantillon.

Ce type d'échantillon offre moins de garanties que ceux relevant de la méthode probabiliste, du moins en ce qui concerne sa valeur représentative. Toutefois, dans le cadre de certaines recherches, il peut s'avérer pertinent.

Pour constituer un échantillon accidentel

Il suffit d'interroger un certain nombre de personnes au hasard, à mesure qu'elles se présentent, jusqu'à l'obtention du nombre de personnes désirées dans l'échantillon.

> Ouellet, Lindsay et Saint-Jacques (1993) ont utilisé la technique de l'échantillon accidentel dans une recherche portant sur l'évaluation de l'efficacité d'un programme de traitement pour conjoints violents offert dans deux groupes de la région de Québec. La population à l'étude se composait d'hommes manifestant des comportements de violence vis-à-vis de leur conjointe. Pour rejoindre cette population, les chercheurs ont sollicité tous les hommes qui se sont présentés à une première rencontre d'évaluation clinique entre le 29 juillet et le 30 septembre 1991 dans l'un et l'autre groupe. Au total, 66 hommes se sont présentés aux organismes et 64 ont accepté de remplir le questionnaire.

B — L'échantillon par quotas

Bien que ce type d'échantillon soit non probabiliste, il s'agit de s'assurer d'inclure certaines caractéristiques de la population au sein de l'échantillon. Ainsi, par rapport aux caractéristiques ou variables retenues, commandées par les objectifs de la recherche, l'échantillon doit présenter la même structure que la population. Le quota est en quelque sorte une forme de strate, mais non probabiliste: le chercheur choisit qui il veut dans ses quotas.

Pour constituer un échantillon par quotas

On détermine, au sein de la population mère, les caractéristiques qui sont importantes pour la recherche et on choisit l'échantillon en respectant ces caractéristiques.

Citons une recherche doctorale (Saint-Jacques, 1998) qui porte sur l'ajustement des jeunes dans les familles recomposées. La chercheuse voulait constituer un échantillon en s'assurant d'une représentation assez équivalente de filles et de garçons. De plus, afin de ne pas biaiser les résultats de l'étude, il s'avérait très important de recruter autant de jeunes vivant des difficultés d'ajustement que de jeunes n'en vivant pas. En s'inspirant de ces critères, il serait possible d'établir un plan d'échantillonnage à partir de caractéristiques jugées essentielles dans cet objet de recherche: sexe et niveau d'ajustement[2]. La figure ci-dessous illustre un plan d'échantillonnage par quotas qui respecte ces critères.

Exemple d'échantillon par quotas

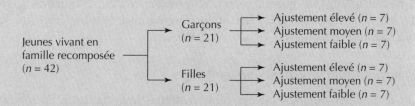

Source: Adapté de Saint-Jacques (1998).

Un tel échantillonnage est non probabiliste, car il est impossible de constituer une base de sondage d'après laquelle un tirage au sort aurait pu être effectué. Cela aurait exigé d'évaluer le niveau d'ajustement de tous les jeunes vivant en famille recomposée. En procédant selon la méthode des quotas, Saint-Jacques (1998) a suscité la collaboration de jeunes de familles recomposées par l'entremise de milieux scolaires et communautaires jusqu'à l'obtention du nombre d'individus requis.

---

2. Cette stratégie implique que le niveau d'ajustement est connu ou mesuré dès le départ auprès d'un nombre plus grand de jeunes que ceux qui ont fait partie de l'échantillon effectif.

Ce type d'échantillonnage garantit donc l'inclusion d'éléments variés de la population au sein de l'échantillon (Neuman, 1997). Par ailleurs, il tient généralement compte des proportions selon lesquelles ces divers éléments se retrouvent dans la population (Selltiz, Wrightsman et Cook, 1977), ce qui n'est pas le cas dans l'exemple présenté.

Les conditions d'utilisation de l'échantillon par quotas

Si l'on opte pour cette technique d'échantillonnage, qui laisse le chercheur libre de choisir les personnes à interroger, on court le risque de certains biais: le chercheur pourrait n'interroger que des personnes qu'il connaît bien ou encore favoriser certaines personnes à cause de leur statut social ou de leur facilité à s'exprimer, etc. (Javeau, 1990: 59). Aussi le chercheur doit-il s'imposer certaines règles lorsqu'il constitue des quotas, notamment en évitant de choisir des individus de son entourage, en choisissant un site d'enquête qui ne lui est pas familier et en tentant de laisser le hasard déterminer les sites où il cherchera à recruter des personnes qui acceptent de collaborer à son étude (*ibid.*).

C — L'échantillon typique

Il s'agit de privilégier des unités typiques ou encore des personnes qui répondent au «type idéal» par rapport aux objectifs de la recherche. Généralement, on sélectionne des unités qui, par rapport aux critères de sélection, se différencient et représentent ainsi les divers aspects d'un problème ou d'une situation. Ce type d'échantillon est aussi appelé échantillon intentionnel dans les textes consacrés aux méthodes qualitatives (Deslauriers, 1991).

Pour constituer un échantillon typique

On définit des variables ou des caractéristiques importantes à retenir et on choisit, à même la population mère, des unités selon ces critères. Par la suite, on peut soit retenir toutes les unités ainsi choisies, soit retenir un échantillon aléatoire parmi celles-ci ou encore constituer un échantillon par quotas. L'important est de pouvoir justifier théoriquement le choix de ces variables, en fonction de l'étude (Gagnon et Langlois, 1973).

Un chercheur voulant étudier le problème de l'épuisement chez les mères monoparentales pourrait décider, sur la base de données empiriques qu'il possède déjà (comme les dossiers de ses clientes), d'inclure dans son échantillon des femmes à faible revenu et isolées socialement, supposant ainsi que le problème est plus flagrant, donc plus typique, chez ces dernières.

D — L'échantillon «boule de neige»

Il s'agit de recourir à des personnes qui peuvent suggérer le nom d'autres personnes susceptibles de participer à l'étude, qui, à leur tour, feront la même chose, etc., jusqu'à ce qu'un échantillon suffisant soit constitué. L'échantillon croît donc en taille, comme une boule de neige que l'on roule, à mesure que le cycle se répète. Cette technique est particulièrement utile au chercheur intéressé à étudier une problématique vécue dans une population très spéciale, de taille limitée, et connue seulement d'une minorité de personnes (Grinnell, 1997).

Pour constituer un échantillon «boule de neige»

On demande à un ou deux informateurs (qui peuvent ou non faire partie de la population à l'étude) de désigner d'autres personnes qui correspondent aux critères retenus et qui sont donc susceptibles de participer à la recherche. On demandera à ces nouvelles personnes de désigner, à leur tour, d'autres personnes qui correspondent aux critères retenus.

Un chercheur veut mener une enquête sur un réseau de prostitution juvénile. Comme il est difficile d'entrer dans ce réseau, la seule voie d'accès est donnée par des informateurs clés. L'intervenant social, déjà en contact avec certains d'entre eux, peut constituer son échantillon comme le montre la figure ci-dessous.

Ainsi, en partant de deux informateurs, le chercheur peut reconstituer un réseau et, à chaque cycle, ajouter des unités nouvelles à son échantillon. Évidemment, la réussite d'un tel échantillon dépend des aspects de confiance mutuelle et de confidentialité. Il est clair aussi qu'une telle démarche s'apparente davantage à une recherche de type qualitatif, qui vise la compréhension en profondeur d'une problématique plutôt que sa seule description statistique.

Exemple d'échantillon «boule de neige»

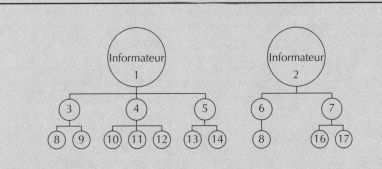

E — L'échantillon de volontaires

Cette technique «consiste à faire appel à des volontaires pour constituer l'échantillon» (Beaud, 1997: 197). On constitue un tel échantillon surtout dans les cas suivants:

— Lorsque le problème est délicat, voire tabou;

— Lorsque la participation à la recherche (par exemple, expérimenter un médicament) implique un certain risque;

— Lorsqu'il est impossible de constituer un échantillon aléatoire, les données étant inexistantes, détruites, confidentielles ou nécessitant une recherche presque impossible à entreprendre.

Pour constituer un échantillon de volontaires

On procède généralement par une annonce dans les journaux, à la radio ou sur un tableau d'affichage. Il est aussi possible de solliciter plus directement la collaboration des gens en allant, par exemple, rencontrer des étudiants à l'occasion d'un cours.

Une équipe de chercheuses a procédé à une étude dont le but était de comprendre les modifications qui surviennent dans les relations entre les enfants après la séparation de leurs parents (Simard, Beaudry et Drapeau, 1997). Pour rejoindre la population nécessaire à leur étude, elles ont fait paraître l'annonce suivante:

Volontaires demandés

Si vous répondez aux critères suivants:
— vous êtes séparé(e) ou divorcé(e);
— vous avez eu plus d'un enfant avec votre ex-conjoint(e);
— vos enfants ne demeurent pas tous ensemble (comme lorsqu'un enfant vit avec son père et l'autre enfant avec sa mère).

Communiquez avec nous au numéro suivant: (418) 656-XXXX.

Votre contribution est très précieuse!

Les conditions d'utilisation de l'échantillon de volontaires

Il est évident que l'on doit utiliser cette technique avec une grande prudence. On dit souvent que les mêmes catégories de population ou les mêmes individus sont attirés par ce genre d'expérience. Aussi est-il important de fixer au préalable des critères et d'associer cet échantillonnage à une autre technique, notamment la technique de l'échantillon de quotas. Cela permet de varier les caractéristiques des personnes interrogées afin de se rapprocher davantage de la population qui constitue la base de l'échantillon.

F — L'échantillon systématique non probabiliste

L'échantillon systématique non probabiliste se prélève à partir d'une liste de noms déjà établie, mais, contrairement à l'échantillon systématique probabiliste, chaque personne de la liste n'a pas une chance égale d'être choisie.

Pour constituer un échantillon systématique non probabiliste

On choisit, dans une liste, un nom à tous les x noms, selon le pas de sondage, de façon arbitraire et sans aucune consigne de départ. Le premier numéro n'est pas choisi au hasard.

3.3   LA TAILLE DE L'ÉCHANTILLON

La détermination de la taille d'un échantillon est souvent un problème «de taille» pour plusieurs chercheurs. Sur cette question, différents critères sont à considérer selon que l'on cherche à obtenir un échantillon «statistiquement représentatif» d'une réalité ou qui «représente une réalité». Le premier objectif s'inscrit dans une logique quantitative alors que le second relève d'une démarche qualitative.

3.3.1   L'échantillon quantitatif

Lorsqu'il s'agit d'un échantillonnage probabiliste, la question de la taille de l'échantillon peut être traitée de manière assez précise. La taille d'un échantillon dépend en effet de la grandeur de la population et de la répartition de celle-ci par rapport aux variables à l'étude. Comme on peut l'observer dans la table présentée au tableau 3.1 (p. 86), plus la population mère est grande et variée, moins il est nécessaire d'avoir, du point de vue des proportions, un très grand échantillon et inversement. Ainsi, avec un niveau de confiance de 95% et un degré de précision de 5%, il sera nécessaire, pour une population de 1 000 personnes, de choisir quelque 280 unités alors que, pour une population de un million de personnes, environ 380 unités seront suffisantes. L'utilisation d'une table d'estimation de la taille d'un échantillon comme celle du tableau 3.1 (p. 86) est d'une très grande utilité.

L'utilisation d'une table d'estimation n'est toutefois pertinente que dans la mesure où l'échantillon est basé sur la méthode probabiliste. Dans les autres cas, d'autres critères seront considérés, notamment les ressources disponibles, les

TABLEAU 3.1

Table d'estimation de la taille d'un échantillon (niveau de confiance: 95%; précision: ± 5%)

Population	Échantillon	Population	Échantillon
10	10	300	169
15	14	320	175
20	19	340	181
25	24	360	186
30	28	380	191
35	32	400	196
40	36	420	201
45	40	440	205
50	44	460	210
55	48	480	214
60	52	500	217
65	56	550	226
70	59	600	234
75	63	650	242
80	66	700	248
85	70	750	254
90	73	800	260
95	76	900	269
100	80	1 000	278
110	86	1 200	291
120	92	1 500	306
130	97	1 800	317
140	103	2 000	322
150	108	2 200	327
160	113	2 600	335
170	118	3 000	341
180	123	4 000	351
190	127	5 000	357
200	132	10 000	370
220	140	20 000	377
240	148	50 000	381
260	155	75 000	382
280	162	1 000 000	384

Source: Cette table d'estimation de la taille d'un échantillon a été adaptée de Krejcie et Morgan (1970).

objectifs de l'étude, le nombre de variables examinées[3], la variation du phénomène étudié, la saturation des informations et le type d'analyse de données qui sera effectué (Contandriopoulos et autres, 1990; Grinnell, 1997; Yegidis et Weinbach, 1996).

---

3. Bien qu'il soit toujours périlleux d'avancer un chiffre, notons que le rapport de dix unités par variable est fréquemment utilisé. Ainsi, dans une étude comportant 25 variables, il sera nécessaire d'avoir un échantillon d'au moins 250 unités.

3.3.2   L'échantillon qualitatif

Patton (1990) précise qu'il n'y a aucune règle concernant la taille de l'échantillon dans une recherche qualitative. En effet, ce nombre variera selon ce que l'on veut savoir, l'objet de la recherche, son enjeu, ce qui sera utile, ce qui aura de la crédibilité, ce qui peut être fait avec le temps et les ressources disponibles (Patton, 1990 : 184). Par exemple, les recherches qui s'inscrivent dans une perspective phénoménologique ou qui s'appuient sur les récits de vie mettent à contribution quelques sujets seulement, tandis que les recherches qui visent la construction théorique exigent un plus grand nombre de participants. Cela permet de faire ressortir qu'en recherche qualitative, ce n'est pas tant le nombre de sujets qui compte que la quantité de données collectées (Denzin et Lincoln, 1994).

Il existe tout de même certains principes de constitution des échantillons pouvant orienter le chercheur qui utilise une méthodologie qualitative. Ces principes s'articulent autour de l'idée que l'on a un échantillon suffisamment grand lorsque la poursuite de la collecte des données n'apprend plus rien au chercheur, n'apporte plus aucune idée nouvelle comparativement à celles qui ont déjà été trouvées, ne fournit pas une meilleure compréhension du phénomène étudié (Mucchielli, 1996). Ce principe est connu sous le nom de *saturation* (Morse, 1994 ; Deslauriers, 1991). Étroitement associé à ce principe est celui de la diversification : « le chercheur ne peut être assuré d'avoir atteint la saturation que dans la mesure où il a consciemment cherché à diversifier au maximum ces informateurs » (Bertaux, 1980 : 207). Ce second principe cherche à « diversifier les cas de manière à inclure la plus grande variété possible, indépendamment de leur fréquence statistique » (Pires, 1997 : 155). Dans les écrits, on retrouvera aussi d'autres concepts, tels que la répétition ou la redondance, qui renvoient à l'idée de saturation des données constatée à l'étape de la collecte de données (Denzin et Lincoln, 1994 ; Patton, 1990).

> Vous menez des entrevues auprès de jeunes décrocheurs. Vous avez à ce jour rencontré 26 jeunes. Depuis les deux dernières entrevues, vous avez le sentiment de ne plus rien apprendre de nouveau. Les réponses formulées par les jeunes ont déjà été mentionnées dans des entrevues précédentes. Le matériel livré apparaît répétitif. Vous poursuivez tout de même la collecte des données et rencontrez trois autres jeunes, ce qui confirme avec plus de certitude que cette étape de la recherche est terminée. Vous avez atteint le point de saturation.

La saturation des données, selon l'approche retenue, est déterminée soit à l'étape de la collecte des données, soit au moment de leur analyse (Mucchielli, 1996). Par exemple, dans les recherches de type descriptif-interprétatif (Tesch, 1990), la saturation est considérée atteinte lorsque le chercheur constate une redondance dans les propos des personnes qu'il interroge ou dans le matériel dont il prend connaissance. Dans la méthodologie découlant de la théorie ancrée (*grounded theory*), le point de saturation est établi à l'étape de l'analyse des données; la saturation ainsi atteinte est qualifiée de théorique puisqu'elle renvoie à la saturation des catégories permettant de définir un concept. Dans cette perspective, on doit donc analyser le matériel à mesure que se déroule la collecte des données. Pires (1997) propose de distinguer cette saturation théorique, qui se rapporte au concept, de la saturation empirique, qui est associée aux données. Mais quelle que soit la perspective de recherche, pour être en mesure de juger du nombre de personnes à rencontrer, le chercheur a intérêt tout au long de la collecte des données à s'interroger sur le matériel qu'il a en main afin de pouvoir déterminer le moment où il pourra s'arrêter.

On constate ainsi qu'il est impossible de déterminer à l'avance le nombre de personnes devant être rencontrées en entrevue ou le temps qu'il faudra passer à observer un groupe. Toutefois, dans une situation classique de recherche où les données sont collectées uniquement par entrevue semi-dirigée auprès de personnes vivant une situation commune relativement circonscrite et sur la base de différentes expériences de recherche (Côté et Couillard, 1995; Deslauriers, 1991; Saint-Jacques, 1998), on peut avancer qu'environ 30 entrevues permettront, probablement, d'atteindre le point de saturation des données. Cependant, il peut en être autrement lorsque les points de vue des personnes interrogées présentent une grande similitude; la saturation des données sera atteinte plus rapidement. Au contraire, si les points de vue sont très différents, il faudra conduire un nombre plus important d'entrevues pour arriver à cerner les différentes perspectives.

CONCLUSION

Nous avons vu, dans ce chapitre, qu'il existe deux grandes méthodes de constitution des échantillons: l'une basée sur la loi des probabilités, l'autre non. À chacune d'elles se rattachent un certain nombre de techniques. Les questions de méthode, de taille ou de caractère représentatif dépendent davantage du contexte de l'étude et des objectifs poursuivis. En matière d'échantillonnage, on prendra garde de céder à la tentation de la scientificité qui pourrait faire opter pour une méthode classique, c'est-à-dire probabiliste. En effet, bien que celle-ci possède des avantages certains, elle peut aussi comporter l'inconvénient de ne pas être adaptée à la réalité que l'on veut étudier. Si pour être plus près d'un vécu, d'une dynamique sociale, il faut mettre de côté quelques principes théoriques relatifs à la recherche dite scientifique, mieux vaut avoir des outils pertinents et une application réduite que des généralités non empreintes de la pratique sociale. Par contre, lorsqu'il est techniquement possible de recourir à un échantillon probabiliste et que les buts de la recherche sont mieux servis par une méthode qui permet la généralisation des résultats, alors il faut y recourir sans hésitation. On ne peut donc conclure à la prédominance d'une méthode d'échantillonnage sur une autre. Il s'agit encore une fois de mettre la méthode au service du développement des connaissances plutôt que l'inverse.

LECTURES SUGGÉRÉES

DESLAURIERS, J.P. (1991). *Recherche qualitative: guide pratique*, Montréal, McGraw-Hill, 142 p.

GILLES, A. (1994). *Éléments de méthodologie et d'analyse statistique pour les sciences sociales*, Montréal, McGraw-Hill, 571 p.

NEUMAN, L.W. (1997). *Social Research Methods*, Boston, Allyn and Bacon, 560 p.

PIRES, A.P. (1997). «Échantillonnage et recherche qualitative: essai théorique et méthodologique», dans J. Poupart, J.P. Deslauriers, L.H. Groulx, A. Laperrière, R. Mayer et A.P. Pires (sous la dir. de), *La recherche qualitative: enjeux épistémologiques et méthodologiques*, Boucherville, Gaëtan Morin Éditeur, p. 113-169.

SATIN, A. et SHASTRY, W. (1993*). L'échantillonnage: un guide non mathématique.* Ottawa, Statistique Canada, 100 p.

EXERCICES

1. Quel est le principal avantage lié à l'utilisation d'une méthode d'échantillonnage probabiliste?

2. Décrivez deux situations où il serait approprié d'utiliser une méthode d'échantillonnage non probabiliste.

3. Répondez par *Vrai* ou *Faux* à l'énoncé suivant:

    En recherche sociale, le potentiel de généralisation des résultats dans le choix d'une méthode d'échantillonnage est le principal critère à rechercher.

    Justifiez votre réponse.

Votre réponse aux numéros 4 à 7 doit porter sur chacun des éléments suivants:
    — population;
    — méthode d'échantillonnage;
    — taille de l'échantillon;
    — technique d'échantillonnage;
    — calcul.

4. Vous travaillez dans un CLSC et vous devez collaborer à une étude dont l'objectif est de dresser le portrait de la clientèle qui demande des services. Au cours de la dernière année, l'établissement a ouvert 967 dossiers répartis comme suit: 420 au service de maintien à domicile; 295 au service enfance-famille-jeunesse; 200 au service de périnatalité et 52 au service adulte-santé mentale. Les responsables de l'étude désirent obtenir un portrait général de la clientèle. Indiquez de quelle façon vous procéderiez pour tirer l'échantillon, en justifiant votre décision.

5. Vous désirez évaluer les répercussions de la pauvreté sur la santé mentale de femmes au foyer dans la région X. Vous croyez, entre autres, que la santé mentale des femmes est influencée par l'importance de leurs tâches familiales. Sachant que la région X compte 1 428 femmes au foyer qui n'ont pas d'enfant, 240 avec 1 enfant, 350 avec 2 enfants, 135 avec 3 ou 4 enfants et 21 avec 5 enfants ou plus, décrivez la procédure d'échantillonnage la plus appropriée à cette recherche, en justifiant votre choix.

6. Vous désirez effectuer un sondage auprès des résidants d'une municipalité, relativement à l'implantation d'une maison pour ex-patients psychiatriques. Vous voulez savoir si la population accueille favorablement ce projet. La municipalité compte 5 800 ménages, dont 2 900 familles biparentales, 1 000 familles monoparentales, 1 000 couples sans enfant et 800 personnes vivant seules. Comment procéderez-vous dans le choix de votre échantillon? Justifiez votre choix.

7. Vous êtes bénévole dans une résidence pour personnes atteintes du sida. Vous désirez connaître les besoins et les attentes des proches des personnes atteintes, de même que leurs stratégies d'adaptation. Au cours des cinq dernières années, 60 personnes ont séjourné de façon plus ou moins prolongée à la résidence. Comment procéderez-vous pour tirer votre échantillon? Justifiez votre choix.

8. Vous vous intéressez aux stratégies utilisées par les étudiants de niveau universitaire pour lutter contre le stress des examens. Décrivez comment vous procéderiez pour former les types d'échantillons suivants:
    — un échantillon de hasard simple;
    — un échantillon systématique;
    — un échantillon de volontaires.

CHAPITRE 4

Le questionnaire

Robert Mayer et Marie-Christine Saint-Jacques

MISE EN CONTEXTE

Les autorités municipales viennent d'annoncer la démolition de vastes pâtés de maisons dans le quartier dans lequel vous intervenez comme organisatrice communautaire du regroupement *Les gens de la rue*. Dans la préparation de l'action à entreprendre, vous voulez connaître l'opinion de tous les membres du groupe sur ce sujet, et non pas seulement l'opinion de ceux qui sont toujours présents aux assemblées ou qui viennent régulièrement au local. Comment procéder pour obtenir cette information de la part d'un grand nombre de personnes? Le questionnaire s'avère être une très bonne solution.

INTRODUCTION

De façon générale, le questionnaire est un instrument de recherche ayant pour base la communication écrite entre le chercheur et l'informateur. Il s'agit d'une communication structurée dans la mesure où elle se fonde sur une série de questions et de réponses précises. Le questionnaire représente ainsi une forme plus structurée d'entrevue (Caplow, 1970).

Il est un outil de recherche indispensable à maîtriser pour le chercheur. Instrument tout à fait adapté pour des études portant sur des grands échantillons et pour les enquêtes quantitatives, il permet de systématiser et de standardiser les observations (Chauchat, 1985).

4.1 LES ÉTAPES D'ÉLABORATION DU QUESTIONNAIRE

Selon Kornhauser et Sheatsley (1977), un questionnaire s'élabore suivant six étapes:

1. Décider de l'information à rechercher;
2. Décider du type de questionnaire à employer;
3. Rédiger une première ébauche du questionnaire;
4. Réexaminer et réviser les questions;
5. Procéder à un prétest du questionnaire;
6. Faire la mise au point finale du questionnaire et définir son mode d'emploi.

4.1.1   Première étape: décider de l'information à rechercher

La formulation précise de la situation à étudier sert de point de départ à l'élaboration du questionnaire. La question à se poser est: De quelle information ai-je besoin pour éclairer la problématique? Il faut s'en tenir à l'information recherchée, car il ne sert à rien d'accumuler du matériel qu'on ne sera pas en mesure de traiter par la suite.

Le contenu des questions sera donc déterminé par les objectifs et par le schéma conceptuel explicite de la recherche. C'est pourquoi, après avoir déterminé les concepts auxquels on s'intéresse et leurs interrelations, il faut définir le genre d'informations à recueillir. Chacun des concepts choisis devra donc être précisé, c'est-à-dire traduit en dimensions, s'il y a lieu, et en indicateurs.

4.1.2   Deuxième étape: décider du type de questionnaire à employer

La forme qu'il convient de donner à un questionnaire dépend de la façon de le soumettre aux gens, du sujet étudié, de l'échantillon d'individus à atteindre (selon le niveau d'éducation, le niveau social, etc.) et de la sorte d'analyse et d'interprétation prévues. Aussi, à cette étape, la question à se poser est: Comment aller chercher l'information dont j'ai besoin?

Les étapes 1 et 2 marquent le passage du niveau conceptuel et abstrait d'une étude à son niveau mesurable et observable. Ce passage est grandement facilité par la construction d'un tableau d'opérationnalisation, dont il a été question au chapitre 2.

4.1.3   Troisième étape: rédiger une première ébauche du questionnaire

La rédaction de la première ébauche du questionnaire consiste à dresser une liste des thèmes à aborder et à considérer soigneusement la séquence dans laquelle ils le seront. L'établissement de cette séquence suppose d'abord la prise en compte du répondant. Il s'agit en fait de déterminer dans quel ordre doivent être traités les thèmes à l'étude afin de maximiser la collecte des données. Puis, il faut rédiger les questions. En plus des questions jugées essentielles, il est parfois sage d'inclure quelques questions supplémentaires visant à vérifier la fidélité des réponses. On peut s'inspirer de questionnaires préparés antérieurement sur les mêmes problèmes ou sur des problèmes similaires. Mais on doit s'efforcer non seulement d'améliorer les questions, mais aussi de les formuler d'une nouvelle façon chaque fois qu'il sera avantageux de le faire.

4.1.4 Quatrième étape: réexaminer et réviser les questions

On demandera à des individus de divers courants théoriques, idéologiques et méthodologiques qui ont une expérience de ce type d'instrument ainsi que du problème à l'étude de faire une lecture critique du questionnaire afin d'obtenir leur avis sur sa capacité de bien mesurer ce qu'il est censé mesurer. Il en va de même pour les représentants de divers groupes (minorités culturelles ou ethniques, les hommes et les femmes, etc.) pour éviter les biais dans la formulation des questions. En somme, tout questionnaire a avantage à être critiqué à divers points de vue par des personnes différentes.

4.1.5 Cinquième étape: procéder à un prétest du questionnaire

Avant d'utiliser le questionnaire, on procédera à un prétest, c'est-à-dire qu'on le fera passer à des individus dont les caractéristiques sont semblables à celles des individus que l'on souhaite interroger. Si cela n'est pas possible, il faut se tourner vers les personnes qui connaissent le mieux celles qui seront interrogées pour la recherche. Généralement, les personnes ayant participé au prétest ne peuvent faire partie de l'échantillon définitif, particulièrement si ces prétests ont donné lieu à des modifications de l'instrument. Cette première expérience vise à vérifier l'adéquation du questionnaire pour voir comment il s'applique et pour découvrir si des modifications s'imposent avant d'entreprendre la recherche proprement dite. Le prétest constitue un moyen de dépister et de résoudre les problèmes imprévus de l'application du questionnaire, tels que la formulation et l'ordre des questions ou la longueur du questionnaire. En plus de permettre d'éliminer des questions, le prétest peut faire apparaître la nécessité de nouvelles questions.

4.1.6 Sixième étape: faire la mise au point finale du questionnaire et définir son mode d'emploi

Une fois toutes les étapes précédentes effectuées, le chercheur doit procéder à une mise au point finale pour s'assurer que chaque élément résiste à l'examen: le contenu, la forme et l'ordre des questions, l'espacement et l'agencement des questions, l'apparence du questionnaire et l'explication claire et simple de la façon de procéder pour le remplir. Cette mise au point a pour objectif principal de rendre le questionnaire aussi clair et facile à remplir que possible. Il en va de la qualité des observations qu'il permettra de recueillir. Au terme de cette étape, le questionnaire devrait être prêt à utiliser.

4.2   LES TYPES DE QUESTIONS

Il existe plusieurs types de questions qu'il est possible de subdiviser selon la nature de la question, du choix de réponse ou de l'information recherchée. En pratique, pour obtenir des questionnaires satisfaisants, il est généralement préférable d'utiliser différents types de question.

4.2.1   La nature de la question: directe ou indirecte

On peut poser des questions de façon directe ou indirecte. Ainsi, on peut interroger le répondant sur son revenu en lui posant une question directe et en lui fournissant un éventail de réponses.

Question directe

Quel est votre revenu familial annuel?

Moins de 19 999 $	☐	De 40 000 $ à 49 999 $	☐
De 20 000 $ à 29 999 $	☐	Plus de 50 000 $	☐
De 30 000 $ à 39 999 $	☐		

Par contre, une donnée peut souvent être difficile à obtenir de façon directe: les personnes interrogées peuvent trouver la question trop indiscrète ou ne pas donner la réponse adéquate (par exemple, s'ils associent le revenu au prestige, en exagérant leurs gains). On peut alors penser, s'il s'agit du revenu, à un ensemble de questions indirectes portant sur le type d'emploi, les sources de revenu, le statut de propriétaire ou de locataire, l'endroit de résidence, etc., somme toute, à d'autres indicateurs qui permettent d'estimer, indirectement, le revenu de l'interrogé.

Question indirecte

Indiquez si vous êtes locataire, propriétaire ou copropriétaire.

a) locataire ☐   *b*) propriétaire ☐   *c*) copropriétaire ☐

Quel type d'emploi occupez-vous? _____

Dans quel quartier de la ville de Z vivez-vous? _____

Une question indirecte peut être basée sur la réalité, comme dans les exemples précédents. Elle peut aussi être basée sur une fiction. On dira alors qu'il s'agit d'une question indirecte projective. Ce type de question est particulièrement approprié lorsque le thème abordé renvoie à un problème délicat. Le chercheur doit donc créer une situation fictive et demander à l'interrogé de s'identifier à l'un ou l'autre des comportements proposés. Ainsi, il est amené à donner sa perception de son comportement éventuel dans une situation donnée.

Question indirecte projective

Vous découvrez que votre père a eu une relation sexuelle avec votre jeune sœur.

Qu'avez-vous l'intention de faire?

Garder le silence. ☐

Attendre d'être certain du fait à cent pour cent avant d'agir. ☐

En parler avec les autres membres de ma famille. ☐

En parler avec mon père. ☐

Sortir ma sœur de la famille. ☐

Dénoncer mon père aux autorités policières ou à la Direction de la protection de la jeunesse ☐

4.2.2   La nature du choix de réponse

On retrouve deux grandes formes de choix de réponse: fermé ou ouvert. Dans le langage courant de la recherche, on parlera de questions fermées ou de questions ouvertes. Une question est dite fermée lorsque les réponses possibles sont déjà établies. La question fermée dichotomique (signifiant «deux») consiste à offrir deux réponses possibles: oui-non, vrai-faux, d'accord-pas d'accord.

Question fermée dichotomique

Êtes-vous satisfait des services à domicile qui vous sont dispensés par l'organisme Y?

oui ☐   non ☐

La question fermée polytomique offre par contre un éventail de réponses. Deux formes sont possibles. Dans la première, les réponses ne sont pas exhaustives, aussi le répondant peut-il choisir la réponse «autres». Elles peuvent également ne pas être exclusives, les répondants sont alors libres de choisir plus d'une réponse.

Question fermée polytomique dont les réponses ne sont ni exhaustives ni exclusives

À quel(s) journal(aux) êtes-vous abonné(e)?

La Presse   ☐

Le Devoir   ☐

Le Journal de Québec   ☐

Le Journal de Montréal   ☐

Le Soleil   ☐

The Gazette   ☐

Autres   ☐

Précisez: _____

La seconde forme suppose que toutes les réponses possibles sont énumérées; le répondant ne peut alors choisir qu'une seule réponse. Toutefois, il est parfois difficile d'établir une liste exhaustive et de s'assurer que le choix d'une réponse entraîne le rejet de toutes les autres.

Questions fermées polytomiques dont les réponses sont exhaustives et exclusives

Quel est le dernier diplôme d'études que vous avez obtenu?

primaire   ☐   collégial   ☐

secondaire   ☐   universitaire ☐

Quelle est votre opinion au sujet des services que vous recevez à domicile?

a) Ces services sont tout à fait adéquats.   ☐

b) Il y aurait quelques petites modifications à apporter pour améliorer
     ces services.   ☐

c) D'importants besoins ne sont pas comblés; il faudrait revoir
     ces services.   ☐

d) Ces services sont en tout point inadéquats et insatisfaisants.   ☐

L'avantage des questions fermées est de simplifier la tâche des personnes interrogées en leur donnant des solutions toutes faites. Les réponses sont plus facilement comparables et la codification s'en trouve simplifiée. Toutefois, elles ont pour inconvénient de limiter la liberté de choix des répondants, particulièrement dans le cas de la question fermée dichotomique.

Une question est dite ouverte quand une personne interrogée peut y répondre à sa façon et donner son opinion concernant un problème. Cela suppose non seulement que le répondant connaît le problème, mais aussi qu'il s'est formé une opinion assez précise sur le sujet puisque aucun choix de réponses ne lui est proposé. Ainsi, les questions ouvertes permettent de mieux connaître l'opinion réelle du répondant; par contre, il est plus difficile de codifier les réponses, car elles présentent une foule de nuances.

Question ouverte
Que pensez-vous des services d'aide à domicile que vous recevez?

4.2.3   La nature de l'information

On peut aussi distinguer différents types de questions selon la nature de l'information recherchée. Ainsi, les questions peuvent chercher à documenter des faits, des intentions, des opinions, des sentiments, elles peuvent tenter d'évaluer l'intensité d'une opinion ou chercher à circonscrire une explication.

Les *questions de faits* sont souvent indispensables pour classer les réponses (par exemple selon l'âge, le sexe, le degré de scolarité, la profession, etc.). Les réponses aux questions de faits sont généralement précises et faciles à obtenir.

Question de fait
Quel est votre sexe?
masculin ☐   féminin ☐

Les *questions d'intention, d'opinion, de sentiments* demandent à une personne de dire ce qu'elle pense, non ce qu'elle fait ou ce qu'elle sait. Selon le degré de précision dont il a besoin, le chercheur optera pour une question ouverte ou fermée.

> **Questions d'opinion, de sentiments**
>
> Êtes-vous pour ou contre la création d'emplois dans le cadre des chantiers sur l'économie sociale?
>
> pour ☐   contre ☐
>
> Qu'avez-vous ressenti la journée où l'intervenant de la protection de la jeunesse s'est présenté à votre domicile pour vous informer que la situation de votre enfant avait été signalée à la DPJ?

La *question d'évaluation de l'intensité* permet de mesurer l'intensité de l'opinion. On fournit un choix de réponses qui vont de l'approbation enthousiaste à la désapprobation totale, en passant par l'approbation nuancée, l'indifférence et la désapprobation nuancée. Dans sa forme la plus simple, il s'agit d'une question qui propose un éventail de réponses. Dans sa forme la plus complexe, ce type de question s'inscrit dans un ensemble organisé visant à mesurer les attitudes des gens. On parle alors d'échelles d'attitudes qui constituent une forme toute particulière de questions et dont les règles de construction sont fournies en annexe du présent chapitre.

> **Question d'évaluation de l'intensité**
>
> Il est naturel dans une société de retrouver une majorité de femmes en travail social et une majorité d'hommes en génie informatique.
>
> tout à fait d'accord ☐   pas d'accord ☐
>
> d'accord ☐   pas du tout d'accord ☐
>
> indécis ☐

La *question d'explication* cherche à connaître les circonstances et les motifs qui influencent l'individu dans ses prises de position. Le chercheur peut ainsi mieux définir les aspects qualitatifs de l'opinion du répondant. Ce type de question prend généralement la forme d'une question ouverte.

> **Question d'explication**
>
> Selon vous, quelles actions prioritaires devrait privilégier le groupe *Les gens de la rue* en ce qui concerne la démolition de plusieurs pâtés de maisons du quartier?

◼ 4.3   LA FORMULATION DES QUESTIONS

Il n'existe aucune recette miracle pour construire un questionnaire. D'une façon générale, une bonne question doit regrouper les qualités suivantes:

— être claire;

— contenir une seule idée ou être unidimensionnelle, c'est-à-dire ne porter que sur un seul aspect du problème;

— être exprimée en des termes accessibles aux informateurs;

— être pertinente par rapport à l'information recherchée;

— être neutre, c'est-à-dire non biaisée.

Il existe trois façons de provoquer le biais:

1. Présenter dans la question une seule des options possibles.

> La loi limitant l'entrée des immigrants au Canada devrait être adoptée rapidement, n'est-ce pas?
>
> oui ☐   non ☐   incertain(e) ☐

On connaît en effet l'attraction que provoque la réponse positive. Si on ne présente dans la question que l'option positive, les participants ont tendance à répondre «oui»;

2. Valoriser un genre de réponse au détriment d'un autre.

> Êtes-vous d'accord ou non avec l'énoncé suivant: «Les centres de réadaptation pour jeunes contrevenants sont des écoles du délit»?
>
> tout à fait d'accord   ☐
>
> pas d'accord   ☐
>
> tout à fait en désaccord ☐

En proposant plus de réponses négatives que positives, on risque d'influencer la réponse;

3. Poser un jugement de valeur dans la question.

> Êtes-vous d'accord ou non avec la baisse injustifiable des allocations familiales imposées aux familles de revenu moyen?
>
> d'accord ☐   pas d'accord ☐

Le libellé de la question ne doit comporter aucun terme à consonance morale ou portant un jugement de valeur. Il importe toutefois de préciser que, lorsque la question s'inscrit dans un ensemble de questions cherchant à mesurer une attitude (voir l'annexe à la fin de ce chapitre), des questions comportant des jugements de valeur sont permises. Dans ce cas précis, on cherche à connaître les valeurs auxquelles adhère le répondant, en prenant soin, cependant, de lui présenter de manière équilibrée toutes les positions possibles. En dehors de ce contexte particulier, la présence d'un jugement de valeur dans la formulation d'une question constitue un biais qu'il faut éviter.

La personnalisation des questions, avec des tournures comme «Pensez-vous que…?», «D'après vous…?», etc., facilite évidemment le lien de confiance avec la personne interrogée en valorisant son opinion. Il s'agit d'utiliser ce type de question lorsque le sujet abordé n'est pas trop personnel. Il faut aussi éviter de recourir à des mots trop chargés d'affectivité, qui sollicitent la sympathie ou l'antipathie des gens (par exemple, les mots «paresseux», «voleur», etc.). Enfin, on choisira des mots que les interrogés les moins instruits pourront comprendre. Si quelqu'un ne saisit pas la question, il se sentira inférieur et accordera difficilement sa coopération. Même s'il coopère, il répondra mal; cela diminuera la validité du questionnaire, qui ne recueillera plus les informations désirées.

4.4 LA MISE EN ORDRE DES QUESTIONS

Il est nécessaire d'utiliser plusieurs questions afin de bien saisir les différents aspects d'un sujet; en fait, il est impossible de tout saisir en une seule question si le sujet est complexe. Une question suffira pour certaines informations de type factuel (âge, sexe, niveau de scolarité), alors que des informations sur l'occupation (genre d'emploi, niveau professionnel, secteur de travail, stabilité, sécurité, etc.) en exigeront une série. Si l'on s'intéresse aux attitudes et aux aspirations, il faudra plusieurs questions bien formulées pour les caractériser d'une manière satisfaisante.

De façon générale, il faut regrouper toutes les questions qui se rapportent à un même aspect du sujet afin que l'interrogé puisse mieux se concentrer; si ces questions sont dispersées, les réponses peuvent être superficielles. Plus concrètement, les questions seront classées, dans la plupart des cas, du général au particulier, du facile au difficile et de l'impersonnel au personnel.

Pour ce faire, on utilise la technique de l'entonnoir, qui consiste à ordonner les questions en commençant par les plus générales (par exemple, celles qui portent sur des faits, car il est plus facile d'y répondre), pour présenter graduellement des questions de plus en plus complexes (par exemple, les questions d'opinion). Il doit exister une logique interne dans la construction d'un questionnaire.

Il faut aussi prévoir une transition entre les séries de questions. Ce peut être un sous-titre ou une phrase annonçant le changement de sujet. Ainsi, la personne interrogée constatera qu'elle passe à un autre aspect du sujet et sera mieux en mesure de répondre. Il importe également de varier la forme des questions pour éviter la monotonie, surtout si le questionnaire est long.

On s'entend généralement pour dire qu'un questionnaire à choix de réponses fermées devrait pouvoir être rempli en un maximum de 45 minutes (environ 30 questions brèves) si on le fait au domicile de la personne interrogée ou dans un lieu tranquille. Dans le cas où l'échantillonnage se fait sur place (dans la rue ou un lieu public), on doit veiller à ne pas retenir la personne plus de dix minutes.

En résumé, le nombre des questions contenues dans un questionnaire varie en fonction des critères suivants: nombre et complexité des variables étudiées, caractéristiques de la population cible et du personnel de recherche, et façon de faire passer le questionnaire.

4.5   LA PRÉSENTATION DU QUESTIONNAIRE

L'impression première que produit un questionnaire sur un individu influencera son degré de participation et la qualité de ses réponses. La présentation doit donc être efficace et, pour cela, elle doit être courte, claire et précise. Concrètement, il faut:

— indiquer l'organisme pour qui on fait la recherche;

— préciser la raison et les buts de cette recherche ainsi que l'importance de répondre au questionnaire;

— assurer aux participants le caractère confidentiel des informations qu'ils livreront;

— faciliter, s'il y a lieu, l'expédition du questionnaire une fois rempli;

— motiver les participants en soignant la présentation visuelle du questionnaire (texte aéré, sans erreurs, etc.);

— faciliter la réponse aux questions (indiquer comment répondre, à quel endroit, etc.);

— remercier les participants de leur collaboration.

Ces points sont particulièrement importants lorsque le chercheur n'est pas en présence des participants remplissant le questionnaire. Il ne peut pas alors motiver la personne à participer ou lui clarifier certains aspects.

En ce qui concerne le questionnaire distribué par la poste, d'autres facteurs exercent une influence sur le taux de réponse:

— la renommée de l'organisme qui patronne le questionnaire;

— les moyens utilisés pour encourager les gens à répondre;

— l'intérêt que les questions comportent pour eux.

Exemple de présentation d'un questionnaire sous forme de lettre

Bonjour,

Vous avez récemment participé, avec votre enfant, aux ateliers *Les bouts de chou*. Dans le but de maintenir un service de qualité aux parents et aux enfants du quartier, nous avons décidé d'évaluer ces ateliers de stimulation précoce. Votre participation à cette recherche est très importante puisqu'elle nous permet de connaître votre opinion sur les activités offertes par notre organisme et votre degré de satisfaction. Vous êtes libre de répondre à ce questionnaire et soyez assurés que toutes les réponses que vous fournirez demeureront strictement confidentielles. Veuillez indiquer vos réponses en encerclant le chiffre correspondant. Une fois le questionnaire rempli, veuillez le retourner dans l'enveloppe ci-jointe ou le déposer à notre local dans la boîte prévue à cet effet. Je vous remercie de votre collaboration.

La coordonnatrice des ateliers *Les bouts de chou*,
Camille Simon

Bref, les questionnaires qu'on a le plus de chances de voir revenir sont ceux dont la présentation est attrayante, qui sont courts, clairs, faciles à remplir et à renvoyer à l'expéditeur, et qui sont proposés dans un contexte qui motive les sujets (Selltiz, Wrightsman et Cook, 1977).

Cependant, malgré tous ses efforts, le chercheur peut se heurter à des oppositions qui se traduisent par le refus plus ou moins avoué de répondre au questionnaire. En général, le taux de refus dans les sondages varie entre 20 % et 50 % selon le mode d'administration utilisé (Blais et Durand, 1997).

La lettre de présentation d'une étude contient généralement la description des personnes que la recherche tente de rejoindre. Il n'est donc pas rare que les premières questions d'un questionnaire visent à vérifier l'admissibilité des interrogés. Dans tous les cas où une personne interrogée se révèle non admissible au questionnaire, il importe de lui expliquer pourquoi elle ne peut faire partie de l'étude et la remercier de sa collaboration.

Exemple de questions permettant de vérifier l'admissibilité d'un participant à une recherche

Avez-vous des enfants?

oui ☐   non ☐

Occupez-vous un emploi à l'extérieur de la maison?

oui ☐   non ☐

Cette étude porte sur la situation des mères de famille occupant un emploi à l'extérieur de la maison. Si vous avez répondu «non» à l'une ou l'autre des questions précédentes, veuillez ne pas continuer à remplir ce questionnaire. Nous vous remercions de votre collaboration.

CONCLUSION

Le questionnaire est un outil de collecte de données à privilégier dans certaines circonstances (De Robertis et Pascal, 1987; Chauchat, 1985; Tremblay, 1968):

— il est tout à fait adapté pour de grands échantillons;

— sa forme se prête bien aux enquêtes quantitatives;

— il est bien indiqué pour recueillir des données sur les faits, les pratiques et les connaissances, mais beaucoup moins pour recueillir des jugements subjectifs;

— il permet la systématisation et la standardisation des observations, car il présente exactement les mêmes énoncés aux individus interrogés;

— il permet de recueillir des données et de dépouiller les réponses relativement simplement;

— il permet de comparer les données obtenues parce qu'elles sont quantifiées;

— il permet la généralisation des résultats lorsqu'il est administré à un échantillon statistiquement représentatif de la population;

— ses coûts sont beaucoup moins élevés que ceux de l'entrevue.

LECTURES SUGGÉRÉES

CHAUCHAT, H. (1985). *L'enquête en psycho-sociologie*, Paris, PUF, 253 p.

GRAWITZ, M. (1990). *Lexique des sciences sociales*, Paris, Dalloz, 1 140 p.

JAVEAU, C. (1990). *L'enquête par questionnaire*, Bruxelles, Éditions d'Organisation, 158 p.

MUCCHIELLI, R. (1988). *Opinions et changement d'opinion*, Paris, Les éditions ESF, 150 p.

SELLTIZ, C., WRIGHTSMAN, L.S. et COOK, S.W. (1977). *Les méthodes de recherche en sciences sociales* (traduit par D. Bélanger), Montréal, HRW, 606 p.

EXERCICES

1. Que permet l'utilisation du questionnaire?

    a) La description des observations.

    b) La quantification des observations.

    c) La comparaison des observations.

    d) La généralisation des résultats (à certaines conditions).

    e) *a*, *b* et *c* sont vrais.

    f) Toutes ces réponses sont vraies.

2. Vous désirez mener une étude sur les réactions des enfants au divorce de leurs parents. Vous projetez notamment de cerner les réactions émotives des enfants. Votre population à l'étude se compose d'enfants âgés de six à huit ans. Le questionnaire à questions directes serait-il un instrument à privilégier?

    oui   ☐

    non   ☐

    Justifiez votre réponse.

3. Mme Beaulieu est connue comme étant une personne à tendances racistes, à tel point qu'elle déménagerait si son propriétaire louait l'appartement voisin du sien à des personnes de race noire. Cependant, lorsqu'elle a reçu par la poste un questionnaire où on lui demandait: «Êtes-vous d'accord avec l'idée que le gouvernement devrait permettre l'admission de plus d'immigrants en provenance d'Haïti?», elle a répondu «oui». Comment expliquez-vous sa réponse?

4. Voici deux types de question portant sur le même sujet:

    a) Que pensez-vous de la peine de mort?

    _____

    _____

    _____

    b) Au sujet de la peine de mort, diriez-vous que vous êtes:

    absolument d'accord?   ☐

    modérément d'accord?   ☐

    indifférent?   ☐

    modérément en désaccord?   ☐

    absolument contre?   ☐

    Précisez le type et l'objectif de chacune de ces deux questions.

5. Voici les trois premières questions d'un questionnaire portant sur les mesures disciplinaires exercées par les parents. Énumérez au moins quatre

erreurs dans la construction de ce questionnaire qui peuvent biaiser les réponses de participants.

a) Que pensez-vous des parents qui battent leurs enfants?

_____

_____

_____

b) Quel(s) comportement(s) adoptez-vous lorsque vous devez punir votre enfant?

Je l'envoie réfléchir dans sa chambre. ☐

Je le prive de quelque chose qu'il aime. ☐

Je cesse de lui parler. ☐

Je lui donne une fessée. ☐

c) Êtes-vous d'accord ou non avec le fait qu'une fessée est le meilleur moyen pour faire comprendre à un enfant qu'il a mal agi et pour calmer le parent excédé par les comportements de l'enfant?

tout à fait d'accord ☐

pas d'accord ☐

tout à fait en désaccord ☐

ANNEXE

La mesure des attitudes :
un type de questions assez complexe

Marie Drolet, Marie-Christine Saint-Jacques et Francine Ouellet

Les chercheurs s'intéressent aux comportements des gens et vont les observer. Ils s'intéressent au vécu des gens et vont les rencontrer et les interroger. Mais qu'en est-il des attitudes de ces clients? Comment observe-t-on ou mesure-t-on des attitudes? Les différentes échelles d'attitudes constituent en ce sens une forme toute particulière de questions dont la construction, assez complexe il est vrai, sera décrite ici.

Le concept d'attitude est, de façon générale, associé à celui d'opinion. Cependant, si une opinion peut être accidentelle ou isolée, une attitude est une prédisposition à agir, c'est-à-dire une prise de position plus ancrée chez l'individu et qui se rattache à des éléments stables propres à chacun (Mucchielli, 1975a, 1988). Toutefois, il n'est pas possible d'appréhender l'attitude d'une personne autrement que par le canal de ses opinions. Il s'agit donc de prendre en compte une série d'opinions afin de s'assurer de véritablement cerner l'attitude de cet individu.

Plusieurs auteurs (Scott, 1968; Mucchielli, 1975b; Debaty, 1967) ont traité des attributs propres à l'attitude. Les quatre attributs principaux sont: le contenu, la direction, l'intensité et les dimensions. Le contenu de l'attitude est donc l'objet à mesurer. Le contenu est ce sur quoi porte une attitude ou encore ce pour quoi on est prédisposé à agir. L'attitude comporte aussi une *direction* ou une *valence* se définissant par un continuum allant d'un extrême à l'autre, d'une attitude très positive à une attitude très négative, du très favorable au très défavorable, en passant par un point zéro: l'indifférence, généralement appelée *point neutre*. Une attitude possède aussi une *intensité* se rapportant au degré de force de son expression. Enfin, l'échelle de mesure utilisée peut porter sur une seule *dimension* ou sur plusieurs aspects d'une même attitude.

Pour terminer cette présentation des attributs de l'attitude, voyons comment les repérer concrètement. Dans le tableau qui suit, l'attitude à mesurer concerne la prédisposition individuelle à agir face à l'avortement. L'avortement est donc le contenu de l'attitude. Ce sujet, l'avortement, étant complexe en soi, peut être traité selon plusieurs dimensions. À titre d'exemple, on peut parler de la question du libre choix, des méthodes thérapeutiques ou non thérapeutiques, des aspects juridiques, des critères d'admissibilité, etc. Dans ce cas-ci, l'échelle mesure plusieurs dimensions de l'attitude face à l'avortement. La valence ou la direction de l'attitude s'exprime par le pointage allant de 1 à 5, de «tout à fait en désaccord» à «tout à fait d'accord», en passant par un point neutre: 3. Quant à l'intensité, elle correspond aux réponses éventuellement encerclées par le répondant.

Les attributs de l'attitude — exemple (échelle de type Likert)

Question: Face à chacun des énoncés suivants, indiquez, en encerclant le chiffre correspondant, votre degré d'accord ou de désaccord. Veuillez n'encercler qu'un seul chiffre.

	Échelle				
Énoncé	tout à fait en désaccord	en désaccord	neutre	d'accord	tout à fait d'accord
1. L'avortement est essentiellement un problème de libre choix.	1	2	3	4	5
2. Un avortement est en soi antisocial, donc illégal.	1	2	3	4	5
3. L'âge de la mère est une variable importante dans la décision d'avorter ou non.	1	2	3	4	5

Différentes méthodes peuvent être utilisées pour mesurer les attitudes. Les échelles sont probablement la méthode la plus employée. Nous en examinerons quatre formes particulières, soit: les échelles d'autonotation ou d'autoposition, l'échelle de Bogardus, l'échelle de Thurstone et l'échelle de Likert.

LES ÉCHELLES D'AUTONOTATION OU D'AUTOPOSITION

Ces échelles consistent à soumettre au sujet une opinion ferme (correspondant à une attitude systématisée), et on lui demande «s'il l'approuve absolument, modérément, s'il y est indifférent, s'il la désapprouve modérément ou absolument» (Mucchielli 1975b: 27). Ainsi, à titre d'exemple d'échelle d'autonotation, on pourrait poser la question figurant dans l'encadré ci-dessous:

Exemple d'échelle d'autonotation
La violence faite aux femmes est un phénomène social grandissant et impardonnable. Les auteurs de cette violence devraient être punis sévèrement.

→

Par rapport à cet énoncé, êtes-vous:

1) tout à fait d'accord?   ☐

2) modérément d'accord?   ☐

3) indifférent?   ☐

4) modérément en désaccord?   ☐

5) tout à fait en désaccord?   ☐

L'autoposition[1] permet par contre plus de nuances puisque la personne interrogée se situe elle-même sur un continuum.

Exemple d'échelle d'autoposition

Par rapport à l'exemple précédent, on demande au répondant de situer son opinion sur l'échelle suivante:

Tout à fait d'accord		Tout à fait en désaccord
Extrême gauche	Centre	Extrême droite

$$\longleftarrow \quad -10 \qquad -5 \qquad 0 \qquad 5 \qquad 10 \quad \longrightarrow$$

Il faut cependant se méfier, car la position du centre ne correspond pas toujours à une position d'indifférence (Chauchat, 1985). Le répondant peut choisir cette position parce qu'il refuse de répondre ou encore parce qu'il ne sait quoi répondre. Il pourrait aussi choisir la position centrale car son opinion va tantôt à un extrême, tantôt à un autre. Enfin, la personne interrogée peut choisir le point neutre comme solution de facilité.

Cette première forme d'échelle s'avère cependant assez élémentaire et imprécise. Trois autres formes, plus complexes sur le plan de la construction, constituent des outils plus valides et fiables de la mesure des attitudes. Il s'agit des échelles de Bogardus, de Thurstone et de Likert (probablement la plus utilisée). Plusieurs caractéristiques distinguent ces échelles tant dans leur construction que dans leur forme. Elles ont cependant en commun de demander à ceux qui les remplissent d'inscrire leur approbation ou leur désapprobation relativement à une série d'énoncés qui se rapportent à une dimension d'une attitude; on s'appuie sur ces réponses pour attribuer les scores (Selltiz, Wrightsman et Cook, 1977: 408). Dans ces échelles, on ne se concentre pas sur les éléments du questionnaire pris séparément, mais plutôt sur le «score total de chaque sujet ou [les] scores

---

1. En recherche évaluative, on utilisera aussi, pour désigner ce genre d'échelle, le terme d'«auto-ancrage» (voir le chapitre 12).

dérivés qui résultent de la fusion des réponses aux items variés» (*ibid.*). On demande quelquefois une position très générale ou parfois des «questions à caractère concret dont l'interprétation aboutit au même résultat» (Foulquié, 1978 : 18).

L'ÉCHELLE DE BOGARDUS

Brimo (1972) nous rappelle que l'échelle de Bogardus est la plus ancienne des échelles d'attitudes. Échelle unidimensionnelle, elle ne mesure qu'une dimension : la distance sociale par rapport à certains groupes. Elle est ordinale, puisque les éléments de l'échelle sont ordonnés de façon croissante, mais sans intervalles équivalents entre eux. Enfin, elle est aussi dite cumulative parce qu'elle est constituée d'une série d'énoncés organisés de telle façon qu'une réponse donnée est valable pour les énoncés précédents, mais non pour les suivants.

Les énoncés proposés dans une échelle de ce type sont des énoncés d'opinions ou d'attitudes qui ont été choisies par des juges et classées selon un ordre logique d'intensité croissante. C'est donc cette liste en crescendo qui constitue l'échelle ; celle-ci a la forme d'un tableau à double entrée. Dans l'échelle créée à l'origine par Bogardus, on trouve, en abscisse, le nom de différents groupes ethniques et, en ordonnée, un certain nombre de propositions concernant le type de rapports que l'on peut entretenir avec les personnes de chacune de ces ethnies. Les personnes interrogées sont donc appelées à se prononcer quant à la distance sociale qu'elles entretiennent avec chacun de ces groupes.

On ajoute généralement la recommandation suivante au questionnaire : «Vous devez considérer chaque race ou nationalité dans son ensemble sans tenir compte des individus que vous avez pu apprécier personnellement en bien ou en mal» (Brimo, 1972 : 242).

L'échelle de Bogardus permet donc de mesurer la tolérance à l'égard des différents groupes mentionnés. Bogardus est même allé jusqu'à imaginer une ethnie, les Brombiniens, pour étudier la relation pouvant exister entre ignorance et inquiétude. Les données recueillies ont démontré une très forte relation entre ces deux variables ; concrètement, plus le répondant est ignorant, moins il est tolérant. L'ignorance engendre donc une attitude d'inquiétude ou de crainte, qui se traduit par un comportement d'intolérance. L'échelle de Bogardus peut aussi être utilisée afin de mesurer la distance sociale éprouvée vis-à-vis de divers groupes sociaux, religieux, etc.

Adaptation d'une échelle de Bogardus

Cette question a pour objectif de mesurer la distance sociale de la personne interrogée par rapport aux personnes atteintes du sida.

→

Question : En répondant le plus spontanément possible et sans tenir compte des personnes sidéennes que vous pourriez avoir connues personnellement, jusqu'où seriez-vous prêt à vous engager dans une relation avec une personne atteinte du sida ? Veuillez indiquer votre réponse en encerclant le chiffre correspondant.

1. Je ne veux aucun contact, ni de près, ni de loin, avec une personne atteinte du sida.

2. J'accepterais qu'une personne atteinte du sida réside dans la même ville que moi.

3. J'accepterais d'avoir comme voisin(e) une personne atteinte du sida.

4. J'accepterais d'avoir comme collègue une personne atteinte du sida.

5. J'accepterais de partager une chambre d'hôpital avec une personne atteinte du sida.

6. J'accepterais d'avoir comme ami(e) personnel(le) une personne atteinte du sida.

7. J'accepterais d'avoir comme conjoint(e) une personne atteinte du sida.

La réponse d'un individu peut donc se situer sur un continuum allant du refus catégorique à l'approbation sans réserve ; une seule réponse (1, 2, 3, 4, 5, 6 ou 7) témoigne alors de son attitude.

L'ÉCHELLE DE THURSTONE

L'échelle de Thurstone apparaît « comme un perfectionnement de la technique de Bogardus, car elle se présente comme une technique générale de construction des échelles d'attitudes » (Brimo, 1972 : 243). En fait, c'est une échelle différentielle, puisqu'il y a une certaine disposition ordinale, établie par des juges, mais c'est également une échelle d'intervalles d'égalité apparente (Selltiz, Wrightsman et Cook, 1977) et unidimensionnelle.

L'échelle de Thurstone est « construite à partir d'une expérience menée à l'aide de juges qui classent, en 9 ou 11 catégories ordonnées, des énoncés à propos d'une attitude, selon qu'ils leur sont plus ou moins favorables » (Béland, 1984 : 366). Les principales étapes de construction de cette échelle sont les suivantes :

1. Définition de l'attitude à mesurer (lien entre le cadre conceptuel et l'hypothèse préalablement formulée) ;

2. Collecte du plus grand nombre possible d'opinions ou de prises de position sur le sujet ; à cette étape, le chercheur fait une revue exhaustive de la documentation et discute avec des experts ;

3. Choix des juges (leur nombre varie entre 40 et 100 ; Selltiz, Wrightsman et Cook (1977) disent même qu'on peut aller jusqu'à 300) et classement

des opinions dans un nombre de catégories (7, 9 ou 11) allant d'une position extrême à l'autre;

4. Examen comparatif des résultats (élimination des opinions qui ont une dispersion forte et sélection des opinions qui ont été classées de la même façon par la majorité des juges);

5. Formulation définitive des opinions choisies et attribution d'un indice de classement (cote) correspondant à la moyenne des réponses données par les juges;

6. Présentation finale:
   — une vingtaine d'énoncés (généralement un nombre impair) présentés au hasard,
   — un point neutre, c'est-à-dire un point qui ne correspond pas à un caractère favorable ni défavorable,
   — une façon de répondre indiquée (le répondant doit indiquer une ou plusieurs réponses correspondant à son opinion; dans ce dernier cas, on devra calculer son score moyen pour évaluer l'attitude mesurée).

Mucchielli (1975b: 30-31) nous fournit un exemple d'une échelle construite avec la méthode de Thurstone, dans le but de mesurer l'attitude envers la guerre.

Exemple d'échelle de Thurstone

Énoncés proposés aux répondants	Points accordés par les juges (sur 11)	Rang effectif
1. Quand la guerre est déclarée, mon devoir est de m'enrôler pour combattre.	2,5	6
2. La guerre et la paix sont toutes deux essentielles au progrès.	5,4	4
3. Toutes les nations devraient immédiatement désarmer.	10,6	1
4. Un pays ne fait jamais assez de cas de son honneur national, et la guerre est le seul moyen de maintenir l'honneur national.	1,3	7
5. Les guerres ne sont légitimes que si elles ont pour but la défense de nations faibles.	5,2	5
6. Le mieux que l'on puisse faire, c'est l'abolition partielle de la guerre.	5,6	3
7. Le mépris de la vie et des droits de l'homme qu'implique la guerre a pour conséquence de multiplier les crimes.	8,4	2

Dans cette échelle, la troisième proposition de la liste a été classée préalablement par les juges comme étant l'énoncé qui témoigne du plus grand pacifisme; quant à la quatrième proposition, elle fait état de l'attitude la plus belliqueuse.

Deux façons de répondre peuvent être utilisées dans ce type d'échelle: la personne interrogée choisit un seul énoncé et, par conséquent, l'on obtient sa réponse directement ou, comme c'est le cas ici, elle en choisit plusieurs, ce qui oblige l'établissement d'une moyenne. Ainsi, une personne qui aurait coché les propositions 3 et 7 se verrait attribuer une cote d'attitude envers la guerre de la façon suivante:

Points: $(10,6 + 8,4) \div 2$ (nombre d'énoncés choisis) = 9,5 sur 11.

Cette cote correspond à une attitude plutôt «négative» ou «faible» vis-à-vis de la guerre. Si cette moyenne aboutissait à un résultat d'environ 6, l'attitude serait plutôt neutre. Certains auteurs, dont Brimo (1972), représentent l'attitude neutre par la médiane plutôt que par le calcul de la moyenne; toutefois, les deux méthodes se valent, semble-t-il.

L'ÉCHELLE DE LIKERT

Dans l'échelle de Likert, plutôt que de faire classer un ensemble de propositions par des juges, comme c'est le cas pour l'échelle de Thurstone, on soumet les propositions à des sujets, qui constituent un prééchantillon.

Le nombre d'énoncés retenus, devant constituer l'échelle, est pair; on privilégie uniquement des énoncés très favorables et d'autres énoncés très défavorables. On définit donc de façon ferme les énoncés à inclure dans l'échelle. La personne interrogée peut donc nuancer sa réponse, qui sera alors l'expression de son opinion propre.

La façon de répondre à ce type d'échelle diffère aussi de celle associée aux échelles précédentes. Généralement, cinq réponses sont proposées, qui vont de l'approbation totale à la désapprobation totale en passant par un point neutre. On retrouve ainsi régulièrement ce système de réponses:
1. Tout à fait d'accord;
2. D'accord;
3. Indécis;
4. En désaccord;
5. Tout à fait en désaccord.

La mesure de l'opinion individuelle est obtenue par l'addition des points attribués à chacune des réponses. Ainsi, l'accord total recevra cinq points, l'accord quatre points, l'indécision ou l'indifférence trois points, le désaccord deux points, et le désaccord total un point. Par convention, on accorde à l'attitude la plus favorable le nombre de points le plus élevé.

L'échelle de Likert est donc une échelle dite additive où l'attitude individuelle est définie par le score global issu de l'addition des réponses aux énoncés. C'est aussi une échelle ordinale en ce sens qu'elle permet d'ordonner les individus en rang, en fonction du caractère favorable de leur attitude à l'égard d'un objet particulier (Selltiz, Wrightsman et Cook, 1977). Voici, à titre d'illustration, un extrait d'une échelle d'attitude de Likert mise au point par Lavoie, Martin et Valiquette (1988):

Échelle d'attitude envers les femmes violentées par leur conjoint (AFEVIC) (extrait)

Voici des énoncés que nous entendons souvent dans notre société, au sujet de la femme violentée par son conjoint. Par violence, nous entendons les situations dans lesquelles la femme est assaillie sexuellement ou battue par son conjoint (violence physique), systématiquement dévalorisée ou isolée (violence morale) ou les incidents par lesquels elle subit des menaces ou du chantage (violence verbale). Après la lecture de chacun de ces énoncés, indiquez votre degré d'accord ou de désaccord. Veuillez n'indiquer qu'une seule réponse par énoncé.

ÉCHELLE

tout à fait en désaccord	1
en désaccord	2
plus ou moins d'accord	3
d'accord	4
tout à fait d'accord	5

−1. On ne peut pas parler de violence lorsqu'il y a eu une seule agression par le conjoint.   1 2 3 4 5

2. Une femme qui se fait engueuler par son conjoint est victime de violence conjugale.   1 2 3 4 5

3. Il faut encourager fortement une femme victime de violence conjugale à faire des démarches pour s'en sortir.   1 2 3 4 5

4. Aucune circonstance ne peut justifier l'homme d'exiger par la force un rapport sexuel avec sa conjointe.   1 2 3 4 5

−5. C'est la femme qui amène l'homme à être violent.   1 2 3 4 5

−6. Une femme devrait tout faire pour maintenir son couple même si elle est maltraitée par son conjoint.   1 2 3 4 5

Note: Le signe moins signifie qu'il faut inverser la méthode de calcul.

Source: L'échelle AFEVIC, conçue par Lavoie, Martin et Valiquette (1988), a été reproduite ici avec la permission des auteurs et celle de la *Revue canadienne de santé mentale communautaire*.

Dans cet extrait, on notera que le pointage des énoncés 1, 5 et 6 doit être inversé pour établir le calcul (5 points en valant 1, 4 en valant 2, etc.).

CHAPITRE 5

L'entrevue de recherche

Robert Mayer et Marie-Christine Saint-Jacques

MISE EN CONTEXTE

Comme intervenant social à la Direction de la protection de la jeunesse, vous effectuez quotidiennement des entrevues avec les parents des enfants dont la sécurité ou le développement a été jugé compromis. L'entrevue clinique est un outil indispensable à votre intervention. Vous avez appris comment mener de telles entrevues et vous en maîtrisez les éléments essentiels. Si vous vouliez entreprendre une recherche sur la perception des parents relativement au processus d'intervention en protection de la jeunesse, les entrevues ne se passeraient pas de la même façon. L'entrevue de recherche est en effet une technique différente de l'entrevue clinique. Si les deux types d'entrevue partagent certains éléments communs, l'entrevue de recherche a des buts et des caractéristiques propres.

INTRODUCTION

L'entrevue de recherche est un tête-à-tête entre deux personnes[1], dont l'une transmet à l'autre des informations. Étant donc une sorte de conversation, elle possède plusieurs des caractéristiques des échanges verbaux plus informels, mais elle s'en distingue aussi par plusieurs points (Blanchet et autres, 1985; Deslauriers, 1982; Neuman, 1997; Patton, 1982):

— la relation entre le chercheur et la personne interrogée n'est pas une fin en soi; c'est une relation utilitaire qui vise une fin précise;

---

1. À l'exception, bien entendu, des entrevues de groupe, dont il sera question un peu plus loin dans ce chapitre.

— l'entrevue n'est pas une discussion libre, car elle se concentre sur un sujet donné;

— elle est asymétrique justement parce que la personne interrogée possède des informations que le chercheur ignore.

L'usage de l'entrevue est indispensable en recherche, car les autres procédés d'observation peuvent être impossibles à utiliser ou ne pas assurer aussi adéquatement la collecte des données nécessaires. En somme, décider de recourir à l'entretien,

c'est primordialement choisir d'entrer en contact direct et personnel avec des sujets pour obtenir des données de recherche. C'est considérer qu'il est plus pertinent de s'adresser aux individus eux-mêmes que d'observer leur conduite et leur rendement à certaines tâches ou d'obtenir une autoévaluation à l'aide de divers questionnaires. C'est privilégier le médium de la relation interpersonnelle. (Daunais, 1992: 274.)

5.1   LES TYPES D'ENTREVUE

Il existe plusieurs manières de classifier les différents types d'entrevue. La typologie utilisée ici s'inspire de celle présentée par Grawitz (1996), qui propose de distinguer les entrevues selon deux variables: le degré de *liberté* laissé aux interlocuteurs et le niveau de *profondeur* des réponses formulées. Le degré de liberté se traduit par la présence, ou non, de questions formulées à l'avance et par la forme donnée à ces questions. Le niveau de profondeur s'exprime dans la richesse et la complexité des réponses qui peuvent être exprimées. Le choix d'un type ou l'autre d'entrevue sera déterminé par l'objectif poursuivi par la collecte des données. Liberté et profondeur entraînent évidemment d'autres caractéristiques: attitude de l'intervieweur, durée de l'entrevue, nombre d'entrevues, éléments à analyser, etc. On ne conduit donc pas une entrevue clinique par une série de questions brèves et prévues d'avance, expédiées rapidement, pas plus qu'on ne peut organiser une enquête d'opinions comportant des centaines d'entrevues, en laissant les chercheurs libres de les mener à leur guise, au risque de se trouver devant des informations qui ne pourront pas être comparées. Ceci permet d'avancer une troisième variable qui distingue les types d'entrevue, soit la plus ou moins grande *directivité* de l'intervieweur dans la conduite de l'entrevue.

À ce sujet, Daunais (1992) indique que, dans une entrevue dirigée, le chercheur prend la responsabilité de mener l'entretien à l'aide d'une série de questions précises qu'il soumet au participant et qu'il veille à obtenir les informations nécessaires à sa recherche. De son côté, la personne interrogée se met à la disposition du chercheur et tente de répondre du mieux qu'elle peut aux diverses questions. Dans une entrevue non dirigée, le chercheur propose au participant un ou des thèmes de plus ou moins grande envergure, et il lui demande de s'exprimer librement et d'une manière personnelle sur le thème. Il guide et motive son interlocuteur afin d'obtenir les informations reliées aux objectifs de sa recherche. Toutefois, en pratique, selon Daunais (1992: 276), dans le domaine de la recherche, on va plutôt parler de «non-directivité mitigée»; dans ce cas, le chercheur

> se laisse d'abord diriger par la spontanéité de son interlocuteur sur chaque thème à la suite d'une question ouverte; mais le chercheur sert de guide aussi pour s'assurer que toutes les composantes importantes du thème soient abordées durant l'entretien.

Il n'en demeure pas moins que, dans certains types d'entrevue, notamment dans l'entrevue en profondeur, le chercheur pourra adopter une attitude non directive qui incite le répondant à poursuivre, à approfondir sa pensée dans le chemin que ce dernier choisit d'emprunter, plutôt qu'à orienter les propos du répondant vers le chemin tracé par le chercheur. Ainsi, au-delà de la structure d'une entrevue, la plus ou moins grande directivité du chercheur est aussi associée au cadre épistémologique dans lequel s'inscrit la recherche.

La figure 5.1 permet de classifier les différents types d'entrevue en trois niveaux sur un continuum où varient le degré de liberté dans le contenu abordé, le niveau de profondeur dans la formulation des réponses et l'ampleur de la directivité dans l'attitude de l'intervieweur.

FIGURE 5.1
Les types d'entrevue

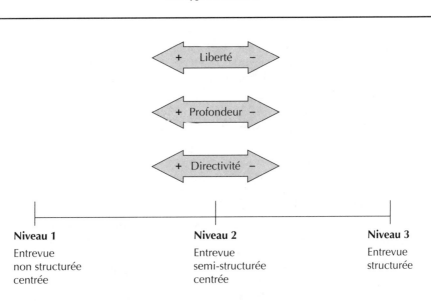

5.1.1   Niveau 1 : l'entrevue non structurée centrée

Même s'il ne s'agit pas d'une entrevue de recherche, notons que l'*entrevue clinique* constitue un excellent exemple d'entrevue non structurée centrée. Ainsi, le déroulement de l'entrevue est entièrement centré sur le client, éventuellement sans thème prédéterminé. Le degré de liberté dans le contenu abordé est donc à son maximum. L'entrevue clinique implique souvent un niveau psychologique profond. Dans ce contexte, le thérapeute adoptera une attitude non directive, cherchant à accompagner plutôt qu'à diriger le client dans sa réflexion.

Si l'on se concentre maintenant sur les entrevues de recherche, mentionnons que l'*entrevue en profondeur* (aussi appelée *entrevue libre*) est une entrevue non structurée centrée. Le degré de liberté y est légèrement réduit par l'existence d'un thème. Ce type d'entrevue porte sur les rapports proches ou lointains, manifestes ou latents, entre la personne et le thème étudié. Tout comme l'entrevue clinique, elle se prête bien à l'étude en profondeur des pratiques ou des processus. Selon Joshi (1979), l'entrevue non structurée est avantageuse parce qu'elle est plus flexible et permet non seulement d'obtenir plus de renseignements au besoin, mais d'atteindre la signification de ces renseignements. Nécessairement, elle fait appel à une attitude très peu directive de la part de la personne qui conduit l'entrevue. La technique du récit de vie procède généralement par l'utilisation d'une entrevue en profondeur. L'encadré qui suit en fournit un bel exemple.

Exemple d'entrevue en profondeur

En 1984, Côté (citée dans Lacroix, 1987) a fait une entrevue de type récit de vie et a remporté le premier prix dans le cadre du concours «Mémoires d'une époque» organisé par l'Institut québécois de recherche sur la culture. Ce concours visait à recueillir les récits de vie de Québécois et de Québécoises âgés de 70 ans ou plus. L'entrevue, qui dans ce cas-ci a duré trois heures, comportait six questions, dont la première était formulée ainsi :

> Tante Émilie, vous avez été l'aînée d'une famille de 14 enfants, vous ne vous êtes jamais mariée, vous avez consacré votre vie à la famille, j'aimerais que vous m'en parliez.

Entre chacune de ces questions, la chercheuse incitait la répondante à poursuivre en souriant, en faisant des signes de tête approbateurs ou en émettant des «Hmm, hmm». Lacroix (1987 : 21) décrira en ces termes l'attitude adoptée par l'intervieweuse dans ce récit de vie :

> Discrète, effacée comme il se doit, elle est néanmoins toujours présente. Brèves interrogations, un sens inné du récit, du récit à prolonger, du silence, du détail à ne pas oublier, mais surtout un rire, une joie, voire une admiration qui ne cesse de cheminer à même le récit de Tante Émilie [...].

5.1.2 Niveau 2 : l'entrevue semi-structurée

Vient ensuite un deuxième niveau d'entrevue que l'on peut désigner sous le vocable d'*entrevue semi-structurée*. Lorsqu'on vise la collecte de données qualitatives, c'est probablement le type d'entrevue le plus fréquemment utilisé. L'entrevue peut prendre deux formes différentes. La première, l'*entrevue centrée*, offre un degré de liberté important quoique plus limité que dans le cas de l'entrevue en profondeur, puisque l'ensemble des thèmes devant être abordés dans l'entrevue sont déterminés à l'avance. Habituellement, une question assez générale permet d'introduire chacun des thèmes. L'existence de ces thèmes, voire de certaines questions, vient encadrer le contenu de l'entrevue, ce qui influe nécessairement sur le niveau de profondeur qui pourra être atteint par le répondant. L'intervieweur, de son côté, adoptera une attitude que l'on peut qualifier de semi-directive. En effet, il devra mettre en place les conditions favorisant chez les répondants l'expression de leur pensée, en vue d'«un accès direct à l'expérience des individus» (Savoie-Zajc, 1997 : 281), tout en veillant à ce qu'ils ne s'écartent pas trop des thèmes devant être abordés. Ce type d'entrevue se prête bien à l'étude de la réaction des individus à une situation dont on a précisé les différents aspects.

L'encadré qui suit présente un extrait du guide d'entrevue élaboré par Carrier, Drapeau et Carette (1995) dans le cadre d'une recherche de nature exploratoire portant sur le placement en famille d'accueil des fratries. Plus explicitement, cette étude visait à recueillir les propos des principaux intéressés (intervenant, parent, enfant, famille d'accueil) sur les avantages et les inconvénients du placement des fratries dans une même famille d'accueil. À noter que, dans ce guide, si l'ensemble des thèmes à aborder sont précisés au préalable, il subsiste tout de même une certaine souplesse liée à la forme des questions et au déroulement de l'entrevue.

Exemple d'un guide d'entrevue centrée

1. *La décision de placement* : Comment s'est-elle prise ? Les parents, les enfants ont-ils été consultés ?

2. *Les avantages* que voit la personne interrogée, pour elle-même, pour les enfants, pour ses contacts avec l'autre famille.

3. *Les inconvénients* que voit la personne interrogée, pour elle-même, pour les enfants, pour ses contacts avec l'autre famille.

4. *Visites* des enfants entre eux.

5. *Opinion* générale sur la situation de placement.

Source : Carrier, Drapeau et Carette, 1995.

Une autre forme d'entrevue semi-structurée est constituée de l'*entrevue à questions ouvertes*. Comme son nom l'indique, cette forme d'entrevue s'accompagne d'un guide d'entretien comportant une série de questions ouvertes. Dans ce cas-ci, le degré de liberté offert au répondant est réduit par la formulation explicite des questions. Une certaine marge de manœuvre subsiste tout de même puisque les réponses demeurent libres. On qualifiera ici l'attitude de l'intervieweur de semi-directive puisqu'il veillera à ce que le répondant s'exprime, de la manière qu'il le désire, à l'intérieur toutefois du cadre plus restreint délimité par les questions. Ce type d'entrevue se prête bien aux recherches visant à circonscrire les perceptions qu'a le répondant de l'objet étudié, les comportements qu'il adopte, les attitudes qu'il manifeste. Cette forme d'entrevue est aussi appropriée dans le cas de préenquêtes permettant d'éprouver certaines hypothèses ou la qualité de certaines questions. L'encadré qui suit présente un extrait d'un guide d'entrevue à questions ouvertes visant à cerner les représentations de jeunes de familles recomposées à l'égard de leur famille.

Exemple d'un guide d'entrevue à questions ouvertes

- J'aimerais que tu me dises quelles sont les personnes qui composent ta famille?

Points à aborder:

Demander au jeune le prénom de chacune des personnes et le lien qu'il entretient avec elles (ex.: frère, beau-père, etc.). Si le jeune demande «Quelle famille?», lui répondre «Ce que, toi, tu considères comme étant ta famille».

- Toi, la famille dans laquelle tu vis actuellement, comment l'appelles-tu?
- J'aimerais que tu me dises, dans tes propres mots, ce que c'est une famille «recomposée» (*utiliser le même mot ou la même expression que le jeune*) pour toi?
- Imagine que ton meilleur ami t'annonce que son parent a décidé de vivre avec son nouveau conjoint. (*Utiliser une situation semblable à celle que vit le jeune; par exemple, la situation que nous décrivons ici est semblable à celle dans laquelle se trouve le jeune qui vit avec son père, sa belle-mère et les deux fils de cette dernière. Évoquer ces faits et poser au jeune la question qui suit.*) Étant donné ton expérience de vie à toi, on te demande de parler de cet événement à ton ami. Qu'est-ce que tu dirais à ton ami pour qu'il sache à quoi s'attendre?

Source: Adapté de Saint-Jacques (1998).

5.1.3   Niveau 3 : l'entrevue structurée

Le troisième niveau d'entrevue, que l'on regroupe sous le vocable d'entrevues structurées, comprend les entretiens qui s'accompagnent d'une série de *questions fermées* formulées à l'avance. Il s'agit en fait d'un questionnaire dont les données sont recueillies lors d'un entretien en face à face ou par téléphone. Le degré de liberté est très réduit autant pour le chercheur que pour le répondant. Il entraîne nécessairement une attitude très directive de la part de la personne qui conduit l'entrevue, puisqu'il n'y a pas de place pour l'expression d'idées qui sortent du cadre des choix de réponses proposées. Il va sans dire que la profondeur des réponses est très limitée. Ce troisième niveau d'entrevue est particulièrement adapté aux études quantitatives, portant sur un grand nombre d'individus. En outre, il fournit un matériel généralisable puisque la forme de l'entrevue en fait un instrument standardisé. Cette dernière caractéristique permet notamment, selon Patton (1990), la comparaison avec d'autres entrevues.

Remarquons enfin que les deux dernières formes d'entrevue, à questions ouvertes et à questions fermées, sont en fait souvent associées dans une même entrevue. Pour certains thèmes, les questions seront fermées, tandis que, pour d'autres, afin de donner plus de souplesse à l'entretien et de tenir compte de variables non prévues à l'avance, les questions seront ouvertes. Ici encore, il est important de considérer les objectifs de la recherche et le type d'analyse que l'on veut faire. Si on vise des comparaisons de réponses à des fins de généralisation (modèle quantitatif), la grille d'entrevue sera composée principalement de questions fermées. Par contre, si l'objectif est d'analyser en profondeur la réalité des répondants, il y aura prédominance de questions ouvertes (modèle qualitatif).

L'encadré qui suit est un extrait d'un guide d'entrevue structurée utilisé dans le cadre d'une étude qui consistait à dégager un portrait des personnes âgées de 65 ans ou plus vivant à domicile et résidant sur le territoire du CLSC La Source (Roy, Vézina et Cliche, 1996). Cette entrevue structurée a été effectuée auprès d'un échantillon représentatif de 309 personnes âgées. La structuration des questions a permis un traitement statistique des données. Un tel guide d'entrevue s'apparente à un questionnaire. On le classifie tout de même dans la catégorie des entrevues puisque les réponses des participants sont recueillies par l'entremise d'un intervieweur.

Exemple de guide d'entrevue structurée

Q. 13   Au cours des trois derniers mois, vos enfants vous ont-ils rendu service?

1. Oui   ☐

2. Non   ☐   (Passez à la question 15.)

Si la personne âgée répond oui à la question, demandez-lui ceci :

→

Q. 14   Quel genre de services vos enfants vous ont-ils rendu au cours des trois derniers mois?

_____

_____

_____

Q. 15   Avez-vous un conjoint (époux/épouse)?

    1. Oui   ☐

    2. Non   ☐   (Passez à la question 24.)

Si la personne âgée a un conjoint, demandez-lui:

Q. 16   L'âge de son conjoint: (an) ___ (mois) ___ (jour) ___ .

Q. 17   Est-ce que vous devez aider votre conjoint à faire sa toilette?

    1. très souvent   ☐

    2. souvent   ☐

    3. occasionnellement   ☐

    4. jamais   ☐

Source: Roy, Vézina et Cliche, 1996.

5.2   L'ENTREVUE DE GROUPE

L'entrevue individuelle n'est pas l'unique méthode de collecte de données basée sur les échanges verbaux. En effet, en recherche, il n'est pas rare que l'on ait recours à l'entrevue de groupe. Ce type d'entrevue représente une

> méthode de recueil d'informations, utilisant les techniques de l'interview non directive centrée appliquées à un groupe de personnes réunies pour participer à un entretien collectif sur un sujet précis. (Mucchielli, 1996: 109.)

Selon Mucchielli, la constitution des groupes et la conduite de l'entretien obéissent à des règles précises:

> homogénéité statutaire des participants (compte tenu de l'objet d'enquête), préparation des participants, présentation des règles de l'interview, introduction du sujet de discussion, non-directivité sur le fond, directivité sur la forme, intervention de régulation (lorsque nécessaire) sur la dynamique du groupe, maniement approprié des techniques de l'entretien non directif centré. (*Ibid.*)

Mucchielli (1987: 38) a dégagé deux rôles principaux chez l'intervieweur: «d'une part, contrôler et maîtriser la dynamique du groupe; [...] d'autre part, faire progresser le groupe vers les objectifs proposés, c'est-à-dire l'élucidation du rapport groupe-problème». Dans cette perspective, il s'agit d'abord d'évaluer le groupe (ses attentes, son degré de cohésion, etc.) et de formuler un premier diagnostic (*ibid.*). Ensuite, il s'agit d'accroître la participation (favoriser les échanges et les interactions). Puis, il importe de reconnaître les réactions affectives (les blocages, les inhibitions, les tensions) et de traiter les conflits. Enfin, il faut organiser le développement du groupe en tant qu'unité créatrice (*ibid.*).

Un second objectif vise à faire progresser le groupe vers les objectifs proposés. Alors que, précédemment, les fonctions et les opérations sont centrées sur le groupe comme réalité psychosociologique, elles sont plutôt centrées ici sur la tâche. L'intervieweur doit être attentif à deux registres différents. «Cela signifie que *ce qui se passe* dans le groupe, et *ce qui s'y dit* ne sont pas forcément deux réalités complémentaires ni directement expressives l'une de l'autre» (Mucchielli, 1987: 40) (par exemple, importance du silence du groupe). L'intervieweur doit aussi favoriser la participation et la spontanéité des membres. Tout cela n'est pas toujours aussi simple qu'il peut paraître de prime abord.

Quant au déroulement concret d'une interview de groupe, il comprend habituellement les étapes suivantes. D'abord la phase de dégel, qui correspond au temps nécessaire au groupe pour établir sa sécurité (sécurité intérieure, sécurité relationnelle avec l'intervieweur, sécurité par rapport au problème). Ensuite, c'est la phase d'affrontement où des opinions diverses, voire divergentes, sur le vécu sont exprimées. «Normalement, le groupe est alors dans une phase de tension positive et il est important que toutes les opinions soient recueillies» (Mucchielli, 1987: 47). Enfin, vient la phase de résolution où l'on tente de clarifier et de synthétiser les divers points de vue exprimés. Comme il arrive fréquemment que l'intervieweur doit assumer en même temps des tâches d'animation, Lefrançois (1992: 240) suggère le recours à un observateur neutre afin «d'enregistrer les informations pertinentes sur le déroulement des échanges».

Van der Maren (1995) estime que l'entrevue est particulièrement bien adaptée à l'analyse des représentations sociales. Ce dernier insiste sur le fait que l'entrevue de groupe «produit autre chose que la moyenne d'un ensemble d'entrevues individuelles, et elle ne peut pas être utilisée pour faire l'économie de ces dernières» (*ibid.*: 316). Il estime que la conduite de l'entrevue de groupe diffère quelque peu de celle de l'entrevue individuelle. Cela se manifeste d'abord au niveau de la liberté d'expression de l'intervieweur. Si, dans l'entrevue individuelle, il est important que l'intervieweur manifeste son écoute par des reprises, par des «hmm, hmm» et des gestes d'encouragement, il en est tout autrement dans le cas de l'entrevue de groupe où il limitera ses interventions afin de laisser le plus possible «aux membres du groupe le soin de manifester leur accord ou leur désaccord avec ce qui se dit [...]» (*ibid.*: 317). De plus, il faut éviter de faire en sorte que l'intervieweur devienne le centre de référence du groupe.

Par ailleurs, il peut arriver que l'intervieweur soit invité, par un membre ou l'ensemble du groupe, à donner son opinion ou à prendre parti sur un aspect de la discussion; «il peut toujours répondre par des réactions échos (il renvoie la question à celui qui la pose), relais (il refile la question à un autre membre) ou miroir (en renvoyant la question à l'ensemble du groupe» (*ibid.*: 317). Le recours à de telles techniques en entrevue de groupe doit cependant être très limité, sinon il y a risque de susciter des résistances dans le groupe.

Utilisation de l'entrevue de groupe

Le groupe de discussion (*focus group*) est une technique qui recourt à l'entrevue de groupe pour recueillir les données. Il a été utilisé lors d'une recherche portant sur les pratiques des intervenants dans le domaine de la protection de la jeunesse visant à favoriser l'implication parentale (Saint-Jacques et autres, sous presse). Chacune des entrevues regroupait cinq ou six intervenants appartenant à un même secteur d'activités. Deux chercheuses assistaient aux entrevues, l'une chargée d'animer le groupe, et l'autre d'observer et de noter les points saillants soulevés par les intervenants. L'animatrice disposait d'un guide d'entrevue composé de quatre questions. La première visait particulièrement à faciliter le démarrage des discussions, alors que la seconde abordait la question de fond poursuivie dans cette étude. Les deux autres questions permettaient de compléter la collecte des données en abordant certains éléments influant sur les pratiques visant à favoriser l'implication parentale ainsi que les contre-indications à de telles pratiques.

En superposition au travail de collecte des informations, l'animatrice des groupes devait particulièrement voir à ce que tous puissent prendre la parole, soit en freinant les personnes qui prenaient davantage la parole ou en sollicitant de manière plus personnalisée celles qui étaient moins portées à s'exprimer. Par ailleurs, et malgré l'importance accordée à la création de groupes homogènes, des désaccords ont surgi sur certains thèmes, entre les participants. Face à ces situations, l'animatrice devait veiller à ce que les divergences puissent s'exprimer, notamment en s'assurant que chacun a eu l'occasion de prendre la place qui lui revenait dans les échanges qui s'ensuivaient. De la même manière, lorsque tout le monde semblait se ranger derrière une opinion dominante, l'animatrice vérifiait l'existence d'un réel consensus («Est-ce que tout le monde partage ce point de vue? Est-ce qu'il y en a qui voient les choses différemment?»).

À la fin de l'entrevue, l'observatrice résumait en cinq minutes les points qui lui semblaient être les plus importants et invitait les participants à commenter cette synthèse. Dans ce cas précis, les entrevues ont été enregistrées et filmées afin de permettre une analyse des comportements non verbaux et des interactions entre les participants.

5.3   L'ÉLABORATION D'UN GUIDE D'ENTREVUE

La préparation d'une entrevue dépend évidemment de sa nature. Dans le cas de l'entrevue totalement non dirigée, il suffit d'une question générale et ouverte pour amorcer la discussion. Dans le cas d'une entrevue semi-dirigée, un plan d'entretien s'impose. Pour construire un tel plan, on devra tenir compte du thème général de la recherche ainsi que des buts de l'entretien. On précisera les sous-thèmes et l'ordre dans lequel ils devraient apparaître dans l'entrevue. Pour chacun d'eux, on devra prévoir une question ouverte de présentation (Daunais, 1992).

Comme pour la construction d'un questionnaire, le principe de l'entonnoir s'applique à l'élaboration d'un guide d'entrevue: du général au particulier, des questions plus factuelles aux questions demandant un développement plus important de la part de la personne interviewée. Par ailleurs, un bon guide d'entrevue devrait respecter les éléments suivants:

— *La diversification des questions.* Le chercheur devrait varier le genre de questions qu'il pose à son informateur. Par exemple, il passera d'une question de faits à une question d'opinion pour revenir à une autre question de faits, etc. Si cette variété dans les questions rend l'entrevue moins monotone, il est toutefois important d'équilibrer ces changements. En effet, trop de changements de niveaux de profondeur pourraient amener le répondant à se cantonner dans des réponses superficielles;

— *La répétition.* Dans le cas de certains sujets plus complexes, il vaut la peine d'aller chercher l'information en posant plusieurs questions qui abordent le même thème mais d'un point de vue différent. Cette répétition permet d'aller au fond du sujet et de découvrir tout le sens que l'informateur lui donne;

— *Le contexte culturel.* Les questions doivent être posées du point de vue des personnes interrogées et de leur culture. Cela exige que le chercheur se familiarise avec le langage, les valeurs, les façons de faire des personnes de qui il veut obtenir des renseignements;

— *Les «pourquoi»:* à éviter si possible. Le «pourquoi», loin d'amener l'informateur à développer sa réponse, le pousse plutôt à se justifier. Des expressions comme: Qu'est-ce que cela représente? Qu'est-ce que cela signifie pour vous? favorisent généralement le développement de la réponse;

— *Les mots à double sens,* qui introduisent inévitablement de la confusion;

— *Des questions courtes et ne comportant qu'une interrogation.* Éviter que les questions soient trop longues ou qu'elles comportent plus d'une idée; sinon, l'interlocuteur ne sera pas capable de se souvenir de tous les éléments ou ne saura pas à quelle question répondre;

— *Des questions neutres.* Éviter de donner à l'informateur des solutions meilleures que d'autres dans la formulation des questions. De même, lorsque l'informateur n'est pas au courant du sujet sur lequel on le questionne, il est préférable de lui expliquer brièvement ce qu'il en est, en évitant de donner une direction à sa réponse;

— *Des questions qui tiennent compte de l'expérience réelle de l'informateur.* Il est souvent utile de poser la question en fonction de l'expérience réelle de la personne interrogée. Ainsi, quand on demande aux gens combien de temps ils passent à jouer avec leur enfant dans une semaine, ils peuvent, pour diverses raisons, minimiser ou exagérer le temps accordé à cette activité. En leur demandant ce qu'ils ont fait avec leur enfant, le chercheur aura peut-être un meilleur aperçu du temps consacré à cette activité. Il reste aussi à déterminer ce qu'il est le plus important de savoir: le temps réel passé à jouer avec l'enfant ou le temps que le répondant a l'impression d'avoir consacré à jouer avec son enfant.

5.4 LES QUALITÉS D'UN BON INTERVIEWEUR

L'entrevue sera plus productive si le chercheur possède une connaissance suffisante du sujet étudié et de l'instrument lui permettant de situer les faits évoqués, d'en saisir l'importance et de répondre aux demandes de précisions de l'interlocuteur. Mais la compétence de l'intervieweur ne se limite pas à sa connaissance du sujet, encore faut-il qu'il maîtrise les techniques propres à la conduite d'une entrevue. Ces techniques supposent l'adoption d'une diversité d'attitudes et de comportements. Parmi les plus importants (Chauchat, 1985; Grinnell, 1997; Tremblay, 1968), citons:

— l'adoption d'une attitude neutre: ne pas faire d'interventions qui visent à modifier de quelque façon ce qui est dit par la personne interrogée ou ce qu'elle fait pendant l'entrevue;

— l'écoute attentive de la personne interviewée: confirmer, par son attitude, l'importance des propos que la personne interviewée livre;

— l'aide à la personne interviewée afin qu'elle aille au bout de son idée: renforcer les réponses données et encourager les réponses qui ne sont pas empruntées à ce qui est extérieur au participant (préjugés, informations reçues, etc.);

— la réduction des distances que peuvent créer les différences de statut social ou de culture entre lui et son interlocuteur;

— la réduction des barrières psychologiques en reconnaissant et en contournant les mécanismes psychologiques utilisés (fuite, rationalisation, refoulement);

— l'appréciation du champ de connaissances de l'informateur et l'exploitation des domaines où ce dernier possède des connaissances particulières;

— l'empathie: être capable d'entendre ce que dit l'informateur en comprenant son point de vue;

— l'acceptation inconditionnelle: être disponible à la personne interrogée et intéressé par ce qu'elle dit.

5.5 LE DÉROULEMENT DE L'ENTREVUE

Le contact initial avec le participant doit être particulièrement bien mené. Généralement, une fois fixé le choix des participants, le chercheur s'adresse personnellement à eux pour obtenir leur collaboration. Ce premier contact, par une visite ou par téléphone, est très important car il s'agit «du début d'une relation susceptible de déterminer le type de collaboration que le sujet sera disposé à offrir» (Daunais, 1992: 282). On suggère généralement d'entrer en contact de manière simple et directe avec les personnes qui participent aux entrevues. Outre les détails techniques visant à s'entendre sur la date et le lieu de l'entrevue, Savoie-Zajc (1997) suggère de faire parvenir au répondant le guide d'entrevue afin que ce dernier puisse se préparer à la rencontre. Si, dans certaines situations, cette stratégie peut contribuer à une entrevue plus riche en contenu, dans d'autres, elle pourrait avoir pour effet de décourager le répondant, qui peut ne pas se sentir compétent par rapport aux questions ou aux thèmes exposés dans le guide. Ceci peut aussi éliminer une certaine spontanéité et favoriser l'expression d'un contenu plus normatif. Aussi, dans tous les cas, il s'agit de juger de la stratégie qui apparaît le mieux servir les objectifs de l'étude.

5.5.1 Avant l'entrevue

Avant de commencer l'entrevue proprement dite, le chercheur devrait:

— exposer brièvement l'objet de l'étude, ses objectifs et la collaboration demandée;

— expliquer, au besoin, comment la personne a été choisie pour y participer;

— rassurer quant au respect de l'anonymat et au caractère confidentiel de l'entrevue;

— démontrer au répondant l'importance de sa contribution à l'étude et les avantages réels que chacun des partenaires peut retirer de l'entrevue;

— si l'entrevue est enregistrée, informer la personne de l'utilisation qui sera faite du contenu et des personnes qui y auront accès[2]. Spécifier que le matériel retranscrit ne contiendra pas le nom du répondant.

Dans tous les cas, il est nécessaire d'obtenir, au préalable, le consentement éclairé et écrit à participer à l'entrevue. Malgré tout le soin mis à solliciter la

---

2. Les règles d'éthique prescrivent de détruire les bandes audio et vidéo sur lesquelles ont été enregistrées les entrevues, une fois que le matériel a été retranscrit et rendu anonyme.

collaboration des éventuels répondants, certaines personnes refusent de se prêter à une entrevue au moment où on leur en fait la demande. Dans ces situations, le chercheur devra garder son sang-froid, demeurer poli et compréhensif, et ne pas s'offusquer ou se fâcher. Il faut poursuivre la conversation et expliquer plus longuement en quoi consiste l'étude afin de réduire les inquiétudes de la personne interrogée. Il est souvent utile de rappeler de quelle manière la confidentialité sera assurée.

Les principaux motifs de refus des participants sont les suivants:

— le manque d'intérêt;

— l'hostilité envers l'organisation qui dirige la recherche;

— le manque d'importance de l'étude;

— la méfiance envers les étrangers;

— une mauvaise interprétation des buts de la recherche;

— une mauvaise réaction à la personnalité du chercheur;

— un moment inopportun;

— le manque de confiance dans la nature confidentielle des données;

— la crainte de ne pas maîtriser suffisamment le sujet à l'étude.

5.5.2 Pendant l'entrevue

Durant l'entrevue, le chercheur veillera à:

— obtenir des réponses complètes;

— noter fidèlement et intégralement les réponses données (si l'entrevue n'est pas enregistrée);

— prendre note de tout refus de répondre et en indiquer les motifs;

— poser les questions lentement et clairement et ne pas hésiter à répéter;

— poser toutes les questions sans en omettre aucune;

— donner à son interlocuteur les explications qu'il réclame, sans toutefois substituer son opinion à la sienne.

Il évitera de:

— suggérer, par ses commentaires, certaines réponses;

— donner une interprétation des réponses inspirée par ses pensées personnelles;

— citer, de manière non planifiée, les réponses faites par d'autres répondants comme référence d'une opinion;

— transcrire des réponses imprécises et incomplètes; il demandera plutôt des explications supplémentaires.

Notons aussi qu'il n'est pas rare, particulièrement dans le domaine du travail social, de conduire des entrevues sur des sujets délicats, d'aborder des événements traumatisants ou de traiter de questions qui peuvent attrister les répondants. Lorsque, en cours d'entrevue, un répondant manifeste des réactions émotives importantes (se met à pleurer, à crier, par exemple), il convient de lui demander s'il souhaite faire une pause ou s'il préfère mettre fin à l'entrevue. Le fait de mettre le magnétophone à la fonction «pause» et de sortir du cadre de l'entrevue pour quelques instants peut aider la personne interrogée à se sentir mieux. Le chercheur ne doit jamais perdre de vue qu'aucun besoin de connaissances ne justifie de placer un répondant dans un état émotif qui le trouble et qu'il ne souhaite pas vivre.

5.5.3   La fin de l'entrevue

En guise de conclusion, il est souvent très utile d'annoncer au répondant que l'entrevue tire à sa fin. Comme le souligne Boutin (1997 : 122),

> lorsqu'il s'agit de clore l'entretien, il est souvent recommandé à l'intervieweur de ne pas brusquer les choses et surtout de voir à récapituler, du moins dans les grandes lignes, les étapes parcourues au cours de l'entretien.

Cette synthèse permet à l'intervieweur de vérifier s'il a bien saisi les points essentiels et offre au répondant une dernière chance de préciser sa pensée, de pondérer ses propos, voire d'apporter des éléments complémentaires (Boutin, 1997; Daunais, 1992; Tutty, Rothery et Grinnell, 1996). À cet égard, les questions suivantes peuvent être fort utiles: Est-ce que ce résumé reflète bien, à votre avis, l'essentiel de vos propos? Si vous aviez une minute pour me parler de…, que me diriez-vous? Cette étude cherche à mieux comprendre… Avez-vous l'impression qu'il y a quelque chose d'important que je dois comprendre et dont nous n'avons pas parlé?

Ce retour sur l'entrevue est particulièrement important dans le cas d'entretiens dont le contenu peut être bouleversant pour les participants, notamment quand il les amène à aborder des sujets délicats, à parler d'événements traumatisants, à se remémorer de douloureux souvenirs. Dans ces situations, le chercheur devrait être en mesure de fournir aux participants les coordonnées d'une ressource pouvant leur apporter de l'aide. Afin d'évaluer l'état psychologique dans lequel se trouve un répondant, il est souvent fort utile de lui demander ses réactions à l'entrevue, ce qu'il a aimé ou non, ce qu'il conseille de modifier, etc. Lorsqu'un répondant semble ébranlé par l'entretien, il est du devoir de l'intervieweur d'aborder cette question directement et de s'assurer qu'il connaît une ressource d'aide et y a accès. Enfin, il reste à remercier le participant, à lui rappeler l'importance de sa collaboration et à lui demander la permission de le contacter à nouveau au besoin (Daunais, 1992; Tutty, Rothery et Grinnell, 1996).

5.5.4   Le rapport d'entrevue

De retour à son bureau, le chercheur a intérêt à rédiger un rapport d'entrevue. Le contenu de ce rapport peut varier, mais il porte habituellement sur les conditions objectives de l'entrevue: durée, présence d'autres personnes, etc. Il peut aussi contenir des observations sur le degré de coopération du participant, son degré d'information, la cohérence de ses réponses, sa facilité d'expression, etc. Tout au cours de l'entrevue, des pistes d'analyse apparaissent au chercheur. Il a donc tout avantage à noter ses idées dès la fin de l'entrevue, avant de les oublier. Le chercheur devrait aussi relire les verbatims (transcription mot à mot des entrevues). Si certains points paraissent obscurs, il ne faut pas hésiter à contacter à nouveau la personne interviewée. En somme, le chercheur doit évaluer chaque entrevue; il doit juger de la qualité de l'information reçue ainsi que la manière dont il a conduit l'entretien.

CONCLUSION

L'entrevue est une technique appropriée:

— lorsqu'on veut recueillir de l'information approfondie plutôt qu'étendue;

— lorsqu'on s'intéresse au sens, aux processus, aux pratiques;

— lorsque la taille de l'échantillon est réduite;

— lorsqu'on dispose du temps et du budget nécessaires pour mener à bien les entrevues, les transcrire et les analyser;

— lorsqu'on désire mener une étude auprès de personnes qui peuvent difficilement s'exprimer autrement qu'oralement;

— lorsqu'on possède le savoir-faire et le savoir-être nécessaires pour mener ces entrevues.

L'utilisation de l'entrevue comme mode de collecte de données possède ses règles de base. Le rôle joué par l'intervieweur est un élément clé de cette technique. Ce rôle pourra varier selon le type d'entrevue qu'on choisit de mener. En effet, les différents types d'entrevue présentés au cours de ce chapitre révèlent la polyvalence de cette technique, les différents objectifs qu'elle permet d'atteindre, que l'on s'inscrive dans une démarche qualitative, quantitative ou mixte.

LECTURES SUGGÉRÉES

Boutin, G. (1997). *L'entretien de recherche qualitatif*, Sainte-Foy, Les Presses de l'Université du Québec, 169 p.

CHAUCHAT, H. (1985) *L'enquête en psycho-sociologie*, Paris, PUF, 253 p.

DESLAURIERS, J.P. (1991). *Recherche qualitative: guide pratique*, Montréal, McGraw-Hill, 142 p.

SAVOIE-ZAJC, L. (1997). «L'entrevue semi-dirigée», dans B. Gauthier (sous la dir. de), *Recherche sociale: de la problématique à la collecte des données*, Québec, Les Presses de l'Université du Québec, p. 263-285.

TUTTY, L., ROTHERY, M.A. et GRINNELL, R. (1996). *Qualitative Research for Social Workers*, Boston, Allyn and Bacon, 229 p.

EXERCICES

1. Indiquez pour chacune des situations suivantes le type d'entrevue le plus approprié et justifiez votre réponse.

    A. Entrevue structurée;

    B. Entrevue semi-structurée à questions ouvertes;

    C. Entrevue semi-structurée centrée;

    D. Entrevue en profondeur;

    E. Entrevue clinique.

    a) Établir la stabilité des unions de fait sur une période de cinq ans.

    b) Recueillir les témoignages d'enfants ayant été victimes d'agressions sexuelles.

    c) Examiner les représentations sociales des personnes âgées relativement aux pratiques de bénévolat.

    d) Établir des mesures de protection avec une femme violentée par son conjoint.

2. Les différents objectifs de connaissance qui suivent portent tous sur la délinquance. Pour chacun d'entre eux, déterminez le type d'entrevue à privilégier.

    a) À titre d'agent de probation, vous devez rencontrer un jeune âgé de 15 ans accusé d'avoir vendu de la drogue à la sortie de son école. Vous savez, par ailleurs, que ce jeune a tenté hier de faire une fugue du centre de réadaptation où il est hébergé depuis son arrestation. L'objectif de cette première rencontre est de mieux comprendre les difficultés que vit ce jeune.

    b) Vous êtes chercheur. Vous vous intéressez particulièrement à l'histoire d'un ex-délinquant, c'est-à-dire que vous voulez savoir comment il est devenu délinquant, comment il a vécu sa délinquance et comment il s'en est sorti. Pour ce faire, vous pensez utiliser la technique du récit de vie.

    c) Vous désirez mener une étude dont l'objectif est de recueillir des témoignages d'adolescents et d'adolescentes placés en centre de réadaptation en vertu de la loi sur les jeunes contrevenants. Vous désirez aborder différents thèmes concernant la vie de ces jeunes durant leur hébergement.

d) Vous désirez mener une étude auprès de parents dont un des enfants a été hébergé en centre de réadaptation. Vous vous intéressez particulièrement aux attitudes que ces parents adoptent et aux sentiments qu'ils ressentent lorsque leur enfant réintègre le foyer familial, de même qu'aux facteurs qui conditionnent ces attitudes et ces sentiments.

e) Vous désirez mener une recherche portant sur les facteurs associés à la récidive chez les délinquants. Vous désirez notamment vérifier s'il y a un lien entre le type de suivi psychosocial auquel ces jeunes ont eu droit et le taux de récidive.

3.   Faites la critique de l'entrevue ci-dessous en déterminant les erreurs commises par le chercheur.

   (1) Chercheur   Bonjour, je m'appelle Charles Gingras, j'aimerais parler à M. Gagné.

   (2) M. Gagné   C'est moi, que désirez-vous?

   (3) Chercheur   Votre nom a été choisi au hasard pour répondre à un questionnaire sur les CLSC. Je ne vous retiendrai qu'une dizaine de minutes.

   (4) M. Gagné   C'est quoi que vous voulez savoir?

   (5) Chercheur   Pouvez-vous me dire où se situe le CLSC de votre localité?

   (6) M. Gagné   Sur la rue principale.

   (7) Chercheur   Êtes-vous déjà allé à ce CLSC?

   (8) M. Gagné   Oui.

   (9) Chercheur   Quand vous êtes allé au CLSC, à quel service avez-vous eu recours?

   (10) M. Gagné   Cou' donc, toi, qu'est-ce que tu vas faire avec toutes ces questions-là? C'est pas mal personnel! Pourquoi j'te raconterais ma vie?

   (11) Chercheur   Le ministère de la Santé et des Services sociaux fait actuellement une étude sur la satisfaction de la clientèle des CLSC afin de voir quelles seraient les améliorations souhaitables. C'est pourquoi j'ai quelques questions à vous poser. Toutes les réponses que vous me donnerez demeureront strictement confidentielles.

   (12) M. Gagné   Ben, tu pourras leur dire qu'y sont pas mal trop lents. On a attendu deux ans avant de savoir quoi faire avec ma mère. C'est-tu assez long à ton goût, ça?

   (13) Le chercheur note sur son questionnaire que le répondant a utilisé les services de placement de personnes âgées.

(14) Chercheur C'est vrai qu'avec les services du gouvernement, il ne faut pas toujours être pressé. Monsieur Gagné, j'aurais une dernière question à vous poser: Par rapport aux services rendus par les CLSC, diriez-vous que vous êtes satisfait, plus ou moins satisfait ou insatisfait?

(15) M. Gagné Plus ou moins satisfait.

(16) Chercheur Nous avons terminé, je vous remercie de votre collaboration. Y aurait-il une autre personne dans la maison qui accepterait de répondre au questionnaire?

L'observation directe

Jean-Pierre Deslauriers* et Robert Mayer

MISE EN CONTEXTE

La direction du centre jeunesse où vous travaillez en tant qu'intervenant social vous a chargé d'observer les habitudes de loisir des jeunes de la polyvalente du quartier. Elle vous demande de lui présenter brièvement votre plan de travail et votre méthodologie.

INTRODUCTION

Qui n'a pas été fasciné par le sérieux et le professionnalisme des primatologues (par exemple, Dian Fossey et la québécoise Pascale Sicotte) dans leur observation des grands singes menacés de disparition (Chabot, 1990)? Et soudain, on se met à se demander pourquoi on ne pourrait pas retrouver le même sérieux et la même passion pour l'observation et la connaissance des humains. L'observation sous toutes ses formes devrait intéresser les chercheurs et les praticiens dans les sciences humaines, y compris ceux en travail social.

6.1 HISTORIQUE

Historiquement, la méthode de l'observation directe a été mise au point au siècle passé par l'anthropologie pour décoder la culture des communautés

---

* Jean-Pierre Deslauriers a étudié en travail social à l'Université de Toronto où il a obtenu un Ph.D. en 1976. Il est actuellement professeur au Département de travail social de l'Université du Québec à Hull. Il est l'auteur d'un livre sur la recherche qualitative, *Recherche qualitative: guide pratique* (McGraw-Hill, 1991), et a coordonné la publication d'un recueil de textes, *Les méthodes de la recherche qualitative* (Presses de l'Université du Québec, 1987). Il s'est d'abord fait connaître par ses travaux sur le mouvement communautaire. Ses recherches récentes portent sur la recherche évaluative et l'organisation communautaire.

sur lesquelles on ne possédait que peu de connaissances systématiques. Plus tard, vers 1920, l'approche de l'observation directe devait être reprise par la sociologie et appliquée cette fois en milieu urbain; c'est le début de l'École de Chicago dont les tenants ont légué de nombreuses monographies sur les divers quartiers et groupes sociaux:

> L'observation directe tendait donc, à cette époque, à se présenter comme une méthodologie complète d'approche du réel, voulant allier à l'appréhension inter-subjective des situations sociales étudiées une analyse objective de leur dynamique, basée sur la confrontation systématique de données de sources diverses. (Laperrière, 1984: 228.)

À ses débuts, la méthode de recherche en sociologie était largement qualitative et reposait souvent sur l'observation directe. Cependant, à cause de l'imprécision de sa méthodologie, elle recueillait une grande masse d'informations, insuffisamment systématisées, dont elle ne savait pas toujours tirer parti. De ce fait, ses utilisateurs avaient de la difficulté à riposter aux critiques incisives que lui adressaient les tenants des méthodologies quantitatives, surtout en ce qui concerne la validité des résultats obtenus, souvent trop tributaires de l'appréciation subjective du chercheur, et ne s'appliquant qu'à des ensembles restreints. Ces critiques ont contribué à mettre cette approche au rancart pour plusieurs décennies.

Chapoulie (1998: 158), par exemple, a souligné la faible reconnaissance accordée aux recherches faites par observations, surtout pendant la période d'après-guerre (1945-1960):

> L'enquête par questionnaires associée à une exploitation statistique devint pour quelques années le modèle de la démarche de collecte et d'analyse en sociologie. Elle détermina ainsi le cadre de référence par rapport auquel furent évacuées les autres démarches.

Au cours des années 1960, on assista à une sorte de reconnaissance de l'observation participante. Aux États-Unis, ce retour a comblé une lacune: il y avait un manque criant d'instruments méthodologiques adéquats permettant une lecture significative de la réalité sociale. En effet, la sociologie empirique quantitative dominante avait donné lieu à l'accumulation d'un ensemble de données souvent fragmentaires, auxquelles manquaient des interprétations d'ensemble qui en dégageraient la signification sociale profonde. De plus, ce renouveau coïncida avec la systématisation de la méthodologie de la recherche qualitative et surtout des étapes relatives à la collecte, à l'organisation et à l'analyse des données.

Ce chapitre propose une méthodologie de l'observation participante à la fois souple et précise permettant de tirer des résultats fiables de cette démarche.

6.2   DÉFINITION

L'observation directe est une démarche d'un savoir au service de finalités multiples, qui s'insère «dans un projet global de l'homme pour décrire, comprendre son environnement et les événements qui s'y déroulent» (Massonat, 1987: 17). Pour ce dernier, «l'observation est plus qu'une technique ou une méthode de recueil des données. Elle est une démarche d'élaboration des savoirs» (*ibid.*: 20). En somme, l'observation directe comprend trois activités principales: «une forme d'interaction sociale avec le milieu étudié pour être présent sur les lieux, des activités d'observation et, enfin, un enregistrement des données observées, c'est-à-dire principalement une prise de notes» (Peretz, 1998: 48).

Plus spécifiquement, l'observation participante se caractérise par les éléments suivants. D'abord, l'observateur s'insère dans le groupe qu'il étudie et il prend part à la vie quotidienne du groupe. L'insertion dans le milieu est vraiment la principale caractéristique de l'observation participante. Conséquemment, le degré de compréhension de la réalité étudiée est fonction de «l'engagement personnel de l'observateur, ce qui veut dire que non seulement la distanciation objective est impossible, mais que toute tentative visant à maintenir une position d'extériorité de l'observateur sclérose le processus de recherche» (Chauchat, 1985: 92). En outre, l'observation s'effectue parallèlement et simultanément à la démarche de la recherche: «La collecte des données introduit fréquemment des changements d'orientation théorique et, au cours de l'enquête sur le terrain, s'instaure une véritable dialectique entre théorie et observation» (*ibid.*). Finalement, bien qu'il soit possible de codifier les données et de leur donner une forme quasi statistique, les recherches basées sur l'observation participante ont été jusqu'à présent plus descriptives qu'analytiques, plus qualitatives que quantitatives (Deslauriers, 1991: 47).

À partir de ces caractéristiques, nous retenons cette définition de l'observation participante: «L'observation participante est une technique de recherche qualitative par laquelle le chercheur recueille des données de nature surtout descriptive en participant à la vie quotidienne du groupe, de l'organisation, de la personne qu'il veut étudier» (*ibid.*: 46). Cela dit, l'observation participante est habituellement complétée par d'autres techniques. Par exemple, Fortin (1982: 104) a rappelé que l'observation participante est davantage une approche qu'une méthode proprement dite: il est non seulement possible mais souvent nécessaire de la compléter par des entrevues, des recherches historiques et statistiques. Le fait de recourir à plusieurs techniques de collecte de données permet de trianguler les données et d'obtenir ainsi une meilleure compréhension de la situation; même, la concordance des différentes informations donne plus de force aux observations du chercheur (Coenen-Huther, 1995: 174).

6.3   LES TYPES D'OBSERVATION PARTICIPANTE

De Robertis et Pascal (1987: 87) distinguent différents types d'observation. Dans le cas de l'*observation directe libre*, «le chercheur ne part pas avec des grilles d'observation préétablies, découpant par avance le réel; il pose un regard naïf

— non précodé — sur le terrain» (*ibid.*: 88). Cette perspective est utile pour découvrir et explorer un nouveau terrain d'intervention. De son côté, l'*observation directe méthodique*, comme son nom l'indique, «implique d'abord la fabrication d'une grille d'observation formalisée» et ensuite l'enregistrement systématique des éléments prévus dans la grille. Par ailleurs, on peut aussi recourir à l'*observation clinique*, qui permet l'évaluation d'une situation et l'élaboration d'un plan d'action. Pour les intervenants sociaux, cette méthode d'analyse de cas peut s'appliquer autant à l'analyse d'un individu que d'une organisation. Finalement, l'*observation participante* permet de passer d'une vision externe à une analyse par l'intérieur du vécu des participants. Cette technique peut être utile tant pour les chercheurs que pour les intervenants sociaux et elle oblige l'observateur-acteur à recourir à plusieurs stratégies d'insertion.

Concernant l'observation participante, différents types peuvent être distingués selon l'engagement du chercheur dans le milieu. Par exemple, Lessard-Hébert, Goyette et Boutin (1990: 151) soulignent que le chercheur doit d'abord situer son rôle dans le continuum observation-participation. Doit-il se définir comme simple observateur? Sinon, jusqu'où doit aller sa participation? À ce propos, on doit reconnaître que le choix de mettre l'accent sur l'un ou l'autre des pôles n'est pas sans conséquences. En effet, Groulx (1985) a bien montré, à partir d'écrits sur les mouvements sociaux urbains québécois, que, selon que l'on favorise la participation ou l'observation, on aboutit à des conclusions différentes sur la nature et le rôle de ces mouvements.

Ainsi, la situation de l'observateur peut varier selon

> qu'il se trouve ou non dans le champ de vision des personnes observées; qu'il a révélé ou non la raison de sa présence aux personnes observées; qu'il participe aux activités des personnes observées ou ne fait que les regarder vivre ou agir; qu'il est membre ou non du groupe avant de l'observer. (Angers, 1992: 135.)

Mais chacune de ces formes d'observation comporte ses forces et ses limites. Par exemple, l'observation de l'extérieur

> permet de relever la spontanéité des comportements, mais empêche de saisir certaines significations données par les personnes observées à leurs comportements. Observer en participant permet une meilleure compréhension de ce qui peut être vécu, mais peut entraîner une trop grande identification au milieu, ce qui remet en question la distance critique nécessaire à l'étude. Faire partie du milieu avant de l'observer peut permettre de prendre en considération des phénomènes imperceptibles à une personne étrangère mais, par contre, peut amener à négliger des aspects importants qui passent inaperçus parce qu'ils sont trop familiers. (*Ibid.*)

Afin de bien préciser son projet d'observation, le chercheur doit se situer par rapport à diverses dimensions de l'observation, dont les principales sont les suivantes:

observation globale ou focalisée? observation narrative ou attributive? observation à faible ou forte inférence? observation d'une situation naturelle ou créée? observation participante ou non participante? et finalement, observation transversale ou longitudinale? (Chauchat, 1985: 43.)

6.4 LES ÉTAPES DE L'OBSERVATION PARTICIPANTE

L'observation participante est loin de se dérouler de façon linéaire: ce type de recherche demande de l'adaptation, de la créativité, du jugement et de la souplesse. Comme elle se déroule dans un milieu naturel, elle doit composer avec des facteurs très éloignés de la recherche mais qui, en même temps, l'influencent de façon parfois déterminante (Jorgensen, 1989: 9). La conduite d'une recherche basée sur l'observation participante nécessite une approche interactive où, s'il est difficile de tout prévoir, il demeure néanmoins possible d'établir les principales étapes et leurs liens (Maxwell, 1996: 3). Avec cette mise en garde à l'esprit, nous présentons ici les étapes qu'on trouve dans la très grande majorité des recherches faites avec l'observation participante.

6.4.1 L'insertion dans le milieu

A — L'attitude du chercheur

Au cours d'une recherche reposant sur l'observation participante, le chercheur doit d'abord reconnaître qu'il est un «invité» dans un milieu (groupe, organisation); pour cette raison, il doit être patient, tolérant et sympathique. Il s'étonne au lieu de juger, il considère que ce qu'il voit et entend a un sens que sa recherche doit précisément éclaircir. Il doit éviter de prendre parti mais demeurer curieux: conséquemment, il pose des questions sur ce qu'il a vu, entendu et observé, il vérifie, il recoupe, il croit tout et rien à la fois. Il est à l'affût de données nouvelles, d'explications inédites, et le fait que la discussion prend une tournure imprévue ne le tourmente pas outre mesure, car il sait que les digressions sont souvent l'occasion d'apprendre des faits importants. La meilleure attitude à adopter est probablement celle qui suscite peu d'attentes tout en s'appliquant à une grande diversité de situations. De ce point de vue, le rôle d'étudiant convient bien. Progressivement, la présence du chercheur deviendra presque imperceptible: il fera partie du décor.

Trognon (1987: 12) précise que l'observation est confrontée à un paradoxe de départ: l'observation tente d'enregistrer avec précision les faits et gestes des gens dans le «cadre normal» de leurs activités; or, tous les écrits spécialisés soulignent que les gens, le plus souvent, savent qu'on les observe et, en conséquence, s'adaptent à cette situation. Le défi pour le chercheur est précisément de perturber le moins possible le milieu observé.

B — L'intégration

L'intégration du chercheur dans le milieu va rarement de soi. Certaines caractéristiques personnelles de l'observateur peuvent lui faciliter l'entrée dans le groupe : le fait d'être membre de la même ethnie, de vivre dans le même village ou dans le même quartier, de partager le même cercle d'amis, d'être membre de la même profession ou de travailler dans la même organisation, etc. Dans ce cas, c'est un peu l'entrée par la « porte principale ». Mais, la plupart du temps, le chercheur doit s'insérer dans un milieu qui n'est pas le sien, à la fois géographiquement, socialement, culturellement, politiquement. Parfois, il lui faudra procéder indirectement : apprendre un métier, se faire embaucher, parfois même se convertir à une religion ou adhérer à un groupe.

Dans la plupart des cas, le chercheur devra demander la permission de démarrer sa recherche. Généralement, il s'adressera d'abord à la personne occupant un poste de responsabilité. L'idéal est de conclure une entente formelle avec l'organisation : cette entente précise le but de la recherche, son affiliation, ses bailleurs de fonds, sa durée, les données à recueillir, la méthode de recherche utilisée, la possibilité de participer aux activités (Deslauriers, 1991 : 48). Par ailleurs, il n'est pas toujours possible de ratifier un tel protocole d'entente avec le groupe, tout simplement parce qu'il n'y a pas d'interlocuteur qui puisse décider. En outre, même une fois signées, certaines ententes sont annulées à cause de problèmes internes : changement de responsables, conflits aigus, etc. Enfin, il arrive souvent que les discussions débouchent sur une entente informelle plutôt que sur une entente écrite.

Tous les auteurs s'accordent sur le fait que les premiers jours d'une recherche basée sur l'observation participante sont certes les plus importants ; c'est à ce moment que les personnes observées se font une opinion de la recherche et du chercheur. Donc, comme dans la vie quotidienne, il faut commencer par apprivoiser les personnes ; elles doivent savoir exactement ce que le chercheur vient faire, ce qu'il demande, ce qu'il apportera en retour. Au début, le chercheur sera assez discret et essaiera de trouver des points communs avec les personnes pour briser la glace ; ensuite, il pourra participer à certaines de leurs activités. Autant le chercheur choisit un groupe, autant le groupe doit le choisir à son tour.

Les premiers contacts avec le milieu sont souvent l'occasion d'une leçon de modestie. D'abord, les portes ne s'ouvrent pas facilement car le milieu communautaire ne sait pas toujours quoi faire avec un chercheur ! Celui-ci risque d'être plus ou moins accepté à partir de divers critères (apparence, rôle, statut, etc.). De plus, ce que le chercheur peut offrir n'est pas toujours évident ; son projet risque de n'intéresser qu'une partie du groupe. Par la suite, à mesure que des liens de sympathie se développeront, sa participation augmentera, de même que sa connaissance de la situation.

Tout au long de la recherche, la tâche la plus importante du chercheur sera de construire et de maintenir sa crédibilité sur le terrain. Cette tâche est d'autant plus importante et difficile lorsque le terrain a été «brûlé» par d'autres chercheurs ou intervenants (Fortin, 1987a : 49). De fait, on a souvent tendance à oublier que la réputation des chercheurs circule vite dans ces milieux et que les groupes les évaluent rapidement. C'est pourquoi la construction de la crédibilité du chercheur ne se limite pas à la première entrevue ni à l'obtention de la permission formelle ; elle est presque à recommencer à chaque nouvelle rencontre (*ibid.* : 52). Le chercheur doit donc s'efforcer de travailler avec les gens et non sur eux et, si possible, chercher à établir une démarche d'échange à long terme. De plus, avant de commencer à observer, il est toujours utile, bien que non indispensable, de connaître l'histoire de l'organisation, ses problèmes, sa structure, ses objectifs, son idéologie, ses leaders, ses conflits. Cela permet d'éviter les faux pas et témoigne de l'intérêt du chercheur.

En somme, dans le cas de l'observation, comme pour les autres techniques de collecte des données, la qualité du rapport humain que le chercheur réussit à établir avec les gens du milieu observé détermine, en bonne partie, la qualité des données qu'il peut recueillir :

> Ces personnes collaboreront d'autant mieux que le chercheur les informera bien, qu'il leur assurera la discrétion et qu'il se mettra vraiment à leur écoute. Les permissions demandées, le respect des rendez-vous pris et de la durée fixée entrent aussi dans la qualité du rapport à établir. (Angers, 1992 : 281.)

Parmi les qualités dont doit faire preuve l'observateur, Angers mentionne également la maîtrise et la connaissance de soi, l'ouverture aux autres et l'objectivité (*ibid.*).

6.4.2 Le choix d'une unité d'observation

Habituellement, à moins de choisir un sujet spécialisé, ce n'est pas difficile de dénicher une unité où pratiquer l'observation participante. Toutefois, le respect de certains critères aidera à choisir les sites les plus avantageux. Par exemple, il faut d'abord prendre en considération la simplicité du thème d'observation, car l'observation d'une situation complexe requiert de l'argent, de l'expérience et du temps (Deslauriers, 1991 : 47). Il est souvent préférable d'étudier une situation simple plutôt que de s'embourber dans un projet d'une trop grande envergure. Ensuite, il faut tenir compte de l'accessibilité du lieu : «le site doit être physiquement accessible au chercheur car il ne sert à rien d'avoir trouvé l'unité d'observation rêvée si le chercheur ne peut s'y rendre assez souvent» (Deslauriers, 1982 : 4) ou s'il n'est pas accepté par le milieu. La non-intrusion peut aussi être un critère à considérer. Il est évident que la simple présence d'un chercheur constitue une forme d'ingérence dans la vie d'une organisation, d'un groupe, d'une personne. Cependant, plutôt que de tenter d'éliminer tout genre d'influence et de chercher à cacher son existence, le chercheur essaiera plutôt de nuire le moins possible. Les lieux publics offrent un grand avantage à cet égard.

Comme le souligne Laperrière (1984 : 231), le choix de la situation à étudier, comme pour n'importe quel autre objet d'étude, est d'abord fonction de sa pertinence sociale et théorique. Au début, le découpage de l'objet d'observation peut n'être pas très précis ; il n'en reste pas moins que l'on doit progressivement tendre à circonscrire un ensemble de lieux, d'événements et de personnes regroupés autour d'un questionnement précis. Ces situations peuvent présenter divers degrés de complexité et comprendre de multiples sous-situations, mais elles doivent toujours former une unité significative d'acteurs, de lieux et d'actions. De plus, les situations observées doivent être récurrentes pour permettre un approfondissement des observations.

6.4.3   La collecte des données

Maintenant que le chercheur a eu la permission d'étudier tel milieu, il peut commencer à travailler. Au début, il ne veut rien perdre, il veut tout observer et tout noter. C'est évidemment impossible parce que n'importe quelle situation sociale présente une telle diversité qu'il est très difficile d'en rendre compte complètement. Il s'agit donc de saisir les principaux événements et de comprendre les phénomènes récurrents. De plus, si un événement donné ne se répète pas, c'est probablement parce qu'il était moins important qu'on ne le pensait. Par ailleurs, il se peut aussi que des événements exemplaires se produisent au cours d'une recherche ; dans ce cas, en observant le milieu et en interviewant les personnes, ce genre d'événement n'échappera pas plus au chercheur qu'aux autres. Le chercheur devra donc faire un choix : d'ordinaire, ce choix s'impose naturellement, à mesure que le projet de recherche évolue, selon un processus qui prend la forme d'entonnoir. C'est ce qui explique pourquoi, avec le temps, les observations se regroupent facilement en quelques grandes catégories.

Avant de s'aventurer sur le terrain, il importe de se fixer un cadre d'observation minimal, c'est-à-dire qui détermine les principaux éléments à observer selon les objectifs de la recherche :

> On peut prélever des éléments qualitatifs et quantitatifs selon la définition du problème de recherche. Le cadre d'observation doit permettre de recueillir tous les éléments signifiants pour rendre compte du problème de recherche. Cinq axes d'observation peuvent guider la construction du cadre, qu'on peut formuler sous forme de questions : Où sommes-nous ? Qui sont les participants ? Pourquoi sont-ils là ? Que se passe-t-il ? Qu'est-ce qui se répète et depuis quand ? (Angers, 1992 : 230.)

Pour sa part, Peretz (1998) classe les données d'observation en cinq domaines : 1) les actions, 2) les groupes sociaux, 3) les dispositifs matériels, 4) les points de vue des participants et 5) la situation de l'observateur.

Les actions visent à décrire l'activité principale « exécutée par les participants sous forme de gestes, interactions et expressions verbales et non verbales » (*ibid.* : 83). Pour ce faire, chacune des observations devra être datée avec des précisions quant à l'heure et à la durée de l'observation ainsi que sur les événements particuliers propres au site (absence de telle ou telle personne, etc.) ou les événements plus généraux pouvant entraîner des conséquences (par exemple, grève des transports) (*ibid.*).

Les groupes sociaux comprennent «l'ensemble des personnes observées, classées si possible par catégories socio-démographiques» (*ibid.*). Des informations supplémentaires sur le rôle de ces personnes dans ce milieu de même que des données biographiques peuvent être incluses. Quant au dispositif matériel, les notes doivent préciser «l'implantation et la localisation des lieux, le type de décor et d'installation, etc.» (*ibid.*).

Le point de vue des participants comprend les propos exprimés par les participants dans les diverses situations observées. Ces notes doivent respecter le plus possible le niveau de langage du milieu étudié. Finalement, les notes relatives au statut de l'observateur visent à préciser les rôles que ce dernier «a tenus au cours de son enquête en tant que chercheur et notamment sa position dans l'action commune ou sa relation individualisée à tel ou tel participant» (*ibid.*).

Laperrière (1984) a souligné que l'on passe habituellement de l'observation générale à l'observation centrée et sélective. La première étape sur le terrain consiste à faire ce que certains auteurs ont appelé un «grand tour» de la situation à l'étude : il s'agit de

> relever systématiquement les grands traits, quant aux lieux et aux objets, aux événements, actions et activités impliqués et à leur durée, quant aux acteurs, à leurs buts et à leurs sentiments observables, etc. Ces grands traits sont notés en termes strictement descriptifs. (*Ibid.* : 237.)

De là, on passe aux «mini-tours» de situations multiples qui

> nous permettent ensuite de les confronter entre elles et d'aborder l'analyse comparative systématique des données, donnant lieu à des hypothèses, en vue de l'interprétation de la situation d'ensemble. Ces hypothèses conditionnent par la suite la définition de situations et d'éléments spécifiques à observer, en vue de les étayer et de les vérifier ; c'est la phase d'observation sélective. (*Ibid.* : 238.)

Ensuite, le chercheur peut raffiner ses hypothèses afin de mieux cerner la réalité sociale observée.

Par ailleurs, il est important de faire le tour des personnes jouant un rôle particulier de façon à recueillir des opinions divergentes et peut-être même opposées. C'est seulement ainsi que le chercheur pourra avoir le portrait complet de l'organisation ou du lieu étudié. Du début à la fin, le chercheur aura intérêt à choisir ses lieux et temps d'observation. Il a intérêt à varier les temps de même que les aires d'observation.

Par contre, et même si nous ne sommes plus totalement dans le champ de l'observation participante, il faut souligner, au passage, la grande utilité de l'observation systématique dans un contexte plus structuré. À ce propos, Massonat (1987) souligne que l'organisation d'une observation systématique suppose «la construction d'un dispositif d'observation pour produire des données. Nous entendons par là un inventaire précis des idées à tester avec les indicateurs observables explicitement recensés» (*ibid.*: 42). Citons, à titre d'exemple, la grille d'évaluation des personnes âgées dites «confuses» vivant en centre d'accueil (Aubin, 1982); la grille d'évaluation du degré d'autonomie des personnes âgées (la classification par types en milieu de soins ou de services prolongés [CTMSP]) (Bérubé, 1988) ou encore la grille d'évaluation des situations à risque de violence pour les personnes âgées (Clément, 1992).

A — Les sortes de données

Il existe plusieurs systèmes de classement de notes; toutefois, celui de Schatzman et Strauss (1973: 100) est très souvent cité. Ces auteurs distinguent trois sortes de notes: méthodologiques, théoriques et descriptives.

Notes méthodologiques

L'objectif est ici de bien décrire le déroulement des opérations de la recherche: le chercheur y consignera comment il a procédé dans le choix de telle ou telle unité d'observation, les problèmes qu'il a éprouvés, l'écart entre le plan de recherche initial et la réalité, les raisons de cet écart, les choix qu'il a dû faire, la solution trouvée aux problèmes qui se sont présentés. Il est important de commencer à prendre ces notes dès le début de la recherche: c'est souvent la période où le chercheur fait des choix méthodologiques qui se répercuteront sur l'ensemble de son travail. On doit aussi inclure dans cette catégorie ce que Laperrière (1984: 242) appelle les notes de planification, c'est-à-dire le relevé systématique des contacts, des démarches, des opérations à faire pour terminer la recherche.

Notes théoriques

Ces notes rendent compte des efforts du chercheur pour donner un sens et une cohérence aux différentes observations qu'il a accumulées. Il écrira les questions qu'il se pose, les explications qui lui viennent à l'esprit, les liens qu'il établit entre les phénomènes observés, entre les opinions de différents auteurs qui se sont exprimés sur le sujet. Le chercheur formule alors ses hypothèses, ses concepts, ses interprétations, ses préconceptions. Ces notes lui permettent de faire le point sur le développement théorique de son travail et elles pourront lui servir ultérieurement lors de la rédaction du rapport.

Laperrière (1984: 241) souligne qu'il est important pour le chercheur

de noter ses intuitions et réflexions au fur et à mesure qu'elles émergent. Les notes visent essentiellement la construction d'une interprétation théorique de la situation à l'étude, qui soit systématiquement fondée sur les observations. Bref, ces notes résultent de deux démarches complémentaires, l'une de découverte d'hypothèses et d'interprétation plausibles, faisant ressortir des dimensions nouvelles de la situation, l'autre de vérification systématique des hypothèses et des interprétations avancées.

Notes descriptives

La majorité des notes descriptives se rapportent au lieu où se déroule la recherche, aux acteurs, à leurs activités et à leurs opinions. D'une façon générale, Laperrière (1984: 239) a rappelé que l'enregistrement des observations s'effectue en plusieurs étapes:

> Une première série de notes est strictement descriptive et va du repérage sur le vif au compte rendu exhaustif de la situation observée. La langue dans laquelle est écrit ce premier type de compte rendu doit être concrète, descriptive et neutre: le chercheur doit chercher à faire voir la situation et entendre les acteurs observés. Les propos de ces derniers sont rapportés mot à mot, entre guillemets.

Enfin, notons que chacun des comptes rendus descriptifs doit porter la date, l'heure, le lieu, l'énumération des acteurs et des activités et, enfin, la durée de l'observation. Caplow (1970: 162) suggère d'y ajouter, au besoin, des cartes, des photographies, les circonstances, etc. Ces comptes rendus doivent être faits dans les plus brefs délais, car la mémoire devient facilement sélective. Il ne faut pas confondre prise de note et analyse: «Les opinions, les hypothèses invérifiables, les déductions ou les remarques sur le caractère ou la personnalité des sujets doivent être éliminées (*ibid.*).

B — L'enregistrement des informations

L'observation, surtout sur une période assez longue, entraîne une prise de notes abondantes et de toutes sortes:

> Cependant ces notes ne se prennent souvent pas sur le vif parce que cela perturberait les événements ou empêcherait le chercheur de jouer son rôle de participant […]. Mais ce qui est commun à tous les observateurs, c'est le fait de se retirer à la fin de l'activité ou de la journée pour aller consigner ce qu'ils ont observé avant d'en oublier l'essentiel, car la mémoire devient vite sélective. (Angers, 1992: 192.)

De la même façon que le chercheur accumulera différentes sortes de notes, il sera bien avisé de les organiser systématiquement.

La rédaction de notes

Sans une prise de notes rigoureuse, le chercheur risque d'oublier des faits ou de s'en souvenir trop imparfaitement pour que cette information soit utile par la suite (Caplow, 1970: 160). Comme pour d'autres sciences (zoologie, anthropologie), les notes doivent être prises aussi vite que possible après l'observation et doivent permettre de répondre aux questions capitales: Qui? Quoi? Quand?

Comment? sans omettre les informations plus générales qui peuvent être nécessaires. Quelquefois, l'observateur participant, surtout le débutant, va passer plus de temps à prendre des notes qu'à faire l'observation elle-même. Il est normal qu'il en soit ainsi car l'observateur doit apprendre à observer les gestes quotidiens des gens, leurs allées et venues, et surtout à écouter ce qui se dit réellement (*ibid.*: 161). Pour ce faire, l'observateur doit s'efforcer d'acquérir toute une série d'habitudes sociales: savoir aiguiser ses yeux et ouvrir ses oreilles, savoir écouter les autres, etc.

Le chercheur qui recourt à l'observation participante fera bien d'accorder la plus grande importance à la rédaction régulière des notes qu'il prend sur le terrain: sans la rédaction régulière des notes, le chercheur n'est pas plus avancé que les autres dans la compréhension et l'analyse de la situation qu'il observe. L'attention qu'il accordera à cette opération influencera de manière déterminante sa capacité d'analyser le matériel. C'est une tâche qui apparaît fastidieuse sur le coup, mais le chercheur qui s'en acquitte consciencieusement retirera plus tard le fruit de ses efforts.

Le journal de bord

Outre les données descriptives, le chercheur se montrera sensible à ses propres attitudes et réactions (ses sentiments, ses impressions, ses émotions, etc.) afin de mesurer leur influence sur la qualité des données recueillies. Ces données sont consignées dans un journal de bord. Laperrière (1984: 241) propose d'inclure dans ce journal de bord les réflexions personnelles du chercheur sur sa démarche de recherche, «son intégration sociale dans le milieu observé, ses expériences et ses impressions, ses peurs, ses "bons coups", ses erreurs et ses confusions, ses relations et ses réactions, positives ou négatives, aux participants, à la situation et à leurs idéologies, etc.». Ces notes ne constituent pas un luxe car, en plus d'une compétence théorique ou méthodologique, l'observation participante requiert du doigté sur les plans psychologique et social.

L'usage du magnétophone

Faut-il enregistrer ou non les entrevues? À ce sujet, les avis sont partagés: les uns se fient à leur mémoire, les autres utilisent le magnétophone. Quelques trucs aident la mémoire à mieux travailler: repérer les mots clés que la personne observée ou interrogée utilise; essayer de se rappeler le début et la fin de la conversation; rédiger les notes dès que la période d'observation est terminée; s'efforcer d'être concret et éviter les interprétations dans la rédaction de notes descriptives.

D'autres chercheurs préfèrent enregistrer l'information. Lorsque les personnes interviewées donnent la permission, l'enregistrement représente un grand avantage pour le chercheur car cela lui permet de se concentrer davantage sur le contenu. Toutefois, il est préférable d'attendre que la relation chercheur-observé soit bien établie avant de recourir au magnétophone. Si la machine rend la personne mal à l'aise et nuit à la collecte des données, il vaut mieux l'abandonner. Si le chercheur peut enregistrer les interviews, il fera bien de s'attaquer à la transcription le plus rapidement possible. Il s'agit en effet d'une tâche longue et ingrate.

6.4.4 La durée de l'observation

Arrive un moment où tout chercheur se pose cette question: Ai-je recueilli suffisamment d'informations? Est-ce le temps de partir? Question redoutable entre toutes parce qu'une recherche n'est jamais tout à fait complète, il y a toujours autre chose à étudier. Cependant, une bonne recherche a un début, un milieu et une fin: tout chercheur attentif au milieu qu'il observe et aux informations qu'il recueille s'aperçoit tôt ou tard que les données qu'il possède lui permettent d'esquisser une réponse et que ses hypothèses prennent forme. Il reviendra peut-être faire une dernière vérification, mais, pour l'instant, il en sait assez et peut se consacrer à l'analyse: «Il ne sert donc à rien de continuer à empiler des informations, aussi intéressantes soient-elles, si le chercheur est incapable de s'en servir immédiatement» (Deslauriers et Kérisit, 1997: 83). Il est difficile de fixer le moment du départ, mais la répétition en est le principal signal. Trop souvent, si le chercheur néglige ces signaux et s'entête à accumuler les informations, le temps accordé à l'observation devient contre-productif parce qu'il empiète sur celui qui devrait être réservé à l'analyse.

6.4.5 L'analyse des données

Cette opération représente la tentative du chercheur de découvrir des liens à travers les faits accumulés. Pour le chercheur qui utilise un cadre théorique formel et préalablement défini, la tâche est simplifiée. Il peut plus facilement discriminer les données, les lignes de force apparaissent plus tôt, et l'analyse en est grandement facilitée. Pour le chercheur qui laisse émerger les concepts et les propositions, l'analyse peut prendre plus de temps. Dans le cas de l'observation participante, on distingue souvent deux étapes principales dans l'analyse des données: la préanalyse et l'analyse proprement dite.

A — La préanalyse

La préanalyse désigne habituellement l'organisation du corpus de la recherche, c'est-à-dire l'ensemble des informations à interpréter. À ce stade, le chercheur se familiarise avec le matériel, s'en laisse pénétrer, il essaie d'en comprendre la logique et le sens. À propos de cette étape, on parle parfois de lecture flottante: le chercheur lit et relit ses notes sans chercher nécessairement à trouver un sens précis mais en laissant apparaître le sens sans le forcer, tel qu'il peut se manifester, en adoptant une approche qui s'inspire un peu du zen (Ouellet, 1990a). C'est ainsi que, peu à peu, le matériel se met à «parler» [1].

B — L'analyse proprement dite

Pour Angers (1992), les notes d'observation peuvent être analysées au moyen de l'analyse de contenu, qui aide à classer les données recueillies. Ainsi, on peut «regrouper tout ce qui est de l'ordre de la description des faits, de situations, d'objets, etc., et tout ce qui est de l'ordre de l'interprétation: suppositions, jugements, tentatives d'explication, rapports présumés entre des faits, etc.» (*ibid.*: 293).

L'analyse des données d'observation nécessite un certain codage, ce qui implique

> l'inventaire exhaustif des données recueillies, leur examen systématique, leur interprétation au moyen de catégories générales, leur classement, leur insertion dans un compte rendu, et la réflexion sur leur pertinence. (Peretz, 1998 : 97.)

Pour le sociologue, par exemple, ce codage est habituellement guidé «par une ou deux questions que le chercheur élabore à la suite d'un va-et-vient entre la culture sociologique dont il dispose, la culture apprise au cours de l'observation et, enfin, sa propre expérience sociale» (*ibid.* : 106).

Chauchat (1985: 116) a bien fait ressortir les spécificités de la démarche d'analyse en observation participante:

> Dans le déroulement habituel d'une recherche, la phase d'observation et la phase d'analyse sont deux étapes distinctes qui, chronologiquement, se succèdent. La méthode d'observation participante amène en revanche à pratiquer simultanément l'une et l'autre, l'analyse des données ou faits d'observation débutant en même temps que l'observation elle-même: dès la phase de terrain, en effet, le travail n'est pas seulement un travail de collecte de données, mais aussi un travail d'analyse. L'analyse presque au jour le jour des faits recueillis sert ainsi à orienter l'observation […].

Ensuite, la nature de la preuve est différente:

> Cette analyse se fonde sur une conception de la science qui ne recourt pas à la procédure de preuve hypothético-déductive classique, mais qui ne se satisfait pas pour autant d'une spéculation sans vérification empirique […]. Le travail d'analyse qui est accompli ici ne peut être assimilé à aucun autre travail d'analyse de données; là encore, rien n'est systématique, aucune technique ne vient simplifier l'élaboration des données, l'organisation des notes prises, la recherche d'un sens aux événements qui se sont produits. (*Ibid.*: 117.)

---

1. Pour plus d'informations, voir le chapitre 7.

En outre, l'analyse doit prendre en considération les conditions de l'observation et elle doit, en conséquence, comporter une certaine forme d'auto-analyse :

> L'analyse consiste non seulement à interpréter les données, mais aussi à considérer les conditions dans lesquelles les données ont été recueillies. Dans l'observation participante, l'analyse s'applique aux conditions d'émergence du discours et d'une manière générale des faits observés autant que des faits eux-mêmes. (*Ibid.* : 118.)

Dans l'observation participante, le chercheur se situe « comme un interlocuteur des membres du groupe étudié, qui se veut et se sait personnellement engagé » (*ibid.*). C'est pourquoi le travail d'analyse

> l'amène à opérer une mise à distance par rapport aux faits d'observation, à reprendre ce qui s'est passé et ce qui a été dit, à qui et dans quels buts, à analyser l'implication même qu'il a eue au cours de l'observation. Sans doute faut-il relever que la profonde implication affective de l'observateur au cours de l'observation se transforme au cours de l'analyse en analyse de son propre rôle, de son propre jeu. Une certaine mise à distance s'opère donc dans un second temps, par la voie d'une sorte d'auto-analyse. [...] L'observation participante est avant tout un travail de relation et d'analyse. (*Ibid.* : 119.)

Même si on reconnaît que la généralisation des résultats en matière d'observation s'avère délicate puisque les conclusions ne valent que pour la situation ou le groupe observé, Angers (1992 : 270) estime néanmoins qu'il est nécessaire d'accumuler le plus d'informations possible sur le site d'observation (son histoire, son organisation, etc.), car cela pourra ultérieurement aider « à éclairer et confirmer certaines constatations et interprétations ». De plus, il sera toujours possible, pour le chercheur, si le besoin s'en fait sentir ultérieurement, « de généraliser les résultats à d'autres sites possédant des caractéristiques semblables » (*ibid.*).

Enfin, l'analyse des données recueillies par l'observation participante oscille habituellement entre ce que Kohn et Nègre (1991 : 138) appellent l'enracinement théorique et l'exploration pragmatique. D'une part, par déduction, le chercheur pourra recourir à une construction théorique préétablie pour encadrer ses données, ce qui peut s'appeler la théorie antécédente (Deslauriers, 1997 : 94). D'autre part, par une démarche inductive, il peut aussi accumuler ses observations dans le but de produire ses propres concepts. Il semble rare que les chercheurs utilisant l'observation participante organisent et analysent leurs données de façon purement déductive ou inductive : la plupart du temps, ils conjuguent les deux procédés.

En résumé, tout comme le déroulement même d'une recherche basée sur l'observation participante, l'analyse des données est une opération itérative et circulaire, faite d'adaptation continue (Ely et autres, 1994).

6.4.6   La rédaction du rapport

D'une façon générale, le rapport de recherche basé sur l'observation participante comprend sensiblement les mêmes éléments qu'on retrouve dans un rapport de recherche usuel. Habituellement, ce rapport contient les renseignements suivants:

— l'état de la question;

— l'énoncé du problème: pertinence et revue de la littérature;

— l'objectif visé;

— la méthode de recherche: les techniques utilisées, l'échantillonnage, la collecte des données, le calendrier des activités, la méthode d'analyse;

— la présentation des résultats: description et interprétation;

— leur importance.

En bref, le rapport doit fournir au lecteur les éléments lui permettant de savoir comment la recherche a été conduite: c'est ainsi qu'il pourra en évaluer les résultats. Le style employé doit être clair et à la portée de tous ceux qui s'intéressent au sujet[2].

Selon Fortin (1987a: 71), le mode de diffusion revêt une grande importance dans ce genre de recherche:

> La diffusion dans le groupe ou dans le milieu avec lequel le chercheur a travaillé est indispensable [...]. Il est important de travailler aussi à un style d'écriture, à un ton qui ne soit ni académique (c'est-à-dire pédant, encombré de terminologie spécialisée, et endormant!) ni paternaliste, c'est-à-dire tout en phrases de trois mots! N'oublions pas que nos lecteurs sont le plus souvent des intellectuels organiques et ne nous faisons pas d'illusions: ils lisent peu, mais ils savent lire.

Il importe donc de communiquer les résultats dans une forme appropriée.

Par ailleurs, on s'entend pour dire qu'un bon rapport d'observation participante se situe généralement entre la conceptualisation éthérée et la description pure et simple. D'une part, un trop grand attachement au développement conceptuel fera souvent perdre la saveur et la richesse de la réalité observée. Par ailleurs, l'excès dans la description fait que le lecteur oubliera le lien entre les données et leur explication. Divers auteurs parlent de «description analytique» comme la marque d'un bon rapport, où voisinent l'analyse et les observations. L'observation participante donnera naissance à la production de monographies plutôt qu'à des études globales, car la comparaison entre différentes communautés ou groupes se révèle très difficile dans un tel contexte.

---

2. Pour la rédaction du rapport, voir le chapitre 2.

6.5 L'ÉTHIQUE EN OBSERVATION PARTICIPANTE

La décision la plus difficile que doit prendre l'observateur concerne l'annonce ou la dissimulation de la recherche: lorsqu'il commence sa recherche, doit-il ou non dévoiler son identité de chercheur? À ce sujet, Laperrière (1984: 233) a présenté les propos de Lofland (1971) qui résument les avantages et les limitations de l'une ou l'autre option. Les objections qu'il voit à l'observation dissimulée se ramènent à quatre types de problèmes:

1. Des problèmes d'éthique: les acteurs de la situation n'étant pas informés que tout ce qu'ils font ou disent est relevé à des fins de recherche;

2. Des problèmes liés aux limites du rôle choisi;

3. Des problèmes d'enregistrement des données sur place;

4. Des problèmes affectifs liés à une implication difficilement évitable dans la situation de l'étude.

Par contre, l'observation dissimulée amène une information plus riche sur le rôle choisi par l'observateur, ainsi qu'un partage et une compréhension plus intenses du vécu des participants observés. Enfin, en certaines circonstances, c'est le seul type d'observation possible. À ce propos, certains chercheurs, comme Douglas (1976), prétendent que, pour réellement connaître une situation, il vaut mieux garder l'anonymat. Diverses raisons semblent justifier cette option, comme le fait que les groupes sont souvent réticents à se faire observer et qu'ils ne veulent pas toujours collaborer. À l'inverse, les avantages de l'observation ouverte sont la minimisation des tensions éthiques, la plus grande mobilité physique et sociale, et le questionnement plus systématique et exhaustif qu'elle permet au chercheur.

Si certaines situations s'accommodent d'emblée d'une observation ouverte (par exemple, les situations publiques) et si d'autres y sont d'emblée fermées (par exemple, les situations privées), «la grande majorité des situations se trouvent entre ces deux extrêmes» (Laperrière, 1984: 233). On voit qu'il n'est pas toujours facile de trancher, mais il existe des principes fondamentaux à respecter tels que le droit à la vie privée, le droit à évoluer en société sans être l'objet de surveillance ni d'attentions particulières. Nous pouvons remettre en question une recherche qui ne peut s'effectuer sans faire des accrocs à ces principes. Bref, il vaut mieux obtenir le consentement des individus ou des groupes.

Un autre élément dont le chercheur devra tenir compte est l'effet de sa propre présence dans le milieu. En certains endroits, la recherche peut provoquer des débats et, par le fait même, insécuriser certains participants. Or, beaucoup de groupes dans lesquels la recherche se fait sont souvent faibles et vulnérables: la participation du chercheur sur le terrain, qu'elle soit plus ou moins accentuée, ne laisse pas le terrain inerte. C'est ainsi que, loin d'être une simple recherche, elle prend souvent la forme d'une intervention (Fortin, 1987b: 32). C'est pourquoi il est important que le chercheur se demande quel est l'effet de ses questions et de ses observations sur les personnes et les groupes qu'il côtoie. Ensuite, quel sera l'effet de la publication de la recherche? Par qui et pour qui sera-t-elle publiée? comment sera-t-elle diffusée et par qui sera-t-elle utilisée? Le principe cardinal qui doit orienter le chercheur est que personne ni aucun groupe ne doit subir quelque préjudice que ce soit pour avoir participé à une recherche. C'est donc la responsabilité du chercheur de prévoir les problèmes que peut entraîner la participation de quiconque à la recherche. La question éthique se pose en effet dès le début (Jaccoud et Mayer, 1997 : 236). Si des problèmes non anticipés surgissent, le chercheur doit les solutionner de son mieux en prenant en considération l'intérêt des personnes impliquées.

Bref, le respect de l'éthique est primordial pour éviter que le chercheur ne «brûle» le terrain, comme on l'a mentionné précédemment (Fortin, 1987b). Un milieu échaudé par une mauvaise expérience hésitera à s'engager dans un projet où, pourtant, il aurait tout à gagner. Le chercheur doit donc avoir la préoccupation écologique de laisser le terrain en aussi bonne condition qu'il était avant qu'il commence sa recherche.

6.6 L'UTILISATION APPROPRIÉE DE L'OBSERVATION PARTICIPANTE

Quelle est l'utilité de l'observation participante? Cette technique a été surtout employée, en sociologie, lorsqu'il y avait absence de données et d'analyses empiriques. Dans ces cas, elle a servi d'instrument de collecte de données dans un processus inductif d'élaboration théorique par rapport à une situation sociale peu investiguée; la collecte de données par observation directe vise alors la compilation de l'information la plus complète possible sur une situation sociale particulière. Dans ce sens, l'observation participante a davantage contribué à la découverte de nouvelles idées qu'à la vérification de théories établies. Cependant, il n'est pas exclu qu'elle serve aussi à confirmer des concepts ou des théories déjà formulés.

En travail social, l'observation participante est très utile pour étudier les milieux de pratique qui s'y prêtent:

> Dans un groupe assez homogène, [l'observateur] peut être un acteur comme les autres, non identifié comme observateur; c'est le cas, par exemple, du chercheur qui étudie la vie d'un atelier en se faisant embaucher comme ouvrier dans cet atelier. Dans un groupe moins homogène, ou dans un territoire, l'observateur-acteur peut toujours rester non identifié comme observateur en occupant une place dans la constellation des statuts sociaux. Le travailleur social est toujours acteur et reconnu comme tel; il peut, de cette position, effectuer une observation participante sans être identifié comme observateur. L'identification comme observateur présente toujours

le risque de modifier le jeu des acteurs, d'autant que l'observation participante est à utiliser dans des groupes assez restreints. (De Robertis et Pascal, 1987: 89.)

De plus, l'observation participante fait appel à des habiletés et à des techniques que les intervenants sociaux utilisent à cœur de jour: rencontrer les gens, les mettre à l'aise, leur poser des questions, retenir les informations pertinentes, les synthétiser, distinguer les faits de l'interprétation. En observation participante comme dans l'intervention clinique, la personnalité de l'observateur devient son principal outil, à la fois pour recueillir les informations et les comprendre (Lessard-Hébert, Goyette et Boutin, 1990: 151).

Méthode plutôt de «longue durée», l'observation participante s'applique avantageusement à l'étude d'une communauté (ville, village), d'un groupe (délinquants, homosexuels, sectes religieuses), d'un milieu de travail, plus qu'à l'étude des comportements individuels. Par contre, si l'observation participante permet de connaître à fond une communauté ou un groupe, il devient difficile de faire des analyses comparatives entre différentes monographies.

L'observation en situation comporte plusieurs avantages. D'abord, elle donne au chercheur une perception immédiate et personnelle de la réalité étudiée. Parce qu'il est sur les lieux, le chercheur est à même de voir les gens vivre et ne se fait pas raconter par d'autres les événements étudiés (Angers, 1992: 136). Ensuite, l'observation amène une compréhension plus profonde de la réalité sociale. Tout en facilitant une analyse plus détaillée, l'observation vise également à dégager une sorte de portrait global de l'événement ou du milieu observé.

Les difficultés et les limites de l'observation sont cependant importantes. L'observation en situation porte habituellement sur un milieu plutôt restreint ou encore sur un groupe limité; il en résulte que les conclusions de l'analyse sont peu ou non généralisables à d'autres milieux. De plus, comme nous l'avons signalé précédemment, il se peut que l'implication du chercheur dans le groupe soit «trop grande» ou encore que l'adaptation de l'observateur au milieu soit un peu «trop réussie» de sorte «qu'il en vient à s'habituer aux façons de vivre et de penser de ses hôtes et à ne plus voir certains faits significatifs, car ils semblent maintenant évidents» (*ibid.*: 139). Or, pour faire progresser l'observation, il faut constamment être à l'affût de nouvelles questions et d'idées nouvelles à vérifier.

En conséquence, le processus d'observation place sur les épaules du chercheur une lourde responsabilité, car, en définitive, c'est lui qui «doit s'intégrer au milieu observé tout en tâchant de ne pas s'y confondre, qui doit toujours avoir l'œil ouvert et récolter toutes sortes de matériaux qu'il trie et met en forme. […] Et la réussite de la recherche sera évaluée à la qualité de l'analyse qui en sera faite» (*ibid.*: 140).

En somme, le grand avantage de l'observation participante est qu'elle permet de confronter discours et pratiques, bref, d'aller au fond des choses (Fortin,

1987a: 68). Car, pour étudier le changement, il vaut mieux aller voir de près et s'impliquer personnellement. En outre, ce n'est pas une méthode de recherche très coûteuse: elle permet d'étudier une foule de problèmes sociaux en ne requérant que la présence du chercheur qui a du temps à consacrer à la recherche (Bogdewic, 1992: 46-48).

6.7 QUELQUES EXEMPLES

Même si l'observation a été plus souvent utilisée en sociologie (Grenier, Houle et Renaud, 1982), il n'en reste pas moins que la littérature en travail social, et ce dès le milieu des années 1960, sera fortement influencée par les travaux de Lewis (1961, 1964, 1966). Ce dernier, par l'observation de familles portoricaines notamment, va développer le concept de culture de pauvreté, qui deviendra rapidement dominant dans cette profession. Par la suite, l'observation sera fréquemment utilisée pour mieux connaître diverses institutions sociosanitaires: les hôpitaux généraux (Ogien, 1986; Peneff, 1992), les hôpitaux psychiatriques (Goffman, 1961; Vinet, 1975), les organismes communautaires (Dupuis, 1985; Fortin, 1985).

Plusieurs recherches ont été faites dans le milieu des services sociaux en recourant à l'observation participante. Par exemple, Dorvil (1988) a eu recours à l'observation participante afin de mieux cerner les interactions entre les habitants de quatre milieux socioculturels différents et les malades mentaux. L'auteur souligne que les résultats de l'observation participante sont très utiles dans la mesure où ils viennent compléter et corroborer les données provenant des autres techniques de cueillette de l'information (*ibid.*: 170).

Un exemple de recherche proche du travail social est celui de Côté (1989), qui a utilisé l'observation participante pour cerner les stratégies de survie des jeunes de la rue à Montréal. Cette observation s'est effectuée dans le cadre d'entretiens en groupe ou en observation libre. Elle précise que «vouloir connaître certains quartiers dans une grande ville comme Montréal requiert une démarche particulière». En effet, il faut avoir accès à un vaste réseau de services, d'usagers et de groupes de pairs. Il a été efficace de mener de front plusieurs types d'enquêtes sur le terrain: séminaire de formation, rencontres avec des intervenants de première, de deuxième et de troisième ligne, visites de quartiers avec des informateurs, travail en milieu carcéral et rencontres avec des policiers du centre-ville» (*ibid.*: 152).

Corin et autres (1990) ont également eu recours à l'observation participante afin de procéder à une analyse anthropologique de la santé mentale. Après avoir analysé six localités en Abitibi, ces chercheurs montrent que les diverses manifestations de problèmes sociaux (violence conjugale, alcoolisme, consommation de drogues, dépression, etc.) ont un sens différent selon les contextes géographiques et culturels de ces milieux.

Dans une démarche similaire, Bibeau et Perreault (1995) ont aussi utilisé l'observation du milieu afin de mieux connaître un quartier défavorisé de Mont-réal où se sont installées la prostitution de rue et les piqueries.

Deslauriers (1996) a conduit une recherche sur les cuisines collectives. Avec l'aide d'une assistante de recherche, il a observé pendant six mois le fonctionne-ment de quatre cuisines collectives, à partir de la planification des menus jusqu'à la préparation des repas en passant par l'achat de nourriture. Les observations ont été complétées par des entrevues faites tant avec les participantes qu'avec les ex-participantes. La principale conclusion à laquelle les chercheurs ont abouti est que, pour les participantes aux cuisines collectives, le plaisir de rencontrer du monde est aussi important que les économies réalisées.

Laperrière (1984), dans un texte où nous avons déjà puisé abondamment, a illustré ses propos théoriques par un bel exemple d'observation participante en milieu scolaire. D'autres chercheurs ont utilisé cette technique pour observer de l'intérieur certains phénomènes plus marginaux comme celui des danseuses nues (Desaulniers, 1978; Gagnon, 1984) ou encore celui des sans-abri (Roy, 1988).

Meintel (1992) a eu recours notamment à l'observation afin de mieux cerner l'identité ethnique chez de jeunes Montréalais. À propos de la méthodologie, elle précise que la période d'observation participante (environ trois mois) dans diffé-rentes communautés immigrantes a permis aux chercheurs de mieux connaître la composition sociodémographique des différents quartiers et de se familiariser avec les organismes culturels (Églises, associations, journaux, etc.) et d'établir des contacts avec divers réseaux sociaux (*ibid.*: 75).

CONCLUSION

On parle souvent de l'observation participante en tant que «méthode douce», mais cela ne veut pas dire que le milieu ne réagira pas à la recherche ou au cher-cheur lui-même! C'est pourquoi il est à la fois vrai et faux de parler de méthode douce: «Pour le chercheur, la méthode douce est celle qu'il fait dans son bureau. Dès qu'il sort, il s'expose à toutes sortes de choses» (Fortin, 1987a: 66). En effet, toute recherche dérange, mais encore davantage l'observation participante.

Par ailleurs, Chapoulie (1998: 169) a raison de s'opposer à une certaine tra-dition de recherche qui perçoit l'observation directe et le travail sur le terrain comme une «spécialité»; il propose plutôt de situer l'apport de l'observation en liaison et en complémentarité avec d'autres techniques, notamment l'analyse his-torique et l'analyse statistique:

la démarche historique — c'est-à-dire la reconnaissance de la dimension temporelle des faits sociaux — et la démarche statistique, cette technique d'objectivation de la généralité de certains phénomènes certes puissants, mais dont l'usage est délicat lorsqu'on n'oublie pas la dimension symbolique des faits sociaux.

Finalement, rappelons les principaux conseils de base formulés par Caplow (1970) à propos de l'observation participante. Selon cet auteur, la description du rôle du chercheur doit être courte, simple, mais doit en même temps donner un aperçu global des différentes activités qui seront menées. Par ailleurs, il s'avère essentiel de susciter l'intérêt des personnes clés dont l'aide ne peut être sous-estimée ou qui peuvent être des personnes-ressources importantes. Le chercheur doit également maintenir une certaine distance vis-à-vis du groupe étudié et éviter d'être identifié à ce dernier. L'observation participante suppose que le chercheur peut passer plusieurs heures auprès des individus observés; c'est en effet par la fréquence des contacts auprès de ceux-ci qu'il est possible d'apprendre à les découvrir. Enfin, avant de s'aventurer sur le terrain, l'observateur doit posséder une connaissance approfondie des objectifs de sa recherche et des techniques d'observation et de prise de notes. Les observations doivent être notées sur-le-champ ou dans les plus brefs délais. Les notes doivent inclure les comportements du chercheur, considéré lui-même comme «sujet d'observation» pendant sa recherche.

LECTURES SUGGÉRÉES

BIBEAU, G. et PERREAULT, M. (1995). *Dérives montréalaises: à travers des itinéraires de toxicomanes dans le quartier Hochelaga-Maisonneuve*, Montréal, Boréal.

CHAPOULIE, J.M. (1998). «La place de l'observation directe et du travail de terrain dans la recherche en sciences sociales», dans J. Poupart, L.H. Groulx, R. Mayer, J.P. Deslauriers, A. Laperrière et A.P. Pires (sous la dir. de), *La recherche qualitative: diversité des champs et des pratiques au Québec*, Boucherville, Gaëtan Morin Éditeur, p. 155-172.

COENEN-HUTHER, J. (1995). *Observation participante et théorie sociologique*, Paris, L'Harmattan.

JACCOUD, M. et MAYER, R. (1997). «L'observation en situation et la recherche qualitative», dans J. Poupart, J.P. Deslauriers, L.H. Groulx, A. Laperrière et A.P. Pires (sous la dir. de), *La recherche qualitative: enjeux épistémologiques et méthodologiques*, Boucherville, Gaëtan Morin Éditeur, p. 211-249.

LAPERRIÈRE, A. (1984). «L'observation directe», dans B. Gauthier (sous la dir. de), *Recherche sociale*, Québec, Les Presses de l'Université du Québec, p. 227-246.

PERETZ, H. (1998). *Les méthodes en sociologie: l'observation*, Paris, La Découverte.

EXERCICES

1. Vous assistez à une réunion. Comment se déroule-t-elle? Quelles sont les questions litigieuses? Qui les soulève, et sur quel ton? Comment les solutionne-t-on?

2. Vous êtes assis dans un lieu public et vous observez ce qui se passe autour de vous. Qui le fréquente (âge, sexe)? Que font ces gens?

3. Vous coanimez un groupe d'entraide. Qui parle à qui? Quelles sont les interactions? Quels sont les comportements non verbaux que vous pouvez noter?

CHAPITRE 7

Quelques éléments d'analyse qualitative

L'analyse de contenu, l'analyse ancrée, l'induction analytique et le récit de vie

Robert Mayer et Jean-Pierre Deslauriers

MISE EN CONTEXTE

En tant qu'intervenant social œuvrant auprès de personnes vivant d'assistance sociale, on vous demande d'assister à une commission parlementaire sur la réforme de la loi de l'aide sociale. Vous devez procéder à une analyse de contenu des débats afin, notamment, d'en rendre compte à votre organisme employeur ainsi qu'aux groupes avec lesquels vous travaillez.

Vous êtes un intervenant social dans un centre jeunesse et vous animez un groupe de jeunes adolescents; depuis plusieurs mois, vous consignez dans un journal de bord vos observations et vos commentaires. Comment tirer parti de la richesse de ce matériel? L'analyse de contenu peut alors vous être utile.

Vous œuvrez auprès de personnes âgées qui ont quitté récemment leur domicile pour aller vivre en centre d'accueil. Afin de mieux connaître leur trajectoire personnelle ainsi que la population de ce centre d'accueil, vous leur proposez de faire un certain nombre de récits de vie et ensuite de les publier. Dans ce cas, la méthode des récits de vie peut vous aider.

INTRODUCTION

D'entrée de jeu, il nous faut préciser la notion de la recherche qualitative. En effet, sous cette étiquette un peu floue se retrouve une variété de perspectives théoriques, de techniques de collecte et d'analyse de données. Par ailleurs, le terme ne fait pas consensus et est souvent évoqué en contraste avec les méthodes quantitatives. La principale caractéristique de l'approche qualitative est de privilégier le point de vue des acteurs sociaux dans l'appréhension des réalités sociales. À propos de la spécificité de la recherche qualitative, il faut aussi insister sur la définition inductive et progressive de l'objet d'étude. Concernant le devis de l'ensemble de la recherche, il importe de souligner son caractère rétroactif, dû à la simultanéité de la collecte et de l'analyse des données et à l'ajustement continu de l'échantillon (théorique) et des grilles de collecte et d'analyse des données en fonction de l'approfondissement des hypothèses, de même que le mode de construction progressif des hypothèses, en lien avec l'analyse des données empiriques. En somme, il ressort qu'un projet de recherche qualitatif ne se distingue pas tellement des autres projets quant à ses éléments constitutifs. Ce sont les paramètres de la définition de ces éléments et leurs interrelations qui lui donnent son caractère spécifique.

Dans ce chapitre, nous distinguerons deux sortes d'analyses de contenu. Tout d'abord, nous définirons comme *analyse de contenu constitué* ce que nous entendons habituellement par analyse de contenu, soit du matériel écrit recueilli au cours d'une recherche. Ensuite, nous aborderons ce que nous avons appelé l'*analyse de contenu constituant*. Dans ce cas-ci, l'analyse se fait conjointement avec la collecte des données et elle constitue en quelque sorte la recherche. Nous regrouperons ici l'analyse des données recueillies selon la théorie émergente, l'induction analytique et les récits de vie.

7.1   L'ANALYSE DE CONTENU CONSTITUÉ

7.1.1   Historique

La technique de l'analyse de contenu n'est pas nouvelle. En effet, Angers (1992) précise que certains auteurs font remonter les premières analyses systématiques de documents aux premiers exégètes de la Bible et des textes sacrés, et que les règles d'analyse qu'ils avaient élaborées constituaient l'herméneutique. On retrouve plus particulièrement des préoccupations d'analyse de contenu proprement dite dès le début du xxe siècle à partir des productions des journalistes. Par contre, ce que nous nommons maintenant analyse de contenu naît au début du xxe siècle, avec l'essor de la production de masse de la presse américaine (R. Landry, 1993). Au cours des années 1930 et 1940 surtout, la méthodologie de l'analyse de contenu se précise davantage; avec l'essor des départements de science politique des universités américaines, l'analyse de contenu passe progressivement «de l'analyse quantitative des journaux à l'analyse de la propagande» (*ibid.*: 339). Au cours de la Seconde Guerre mondiale, entre autres, l'analyse de contenu a été largement utilisée pour scruter l'opinion publique et la propagande ennemie par les journaux et la radio (Angers, 1992). Ensuite, à partir des années 1950, l'analyse de contenu se répand dans les diverses disciplines des sciences humaines (sociologie, histoire, etc.)

7.1.2 Définition

Les définitions de l'analyse de contenu abondent. Entendue au sens large, l'analyse de contenu est une méthode qui vise à découvrir la signification d'un message, que celui-ci soit un discours, un récit de vie, un article de revue, un mémoire, etc. Plus précisément, il s'agit d'une méthode qui consiste à classer ou à codifier les divers éléments d'un message dans des catégories afin de mieux en faire apparaître le sens (Nadeau, 1987: 346). Dans ce cas-ci, le matériel importe peu: l'analyse de contenu désigne la méthode appropriée pour en découvrir la signification. Entendue au sens restreint, et aussi plus courant, l'analyse de contenu porte habituellement sur des documents écrits de nature diverse (des documents en provenance d'organismes administratifs ou autres, des documents de presse, des documents personnels). Or, comme ces documents sont lus par tous, on peut penser, un peu comme pour Monsieur Jourdain qui découvrait dans *Le bourgeois gentilhomme* qu'il faisait de la prose sans le savoir, que tout le monde fait intuitivement de l'analyse de contenu. Comme le souligne R. Landry (1993: 338):

> Cette assertion n'est pas totalement fausse. Tout lecteur dispose d'un modèle intuitif qui utilise des règles implicites d'analyse et d'interprétation des textes. Par comparaison, la méthode de l'analyse de contenu concerne la mise au point et l'utilisation de modèles systématiques de lecture qui reposent sur le recours à des règles explicites d'analyse et d'interprétation de textes. L'objectif de ces procédures est d'arriver à des inférences valides.

Pinto et Grawitz (1967: 459) ont repris la définition classique de Berelson, à savoir que l'analyse de contenu «est une technique de recherche pour la description objective, systématique et quantitative du contenu manifeste des communications, ayant pour but de les interpréter». De son côté, L'Écuyer (1990: 120) donne une définition précise de cette méthode:

> L'analyse de contenu est une méthode scientifique, systématisée et objectivée de traitement exhaustif de matériel très varié; elle est basée sur l'application d'un système de codification conduisant à la mise au point d'un ensemble de catégories (exhaustives, cohérentes, homogènes, pertinentes, objectivées, clairement définies et productives) dans lesquelles les divers éléments du matériel analysé sont systématiquement classifiés au cours d'une série d'étapes rigoureusement suivies, dans le but de faire ressortir les caractéristiques spécifiques de ce matériel dont une description scientifique détaillée mène à la compréhension de la signification exacte du point de vue de l'auteur à l'origine du matériel analysé, et ce, en s'adjoignant au besoin l'analyse quantitative sans jamais s'y limiter, et en se basant surtout sur une excellente analyse qualitative complète et détaillée des contenus manifestes, ultimes révélateurs du sens exact du phénomène étudié; elle est complétée, dans certains cas, par une analyse des contenus latents afin d'accéder alors au sens caché potentiellement véhiculé, le tout conduisant souvent, mais pas toujours, à divers niveaux d'interprétation du matériel.

Cette définition détaillée met en lumière certaines caractéristiques qui seront reprises plus loin dans ce chapitre. Retenons que cet auteur insiste sur le fait que l'analyse de contenu est une méthode scientifique et rigoureuse qui permet de connaître avec précision un domaine donné. Angers (1992: 166) propose d'autres caractéristiques générales de l'analyse de contenu, à savoir qu'il s'agit d'une technique indirecte, car on ne contacte pas les individus bien qu'on s'intéresse à eux par le biais de productions; ces productions peuvent prendre diverses formes (écrite, orale, imagée ou audiovisuelle); les documents peuvent avoir été constitués par une personne (lettres personnelles, romans, journal intime) ou par un groupe de personnes (textes de loi, par exemple) dont le contenu est non chiffré.

7.1.3   Les divers types d'analyse de contenu

Il existe plusieurs façons de classifier l'analyse de contenu. Aktouf (1987: 119) en dégage six types selon qu'il s'agit d'une analyse exploratoire ou de vérification d'hypothèses, d'une analyse de contenu qualitative ou quantitative, d'une analyse centrée sur le contenu manifeste ou latent.

De leur côté, Mucchielli (1979: 20) et Rongère (1979: 52) ont précisé que le type de matériel à analyser détermine partiellement l'analyse de contenu. Ces auteurs distinguent trois types principaux de matériel. Le matériel donné comprend tout matériel de communication que l'on reçoit comme objet d'étude. Dans ce cas, l'analyse portera sur un document, un mémoire, des articles de journaux ou sur une revue des écrits relatifs à une problématique donnée. Le matériel rassemblé en vue d'un objectif est l'ensemble des questions auxquelles on soumettra les données informationnelles recueillies dans le but de vérifier des hypothèses. Quant au matériel créé par la recherche elle-même, il s'agit des réponses à un questionnaire, des enregistrements d'entrevues sur des thèmes, etc.

7.1.4   Les étapes techniques de l'analyse de contenu

La majorité des auteurs (Aktouf, 1987: 121; Bardin, 1986: 93; Kelly, 1984: 303; L'Écuyer, 1990: 71) proposent de suivre les étapes suivantes: la préparation du matériel; la préanalyse ou la lecture des documents; le choix de l'unité d'analyse; l'exploitation des résultats ou la présentation des résultats; l'analyse et l'interprétation des résultats.

A — La préparation du matériel

La première étape consiste à constituer le corpus de la recherche. Emprunté au latin, ce mot correspond à un ensemble de textes, de documents, privés ou publics qui sont rassemblés pour les fins d'une étude. Le matériel de départ peut donc être donné *a priori*, comme c'est le cas dans l'analyse d'œuvres littéraires, ou encore devoir être rassemblé aux fins d'une analyse particulière, par exemple les lettres laissées par des personnes récemment suicidées. Enfin, il peut être recueilli par le chercheur lui-même, pour les fins d'une étude particulière[1].

Donc, après avoir défini les objectifs de la recherche et avant de procéder à l'analyse, il convient de constituer l'ensemble des documents à soumettre à l'analyse. Il faudra d'abord préparer le matériel recueilli. Dans le cas d'une entrevue enregistrée sur bande audio, c'est l'étape de la transcription la plus exacte possible du contenu réel des échanges. Il est important à cette étape de consigner à la fois le contenu de la conversation autant que le contexte, donc de faire une transcription la plus intégrale possible. Pour ce faire, plusieurs voies sont à explorer: introduire en marge des commentaires liés au non-verbal, ouvrir des parenthèses donnant le ton ou encore consigner sur une fiche signalétique toute information susceptible d'aider à l'analyse du contexte dans lequel le contenu a été recueilli [2]. C'est également à ce moment que l'on doit se préoccuper de rendre anonyme le matériel. Pour des raisons éthiques évidentes, toute information permettant de reconnaître une personne doit être scrupuleusement supprimée[3]. Ensuite, on découpera les articles, on mettra sur fiches les réponses à des questions ouvertes — tout cela en prévoyant des reproductions en nombre suffisant pour faciliter les découpages ultérieurs ou le travail d'analyse en équipe, et en numérotant chaque élément (Bardin, 1986: 99). Puis, une fois les documents choisis, les textes ramassés ou les entrevues faites, il faut transcrire de façon à se donner un outil d'analyse clair, complet et le plus significatif possible.

B — La préanalyse

La lecture flottante

La préanalyse, précisent L'Écuyer (1987) et Nadeau (1987), consiste à recueillir le matériel à analyser, à l'organiser et à procéder à plusieurs lectures. Cette «lecture flottante», comme le dit Bardin (1986: 126), est nécessaire pour s'imprégner du matériel; elle correspond en quelque sorte à l'attitude du psychanalyste qui, par son écoute active, laisse émerger des hypothèses. Cette technique vise à ce que le lecteur puisse «acquérir une vue d'ensemble du matériel recueilli, se familiariser avec ses différentes particularités […], pressentir le type d'unités informationnelles à retenir pour une classification ultérieure et la manière de les découper en

---

1. À ce propos, R. Landry (1993: 353) précise que, lorsque la quantité de matériel est trop importante, on doit procéder à l'échantillonnage d'un certain nombre de textes à partir de l'ensemble des textes, et ce, selon les règles usuelles en matière d'échantillonnage.
2. À titre d'exemple, lors d'une entrevue effectuée auprès d'une femme victime de violence conjugale, la présence ou non de ses enfants pendant l'entrevue, ou encore l'arrivée subite de son conjoint peuvent modifier le cours de l'entrevue.
3. Le chercheur doit donc se constituer une liste de codes que seul il peut jumeler avec l'information confidentielle; ceci vaut tant pour les noms que pour les adresses, les numéros d'assurance sociale s'il y a lieu, ou encore pour des caractéristiques très particulières à une certaine clientèle dans un organisme donné.

énoncés spécifiques» (L'Écuyer, 1987: 73). En effet, passé l'étape de la familiari-
sation avec le matériel, la lecture devient plus précise: des hypothèses commencent à apparaître, et le chercheur peut reconnaître les théories applicables au
matériel et inventorier les techniques utilisées sur des matériaux analogues. En
somme, il s'agit de «dégager le sens général du récit et de cerner les idées majeures
propres à orienter le travail d'analyse» (Nadeau, 1987: 346). Cette étape permet
également au chercheur de prévoir les difficultés éventuelles et de se faire une première idée des catégories qu'il utilisera.

La sélection d'une unité d'analyse

La sélection d'une unité d'analyse implique un choix entre les unités les plus couramment employées: les unités physiques (choix entre des livres, des articles de
revues, des lettres, des documents administratifs); les unités syntaxiques (le mot,
la phrase, etc.); un référent (une personne, un événement); un thème (par
exemple, les promesses électorales des politiciens) et, enfin, une proposition qui
constitue un «noyau de sens».

La formulation des hypothèses et des objectifs

Une hypothèse est une affirmation provisoire que l'on se propose de vérifier,
pour la confirmer ou pour l'infirmer, par l'analyse. Toutefois, il n'est pas obliga-
toire d'avoir des hypothèses pour guider l'analyse. Certaines analyses se font sans
idées préconçues. Cependant, dans bien des cas, des hypothèses implicites orien-
tent le travail de l'analyse. D'où la nécessité de formuler clairement ses hypothèses. Par exemple, Landry (1985) veut comprendre pourquoi les personnes
âgées occupent peu de place dans les programmes des partis politiques du
Québec. Pour ce faire, il a procédé à une analyse de contenu des promesses
d'interventions gouvernementales à l'égard des personnes âgées et il a comparé
les résultats selon des périodes et des partis.

C — L'exploitation (ou le codage) du matériel

Cette phase, qui consiste pour l'essentiel en opérations de codage, décompte ou
énumération selon des consignes formulées au préalable, est longue et fastidieuse
(Bardin, 1986: 100).

> Traiter le matériel, c'est le coder. Le codage correspond à une transformation
> des données brutes du texte. Transformation qui, par découpage, agrégation
> et dénombrement, permet d'aboutir à une représentation du contenu, ou de
> son expression, susceptible d'éclairer l'analyste sur des caractéristiques du
> texte. (*Ibid.*: 102.)

La préparation

Avant même de choisir une méthode particulière d'analyse, il faut s'assurer de
conserver une copie, en lieu sûr, de l'ensemble de ses données. Comme une

entrevue d'une heure peut représenter 20 à 30 pages de texte, il est important de choisir un canevas de travail permettant de faciliter la tâche. Diverses façons de faire s'offrent aux chercheurs: la méthode traditionnelle, l'utilisation d'un logiciel de traitement de texte ou l'utilisation d'un logiciel d'analyse de contenu.

La méthode traditionnelle consiste à découper le contenu et à le regrouper sous des thèmes, puis des catégories et sous-catégories[4]. Toutefois, plusieurs chercheurs utilisent maintenant leur logiciel de traitement de texte pour effectuer les opérations de découpage et de collage, et ainsi constituer des fichiers d'analyse thématique. À cet égard, le lecteur pourra consulter un guide utile qui a été rédigé par Hurtubise et Racine (1994). Au cours des dernières années, quelques logiciels d'analyse de contenu ont été mis au point. Bien que leur utilisation ait révélé certaines limites, ces logiciels permettent une analyse très intéressante et fort utile. À titre d'exemple, mentionnons le logiciel The Ethnograph, Atlas ou encore Nud*IsT.

La codification et la catégorisation

Il faut ensuite définir des catégories d'analyse, et ce choix se fait habituellement selon l'une ou l'autre des trois méthodes suivantes:

> 1) de façon inductive à partir des similitudes de sens du matériel analysé; 2) de façon déductive en les dérivant d'une théorie existante; 3) finalement, suivant une formule mixte où une partie des catégories est dérivée d'une théorie alors qu'une autre partie est induite en cours d'analyse. (R. Landry, 1993: 348.)

L'Écuyer (1987: 57-59) répartit les catégories selon trois sortes: préalablement absentes et issues de l'analyse, prédéterminées et mixtes. Toutes ces précisions doivent contribuer à l'élaboration d'un guide de codification qui permet de «repérer de façon valide et fiable toutes les observations répondant à la définition de l'unité d'analyse choisie et répondre de façon valide et fiable aux questions posées à chacune des observations» (R. Landry, 1993: 351).

Toute analyse de contenu suppose la décomposition du matériel traité en éléments d'analyse. L'unité d'enregistrement est utilisée pour permettre de compter les éléments du contenu (Rongère, 1979: 56). Dans certains cas, il s'agira d'un mot ou d'un thème (groupe de mots, de phrases, d'images, etc., ayant une signification intellectuelle ou affective unique). C'est aussi ce qui s'appelle une *unité de sens*, soit un élément d'information ayant un sens complet en lui-même. Quant à l'unité de numération, elle se retrouve surtout en recherche quantitative: il s'agit d'une unité de mesure qui permet de différencier entre eux les éléments retenus dans chaque catégorie. Ainsi, dans un discours, au lieu de se borner à

---

4. Cela suppose évidemment que le contenu a été consigné de façon aérée, à double interligne, pour pouvoir le découper sans risque de perdre des éléments précieux. Avec les progrès de l'informatique, cette méthode a été quelque peu abandonnée; toutefois elle reste valable et a l'avantage d'être très accessible aux personnes qui n'auraient pas accès à un ordinateur personnel.

compter le nombre de fois qu'apparaissent, par exemple, certains mots ou certains thèmes, on notera le temps que l'orateur a consacré à chacun d'eux. L'emploi de cette unité suppose qu'il est possible et utile de quantifier l'analyse des résultats; elle n'est donc pas présente dans toutes les analyses.

Le codage, rappellent Ghiglione et Matalon (1978 : 164), est tout à fait central dans le processus de l'analyse de contenu car il pose le problème du sens. Comme le souligne R. Landry (1993 : 339) :

> Il n'existe pas de méthode d'analyse facilement transposable à toutes les situations. Sauf pour des applications simples, comme pour la codification de thèmes de réponses à questions ouvertes de questionnaires, le chercheur est toujours plus ou moins forcé de faire d'importantes adaptations aux procédures les plus appropriées pour l'étude du problème qu'il vise à résoudre.

En somme, cette étape de catégorisation peut être abordée selon trois modèles (R. Landry, 1993 ; L'Écuyer, 1987). Dans le cas du *modèle ouvert*, il n'y a pas de catégories préétablies, les catégories sont alors induites des textes analysés. Dans le cas du modèle fermé, les catégories sont prédéterminées par le chercheur dès le départ, par une théorie dont on veut tester les prédictions (ou les hypothèses). Finalement, dans le cas du *modèle mixte*, une partie des catégories sont préexistantes et le chercheur laisse place à la possibilité qu'un certain nombre d'autres soient induites en cours d'analyse.

Pinto et Grawitz (1967 : 477) relèvent quatre principaux écueils à éviter dans la formation des catégories d'analyse :

> 1) imposer un schéma trop rigide *a priori*, qui n'atteint pas la complexité du contenu ; 2) élaborer ce schéma de façon superficielle, pour ne classer que les éléments manifestes de la communication sans toucher au contenu plus ou moins latent ; 3) choisir des catégories trop détaillées et trop nombreuses, ce qui a pour effet de reproduire le texte presque en entier sous prétexte de ne rien perdre ; 4) prendre des catégories trop «grossières» qui ne permettent pas de distinguer suffisamment entre eux les éléments qu'elles regroupent.

À vrai dire, toute analyse se situe entre deux possibilités, mais aussi deux écueils :

> Adopter des catégories très fines, rendant compte de la réalité, mais la reproduisant de trop près, en une liste de thèmes dont chacun n'aura qu'une fréquence faible, ou regrouper les données en un nombre limité de catégories, mais en sacrifiant une information, peut-être essentielle, qui se trouvera perdue dans le résultat final. (Pinto et Grawitz, 1967 : 463.)

En somme, concluent Pinto et Grawitz (*ibid.* : 478), il n'y a pas de solution unique au problème de la standardisation des catégories de l'analyse de contenu.

D — L'analyse et l'interprétation des résultats

On s'entend généralement pour souligner que l'interprétation du matériel est fort délicate (Lévy, 1967 : 197). Tout d'abord, précise Michelat (1975 : 237), «toutes les unités de signification doivent trouver leur place, de façon non ambiguë, dans les catégories définies. Ce traitement permet une quantification des thèmes même si celle-ci est considérée comme n'ayant qu'une valeur indicative.» La rigueur méthodologique apportée à cette étape garantit la fidélité de l'analyse. Si des règles précises ont été suivies, «en principe, deux analyses conduites indépendamment doivent parvenir au même résultat» (*ibid.*: 238). L'analyse interne vise à dégager les idées principales d'un texte, à déceler les liens entre les idées, à rétablir la logique de leur développement, à repérer l'absence ou la présence de certains thèmes ou de certaines caractéristiques. L'analyse externe consiste à replacer un document dans son contexte historique pour éclairer le sens des termes et leur donner une signification contextuelle. Bien sûr, il est possible de combiner les deux sortes d'analyse dans une même recherche; les résultats peuvent être fort intéressants, pour autant que l'on aura travaillé avec rigueur, en distinguant bien chaque type d'analyse.

Fiabilité et validité d'une analyse de contenu

Dans le passé, on a accusé les chercheurs utilisant l'analyse de contenu de ne pas accorder suffisamment d'attention à l'évaluation de la fiabilité de leurs travaux (Kelly, 1984: 313). En effet, bien que la question de la fiabilité soit multidimensionnelle, les écueils liés au codage sont parmi les plus importants. À l'exception des approches fondées uniquement sur l'utilisation de l'ordinateur, l'analyse de contenu doit compter avec les forces et les faiblesses du jugement humain. Aussi faut-il veiller à la fiabilité respective des chercheurs: s'ils sont plusieurs à analyser les mêmes données, leur jugement doit être uniforme. En outre, chaque chercheur doit démontrer de la constance dans ses propres jugements (R. Landry, 1993).

Pour ce qui est de la validité, elle relève surtout de la pertinence des catégories et des unités choisies, tant par rapport au document qu'aux objectifs de la recherche; aucun schéma d'analyse n'a de validité en lui-même. Michelat (1975: 245) estime que le principal critère pour évaluer la validité d'un modèle d'analyse est celui «de la cohérence interne du modèle obtenu étant entendu que tous les éléments du corpus doivent trouver une place dans le schéma».

Pour garantir la validité de l'analyse, certaines règles doivent être respectées. Plusieurs auteurs (Aktouf, 1987: 123; Bardin, 1986: 122; Brimo, 1972: 151; Chauchat, 1985: 222) indiquent cinq règles essentielles:

1. *L'exhaustivité.* Une fois que les documents à soumettre à l'analyse sont déterminés (entretiens d'une enquête, réponses à un questionnaire, éditoriaux d'un quotidien, etc.), il faut en considérer tous les éléments. L'exhaustivité suppose que les catégories établies permettent de classer l'ensemble du matériel recueilli.

2. *La représentativité.* On peut, lorsque le matériel s'y prête, effectuer l'analyse sur un échantillon. L'échantillonnage est rigoureux s'il constitue une partie représentative de toutes les données initiales.

3. *L'homogénéité.* Les documents retenus doivent être homogènes, c'est-à-dire être choisis en fonction de critères précis et ne pas présenter trop de singularité par rapport à ces critères. Par exemple, des entretiens d'enquête effectués sur un thème donné doivent tous concerner ce thème et avoir été obtenus par des techniques identiques auprès d'individus comparables. L'homogénéité est liée au classement du matériel, qui, comme l'a souligné Bardin (1986: 121), ne doit se faire que selon « un même principe de classification ».

4. *La pertinence.* Les documents retenus doivent correspondre à l'objectif de l'analyse. Une catégorie est pertinente quand elle rend possible l'étude du matériel obtenu d'après les questions et le cadre d'analyse retenus.

5. *L'univocité.* Une catégorie est univoque si elle a le même sens pour tous les chercheurs.

À la suite de Lincoln et Guba (1985), certains auteurs estiment que les chercheurs devraient faire vérifier les résultats de leur recherche par des experts reconnus. Ces experts sont l'équivalent des comptables qui attestent que la méthodologie de recherche retenue était appropriée, qu'elle a été bien appliquée et que les résultats correspondent aux données recueillies (Schwandt et Halpern, 1988).

Pour Tremblay (1968: 285), le problème essentiel demeure celui de la preuve. Si une citation ne « prouve » rien, que vaut alors le respect des textes ? Nul n'est sans doute obligé de s'en tenir, par exemple, à ce qu'écrit ou dit un individu, sauf si c'est là précisément l'objet d'analyse. Pour sa part, L'Écuyer (1990: 81) privilégie une analyse du matériel qui est à la fois quantitative et qualitative. L'analyse quantitative comprend habituellement « la réalisation d'analyses descriptives utilisant des statistiques telles que la fréquence, la moyenne, la variance [ainsi que la réalisation] d'analyses liées à la vérification d'hypothèses » (R. Landry, 1993: 356). Pour ce qui est de l'analyse plus qualitative, même si les procédures sont moins codifiées, tous les auteurs s'entendent pour dire qu'elles doivent « être menées de façon rigoureuse et systématique » (*ibid.*: 356). En somme, il ressort que des techniques diverses et complémentaires, tant de nature quantitative que qualitative, peuvent être utilisées dans un même projet de recherche.

Faiblesses et forces de l'analyse de contenu

L'analyse de contenu, comme toute autre technique, comporte des limites. Par exemple, une analyse de contenu ne permettra jamais de restituer toutes les significations possibles d'un matériel; elle implique nécessairement un choix que l'instrument d'analyse adopté ne fait que traduire. C'est ainsi que, pour Kelly (1984: 300), l'analyse de contenu porte en elle-même une certaine part de subjectivité en ce qui concerne la mise au point des mesures choisies et les inférences qu'on tire des communications; sur ces points, le chercheur doit savoir exercer un certain jugement. De leur côté, Pinto et Grawitz (1967: 489) ont souligné que l'analyse de contenu est une technique délicate qui nécessite des qualités d'intuition pour percevoir ce qui est qualitativement important et pour choisir les catégories appropriées. Elle exige également des qualités de patience, de discipline, de persévérance et de rigueur pour déterminer, comptabiliser et vérifier les unités de contenu.

Parmi les limites de l'analyse de contenu, Nadeau (1987: 348) signale aussi «la faiblesse que représente la sélection des données de base et de leurs sources; on note en outre un problème de fiabilité relié au processus de codage et au système de catégories déficient; enfin, on relève un problème de validité relié à l'absence de procédés de validation». Certains auteurs (Angers, 1992; R. Landry, 1993) décrivent les inconvénients suivants. D'abord, la codification des données est souvent complexe; il n'est pas toujours facile de concevoir des tests pour établir la fiabilité et la validité des données. Par ailleurs, Raymond (1968: 167) note que beaucoup d'analyses de contenu se réduisent à une analyse descriptive et classificatoire. De plus, on doit reconnaître que l'analyse de contenu exige du temps, et ce, tant pour regrouper les documents que pour les lire, les relire et les codifier.

Cela dit, l'analyse de contenu comporte aussi ses avantages. Selon R. Landry (1993) et Angers (1992), elle constitue, contrairement à d'autres techniques, une méthode «non réactive» de collecte de données. De plus, elle s'avère très appropriée pour l'analyse «du matériel non structuré» (*ibid.*). Finalement, elle permet de traiter, avec le recours à l'informatique, une grande quantité de textes. Ensuite, la richesse de l'interprétation,

> les mots, les expressions, les styles artistiques, etc. symbolisent des façons de faire et de penser des gens d'un lieu, d'une époque et d'une culture donnés. L'analyse de contenu permet de s'en approcher d'une façon rigoureuse. Plus qu'une simple lecture intuitive, faite d'impressions vagues et plus ou moins agréables, elle propose une évaluation précise de ce que l'on percevait obscurément. Elle est donc un outil d'approfondissement de diverses formes de productions qui sont autant de traces du vécu individuel et collectif. (1992: 168.)

Finalement, l'analyse de contenu permet des études comparatives et évolutives.

Utilité de l'analyse de contenu pour l'intervention sociale

Selon plusieurs auteurs (Ghiglione et Matalon, 1978: 156; De Robertis et Pascal, 1987: 91), l'analyse de contenu est une technique de plus en plus utilisée en service social, car elle permet aux intervenants sociaux de mieux exploiter leurs données, qu'elles proviennent d'entrevues ou de documents. Comme l'intervenant social doit souvent analyser le contenu de divers documents, cette méthode s'avère très pertinente. De plus, l'analyse de contenu peut servir à analyser tant les événements actuels que ceux du passé, tant les phénomènes individuels que collectifs (Angers, 1992: 165). Finalement, l'analyse de contenu peut être très utile à la pratique du service social parce qu'elle est une technique permettant de mieux comprendre certaines réalités vécues par la clientèle, de mesurer les changements amenés par une intervention, notamment sur le plan du discours, de distinguer les dimensions de réalités nouvelles ou problématiques ou d'évaluer l'évolution du discours dans un groupe.

Par exemple, la recherche qualitative sur l'isolement social des femmes menée par le Regroupement des centres de femmes du Québec (Guberman, Leblanc, David et Belleau, 1993) visait à connaître la nature spécifique de l'isolement social des femmes et à cerner ses causes et ses conséquences. Les chercheuses voulaient également savoir si les centres de femmes offraient des activités et des services appropriés pour contrer l'isolement des femmes. Pour obtenir une réponse à leurs questions, elles ont voulu laisser les femmes parler de leurs expériences. La méthodologie qualitative utilisée dans cette recherche était basée principalement sur l'entrevue en profondeur. L'analyse des données de cette recherche fut effectuée selon les techniques propres à l'analyse de contenu. Il y a donc eu une détermination préliminaire des thèmes et sous-thèmes qui ressortaient du contenu, un découpage du matériel, un repérage et une codification des unités de sens et une catégorisation du matériel. Chacun des thèmes décrit le processus qui mène à l'isolement, ses causes et ses caractéristiques, pour chaque catégorie de femmes.

Une autre recherche qualitative, conduite par un groupe de chercheurs (Guberman, Maheu et Maillé, 1991), a porté sur la problématique de la prise en charge par les familles, surtout par les femmes, des personnes proches dépendantes. Les objectifs de cette recherche visaient à comprendre et à expliquer ce que représente, dans la vie de tous les jours, le fait d'être le pilier de l'aide donnée à une personne non autonome de son entourage. Il s'agissait d'un travail exploratoire cherchant à acquérir une meilleure connaissance d'une problématique au sujet de laquelle il existe peu de recherches de ce type. La méthodologie utilisée pour cette recherche est presque identique à celle élaborée pour la recherche sur l'isolement social des femmes, décrite précédemment.

Drapeau, Samson et Saint-Jacques (1999) ont procédé à une étude portant sur la manière dont les enfants font face au stress qu'occasionne la séparation de leurs parents. Les données ont été recueillies par entrevue, technique particulièrement appropriée dans les recherches effectuées auprès d'enfants puisqu'il leur est plus difficile de s'exprimer par écrit. L'entrevue, menée auprès de 62 garçons et filles, portait expressément sur le processus d'adaptation adopté par ces jeunes. Pour l'essentiel, trois questions ont été posées aux jeunes: «Peux-tu m'identifier une situation que tu as trouvée difficile lorsque tes parents se sont séparés?» «As-tu l'impression que tu pouvais faire quelque chose ou changer quelque chose face à cette situation?» «Si oui, qu'est-ce que tu as fait?» Les entrevues ont été enregistrées, retranscrites littéralement et, enfin, soumises à une analyse de contenu effectuée à l'aide du logiciel Nud*IsT.

La recherche faite par Ouellet, Saint-Jacques et Lindsay (1993) illustre bien la complémentarité entre une approche quantitative et une approche qualitative. Au départ, ces chercheurs voulaient évaluer l'efficacité d'un programme de traitement pour conjoints violents. Pour ce faire, ils ont d'abord mené une étude quantitative permettant de reconnaître, à plusieurs moments, la modification des comportements de violence exercée par les hommes à l'endroit de leur conjointe. Toutefois, afin d'obtenir un portrait plus complet de la situation, les chercheurs ont émis l'hypothèse qu'il serait important d'approfondir le point de vue des conjoints sur ce qui a ou n'a pas changé depuis que leur conjoint a participé à ce programme. Pour atteindre cet objectif, ils ont conduit une entrevue semi-dirigée auprès de neuf femmes. Le matériel recueilli a été retranscrit mot à mot (plus de 5 000 pages) et traité à l'aide de l'analyse de contenu. Il s'agit, dans ce cas-ci, d'une analyse de contenu qui débute par un découpage selon les thèmes élaborés au préalable, mais où les catégories et sous-catégories émergent de l'analyse du matériel recueilli. Cependant, le matériel analysé n'a pas fait l'objet d'une quantification; plutôt, l'accent a été mis sur la présence et non sur la fréquence des idées exprimées. L'analyse de contenu s'est limitée à qualifier le matériel selon qu'il représente une idée largement dominante ou plus singulière.

7.2 L'ANALYSE DE CONTENU CONSTITUANT

Jusqu'ici, nous avons vu l'analyse de contenu constitué en ce sens que le contenu est déjà recueilli, inventorié, préparé: il ne reste plus qu'à l'analyser. Par contre, il est un autre type d'analyse de contenu où la collecte des données, leur traitement et leur analyse sont des opérations simultanées et étroitement reliées: dans cette méthodologie, les données recueillies influencent directement l'analyse. C'est la raison pour laquelle nous l'avons appelée *analyse de contenu constituant* dans le sens où les données recueillies, le contenu, sont davantage reliés à l'analyse que dans le cas précédent.

7.2.1 La théorie ancrée

A — Définition

La théorie ancrée (aussi appelée *grounded theory*, de son appellation d'origine) est probablement la méthodologie de recherche qualitative qui a le plus fait parler d'elle depuis sa formulation. Nous pouvons même dire que le renouveau qu'a connu la recherche qualitative est dû en grande partie à la formalisation de la méthodologie de la théorie ancrée. De l'opinion d'un de ses fondateurs, «la théorie ancrée est une méthodologie générale d'analyse associée à la cueillette de données qui utilise systématiquement un ensemble de règles pour produire une théorie inductive sur un sujet donné» (Glaser, 1992: 16). La théorie ancrée se caractérise surtout par sa préoccupation, son ancrage dans les données: point de théorie ancrée sans une connaissance intime et approfondie du sujet à l'étude. Par contre, comme le fait remarquer Laperrière (1997: 309), la théorie ancrée ne se réduit pas à la description: elle vise bel et bien l'élaboration d'une théorie, la construction de concepts explicatifs d'une réalité donnée.

Jusqu'à quel point la théorie ancrée est-elle inductive? Jusqu'à quel point peut-elle se baser sur une théorie précédemment élaborée? La question n'a pas été résolue, mais, chose certaine, elle a fait l'objet d'une discussion virulente entre les deux fondateurs de cette approche. Strauss (Strauss et Corbin, 1990) a proposé une procédure à suivre pour faire une recherche inspirée par la théorisation ancrée. La parution de ce livre provoqua l'ire de Glaser, qui répliqua dans un ouvrage provocant (1992). Il reprochait alors à son collègue de sacrifier à la déduction et d'encarcaner la théorisation ancrée dans un ensemble de procédures qui la dénaturait. La question n'est pas encore vidée: seule la pratique en décidera.

B — Les étapes de la théorisation ancrée

L'analyse par théorisation ancrée permet constamment de comparer la réalité observée et l'analyse en émergence (Archambault et Hamel, 1998). Cela dit, si certains auteurs se sont risqués à dégager les principales étapes à suivre, il faut préciser «qu'il ne s'agit ni d'étapes linéaires, ni d'opérations équivalentes et que leur ampleur comme leur durée varient normalement en cours de recherche» (Mucchielli, 1996: 184). Concrètement, un va-et-vient entre la collecte et l'analyse des données caractérise cette démarche d'analyse qualitative de théorisation. S'inspirant des travaux effectués par Strauss et Corbin (1990), Paillé (1994a) a dégagé six grandes étapes dans l'analyse par théorisation ancrée: la codification, la catégorisation, la mise en relation, l'intégration, la modélisation et la théorisation. Le processus de recherche que nous présentons ici s'inspire de ces étapes.

La définition de l'objet de recherche

Très souvent, l'objet de recherche des chercheurs pratiquant la théorie ancrée a été tiré de la vie quotidienne, à partir des questions que leurs contemporains se posent. L'objet de recherche de la théorisation ancrée est habituellement défini de façon assez floue au point de départ. Évidemment, comme tout sujet de recherche, il s'agit d'une question que le chercheur se pose, d'un phénomène social qu'il veut connaître. Par contre, une précaution s'impose: «Ce qui importe d'abord, c'est que cet objet renvoie à un processus, qu'il soit abordé sous l'angle de l'évolution d'un phénomène. Par ailleurs, l'objet de recherche peut être défini au départ de façon plus ou moins large [...]» (Laperrière, 1997: 313).

La sélection du site ou du groupe à l'étude

Le choix du site, de la situation ou du groupe visé par la recherche est déterminé par la question de recherche: «on choisit un site, une situation ou un groupe en fonction de leur pertinence théorique par rapport à cette question» (*ibid.*: 314). Par exemple, dans une recherche portant sur les relations interethniques et l'identité culturelle, Anne Laperrière (1993) a choisi l'école publique comme site à étudier parce qu'elle rassemblait des enfants d'origines ethniques diverses. Ensuite, elle a concentré son attention sur les adolescents parce qu'ils sont à l'âge où l'identité culturelle prend forme. Ainsi, dans la théorisation ancrée, un site n'est pas choisi selon la technique habituelle de l'échantillonnage, mais selon ce qu'il peut nous apprendre, selon les informations que nous pouvons en tirer. Le site n'est pas important en lui-même, il l'est comme une manifestation du phénomène social qui nous préoccupe.

L'essentiel à cette étape est que le chercheur puisse utiliser toute information qui lui semble pertinente: des entrevues, des observations, des archives, des statistiques, des recherches existantes. Il commence par rassembler des données topologiques sur la situation étudiée, soit l'histoire, la structure, les idéologies, les sous-groupes (Laperrière, 1997: 314).

La codification

La codification est une étape indispensable dans la théorisation ancrée. Elle consiste à nommer, à dégager, à résumer en quelques mots ou en une courte phrase les propos tenus par les personnes interrogées. Phrase par phrase, on tente de dégager le sens de l'idée ou des idées maîtresses (Strauss et Corbin, 1990: 63). Pour chaque étape, Strauss et Corbin (1990) ainsi que Paillé (1994a) proposent quelques questions types à se poser. Dans le cas de la codification, les questions suggérées sont les suivantes: «Qu'est-ce qu'il y a ici?» «Qu'est-ce que c'est?» «De quoi est-il question?» (Paillé, 1994a: 154). L'étape de codification est capitale pour assurer la fiabilité de l'analyse. On se retrouve généralement avec une quantité plutôt impressionnante de codes: la prochaine étape, la catégorisation, permettra de freiner cet élan et de restreindre la quantité d'éléments.

Une des principales caractéristiques de la théorisation ancrée, en même temps que sa principale procédure, est le procédé de la comparaison constante:

> [...] entre la théorisation en construction et la réalité empirique, c'est-à-dire entre les données d'analyse et les données du terrain. Concrètement, cela signifie que les catégories, hypothèses ou relations générées en cours d'analyse doivent être soumises à l'épreuve des phénomènes dont elles sont une description ou une tentative de théorisation. (Mucchielli, 1996; 184.)

Dans cette perspective, l'analyse commence dès le début de la collecte des données. En effet, l'analyse qualitative de théorisation est essentiellement «une démarche itérative, c'est-à-dire qu'elle ne parvient que progressivement, par le jeu d'approximations successives, à la conceptualisation de son objet» (Mucchielli, 1996: 184). Chaque nouvel incident est codé, inséré comme illustrant un concept, d'abord provisoire, puis défini. Ici, les données ne sont pas antérieures à l'analyse mais concurrentes, simultanées: on recueille les informations en même temps que l'analyse s'élabore. Ce sont deux processus qui se déploient de façon concurrente. Dès lors, on comprend aisément que toute nouvelle donnée s'insère dans une catégorie existante ou peut la remettre en question, ce qui nécessite une réorganisation du travail conceptuel.

La catégorisation

Tout comme dans l'analyse de contenu constitué évoquée précédemment, la catégorisation vise à regrouper les phénomènes, les événements, les éléments qui ressortent des données. Il faut tenter de pousser l'analyse à un niveau conceptuel en expliquant, en rendant intelligible ou encore en donnant une dimension existentielle, critique, philosophique à des événements ou à des phénomènes. Il est toujours recommandé de lire plusieurs fois la transcription des entrevues et de l'annoter afin de s'imprégner de son contenu. Plus la catégorisation se concrétise, plus les expressions choisies se distinguent de la transcription et se rapprochent du phénomène évoqué derrière les mots (Strauss et Corbin, 1990: 67).

Laperrière (1997) souligne l'importance de définir des catégories conceptuelles qui permettent une compréhension plus large. Par exemple, dans la recherche citée précédemment, Laperrière (*ibid.*: 315) a rencontré des enfants qui francisent leur nom: elle a codé cet incident sous le tire de «Négation de la différence». Par la suite, elle regroupera ces concepts dans une catégorie conceptuelle plus large qu'elle a nommée «Occultation de la différence».

La mise en relation

Cette étape vise précisément la mise en relation des catégories en trouvant des liens entre les divers éléments. Les questions à se poser sont: «Ce que j'ai ici est-il lié avec ce que j'ai là?» «En quoi et comment est-ce lié?» (Paillé, 1994a: 167). Afin de répondre à ces questions, Paillé (1994a) suggère de dresser une liste des catégories et de les examiner en relation les unes avec les autres, à l'aide des questions. Il s'agit de faire ressortir les propriétés spécifiques de chacune des catégories, les actions et interactions stratégiques ainsi que les conséquences de ces stratégies. Strauss et Corbin (1990) ainsi que Paillé (1994a) proposent aussi d'utiliser la schématisation en vue de mieux distinguer les diverses mises en relation des catégories et d'en arriver à l'explication, à l'histoire du sujet à l'étude.

Les auteurs considèrent cette étape comme étant déterminante dans la théorisation ancrée car «elle permet de passer d'un plan relativement statique à un plan dynamique, de la constatation au récit, de la description à l'explication» (Paillé, 1994a: 171). Ce dernier suggère aussi d'utiliser l'approche spéculative qui aide à dégager des relations possibles entre catégories. Il s'agit de se demander notamment: «À quelle autre catégorie cette catégorie devrait-elle logiquement être liée?» «Quels sont les types de liens qui normalement unissent ces deux catégories?» «Devrait-il y avoir une catégorie qui précède ou qui suive cette autre catégorie?» (*ibid.*: 171). Cet exercice conduit généralement à donner un sens, un ordre logique aux catégories. C'est à ce moment qu'un schéma peut faciliter la visualisation des relations entre les catégories.

L'intégration des composantes

La quatrième étape permet de procéder à l'intégration des composantes multidimensionnelles de l'analyse. On se demande alors: «Quel est le problème principal?» «Je suis en face de quel phénomène en général?» «Mon étude porte en définitive sur quoi?» (Paillé, 1994a: 172). Ainsi, l'intégration devra s'effectuer selon l'analyse qui se dessine et non pas à partir d'un cadre de départ qui pourrait être dépassé. Il faut tenter de dégager l'objet principal de notre analyse.

La modélisation

La modélisation consiste à cerner davantage le phénomène central de la recherche en faisant apparaître les relations structurelles et fonctionnelles caractérisant le phénomène en question. Les principales questions en jeu sont: «De quel type de phénomène s'agit-il?» «Quelles sont les propriétés du phénomène?» et «Quels sont les processus en jeu au niveau du phénomène?» (Paillé, 1994a: 176).

La théorisation

Les étapes précédentes ont permis de construire progressivement l'analyse du sujet à l'étude et nous amènent à la dernière étape appelée théorisation. Cette étape a pour but de dégager de façon minutieuse et exhaustive les multiples dimensions et rapports de causalité du phénomène à l'étude (Strauss et Corbin, 1990: 177). La théorisation peut s'effectuer à l'aide de questions ou à l'aide de comparaisons au cours de l'analyse en faisant ressortir les liens entre les catégories, leurs propriétés ainsi que leurs dimensions. Cette méthode «repose sur un examen systématique préalable de données, auquel elle revient constamment en cours d'analyse, en même temps qu'elle hisse à un niveau toujours plus élevé les catégories les plus significatives du phénomène à l'étude» (Mucchielli, 1996: 184).

Elle consiste essentiellement en un effort de théorisation et, dans cette perspective,

> [t]héoriser, ce n'est donc pas uniquement, à strictement parler, produire une théorie, c'est, déjà, amener des phénomènes à une compréhension nouvelle, insérer des événements dans des contextes explicatifs, lier dans un schéma englobant les acteurs, interactions et processus à l'œuvre dans une situation éducative, organisationnelle, sociale, etc. (Mucchielli, 1996: 184.)

Mais le produit de cet effort de théorisation doit toujours être ancré (*grounded*) dans les données empiriques. Le matériau empirique est à la fois le point de départ de la théorisation, le lieu de la vérification des hypothèses émergentes et le test ultime de la validité de la construction d'ensemble.

En conclusion à cette partie, notons que les débats font rage sur ce qu'est la théorisation ancrée. Certains auteurs, comme Glaser (1992), insistent pour préserver une sorte de pureté à la méthode qu'il a aidé à formuler au milieu des années 1960 (Glaser et Strauss, 1967). D'autres, comme son compagnon d'armes, prétendent qu'à mesure que la méthode sera connue, utilisée et expérimentée, les chercheurs ne tarderont pas à la modifier, soit en la combinant avec d'autres, soit en l'interprétant ou en l'appliquant autrement, soit en la modifiant sous la pression des logiciels de classement de données (Strauss et Corbin, 1994: 283). Ici encore, la question reste ouverte.

C — Quelques exemples

La méthode de recherche proposée par la théorie ancrée est devenue, au cours des dernières années, de plus en plus populaire auprès des chercheurs en sciences humaines. Par exemple, Laperrière et ses collaborateurs (1992) ont analysé l'influence des tensions ethniques sur l'identité culturelle et les relations sociales auprès de jeunes de quartiers multiethniques de Montréal. C'est sensiblement la même méthodologie qu'ont empruntée Morissette (1991) et Quéniart (1988) pour analyser le problème d'alcoolisme chez les femmes au travail ainsi que Dorais (1993b) pour l'analyse des carrières sexuelles.

7.2.2   L'induction analytique

L'induction analytique n'est pas en soi une nouvelle procédure d'analyse, elle est même plutôt ancienne. En effet, dès les années 1930, «elle représentait, pour ses défenseurs, l'avenue ultime permettant de dégager des explications sociologiques ayant une portée universelle» (Mucchielli, 1996: 101). Il s'agissait alors d'examiner chaque cas qui semblait résister à l'explication avancée, d'où la prétention à une explication universelle. Même si peu de chercheurs s'en réclament ouvertement aujourd'hui, il n'en reste pas moins qu'elle a influencé les autres méthodes plutôt inductives, dont la théorisation ancrée.

A — Définition

Bien que plusieurs ouvrages utilisant l'induction analytique aient été publiés avant la description qu'en fit Znaniecki (1934), celui-ci est néanmoins considéré le premier à s'en réclamer et à l'avoir théorisée comme méthode de recherche. Qu'est-ce que l'induction analytique? Au sens large, elle est d'abord une démarche logique qui consiste à passer du concret à l'abstrait en déterminant les caractéristiques fondamentales d'un phénomène. De ce point de vue, elle s'apparente au processus inductif tout court. Au sens strict, l'induction analytique est une démarche méthodologique en sciences sociales. Manning la définit ainsi:

> L'induction analytique est une méthode de recherche sociologique, qualitative et non expérimentale qui fait appel à une étude exhaustive de cas pour en arriver à la formulation d'explications causales universelles. (Manning, 1982: 280.)

Par l'étude approfondie d'un certain nombre de cas, la recherche de cas négatifs, la modification des hypothèses et la redéfinition des phénomènes, elle peut donner naissance à des hypothèses, à des propositions, à des théories. Examinons de plus près les caractéristiques de cette démarche.

B — Les étapes de l'induction analytique

Décrite comme dialectique par les uns, comme cyclique par les autres, tous s'entendent sur le fait que la méthodologie de l'induction analytique est faite de mouvance, d'adaptation, de modification constante. Cependant, la description qu'en donne Cressey (1953) constitue le principal point de repère auquel plusieurs auteurs se réfèrent (Berg, 1989; Bogdan et Biklen, 1982; Emerson, 1983; Hammersley, 1989; Manning, 1982; Taylor et Bogdan, 1984; Tesch, 1990). Selon Cressey (1953: 16), l'induction analytique comprend les sept étapes suivantes:

1. Le chercheur définit grosso modo le phénomène qu'il veut expliquer;

2. Il formule une hypothèse provisoire expliquant ce phénomène;

3. Le chercheur confronte chaque cas à l'hypothèse provisoire dans le but de déterminer si elle explique les faits présentés;

4. Si l'hypothèse ne correspond pas aux faits, ou elle doit être reformulée ou le phénomène doit être redéfini de façon à inclure ce cas;

5. Le chercheur atteint une certitude probable après avoir examiné un petit nombre de cas, mais la découverte d'un seul cas négatif, que ce soit par le chercheur en cause ou par un autre chercheur, infirme l'explication et exige qu'elle soit reformulée;

6. Le processus d'examen des cas, de redéfinition du phénomène et de reformulation de l'hypothèse est repris jusqu'à ce que le chercheur établisse une relation universelle, chaque cas négatif exigeant de redéfinir le phénomène ou de reformuler l'explication;

7. Pour les besoins de la preuve, des cas en dehors du domaine circonscrit sont examinés pour déterminer si l'explication finale s'applique aussi à eux.

Le travail analytique commence par un examen à la loupe d'un phénomène social en vue de découvrir quels sont ses propriétés, traits, parties et éléments constitutifs. Quels sont les éléments les plus fondamentaux et ceux qui le sont moins? Si on enlève un élément précis, le phénomène change-t-il? De nos jours, nous dirions que l'induction analytique commence par une description détaillée (*a thick description*) de la situation étudiée, cette analyse soigneuse qui permet de comprendre et d'extraire les propriétés signifiantes d'une classe d'objets (Manning, 1982). Les données sont alors décomposées en éléments dont certains sont choisis comme données de base. C'est ainsi que le phénomène étudié est inventorié selon ses composantes fondamentales et les données sont examinées pour ébaucher ensuite des relations logiques entre ces mêmes composantes.

Concrètement, l'exercice consiste «à tester la portée d'une hypothèse explicative, à l'intérieur d'une démarche de théorisation, en lui opposant des cas en apparence invalidants. Ces cas doivent être systématiquement recherchés, soit à l'intérieur du corpus déjà constitué, soit dans le cadre d'interviews ou de séances d'observations supplémentaires» (Mucchielli, 1996: 102).

Tous les cas retenus ne trouvent pas place dans l'explication avancée par le chercheur, mais ils la remettent en question: ce sont les cas négatifs. Dans ce type d'analyse, le chercheur «met l'accent sur l'étude approfondie des cas et non sur leur nombre. Lorsqu'un cas ne cadre pas dans l'explication, il est dit négatif et exige que le chercheur revoie son explication» (Mucchielli, 1996, 102). Que faire avec ces cas négatifs? Trois solutions sont possibles: le cas négatif révèle les limites du cadre théorique avancé; le cas négatif est réel mais demeure marginal par rapport à la théorisation proposée; enfin, le cas négatif ne correspond ni à l'un ni à l'autre des cas de figure précédents, et alors il demeure une énigme à expliquer par des recherches ultérieures (*ibid.*).

L'induction analytique pratique à sa façon une analyse de contenu, mais de façon graduelle, continue, permanente. D'un certain point de vue, elle pratique la comparaison constante chère à la théorisation ancrée. Cependant, alors que cette dernière multiplie les observations sur plusieurs cas, l'induction analytique restreint son champ pour n'en inclure que quelques-uns. Toutefois, les deux procèdent de semblable manière: les données sont analysées au fur et à mesure qu'elles sont recueillies, elles servent rapidement à élaborer des concepts et une explication qui, en retour, est soumise à l'épreuve du terrain pour être vérifiée.

C — Un exemple d'induction analytique

Cressey (1953) a poursuivi des travaux portant sur la détermination des conditions nécessaires et suffisantes pour en arriver à un abus de confiance. Il voulait déterminer s'il existe une séquence précise d'événements qui se rencontre invariablement lorsqu'il y a détournement de fonds. Au point de départ, Cressey a circonscrit quatre conditions obligatoirement présentes pour provoquer des détournements de fonds: l'individu doit être en position de confiance, avoir un problème financier à son avis non avouable, se rendre compte que le détournement de fonds est une solution possible et élaborer des justifications pour son acte.

Cressey a commencé son étude par la description juridique du détournement, mais celle-ci incorporait les escrocs professionnels, des gens ayant émis des faux chèques et n'incluait pas certains types de détournement. Il a redéfini son concept en cherchant à expliquer pourquoi des personnes ayant de bonne foi accepté d'occuper un poste de confiance ont par la suite abusé de leur position. Pour ses données, il s'est fié à des entrevues avec des prisonniers dont le comportement épousait ce dernier critère (Hammersley, 1989). Les individus interviewés par Cressey faisaient donc partie de la population «normale» avant leur infraction. Il a révisé son hypothèse cinq fois avant d'en arriver à sa conclusion sur les causes des détournements. Cressey a d'abord supposé qu'il y a détournement de fonds quand un individu a appris ou en est venu à croire que certains types de détournements n'étaient pas une vrai crime et qu'il ne s'agissait que d'une violation technique. Cette hypothèse a été abandonnée dès qu'il a rencontré des sujets qui savaient très bien que c'était illégal. Sa deuxième hypothèse fut axée sur les besoins : un besoin de fonds additionnel, comme lors d'une urgence, fait que le détournement se produit. Cette hypothèse a dû être rejetée, car certains sujets déclaraient avoir vécu des urgences antérieures et parfois plus graves sans qu'ils en soient venus au détournement de fonds.

La troisième hypothèse reposait sur l'isolement psychologique : des personnes violaient la confiance mise en eux à cause d'obligations financières qu'ils croyaient socialement non avouables (des dettes de jeu, par exemple) et qui, par conséquent, devaient être réglées secrètement. Mais en vérifiant cette affirmation, dans les entrevues précédentes et subséquentes, il se rend compte que certains sujets avaient eu des obligations non dévoilées et n'avaient pas fait de détournement et que d'autres n'avaient pas eu d'obligations financières. Afin d'incorporer ces cas, Cressey en vient à l'hypothèse finale : des personnes de confiance abusent de leur situation lorsqu'elles pensent avoir un problème financier non avouable, savent qu'elles peuvent le résoudre secrètement par un détournement de fonds et réussissent à justifier leurs actes pour conserver leur image d'honnêteté. Il a mis à l'épreuve son hypothèse finale en la confrontant non seulement à toutes les données qu'il avait recueillies mais à plus de deux cents cas de détournement recueillis par un autre chercheur et à des entrevues additionnelles dans un autre pénitencier. Il ne rencontra aucun contre-exemple (Kidder, 1981).

D — Faiblesses et forces de l'induction analytique

On a souvent reproché à l'induction analytique de prendre trop de temps avant de produire des résultats. D'autres critiques ont déclaré que la méthode a rarement produit les sortes de généralisations que ses adhérents recherchaient (Turner, 1969). Celles-ci sont souvent loin des universaux désirés par Znaniecki, même si la plupart des utilisateurs ont cherché à généraliser. Selon Turner (1969), la méthode aboutit plutôt à des typologies : l'universel limité est avant tout une proposition explicative qui couvre une catégorie particulière de cas, chaque cas étant un spécimen d'un type. Dans le cadre de cet universel limité, les cas négatifs qui ne collent pas à l'hypothèse de travail n'invalident pas toujours l'hypothèse et ne demandent pas toujours une modification, sauf pour indiquer de façon précise ses limites.

L'induction analytique dépend beaucoup des habiletés des chercheurs : elle ne peut être meilleure que ses utilisateurs, de la même façon que l'enquête ou l'expérimentation ne peuvent être meilleures que leurs utilisateurs. De par la nature non structurée de l'observation participante, les chercheurs doivent être encore plus critiques de leurs comportements. Il n'y a rien dans la méthodologie pour empêcher l'intrusion de la théorie de l'analyste dans l'interprétation. Cela vient du fait que les données laissent place à plusieurs interprétations et celle qui émerge est parfois celle du chercheur (Frazier, 1978).

En revanche, les avantages de la méthode sont heureusement aussi nombreux que ses inconvénients. Par exemple, l'induction analytique permet d'invalider des théories et de les comparer pour les évaluer. Elle ne peut servir de preuve définitive de la proposition, mais elle peut démontrer qu'une théorie est fausse (Becker, 1970; Frazier, 1978; Hammersley, 1989). Aussi permet-elle de réviser des théories anciennes et de les incorporer comme données contradictoires dans de nouvelles théories. En forçant une articulation serrée entre les faits, les observations, les concepts et les propositions, la théorie, grâce à son insistance sur les cas négatifs, peut donc jeter les bases de nouvelles théories et reformuler ou clarifier celles qui existent.

L'induction analytique favorise l'étude des processus ainsi que la compréhension subjective des situations (Hammersley, 1989). La méthode stimule la recherche et guide la recherche vers des aires problématiques: quand un domaine stagne, l'induction analytique fournit des détails qui relancent la recherche. Parce qu'elle est sensible aux changements de la réalité, elle dégage les lignes de force qui, avec le temps, modèlent la personnalité des individus et certains schèmes culturels et structures sociales de la vie de groupe (Glaser et Strauss, 1967). Cette méthode souple peut s'appliquer à l'étude d'un ou plusieurs sites (Katz, 1983). Il s'agit d'une méthode ouverte dont la structure n'est pas prédéterminée.

7.2.3   Les récits de vie

Le récit de vie constitue un bon exemple d'utilisation de l'analyse qualitative. Un récit de vie emprunte au genre autobiographique la forme narrative et le point de vue subjectif. L'histoire de vie peut être définie «comme étant un récit qui raconte l'expérience d'une personne. Il s'agit d'une œuvre personnelle et autobiographique stimulée par un chercheur de façon à ce que le contenu du récit exprime le point de vue de l'auteur face à ce qu'il se remémore de différentes situations qu'il a vécues» (Chalifoux, 1984: 280). C'est donc «la construction de l'histoire d'un sujet, c'est-à-dire d'un *se* qui raconte sa vie en tentant d'articuler son vécu en une unité cohérente, afin que s'élabore, pour lui-même et pour celui qui l'écoute, ce qu'il est» (Vikeman, 1990: 17). Le contenu d'une histoire de vie est complexe et multidimensionnel, car il touche plusieurs aspects de la vie quotidienne: parenté, travail, politique, religion, etc. Le plus souvent, les histoires de vie servent à illustrer une situation sociale.

Même si la technique du récit de vie n'est pas nouvelle en sciences humaines, elle a fait l'objet d'une redécouverte en service social, particulièrement au cours des deux dernières décennies (Chalifoux, 1984; Léomant, 1981; Le Gall, 1987). Le récit de vie comporte plusieurs avantages: il donne une richesse de détails qu'on ne connaîtrait pas autrement en livrant des épisodes cruciaux de la vie indi-viduelle et collective. Il nous permet également de découvrir la praxis du sujet et nous montre comment une personne a agi dans telle situation, les leçons qu'elle a tirées de ses expériences, ses projets personnels et collectifs. Bref, il permet de connaître un sujet réel en mouvement (Pineau, 1980).

A — Définition

Le lecteur notera que, sur le plan terminologique, différentes expressions sont plus ou moins synonymes de récit de vie: *life story* (Binet et Sherif, 1988; Pires, 1989; Thompson, 1980), *approche biographique* (Bertaux, 1980), *histoire de vie* ou *life history* (Balan et Jelin, 1980; Malenfant, 1989). Pour Bertaux (1980: 197), les expressions «récit de vie» et «histoire de vie» ne désignent pas tout à fait la même chose. Un récit de vie serait «l'histoire d'une vie telle que la personne qui l'a vécue la raconte», alors qu'une histoire de vie consisterait en une étude de cas «portant sur une personne donnée et comprenant non seulement son propre récit de vie mais aussi toute sortes d'autres documents: dossier médical, dossier judiciaire [...] témoignages des proches, etc.» (*ibid.*: 200). C'est du récit de vie, tel que Bertaux le définit, qu'il sera question dans les pages suivantes.

B — Les types de récits de vie

On distingue généralement trois types de récit de vie: le récit de vie *biographique*, *thématique* ou *révisé* (*edited*). On dit d'un récit de vie qu'il est biographique lorsqu'il cherche à reconstituer l'histoire d'une vie complète. Ce récit essaie de rapporter l'ensemble des expériences du sujet; il sera donc nécessairement long, complexe, à multiples facettes, et il tentera de permettre au lecteur de saisir l'ensemble des circonstances et des expériences individuelles. Le récit de vie thé-matique est limité à une période de la vie de l'individu (par exemple, la vie active sur le marché du travail, la naissance des enfants, etc.). Finalement, le récit de vie peut être une histoire révisée, c'est-à-dire qu'il peut être complet ou thématique, mais sa principale caractéristique est l'insertion de commentaires, de questions ou d'explications émis par une personne autre que le sujet. Le récit de vie révisé se rapproche du sens que l'on donne en sociologie à l'histoire de vie.

De Robertis et Pascal (1987) présentent une autre classification des récits de vie en les distinguant selon le contenu observé. On retrouve ainsi trois principaux types de récits de vie: les *autobiographies*, les *psychobiographies* et les *ethnobiogra-phies*. «Dans l'autobiographie, c'est le sujet qui se raconte soit librement (auto-biographie directe), soit face à un "collecteur de récit": le narrateur introduit une certaine logique, il peut reconstruire sa vie et, à la limite, raconter plus son projet de vie que son vécu» (*ibid.*: 100). Dans la psychobiographie, «la personne se raconte à l'intérieur d'une trame événementielle» (*ibid.*) alors que, dans l'ethno-biographie, «la personne est considérée comme un miroir de son temps, de sa culture» (*ibid.*), et c'est précisément ce qui intéresse le chercheur.

Ces différentes définitions illustrent le point de vue de Bertaux (1980: 203), qui prétend que le type d'objet d'étude sociologique varie selon deux tendances principales: «Certains chercheurs ont choisi de se concentrer sur des structures et des processus objectifs, tandis que d'autres ont pris pour objet des structures et des processus subjectifs.» À première vue, on peut opposer les études sur le sociostructurel (modes de vie, structures et rapports de production, etc.) à celles qui portent sur le sociosymbolique (vécu individuel, attitudes, valeurs, etc.), mais ces deux niveaux «ne sont que deux faces d'un même réel, le social» (*ibid.*: 204).

C — Les étapes du récit de vie

Selon Le Gall (1987: 41), il n'existe pas de «méthodologie stricte» en matière de récits de vie, «tout d'abord parce que théorie et pratique sont étroitement imbriquées, en constante interaction et, ensuite, parce qu'elles sont ici perpétuellement mouvantes». Les récits constituent le contenu qui est analysé au fur et à mesure, et les étapes ont parfois tendance à se chevaucher. Pour les besoins de la cause, nous avançons que le récit de vie se déroule en six étapes: l'élaboration de la problématique, la constitution de l'échantillon, la collecte des données, soit les récits eux-mêmes, la transcription des récits, l'analyse et l'interprétation des données, la publication et la diffusion du rapport.

La problématique

L'utilisation du récit de vie requiert une préparation qui ressemble à celle que l'on utilise dans d'autres formes de recherche. Comme le précise Gagnon (dans Le Gall, 1987: 42), «le récit de vie est comme n'importe quel matériau empirique: sans problématique, il restera muet». De plus, l'élaboration de la problématique suppose que le chercheur s'appuie sur un cadre théorique lui permettant notamment d'élaborer des propositions provisoires (hypothèses) de recherche, bref, de formuler des questions auxquelles le récit de vie devrait répondre. Aussi, sans savoir avec précision où la recherche va aboutir, il faut quand même en avoir une bonne idée pour ne pas perdre de temps et, surtout, pour ne pas en faire perdre aux participants.

L'échantillonnage

Deux aspects doivent être envisagés au sujet de l'échantillonnage: le choix des personnes interrogées et leur nombre. Certains critères guident le choix de ces personnes: leur disponibilité, compte tenu du temps considérable exigé par un récit de vie, leur capacité de s'exprimer, l'intérêt et la pertinence des informations révélées. Une personne doit vouloir et pouvoir exprimer d'une façon vivante ses expériences et ses sentiments passés et présents. Le chercheur doit aussi écarter toute personne avec laquelle il entretient une relation professionnelle ou amicale. Deux techniques d'échantillonnage non probabiliste s'appliquent donc bien au récit de vie: l'informateur clé ou l'élaboration d'un échantillon par quotas (Poirier, Clapier-Valladon et Raybaut, 1983).

Comme le souligne Le Gall (1987: 43), l'étape de l'échantillonnage soulève toutes sortes de questions:

> Un seul récit de vie est-il suffisant? Sinon, combien en faut-il? Quelles sont les personnes qu'il faut retenir ou encore lesquelles peuvent être considérées comme exemplaires, par rapport à ce que je me propose de faire? Le recueil doit-il porter sur la totalité de l'histoire d'un individu ou être centré sur un thème précis? Doit-on se satisfaire du discours du narrateur, ou bien vérifier ses dires auprès d'autres informateurs? etc.

Et, à toutes ces questions, il n'y a pas vraiment de «bonnes» réponses; on est en fait toujours ramené à la même: «Le choix doit s'effectuer en regard de ce que l'on cherche» (*ibid.*). La réponse à d'autres questions vient du terrain lui-même. Comme le précise Bertaux (1980: 200), la question du nombre de récits est souvent associée «à un jugement implicite de l'enquête». Cet auteur précise aussi que le nombre de récits de vie, si variable d'une recherche à l'autre, témoigne de la multiplicité des pratiques.

En somme, dans la perspective d'une recherche qualitative, c'est davantage la diversité des cas retenus qui importe, non leur caractère représentatif au sens statistique du terme, c'est-à-dire leur importance respective dans l'ensemble de la population (Le Gall, 1987; Michelat, 1975). On cherchera à recueillir des récits de vie qui éclaireront la plus grande diversité possible des attitudes supposées à l'égard du thème à l'étude. L'important est de parvenir à la saturation du contenu, c'est-à-dire en arriver au point où de nouveaux récits ne nous apprendraient rien de plus. Cette saturation ne peut être atteinte que dans la mesure où le chercheur s'est employé à diversifier au maximum ses informateurs (Bertaux, 1980).

La collecte des données

Habituellement, le récit de vie consiste en entrevues individuelles. On peut avoir recours à deux types d'entrevue: *non dirigée* et *semi-dirigée*. Dans l'entrevue non dirigée, le narrateur peut s'exprimer librement sur tous les sujets, sans contrainte ni restriction. Ce type d'entretien est particulièrement utilisé dans le cas des récits de vie uniques ou lorsque l'objet d'étude est de type sociosymbolique (Bertaux, 1980: 209). On parle d'entrevue semi-dirigée lorsque le chercheur utilise un guide d'entretien qui permet de centrer les propos du narrateur sur certains thèmes limités par l'objet de recherche. Ce guide ne pourrait toutefois s'apparenter à un questionnaire. L'entretien semi-dirigé est le plus utilisé dans les enquêtes qui nécessitent plusieurs récits de vie et dans les récits portant sur un objet sociostructurel.

Même si l'entrevue semi-dirigée est le principal moyen utilisé pour recueillir les données, il ne faut pas négliger d'autres sources de renseignements qui sont parfois très utiles: les mémoires, les lettres, les photos, le journal personnel, les textes que les personnes interrogées ont pu écrire, une autobiographie, des mémorandums, des dossiers, etc. Ces autres sources, appelées *matériaux biographiques secondaires,* servent à confirmer, à infirmer, à compléter les données recueillies en entrevue ; il ne faut donc pas les négliger. Par ailleurs, certains chercheurs pensent que l'entrevue de groupe est plus profitable que l'entrevue individuelle : un groupe donne plus d'informations que ne le fait une seule personne et les rapports sociaux y sont plus faciles à saisir (Lofland, 1976 : 88). Bien que moins utilisée, l'entrevue de groupe s'impose quand il s'agit d'obtenir des informations précieuses qui ne pourraient être accessibles autrement. Néanmoins, le recours à l'un ou l'autre de ces types d'entrevue, individuelle ou de groupe, sera justifié par le sujet étudié.

L'entrevue apporte des réponses aux interrogations du chercheur. En général, on enregistre le récit sur magnétophone, après avoir préalablement reçu l'autorisation de la personne interviewée. Cette façon de faire permet d'obtenir le récit dans la langue habituelle de la personne avec une intervention minimale du chercheur. L'attitude du chercheur sera tantôt directive, pour recueillir des informations précises directement liées à l'objet étudié, tantôt non directive, pour que le participant puisse réfléchir sur les moments de sa vie qu'il juge importants. Les thèmes et les questions du plan d'entrevue ne seront donc pas nécessairement abordés dans l'ordre prévu. Quelle est la longueur et la fréquence des entrevues ? En général, on estime qu'une entrevue doit être assez longue pour épuiser un sujet, mais pas assez pour fatiguer la personne interrogée. Habituellement, une bonne entrevue prend de deux à trois heures environ. Souvent, le récit d'une personne nécessite plusieurs rencontres.

La transcription des récits

Il vaut mieux retranscrire immédiatement les entrevues. En effet, cela permet d'améliorer «le questionnement et de faire ressortir plus tôt la saturation» (Bertaux, 1980 : 211). La règle de base consiste à ne pas laisser le matériel s'accumuler sans y travailler : il faut prendre au moins autant de temps pour étudier et analyser l'entrevue qu'on en a pris pour la faire. C'est par cette étude que le chercheur s'aperçoit des «trous» dans l'histoire de vie, qu'il prépare ses questions pour l'entrevue suivante, qu'il prend note des éclaircissements, des explications supplémentaires à demander lors d'une prochaine rencontre (Bertaux, 1980 ; Le Gall, 1987).

Le texte doit reproduire fidèlement l'entretien : les répétitions, les fautes de langage, les pauses, les hésitations ainsi que les questions ou les autres interventions du chercheur sont notées. Dans la mesure du possible, on notera aussi les expressions non verbales qui ont une portée significative sur le contenu (Poirier, Clapier-Valladon et Raybaut, 1983).

L'analyse et l'interprétation des données

Le Gall (1987 : 45) estime que l'analyse du récit de vie a certaines particularités. À partir de ses intuitions et de ce qu'il a recueilli, le chercheur essaie d'organiser le matériel recueilli. Pour y arriver, il analysera à mesure le contenu des entrevues. Guidé par quelques grands principes, le chercheur codera l'information, en commençant par ce que Mucchielli appelle les «noyaux de sens», c'est-à-dire les plus petites unités de sens que l'on peut retrouver dans le texte. Ensuite, celles-ci sont rassemblées dans de plus grands ensembles, des catégories. Les catégories devront être exhaustives, objectives, pertinentes, etc. La technique d'analyse la plus utilisée demeure la lecture répétée; c'est ainsi que le contenu des entrevues se révèle progressivement.

L'élaboration des hypothèses implique une démarche particulière:

> Au fur et à mesure de l'avancement du travail, les pistes de départ sont progressivement remises en cause: nous ne sommes plus dans le schéma classique problématique-vérification de la validité de celle-ci à l'épreuve des éléments du terrain, puisque ces deux temps sont quasi concomitants. En effet, nos *a priori* sont constamment susceptibles de modification puisqu'en l'occurrence, dans une telle démarche, le chercheur est à la fois intervieweur et analyste. (Le Gall, 1987: 40.)

Ce processus ne peut qu'enrichir, finalement, les premières hypothèses du chercheur et fait du récit de vie une véritable approche de recherche beaucoup plus qu'une simple technique de collecte de l'information (*ibid.*: 41). Dans ce sens, Bertaux soutient que la démarche s'apparente davantage à celle des anthropologues de terrain qu'à celle des sociologues utilisant des enquêtes par questionnaires. Dans le dernier cas, on effectue l'analyse une fois que l'ensemble du matériel à analyser est recueilli. Dans la démarche anthropologique, «l'analyse se poursuit tout au long de la recherche» (Bertaux, 1980: 212). Ce dernier (*ibid.*: 213) estime que

> c'est dans le choix des informateurs, la transformation du questionnement d'un informateur à l'autre (au contraire du questionnaire standard), l'habileté à déceler les indices mettant sur la voie de processus jusque-là inaperçus et à organiser les éléments d'information en une représentation cohérente, que se joue la qualité de l'analyse.

Et, ajoute l'auteur, «c'est une fois la représentation stabilisée que l'on peut considérer l'analyse terminée» (*ibid.*).

En somme, en matière de récits de vie, l'analyse de contenu est la forme la plus couramment utilisée. Dans certains cas, on pourra utiliser également quelques éléments de l'analyse quantitative. Une fois le matériel analysé, il sera interprété, c'est-à-dire examiné sous l'angle des questions auxquelles les récits devaient répondre.

La rédaction et la publication du rapport

C'est le temps d'écrire, de donner forme aux données. Il est utile de soumettre le document provisoire à la personne interviewée; c'est à la fois une preuve d'appréciation et une mesure de prudence parce que la personne peut corriger le chercheur dans son interprétation des faits. Quelques chercheurs vont même jusqu'à donner aux personnes interrogées un droit de veto concernant le contenu destiné à être publié. Selon Bertaux (1980: 215), «la plupart des récits de vie qui accèdent au stade de la publication n'ont pas un auteur, mais deux: le narrateur mais également le chercheur». Dans cette perspective, le rôle du chercheur est essentiel, car souvent «c'est lui qui impose la forme autobiographique à ce qui n'est initialement qu'une série d'évocations de scènes» (*ibid.*). Il insiste lui aussi sur la phase d'écriture (*ibid.*: 216): «Pour créer cette conscience réflexive, rien ne vaut l'acte d'écrire, et le dialogue intime qu'il met en route […]. C'est finalement à la qualité de cette conscience réflexive (et non à la qualité de la langue, ou au caractère exceptionnel de l'expérience vécue) que les juges évaluent la qualité d'une autobiographie […]. Or, à cet égard, l'entretien à deux ne peut remplacer l'effort d'écriture; car il ne laisse pas à la conscience réflexive le temps de se former.»

D — Faiblesses et forces des récits de vie

Comme le souligne Léomant (1981), les récits de vie comportent certaines limites. Par exemple, les matériaux recueillis par les récits de vie peuvent servir à la fois de caution pour la «culture cultivée» dans la mesure où «rares sont ceux qui, parmi les recueillants, peuvent s'empêcher, en postface ou en préface, d'écrire un discours savant, un guide de lecture, destiné non pas au narrateur, mais au lecteur» (*ibid.*). Cet auteur insiste également sur «les tâtonnements, les difficultés méthodologiques, institutionnelles et personnelles» (*ibid.*: 140) associés à l'approche biographique.

Selon Le Gall (1987: 38), comme l'approche biographique n'a recours qu'à un nombre restreint d'individus, elle ne peut aucunement prétendre être représentative. Pour sa part, Michelat rappelle que, dans l'enquête qualitative, l'échantillon est «constitué à partir de critères de diversification en fonction des variables qui, par hypothèse, sont stratégiques pour obtenir des exemples de la plus grande diversité possible des attitudes supposées à l'égard du thème à l'étude» (Michelat, 1975: 236). En somme, dans la perspective d'une recherche qualitative, c'est davantage l'exemplarité des cas retenus qui importe, non leur caractère représentatif au sens statistique du terme.

La technique du récit de vie peut répondre à des fonctions d'exploration, *analytiques* ou *expressives*. Le Gall s'interroge à savoir s'il s'agit d'une mode passagère ou d'un symptôme d'une mutation globale. S'il est difficile d'expliquer avec certitude la redécouverte soudaine de cette forme de recherche, l'auteur confirme qu'il semble y avoir consensus pour expliquer la disparition de cette dernière pendant de longues années par «l'hostilité de la communauté scientifique», qui la percevait «comme non scientifique à une époque où le "quantophrémisme" […] régnait en maître» (Le Gall, 1987: 35). Tout comme Léomant (1981), Le Gall constate que l'approche des récits de vie est au cœur d'un débat où deux options en matière de recherche s'opposent, à savoir l'exemplarité et la représentativité, débat qui nous renvoie à un autre plus fondamental, entre l'approche qualitative et l'approche quantitative. «En effet, quand les critères de scientificité reposaient principalement sur la nécessaire distanciation et la représentativité, il va de soi que l'approche biographique qui suppose implication et exemplarité n'a guère eu droit de cité» (*ibid.*: 37). Mais à y regarder de plus près, ajoute Le Gall, même le critère de représentativité peut être satisfait par le récit de vie: «Quand l'approche biographique porte sur plusieurs sujets très divers bien qu'appartenant à un même groupe et que l'on atteint une certaine récurrence des thèmes dans les entretiens, n'est-on pas en droit d'avancer que nous sommes alors en présence d'un échantillon représentatif?» (*ibid.*).

Fortin (1982: 104) a souligné qu'avec le récit de vie, le sujet est réadmis au cœur de la théorie. Toutefois, un récit de vie n'a de sens que placé dans un contexte sociohistorique précis. Cette méthode n'est pas neutre: «Faire parler quelqu'un de son expérience pendant plusieurs heures, cela le force à réfléchir; cela peut l'amener à une prise de conscience de certains phénomènes politiques, économiques, structurels, historiques ou même personnels dans lesquels il est impliqué» (Fortin, 1982: 105). Le participant a un rôle actif puisqu'il devient «un sujet producteur de son discours et de l'interprétation de son histoire» (*ibid.*). Dans ce sens, l'approche biographique complète l'approche quantitative parce qu'elle donne accès à des connaissances inaccessibles autrement (Le Gall, 1987: 39). Elle permet de poser un regard plus dynamique sur une réalité sociale et de faire valoir la diversité des expériences. Bertaux (1980) souligne la richesse du matériel habituellement recueilli, comme en témoignent la plupart des bilans américains. Il note que, le plus souvent, les personnes qui ont fait l'objet d'un récit de vie ont été des marginaux, des délinquants, des prostituées, des droguées, des sous-prolétaires ou, quelquefois, des ouvriers ou des paysans. Bref, il s'agit de personnes qui entrent dans des catégories sociales sur lesquelles on mène des enquêtes diverses (sur les individus, les familles, les déviants, etc.); leur point commun est de faire partie, à des degrés divers, du champ de la déviance.

E — L'utilisation des récits de vie en service social

Même si la technique du récit de vie n'est pas nouvelle en sciences humaines, elle a fait l'objet d'une redécouverte en service social, particulièrement au cours de la dernière décennie. Dans beaucoup de récents travaux, on a eu recours à cette technique (De Robertis et Pascal, 1987: 98). La méthode du récit de vie comporte plusieurs avantages. Le premier, malgré un apparent paradoxe, est qu'elle réussit à atteindre l'universel (Pineau, 1980: 25). Le récit de vie donne accès à une richesse de détails qu'on ne connaîtrait pas autrement en livrant les épisodes cruciaux de la vie individuelle et collective. Il nous permet également de découvrir la praxis du sujet et de connaître un sujet réel en mouvement (*ibid.*: 37).

Au Québec, plusieurs travaux de recherche en service social ont utilisé cette méthode. À titre d'exemples, on peut citer les travaux de Panet-Raymond et Poirier (1986) sur les modes de vie des ménages de Québécois salariés en période de crise, ceux de Jacob et Bertot (1989) sur les difficultés d'intégration de réfugiés au Québec, ainsi que ceux de Grell (1984a, 1984b, 1985, 1986a, 1986b) sur la réalité des chômeurs ou des sortes de chômage et des situations vécues par les chômeurs. Lalonde (1989) a analysé un récit de vie d'une femme itinérante, Doris, qualifiée depuis plusieurs années de schizophrène et qui a fait l'objet de plusieurs types d'intervention, tant en milieu institutionnel qu'en milieu dit ouvert. Un peu dans la même perspective, Paradis (1990) a aussi analysé le vécu de quatre jeunes femmes itinérantes à l'aide des récits de vie. À partir d'une perspective féministe, elle analyse le vécu de ces jeunes femmes au sein de la famille, de l'école et du monde du travail. Binet et Sherif (1988) ont mené une étude auprès d'adolescents et d'adolescentes placés en centre d'accueil.

CONCLUSION

Au terme de cet exercice, il est possible de tenter de préciser la «vraie nature» de la recherche qualitative. En effet, comme nous l'avons vu, sous une étiquette un peu floue et souvent même fourre-tout se retrouvent une variété de perspectives épistémologiques et théoriques ainsi que des techniques de collecte et d'analyse de données. De plus, on doit reconnaître que le terme ne fait pas consensus et est souvent évoqué en contraste avec les méthodes quantitatives. D'une façon générale, on peut dire que les recherches qui s'inspirent des tendances dites «qualitatives» privilégient le point de vue des acteurs sociaux dans l'étude des réalités sociales (Deslauriers et Kérisit, 1997).

En somme, l'expression «recherche qualitative» est un terme général qui désigne la volonté des chercheurs de rompre avec la quantification des phénomènes sociaux et la vérification de la théorie. Globalement, on peut dire que la recherche qualitative vise à produire des données descriptives, tirées de la perception et de l'expérience des individus, qu'elle favorise la réhabilitation de l'intuition et de l'expérience personnelle du chercheur. Une autre caractéristique de ce courant est la souplesse de la méthode. À cet égard, la recherche qualitative met l'accent sur l'adaptation du cadre méthodologique de la recherche à la situation et à l'objet analysés. Finalement, bien que plusieurs auteurs s'entendent pour dire qu'il est souhaitable de voir la recherche qualitative continuer à se développer, il n'est pas question de plaider pour diminuer l'importance de la recherche quantitative; il y a des sujets qu'on ne peut guère traiter autrement. Il y a donc place pour une diversification de la recherche, des sujets, des méthodes et des façons de faire.

LECTURES SUGGÉRÉES

BERTAUX, D. (1980). « L'approche biographique : sa validité méthodologique, ses potentialités », *Cahiers internationaux de sociologie*, n° 69, p. 197-225.

DESLAURIERS, J.P. (1991). *Recherche qualitative : guide pratique*, Montréal, McGraw-Hill.

DESLAURIERS, J.P. (1997). « L'induction analytique », dans J. Poupart, J.P. Deslauriers, L.H. Groulx, A. Laperrière, R. Mayer et A.P. Pires (sous la dir. de), *La recherche qualitative : enjeux épistémologiques et méthodologiques*, Boucherville, Gaëtan Morin Éditeur, p. 293-308.

DESMARAIS, D. et GRELL, P. (sous la dir. de) (1986). *Les récits de vie : théorie, méthode et trajectoires types*, Montréal, Éditions Saint-Martin.

L'ÉCUYER, R. (1990). *Méthodologie de l'analyse développementale de contenu*, Québec, Les Presses de l'Université du Québec.

CHAPITRE 8

L'analyse de données quantitatives

Marie-Christine Saint-Jacques

MISE EN CONTEXTE

Vous coordonnez une maison d'accueil dont la mission première est d'offrir des repas à des familles démunies. À force de côtoyer ces personnes, il vous apparaît de plus en plus évident qu'à leurs difficultés financières s'ajoutent un isolement et un manque de soutien social importants. Vous aimeriez que votre organisme puisse offrir un service ou une activité permettant à ces personnes de sortir de leur isolement tout en favorisant le développement d'alliances entre des individus confrontés aux mêmes difficultés. Afin d'orienter votre action, vous souhaitez consulter les premiers concernés. Aussi, pendant trois mois, vous avez cherché à mieux connaître les caractéristiques des personnes qui fréquentent la maison et leur avez demandé de vous faire part de leurs opinions sur les services à mettre en place, sur leurs besoins, etc. Dans les trois derniers mois, 200 familles différentes se sont présentées à votre organisme ; 145 ont accepté de remplir le questionnaire. Vous avez maintenant devant vous la pile de questionnaires remplis. Quelle route reste-t-il à parcourir afin d'obtenir une idée plus précise des nouvelles orientations et des nouveaux services à mettre en place ?

INTRODUCTION

L'analyse consiste à organiser les données de manière à répondre aux questions de la recherche. On la dit « quantitative » parce que les données sur lesquelles porteront les analyses sont des valeurs numériques, par opposition à des mots ou à des idées, comme c'est le cas en analyse de contenu. Cette étape du processus de la recherche permet le passage des données brutes à un matériel organisé. Le matériel ainsi créé devient en quelque sorte la réponse aux différentes questions de recherche. Ainsi, selon l'ampleur et les visées de l'étude entreprise, l'analyse quantitative pourra être relativement simple et limitée ou, à l'opposé, impliquer des analyses statistiques sophistiquées. Elle comporte cependant des étapes incontournables, que nous introduirons au cours de ce chapitre.

8.1   LES PRÉALABLES À L'ANALYSE

Entre le moment où le chercheur a terminé la collecte des données et celui où il procédera à leur analyse concrète s'insère tout un travail de planification et de préparation du matériel. Ce travail fait partie intégrante de l'étape de l'analyse des données ou la précède immédiatement. Tout comme les autres étapes de la recherche, l'analyse des données ne peut débuter sans une planification adéquate. Elle comprend deux tâches essentielles: l'élaboration du plan d'analyse des données et la préparation du matériel à analyser.

8.1.1   L'élaboration du plan d'analyse des données

Cette planification passe par l'élaboration d'un plan d'analyse des données qui sert à préciser la logique d'analyse et les techniques statistiques qui seront utilisées. Pour Fortin et ses collaborateurs (1988: 335), «le plan d'analyse des données est établi d'après le devis, la méthode de collecte des données et le niveau de mesure des variables». Comme il est la suite logique du devis de recherche, il n'introduit pas de nouvelles notions, mais permet plutôt de préciser à quel type d'analyses on procédera pour les diverses variables en vue de répondre aux objectifs de l'étude.

Il est possible de condenser l'ensemble des informations pertinentes à l'élaboration du plan d'analyse sous la forme d'un tableau à trois colonnes (tableau 8.1). La première colonne permet de rappeler les objectifs généraux et spécifiques de l'étude. La seconde contient les variables que l'on doit considérer afin de répondre à ces objectifs ainsi que le niveau de mesure de chacune d'entre elles. Finalement, à la lumière des informations contenues dans les deux premières colonnes, le chercheur précisera, à la dernière colonne, le niveau d'analyse indiqué et les techniques statistiques qui y sont associées.

À première vue, un tel tableau peut sembler complexe, d'autant plus qu'il contient des informations, comme les types et les techniques d'analyse statistique, qui n'ont pas encore été présentées dans ce chapitre. Cependant, une fois que l'on possède toutes ces informations, son élaboration s'avère très utile afin d'éviter d'errer au moment de l'analyse des données, d'oublier des analyses essentielles ou, ce qui est également fréquent, d'effectuer un nombre incalculable d'analyses étrangères aux objectifs poursuivis par l'étude. Par ailleurs, bien que l'élaboration du plan d'analyse puisse se faire dès que les instruments de mesure sont au point, il est possible et même fréquent que de nouvelles analyses puissent s'ajouter en cours de route à la lumière des résultats obtenus.

TABLEAU 8.1

Exemple d'un plan d'analyse des données

Objectifs de l'étude	Variables présentes et niveau de mesure*	Types et techniques d'analyse

Volet descriptif
Décrire le profil de la population desservie
• sur le plan sociodémo-graphique
(variables de contrôle)
	
	V1 Âge — numérique
	V2 Sexe — nominal
	V3 Niveau de scolarité — ordinal
	V4 Occupation — nominal
	V5 Revenu — numérique
	V6 Lieu de naissance — nominal
	V7 Nombre d'enfants à charge — numérique
		Analyse univariée
		Distribution de fréquences pour les V1 à V12
		Techniques d'analyse descriptive :
		1. Mesure de la tendance centrale
		  • mode : V1 à V12
		  • médiane : V1, V3, V5, V7, V8, V9, V11
		  • moyenne : V1, V5, V7, V9
		2. Mesure de la dispersion
		  • indice de dispersion : V2, V3, V4, V6, V7, V8, V10, V11, V12
		  • écart type : V1, V5, V9

• sur le plan de la durée de la prise en charge (variable dépendante)	V8 Durée de la prise en charge — ordinal V9 Temps écoulé entre l'entrevue d'évaluation et la prise en charge — numérique	
• sur le plan des types de problèmes vécus, de l'intensité de la détresse émotionnelle et du type d'intervention (variables indépendantes)	V10 Type de problèmes vécus — nominal V11 Intensité de la détresse émo-tionnelle — numérique V12 Type d'intervention — nominal	

Volet associatif
Examiner la relation entre la durée de la prise en charge et :
a) le type de problème vécu
b) la satisfaction ressentie par rapport aux services reçus
	Les indicateurs de la variable dépen-dante, les variables indépendante et de contrôle	**Analyse bivariée**
		Techniques d'analyse associative :
		1. Pour vérifier l'hypothèse
		  • Test du khi carré : V8 × V10 et V12
		  • Corrélation de Pearson : V9 × V11
		  • Test t : V9 × V10 et V12
		2) Pour contrôler :
		  • Corrélation des rangs de Spearman : V8 × V3
		  • Analyse de variance : V9 × V3, etc.

* Voir, à ce sujet, l'encadré portant sur la question des niveaux de mesure des variables à la page 203.

Afin d'illustrer la manière dont s'élabore un plan d'analyse des données, pre-nons l'exemple d'une recherche menée par un chercheur travaillant dans un

CLSC. Cette étude porte sur la clientèle desservie par les intervenants de l'équipe de santé mentale. Elle vise à la fois à décrire le profil sociodémographique de cette clientèle ainsi qu'à déterminer les facteurs associés à la durée de la prise en charge. La recension des écrits portant sur cette question a fait ressortir que différents facteurs peuvent influer sur la durée de la prise en charge dans le domaine de la santé mentale. Aussi, à partir de cette analyse documentaire, le chercheur a formulé l'hypothèse suivante: la durée de la prise en charge des clients au sein de l'équipe de santé mentale est associée au type de problème vécu et à la satisfaction ressentie à l'égard des services reçus. De plus, la recension des écrits ayant fait ressortir l'importance de différentes variables sociodémographiques, telles que l'âge, le sexe, l'occupation, etc., plusieurs variables de contrôle ont été considérées dans cette étude.

Il s'agit donc d'une étude qui comporte un volet descriptif et un volet associatif, ce qui permet déjà de déterminer les types d'analyses qui devront être effectués. De plus, en connaissant la manière dont chacune des variables a été opérationnalisée, il est possible de construire le plan d'analyse des données. Le tableau 8.1 présente le plan qui pourrait être élaboré afin d'encadrer le travail d'analyse des données par le chercheur. Le lecteur est invité à prendre connaissance de ce plan et à le réexaminer plus en détail une fois la lecture de ce chapitre terminée.

8.1.2   La préparation des données

La préparation des données comprend différentes étapes: l'élaboration du système de codage et sa synthèse sous forme de manuel, le codage proprement dit, la vérification des codes, la saisie informatique et la révision des données. Cette première étape consiste donc à organiser, sous une forme analysable, les informations contenues dans le matériel brut, tel qu'il figure dans chacun des instruments de collecte. Cette préparation variera selon la méthode de saisie des données qui est envisagée. Il existe en effet deux méthodes, une plus ancienne, que l'on surnomme saisie au «kilomètre», et une plus récente, qui permet de saisir les données à partir d'une base de données prenant généralement la forme d'un chiffrier électronique. Ces deux méthodes seront détaillées un peu plus loin. Dans la présentation des étapes qui composent la préparation des données, nous tiendrons compte de ces deux possibilités.

A — L'élaboration du système de codage

On distingue généralement l'élaboration du manuel de codage et le codage, mais il est encore plus juste d'introduire une étape préalable, qui est celle de l'élaboration du système de codage de l'instrument de mesure. La mise au point de ce système peut débuter dès que l'instrument a atteint sa forme finale. Elle vise la transformation du matériel brut en une forme supportant le traitement statistique. Dans cette perspective, le manuel de codage est un recueil de toutes les informations comprises dans ce système.

Afin de pouvoir élaborer un tel système, il est nécessaire que les réponses soient regroupées en catégories. C'est le cas de la question suivante:

Quel est votre sexe?

Masculin   1

Féminin   2

☐
8

Si le répondant a inscrit «masculin», on indiquera dans la case (endroit physique où on inscrit le code) de droite le chiffre 1. La décision de demander au répondant de donner sa réponse en encerclant le chiffre (comme c'est le cas ici), en cochant une case ou par toute autre méthode est arbitraire. On aurait pu, par exemple, placer des cases après chacune des catégories et demander au répondant d'indiquer sa réponse en cochant la case correspondante. Par ailleurs, dans le manuel de codage, il faudrait préciser que la catégorie «masculin» recevra le code 1, et la catégorie «féminin» le code 2. Peu importe la méthode adoptée, le principe à respecter en tout temps est celui de tout mettre en œuvre afin de minimiser les risques d'erreur, ce qui est grandement facilité lorsque le répondant comprend clairement comment il doit signifier ses réponses.

De manière générale, les premières cases d'un instrument permettent de préciser le numéro d'identification du répondant. Dans l'exemple qui suit, deux cases ont été prévues, puisque le nombre total de répondants est inférieur à 100. On indique ensuite le «numéro de la ligne», notion sur laquelle nous reviendrons un peu plus loin. La troisième information concerne le mois et l'année de la collecte. Si le questionnaire a été rempli en mai 1997, on inscrira dans les cases 4 à 7 le code 0597.

Identification du répondant   ☐☐
2

Numéro de ligne   ☐
3

Date de la collecte des données (mois, année)   ☐☐☐☐
7

V1 Quel est votre sexe?

Masculin   1   ☐
8

Féminin   2

L'élaboration du système de codage d'une question ouverte ne peut être aussi précise. En effet, avant de connaître les codes définitifs devant être attribués aux réponses, il est nécessaire de procéder à l'analyse du contenu de l'ensemble du matériel afin d'élaborer des catégories de réponses représentatives du matériel collecté. Cela ne peut se faire qu'une fois la collecte des données terminée. Aussi le système de codage doit-il, au minimum, prévoir un espace suffisant permettant de coder après coup les réponses obtenues. Rappelons que les mêmes principes présidant à l'élaboration des catégories de réponses des questions fermées doivent être appliqués. Ces principes, qui ont été définis en détail au chapitre portant sur l'analyse qualitative (voir le chapitre 7), sont au nombre de quatre. Il est en effet nécessaire d'élaborer des catégories de réponses qui soient exhaustives, exclusives, homogènes et pertinentes.

Le lecteur remarquera que chacune des cases est numérotée. Cependant, pour des raisons de clarté, seul le numéro de la dernière case de chaque variable est inscrit. Ce numéro permet de préciser l'endroit où figure l'information dans le fichier de données qui sera créé plus tard. Cette information est essentielle lorsque la saisie dite «au kilomètre» (voir «La saisie des données» à la page 197) est utilisée. Un instrument comprend autant de cases qu'il y a de codes à inscrire. Cependant, on numérotera ces cases de 1 à 80 (ou de 1 à 72 selon le moniteur utilisé). Une fois ce nombre atteint, on recommencera à numéroter les cases à partir de 1 en précisant que l'on est maintenant rendu à la deuxième ligne de données (on emploie aussi le terme de «carte», hérité du temps où les données étaient saisies en perforant des cartes). Si on a plus de 250 codes à entrer, quatre lignes de données, dont une incomplète, seront nécessaires pour chacun des répondants.

B — L'élaboration du manuel de codage

Une fois le système de codage établi, on le synthétise dans un document qui reçoit le nom de manuel de codage. Le type d'informations colligées dans ce manuel variera selon la méthode de saisie des données qui sera utilisée. Généralement, il comporte le numéro et le nom de la variable ainsi que la signification des codes. Il sera aussi nécessaire de préciser le numéro de ligne et la position occupée par la variable lorsque la méthode de saisie de données «au kilomètre» est utilisée. Dans ce dernier cas, le manuel de codage pourrait ressembler à ce qui suit:

Nom de la variable	Description de la variable	Ligne	Position
Sujet	Numéro d'identification	1	1-2
Ligne	Numéro de la ligne	1	3
Date	Mois et année de naissance	1	4-7
Sexe	Sexe (1 = masculin; 2 = féminin)	1	8
Etc.			

Toutefois, si on utilise un chiffrier électronique afin de saisir les données, la notion de ligne n'existe plus, et on n'a donc pas à se préoccuper de la position de la variable dans le fichier des données. Par la suite, chacun des codes sera «saisi», c'est-à-dire inscrit dans un fichier de données.

Le système de codage et le manuel de codage élaborés, il ne reste plus pour le chercheur qu'à appliquer le système de codage à chacun des questionnaires qui ont été remplis. C'est ce qu'on appelle le codage du matériel. En terminant, rappelons que, par convention, le code 8 ou 88 signifie que la question ne s'applique pas et le code 9 ou 99 qu'il n'y a pas eu de réponse à cette question. Il est fréquent aussi de ne pas attribuer de code du tout lorsque aucune réponse n'a été signalée. Ces premières étapes ont donc permis de planifier la transformation des réponses des répondants sous une forme permettant le traitement informatique, c'est-à-dire en codes.

C — La vérification du codage

Une fois que l'ensemble des questionnaires ont été codés, il est préférable, avant de procéder à la saisie des données, de vérifier la validité du codage. On procède à cette vérification en prélevant au hasard de 5 % à 10 % des questionnaires, qui seront codifiés à nouveau par la même personne ou, idéalement, par un autre codeur. On compare ensuite ces deux codages. En divisant le nombre de variables qui n'ont pas été codées de la même manière par le nombre total de variables, on obtient un indice qui permet de chiffrer le taux d'erreur. Si cet indice est trop important[1], il convient de réviser l'ensemble des questionnaires. Cependant, la situation la plus courante est l'apparition de disparités dans le codage à certaines variables, ce qui suggère que la catégorisation n'est pas claire ou qu'elle laisse trop de place à l'interprétation. Dans ce cas, on prendra soin de vérifier le codage de ces variables dans tous les questionnaires. Cette même procédure de vérification peut être appliquée lorsque plusieurs personnes sont initialement chargées de codifier des questionnaires. Au terme de ces vérifications, on procédera à la saisie informatique des données.

8.1.3   La saisie des données

Un fichier de données est composé de l'ensemble des réponses, transformées en codes, de chaque répondant. Il existe deux méthodes de saisie des données. La première, plus ancienne, consiste à aligner les codes les uns à la suite des autres (c'est pourquoi on la surnomme «saisie au kilomètre») sur une ligne pouvant généralement accueillir de 72 à 80 chiffres. Le seul repère que l'on possède alors,

---

1. Il est difficile de quantifier cet indice, le niveau d'erreur toléré variant d'un chercheur à un autre. Ainsi, en fonction des ressources dont on dispose, on privilégiera la vérification du codage de tous les questionnaires, alors que, dans d'autres recherches, aucune vérification ne sera faite à cette étape.

FIGURE 8.1
Extrait d'un fichier de données (saisie au kilomètre)

```
12345678901234567890123456789012345678901234567890123456789012345678901 2
01109812411114...31601 ...2.....351211440051..3.0213224421432213211211 34⌐
01221111253545353312223322434441311 3231 . . .0111321331441212 1111 . .   │
013111212434132222211041510000013314 1212 .. ... ...........11321421012    │
01431222332022122232211161 1.1.......2.........2.........2..........       ├ Bloc 1
0152...2.....2.........11.1111....2.........2.........2..........          │
0162...1.....2.........2.........2.........2.........2..........           │
0172...1.....2......... .322......3142134                                  ⌐
                                                                           
0210381141111602.02181514 .2.....341111.1015.113.1423214442323223121221 3⌐
0224232115255225242..324133224423132422 . . .00232413324421141122 . .      │
02332414324143333232115101202021321333 12 . ... ...........2 ...... .2     │
02421222311833242243411161 1.1.......2.........11...1.....2..........      ├ Bloc 2
0252.........2.........11.11111...2.........2.........2..........          │
0262.........2.........2.........2.........2.........11111111...           │
0272.........2......... .121..1...2541112                                  ⌐
```

afin de savoir où se trouve l'information portant sur telle ou telle variable, consiste à connaître sa position (on parle de colonne en langage informatique). La figure 8.1 présente un fichier de données illustrant cette méthode de saisie. La première ligne sert de marqueur de positions; chacun des blocs de données qui suit représente une observation distincte. Par exemple, ici, le premier bloc renferme les réponses du premier répondant, le deuxième bloc, les réponses du deuxième répondant.

Cette méthode a cependant le désavantage d'être assez fastidieuse et d'entraîner un risque important d'erreurs au moment de la saisie. C'est pourquoi on privilégiera, si possible, une saisie des données dite «en mode plein écran», avec le logiciel SAS, ou à l'aide d'un support de saisie des données, comme le logiciel SPSS. Avec cette dernière méthode, les données sont saisies à l'aide d'un écran prenant la forme d'un chiffrier électronique. On inscrit au haut de chaque colonne le nom des variables. Chacune des lignes qui suivent représente une observation. Ainsi, à tout moment il est possible de savoir quel code a été entré pour telle variable et pour telle observation. Avec cette méthode, il n'est plus nécessaire de préciser de numéros de lignes ou de colonnes dans le manuel de codage. Le tableau 8.2 a été créé à l'aide du logiciel SPSS 6.01 et représente les réponses de 10 sujets aux cinq premières variables d'un questionnaire:

TABLEAU 8.2

Extrait d'un fichier de données (en mode plein écran)

Sujet	Date	Sexe	Âge	Problèmes	Scolarité
01	960522	2	11	2	2
02	960418	2	15	2	2
03	960401	2	15	2	2
04	960507	1	07	1	1
05	960604	1	06	1	1
06	960515	1	06	2	1
07	960511	1	04	2	0
08	960617	2	12	1	2
09	960426	2	11	1	2
10	960816	2	13	2	2

À cette étape de la préparation du matériel, il est fréquent que des erreurs surviennent si la personne chargée de saisir les données n'inscrit pas le code exact. Une façon de minimiser ce type d'erreur consiste à faire saisir les données à deux reprises. Les codes sont d'abord entrés une première fois, puis une deuxième fois, «par-dessus» la première saisie en quelque sorte. La personne chargée de la saisie est avertie par un signal sonore lorsque le code inscrit dans un deuxième temps est différent, ce qui permet de faire les vérifications qui s'imposent. Cette procédure n'est possible que lorsque la méthode de saisie au «kilomètre» est utilisée. Toutefois, certains logiciels permettant de créer des bases de données comprennent des procédures de vérification qui permettent de détecter la présence de données aberrantes.

8.1.4 La révision des données

Après la saisie des données, une dernière vérification s'impose avant de commencer l'analyse. Il s'agit de procéder à une distribution de fréquences pour chacune des variables, afin de vérifier qu'aucun code farfelu n'apparaît, ce qui indiquerait qu'une erreur s'est glissée dans le codage ou dans la saisie. Reprenons l'exemple de tout à l'heure. La distribution de fréquences de la variable «sexe» ne devrait présenter que des codes 1 et 2. Imaginons que l'on obtienne la distribution suivante:

V1	Sexe	N	%
	1	41	43,6*
	2	52	55,3
	3	1	1,1

* Le lecteur remarquera qu'une décimale est retenue après la virgule. Pour Gilles (1994), ce niveau de précision est suffisant en sciences sociales. En arrondissant à une décimale, il arrive que le total d'une distribution est de 99,9% ou de 100,1%. Cette remarque vaut pour l'ensemble des tableaux de ce chapitre.

À la lecture de cette distribution de fréquences, on constate la présence d'un code 3 qui n'a pas été prévu dans le manuel de codage (ni même dans la nature!). Il est donc nécessaire de retourner à l'instrument afin de vérifier le code exact. Par ailleurs, si l'erreur s'est produite au moment de la saisie, il est prudent de vérifier non seulement la variable où l'erreur apparaît, mais aussi celles qui la précèdent et qui la suivent afin de s'assurer qu'il n'y a pas eu de décalage dans la saisie des données. En dehors de la présence de codes farfelus, il est aussi possible de s'assurer de la validité de la saisie en portant une attention particulière aux variables qui ne concernent pas tous les répondants. Imaginons qu'une des questions demande aux personnes si elles sont mariées en précisant ensuite que la question qui suit ne s'adresse qu'aux personnes qui ont répondu «oui». Si 54 individus ont répondu oui à la première question, la distribution de la question suivante ne devrait pas comporter plus de 54 réponses. Un nombre plus élevé ou plus petit nécessiterait que l'on vérifie le codage et la saisie de cette question. L'analyse des données peut débuter lorsque l'examen de l'ensemble des distributions de fréquences ne laisse plus apparaître de données aberrantes.

8.2 L'ANALYSE DES DONNÉES

L'analyse des données quantitatives consiste dans le traitement statistique que l'on réserve aux informations recueillies. Il existe, dans les écrits portant sur cette étape du processus de recherche, plusieurs typologies permettant de classifier les différentes sortes de statistiques qui seront appliquées aux données.

Une première typologie distingue la statistique descriptive de la statistique inférentielle (Robert, 1988; Gilles, 1994). Dans cette perspective, une statistique descriptive signifie que les données ont été recueillies auprès de chacune des unités composant la population à l'étude. Il serait d'ailleurs plus juste de parler de paramètres que de statistiques, puisque l'on n'a pas à extrapoler les observations. Par opposition, on parle de statistique inférentielle lorsque les données sont recueillies auprès d'un échantillon. On pourra «inférer» (c'est-à-dire estimer les paramètres [Gilles, 1994]) à partir des observations faites auprès de cet échantillon les résultats que l'on aurait obtenus si on avait interrogé la population en entier. Toutefois, cette généralisation ne peut se faire qu'à une condition: l'échantillon doit être statistiquement représentatif de la population dont il est tiré.

Par ailleurs, en sciences sociales, il arrive que l'on ait recours à des méthodes d'échantillonnage basées sur d'autres règles que celle de la représentativité statistique. En service social, par exemple, il est fréquent que les recherches portent sur des échantillons non probabilistes. Cette absence de représentativité statistique n'empêche pas de vérifier des relations entre des variables ou de tenter de prédire des résultats. Elle rend impossible toutefois la généralisation des résultats au-delà de la population rencontrée dans le cadre de l'étude. Aussi, et contrairement à certaines associations que l'on observe dans les manuels de statistique, la vérification des hypothèses et l'estimation des données ne sont pas uniquement l'apanage de la statistique inférentielle.

Une seconde typologie employée dans le domaine de l'analyse des données est peut-être responsable de la confusion que nous venons d'aborder. En effet, il est aussi possible de classifier les statistiques selon qu'elles sont de nature descriptive ou explicative. En ce sens, «la statistique descriptive consiste alors à étudier une seule variable. La statistique explicative porte sur l'étude simultanée de deux ou plusieurs variables et cherche à faire ressortir les liens existants entre elles» (*ibid.*: 55). Sur la base de cette typologie, la description des caractéristiques d'un échantillon relève de la statistique descriptive, alors que la vérification d'une hypothèse dépend de la statistique explicative.

Enfin, une troisième typologie permet de catégoriser l'analyse quantitative selon le nombre de variables examinées simultanément. On parlera alors d'analyse univariée, d'analyse bivariée et d'analyse multivariée[2].

8.2.1 L'analyse univariée

Le premier objectif de l'analyse des données consiste à rendre compte des réponses obtenues à chacune des questions comprises dans l'étude. On cherche généralement à savoir qui sont les répondants (profil de la population étudiée) et ce qu'ils ont répondu à chacune des questions. Pour y arriver, on aura recours à

---

2. L'analyse multivariée permet de prendre en compte plus de deux variables simultanément. Ce niveau d'analyse statistique est assez complexe et il ne sera pas abordé au cours de ce chapitre.

différentes statistiques descriptives, soit la distribution de fréquences, les mesures de tendance centrale, de forme, de distribution et de dispersion.

A — Les distributions de fréquences

Pour Tremblay (1991 : 236),

> La distribution de fréquences s'avère la forme d'analyse statistique la plus simple. Pour les variables nominales et ordinales, il s'agit simplement d'un compte rendu du nombre de personnes (fréquences) ayant répondu à chacun des choix de réponses proposées pour chacune des questions du questionnaire.

Le tableau 8.3 illustre la distribution de fréquences effectuée à partir de la variable 6 (tableau 8.1) portant sur le lieu de naissance des répondants. Les informations y sont présentées en trois colonnes. La première permet d'indiquer le nom de la variable examinée ainsi que les différentes modalités[3] qu'elle peut prendre. La seconde colonne présente les fréquences obtenues, c'est-à-dire le nombre d'observations obtenues pour chacune des modalités (on parle aussi de fréquence absolue simple). Finalement, la troisième colonne traduit, sous forme de pourcentage, le nombre présenté à la deuxième colonne. Ce dernier chiffre reçoit aussi le nom de fréquence relative simple.

TABLEAU 8.3

Exemple d'une distribution de fréquences

Répartition des répondants selon le lieu de naissance		
Lieu de naissance	Fréquence	Pourcentage
Québec	236	47,3
Dans une autre province	60	12,0
Aux États-Unis	106	21,2
En dehors du continent nord-américain	97	19,4
Total	499	99,9

---

3. On qualifie de *modalités* les choix de réponses des variables nominale et ordinale et de *valeurs* les choix de réponses de variables numériques (Colin, Lavoie, Delisle, Montreuil et Payette, 1992).

Les niveaux de mesure des variables

Les variables peuvent se situer à différents niveaux de mesure selon l'échelle utilisée pour les opérationnaliser. Il s'agit là d'une caractéristique essentielle des variables dont il faut tenir compte lorsque vient le temps de choisir un test statistique. Le terme «niveau» est ici utilisé dans le sens d'un ordre croissant de valeur mathématique. On classe donc les variables, suivant leurs caractéristiques propres, de la façon suivante :

1. Variable nominale ;

2. Variable ordinale ;

3. Variable d'intervalles ;

4. Variable proportionnelle ou de ratio.

Une variable mesurée à l'aide d'une échelle nominale représente, d'un point de vue mathématique, le niveau inférieur des échelles, soit la forme la plus élémentaire. Ce type d'échelle permet de catégoriser les caractéristiques d'une variable. Ainsi, des catégories de religions (catholique, protestant, juif, etc.), de méthodes d'intervention (individuelle, de groupe ou communautaire), des états civils, etc., pour autant que ces catégories soient exhaustives et mutuellement exclusives, servent à classer des individus, permettent d'en effectuer le dénombrement et d'analyser des tendances. De telles classifications sont donc uniquement descriptives et elles n'impliquent pas nécessairement un ordre ni une hiérarchie. On pourrait, par conséquent, permuter les catégories sans que cela n'introduise aucune différence.

La différence fondamentale qui distingue l'échelle nominale de l'échelle ordinale est que cette dernière, en plus de nommer les catégories, les ordonne selon une ordre croissant ou décroissant. «Le trait caractéristique d'une échelle ordinale tient dans ce qu'on appelle sa propriété transitive : si A est plus grand que B et B plus grand que C, alors A doit être plus grand que C» (Blalock, 1973 : 56).

À titre d'exemple, on pourrait citer le niveau de satisfaction de la clientèle d'un centre jeunesse. On sait que les clients qui se disent «très satisfaits» sont plus satisfaits que ceux qui se disent «insatisfaits». Par contre, on ne sait pas si ces derniers sont deux fois, trois fois plus insatisfaits que les premiers. On ne connaît pas la différence réelle entre les catégories de satisfaction. Il en est ainsi du classement de certaines catégories professionnelles (professeurs assistants, adjoints, agrégés et titulaires) ou de la classe sociale (défavorisée, moyenne, favorisée). Bref, une échelle ordinale est construite sur la base d'une quantité ou d'une qualité croissante, mais nul ne peut évaluer la différence réelle en quantité ou en qualité entre les catégories telles qu'elles sont ordonnées.

Lorsque l'on parle d'une échelle d'intervalles, «il ne s'agit plus ici seulement d'ordonner, mais d'ordonner suivant une évaluation des intervalles entre les échelons. Ce progrès important exige que l'intervalle entre les échelons soit mesurable à partir d'une unité commune» (Grawitz, 1996 : 677). Ainsi, tout comme pour l'échelle ordinale, les symboles numériques ou codes attribués représentent des quantités ou des qualités; toutefois, dans une échelle d'intervalles, ces quantités ou ces qualités sont distribuées sur une échelle d'unités égales.

L'exemple le plus courant d'échelle à intervalles est sans aucun doute celui de la température, mesurée sur une échelle en degrés Celsius ou Farenheit. Puisque le point zéro sur les deux échelles est arbitraire, c'est-à-dire qu'il n'y a pas absence de température lorsque le thermomètre indique zéro, on ne dit pas que 40 °C correspondent à une chaleur deux fois plus élevée que 20 °C, même si cette différence est comparable à celle qui existe entre 60 °C et 80 °C.

L'autre niveau de mesure, le plus élevé, est l'échelle proportionnelle. On l'appelle aussi échelle de ratio ou de rapport (De Landsheere, 1979; Neuman, 1997).

> S'il existe, en outre, un point zéro non arbitraire, il est alors possible de comparer la proportion des deux scores, et nous avons ce que l'on appelle une échelle de proportions. [...] En pratique, chaque fois que nous disposerons d'une unité de mesure déterminée, comme le dollar ou le centimètre, nous pourrons trouver un point zéro significatif (absence de revenu ou de longueur). Dans tous ces cas, nous pourrons également comparer des proportions et émettre des affirmations significatives du type: «Le revenu d'un tel s'élève au double du revenu de tel autre.» (Blalock, 1973: 58.)

L'échelle proportionnelle possède donc les caractéristiques des échelles précédentes: des noms, un ordre, un rapport ainsi que des proportions. Le point zéro est ici absolu, c'est-à-dire qu'il représente une absence de quantité et de qualité. Les propriétés physiques telles que le poids, la longueur ou encore le temps sont facilement mesurables de cette façon. Neuman (1997) cite l'exemple de la variable «âge» afin d'illustrer les propriétés de cette échelle. L'opérationnalisation de cette variable comporte, en effet, un zéro absolu (naissance) et l'on peut dire d'une personne qui a 40 ans qu'elle a vécu deux fois plus d'années qu'une personne de 20 ans.

Bien que nous ayons distingué les échelles d'intervalles des échelles proportionnelles, la typologie la plus fréquemment utilisée regroupe ces ceux dernières sous le vocable d'échelle numérique. Mentionnons, enfin, qu'il existe une hiérarchie mathématique dans les niveaux de mesure. Ainsi, une variable à échelle ordinale peut être traitée comme une variable à échelle nominale, mais non l'inverse. Une variable numérique (qui représente le niveau le plus élevé) peut être traitée comme une variable ordinale mais non l'inverse.

Autres caractéristiques associées aux niveaux de mesure

On dira aussi des variables opérationnalisées à l'aide d'une échelle nominale ou ordinale qu'elles sont qualitatives, par opposition aux échelles numériques, que l'on dit quantitatives. Une variable quantitative se distingue d'une variable qualitative en ce qu'il est possible de dénombrer l'écart entre deux valeurs.

Finalement, une variable quantitative peut comprendre des catégories «discrètes» ou «continues». On dit d'une valeur qu'elle est discrète lorsque seules certaines valeurs précises ont un sens. Par exemple, le nombre d'enfants est une variable dont les valeurs sont discrètes. On peut avoir un, deux ou trois enfants, mais il est impossible d'en avoir un et demi, deux et trois quarts, etc. Une variable dite continue, pour sa part, peut prendre toutes les valeurs d'un intervalle. L'âge est un bon exemple de variable à valeurs continues. Ainsi, entre un an et deux ans, un fractionnement infini d'âge est possible. Le schéma qui suit présente le résumé des caractéristiques associées à l'opérationnalisation des variables.

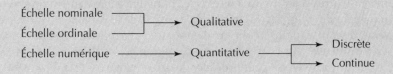

La distribution de fréquences d'une variable nominale se limite généralement à ces informations. Par ailleurs, lorsqu'on doit rendre compte d'une variable dont le niveau de mesure est au moins ordinal[4], il est possible d'ajouter deux autres colonnes regroupant les données au fur et à mesure de leur présentation. C'est ce qu'on appelle les fréquences et les pourcentages cumulés. La distribution de fréquences présentée au tableau 8.4 illustre la répartition des répondants à la variable 3.

TABLEAU 8.4

Illustration d'une distribution de fréquences cumulées

Répartition des répondants selon le niveau de scolarité				
Niveau de scolarité	Fréquence	Pourcentage	Fréquence cumulée	Pourcentage cumulé
Primaire	60	12,0	60	12,0
Secondaire	236	47,3	296	59,3
Collégial	106	21,2	402	80,6
Universitaire	97	19,4	499	99,9
Total	499	99,9	—	—

---

4. L'expression «au moins de niveau» lorsqu'il est question des niveaux de mesure des variables renvoie à la hiérarchie de ces niveaux. Ainsi, le niveau le plus simple est le niveau nominal, suivi du niveau ordinal et, finalement, du niveau numérique. Ainsi, lorsque l'on parle d'une variable dont le niveau de mesure est «au moins ordinal», on inclut les variables numériques et ordinales mais on exclut les variables nominales.

La présentation des fréquences et des pourcentages cumulés offre une information supplémentaire en permettant un regroupement des informations. Par exemple, d'un seul coup d'œil au tableau 8.4, on peut constater que plus de la moitié des répondants, soit 59,3 %, ont un niveau de scolarité qui ne dépasse pas le secondaire. Il est à noter que l'ordre dans lequel on présente les différentes modalités influence la manière de décrire l'information. En effet, si nous avions commencé cette distribution en présentant le niveau universitaire, puis collégial et ainsi de suite, il aurait fallu dire, par exemple, que 40,6 % des répondants (soit 19,4 % + 21,2 %) ont au moins une scolarité de niveau collégial.

La présentation[5] d'une distribution de fréquences d'une variable dont le niveau de mesure est au moins à intervalles implique généralement un travail de regroupement des données. Si on prend l'exemple de la variable 5, qui porte sur le revenu, il serait d'un intérêt limité de présenter chacun des revenus rapportés par les répondants. On cherchera donc à regrouper ces données en classes de revenus. Pour y arriver, on peut procéder de deux manières (Tremblay, 1991). La première consiste à évaluer l'écart que l'on a entre le revenu le plus élevé et le revenu le plus bas afin d'obtenir l'intervalle de variation (ou l'« étendue ») et à diviser le chiffre obtenu par le nombre de classes désiré, ce qui nous donne l'intervalle de classe. Par exemple, si le revenu le plus bas signalé par un répondant est de 6 000 $ et si le plus élevé est de 42 000 $, l'intervalle de variation est de 36 000 $. Si je désire une distribution de fréquences comprenant trois classes, je dois diviser l'intervalle de variation, soit 36 000 $, par le nombre de classes, 3, ce qui me donne un intervalle de classe de 12 000 $. Le tableau 8.5 illustre cette distribution de fréquences.

TABLEAU 8.5

Illustration d'une distribution de fréquences
où les catégories sont élaborées sur la base des valeurs

Répartition des répondants selon le niveau de revenu				
Revenu	Fréquence	Pourcentage	Fréquence cumulée	Pourcentage cumulé
De 6 000 $ à 18 000 $	147	29,5	147	29,5
De 18 001 $ à 30 000 $	294	58,9	441	88,4
De 30 001 $ à 42 000 $	58	11,6	499	100,0
Total	499	100,0	—	—

---

5. Le regroupement en classes d'une variable numérique amène une perte d'information. Les regroupements seront donc surtout utilisés pour des fins de présentation.

Afin de préserver l'exclusivité de chacune des classes, nous avons légèrement modifié l'intervalle de classe afin qu'aucune limite inférieure (par exemple 18 001 $) ne soit identique à la limite supérieure de la classe précédente (par exemple 18 000 $). Il existe d'autres manières de procéder qui sont expliquées en détail dans les volumes de statistique (Dayhaw, 1979; Gilles, 1994). Enfin, soulignons que, dans cet exemple, la valeur de la variable a servi de base à la construction des classes. On parlera alors de classes à intervalles réguliers.

La seconde manière de traiter en distribution de fréquences une variable à intervalles consiste à construire des classes sur la base de la répartition des répondants pour chacune des valeurs possibles. Aussi, plutôt que de chercher à construire des classes à intervalles réguliers, on construira des classes comprenant un nombre égal de répondants. Pour y arriver, on se sert du quantile correspondant. Dans le cas présenté dans le tableau 8.6, nous aurons recours au 33ᵉ percentile, au 66ᵉ percentile et au 99ᵉ percentile, ce qui permettra de diviser la distribution cumulée en trois parties égales[6]:

TABLEAU 8.6
Illustration d'une distribution de fréquences
où les catégories sont élaborées sur la base des effectifs

Niveau de revenu des répondants divisé en quartile				
Revenu	Fréquence	Pourcentage	Fréquence cumulée	Pourcentage cumulé
De 6 000 $ à 20 000 $	166	33,3	166	33,3
De 20 001 $ à 26 000 $	167	33,5	333	66,8
De 26 001 $ à 42 000 $	166	33,3	499	100,0*
Total	499	100,1	—	—

* En raison de l'arrondissement à une décimale près, le pourcentage total peut être supérieur à 100%.

On constate donc que, à partir de données identiques, on peut construire des distributions de fréquences qui donnent des informations différentes. Le choix de l'une ou l'autre manière dépend des objectifs poursuivis.

La présentation visuelle des distributions

Au-delà de la simple présentation des distributions de fréquences, il peut être utile de présenter en images les résultats obtenus. Pour ce faire, il existe une

---

6. La médiane aurait permis de diviser la distribution en deux parties égales, le quartile en quatre parties égales, etc.

grande variété de figures. Encore une fois, le choix d'une figure sera dicté par le niveau de mesure de la variable à illustrer. Le texte qui suit présente les figures les plus courantes, soit le diagramme à rectangles, le diagramme circulaire, l'histogramme, le polygone et, enfin, l'ogive.

Lorsque l'on désire présenter visuellement une variable nominale, on peut utiliser le diagramme à rectangles (figure 8.2). Ce diagramme comprend, en abscisse (axe des x), les différentes catégories de la variable et, en ordonnée (axe des y), la fréquence (ou la proportion) d'apparition de chacune des catégories. Comme une variable nominale est une variable discrète, c'est-à-dire une variable qui ne peut prendre que des valeurs précises, les différentes colonnes sont espacées les unes des autres. L'espace séparant chacune des catégories doit être de grandeur égale. La largeur de cet espace n'a cependant pas de signification en soi.

FIGURE 8.2
Exemple d'un diagramme à rectangles

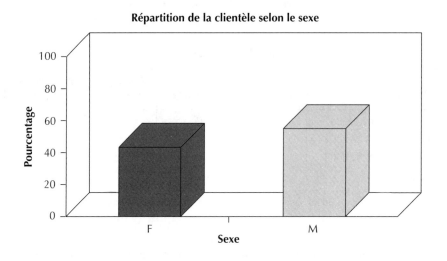

Répartition de la clientèle selon le sexe

Le diagramme circulaire, ou l'assiette de répartition, est une autre figure qui se prête bien à la présentation visuelle de variables nominales et ordinales. Il s'agit en fait d'un cercle que l'on décompose en autant de parts que l'on a de catégories à illustrer. Un cercle comprenant 360 degrés, on allouera 3,6 degrés à chaque pourcentage représenté par la catégorie. Par exemple, si une catégorie représente 10 % du total de la distribution, elle occupera 36 degrés dans le cercle. La figure 8.3 illustre la répartition des répondants à travers les différents niveaux de scolarité.

FIGURE 8.3
Exemple d'un diagramme circulaire

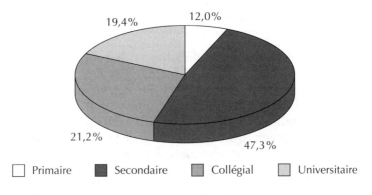

Répartition de la clientèle selon le niveau de scolarité

19,4%   12,0%

21,2%

47,3%

☐ Primaire   ■ Secondaire   ■ Collégial   ☐ Universitaire

FIGURE 8.4
Exemple d'un histogramme

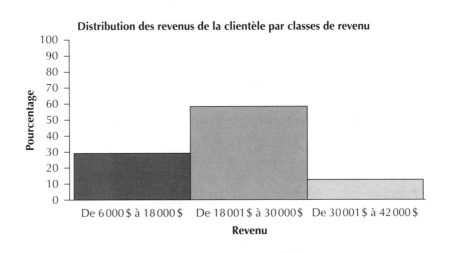

Distribution des revenus de la clientèle par classes de revenu

Revenu

L'histogramme est utilisé afin d'illustrer des variables à intervalles regroupées en classes (figure 8.4). Il s'apparente au diagramme à rectangles, à deux différences près. Premièrement, aucun espace ne sépare chacun des rectangles, puisque cette variable est continue (c'est-à-dire qu'elle peut prendre «toutes les valeurs possibles entre deux entiers consécutifs» [Gilles, 1994: 57]). Deuxièmement, la largeur occupée par chacun des rectangles, c'est-à-dire en abscisse, est proportionnelle à la grandeur de la classe. La hauteur de chaque rectangle correspond, comme c'est le cas avec le diagramme à rectangles, à la fréquence ou à la proportion de chacune des classes. Aussi un histogramme peut-il comporter des rectangles de largeur égale (comme c'est le cas dans la figure 8.4) ou inégale selon la manière dont les classes ont été construites.

Le polygone est aussi utilisé afin d'illustrer des variables à intervalles regroupées en classes. Toutefois, à la différence de l'histogramme, chacune des classes y est représentée par son point milieu. Encore une fois, la hauteur sur l'ordonnée est déterminée par la fréquence ou la proportion de chacune des classes dans la distribution. On réunit ensuite ces points milieu par un trait allant de gauche à droite. La figure 8.5 présente, en superposition, le polygone et l'histogramme, alors que la figure 8.6 illustre le polygone seulement.

Finalement, lorsque les variables sont au moins de niveau ordinal, il peut être pertinent de présenter visuellement le cumul des fréquences ou des pourcentages. C'est le cas, notamment, lorsque l'on est en présence de «données temporelles où l'accumulation de faits est importante» (Tremblay, 1991:271). Chacune des catégories est représentée à l'aide d'un point correspondant à la valeur la plus élevée de chacune des catégories en abscisse et à la fréquence cumulée (ou le pourcentage cumulé, selon l'option choisie) en ordonnée. La figure 8.7 illustre l'ogive obtenue afin d'illustrer la variable «nombre de rencontres avec un intervenant».

FIGURE 8.5

Exemple d'un polygone superposé à un histogramme

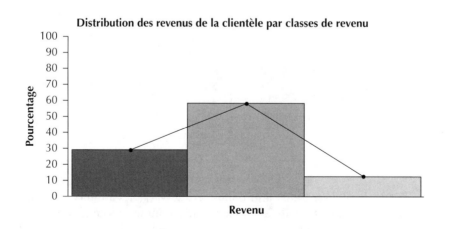

FIGURE 8.6
Exemple d'un polygone

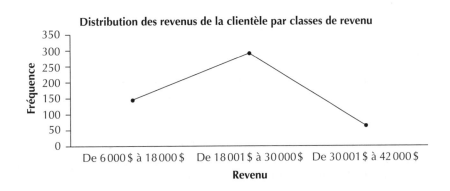

Distribution des revenus de la clientèle par classes de revenu

FIGURE 8.7
Exemple d'une ogive

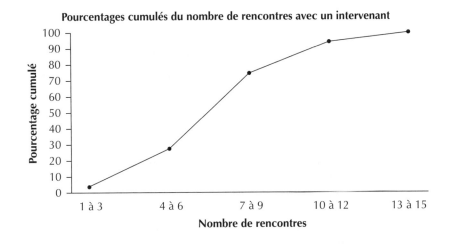

Pourcentages cumulés du nombre de rencontres avec un intervenant

B — Les mesures de tendance centrale

La seconde étape de l'analyse univariée consiste à recourir à certaines statistiques qui permettent de qualifier les distributions de fréquences obtenues. Ainsi, on aura recours aux mesures de tendance centrale afin d'obtenir une synthèse des distributions. Les plus utilisées sont le mode, la médiane et la moyenne.

Le *mode* représente la modalité ou la valeur la plus fréquente d'une distribution. L'exemple qui suit illustre la distribution obtenue à la variable «milieu de vie du jeune».

X = FN, FN, CR, FA, FA, FA, FN, FA, FN, CR, FA, FA, FA, FA, FN, FN, FA, FA, FA, FA, FN, FA, FA, CR

(FN = famille naturelle; CR = centre de réadaptation; FA = famille d'accueil)

Comme cette distribution comprend sept répondants vivant en famille naturelle, 14 répondants placés en famille d'accueil et trois répondants hébergés en centre de réadaptation, le mode de cette distribution est la modalité «famille d'accueil». Le mode est la seule mesure de tendance centrale que l'on peut utiliser avec des variables nominales.

La seconde mesure de tendance centrale est la *médiane*, qui représente la valeur permettant de diviser la distribution en deux parties égales. L'exemple qui suit illustre la distribution obtenue à la variable «niveau de scolarité».

X = primaire / primaire / primaire / secondaire / secondaire / secondaire / secondaire / secondaire / secondaire / secondaire / **secondaire** / collégial / collégial / collégial / collégial / collégial / collégial / universitaire / universitaire / universitaire / universitaire /

Afin de déterminer la médiane, il est nécessaire d'ordonner les valeurs en ordre croissant ou décroissant. La distribution comprenant 21 modalités, celle qui arrive en onzième place, dans le cas présent la modalité «secondaire», correspond à la médiane. Si la distribution avait contenu un nombre pair de modalités ou de valeurs, il aurait fallu additionner les chiffres se situant immédiatement de part et d'autre du centre et en faire la moyenne. Dans le cas présent, on aurait dû remplacer les différents niveaux de scolarité par un chiffre (1 = primaire; 2 = secondaire; 3 = collégial; et 4 = universitaire) afin de faire cette opération. La médiane comporte cependant comme limite d'être influencée par le mode. Ainsi, fréquemment, son utilisation ne permettra pas de diviser une distribution en deux parties égales. Pour pallier cet inconvénient, nous aurons recours aux mesures de dispersion dont il sera question un peu plus loin dans ce chapitre. Quoi qu'il en soit, la médiane est la mesure de tendance centrale la plus appropriée pour les variables ordinales.

Finalement, on utilisera la *moyenne arithmétique* afin d'obtenir une mesure de la tendance centrale d'une distribution portant sur une variable au moins de niveau intervalles. On obtient cette mesure en additionnant tous les scores et en divisant le total par le nombre de scores. Illustrons cette mesure à partir de la distribution de fréquences obtenue à la variable «nombre d'enfants à charge».

$$X = 0, 0, 0, 1, 1, 1, 1, 1, 1, 1, 2, 2, 2, 2, 2, 3, 3, 3, 4, 4, 6$$

L'addition de tous les scores nous donne un total de 40, que l'on divisera par le nombre de scores, 21. Cette distribution indique que les répondants ont un nombre moyen d'enfants de 1,9. La moyenne arithmétique utilise les scores bruts. Toutefois, si les informations ont été recueillies par classes, il est possible de calculer la moyenne en prenant le point milieu de chaque classe (par exemple, pour 1-3 enfants, le point milieu est 2). La mesure obtenue est cependant moins juste. Aussi, lors de la construction des instruments de mesure, on privilégiera, lorsque c'est possible, la collecte des informations les plus précises, quitte à procéder plus tard à des regroupements.

C — Les mesures de forme

Il est par ailleurs important de savoir que la moyenne est une mesure de tendance centrale adéquate lorsque les scores se distribuent selon une courbe normale. On dit de la forme d'une distribution qu'elle est «normale» lorsque les scores se répartissent également de part et d'autre de la moyenne, et que leur occurrence diminue à mesure que l'on s'éloigne de la moyenne (figure 8.8).

FIGURE 8.8
Illustration d'une courbe normale

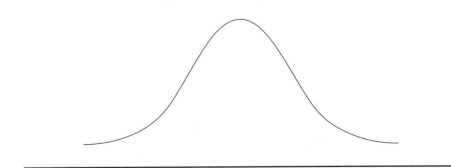

On aura recours à la *mesure de biais* afin d'évaluer la répartition des scores de part et d'autre de la moyenne, alors que la *mesure de kurtose* nous renseigne sur la hauteur de la courbe. Ces mesures pourront faire apparaître différentes formes de courbes. Dans les deux cas, un indice de 0 signale que l'on est en présence d'une courbe normale. Afin d'illustrer ce qui se produit lorsque l'on est en présence d'une distribution qui n'est pas normale, prenons l'exemple de la variable portant sur le niveau de revenu :

Numéro du répondant	Revenu brut ($)
1	6 000
2	7 500
3	7 750
4	10 000
5	12 000
6	12 500
7	14 750
8	18 000
9	22 000
10	150 000

La moyenne de cette distribution est de 26 050 $, ce qui est loin de correspondre à la réalité de cette distribution. En effet, alors que neuf répondants sur dix ont un revenu égal ou inférieur à 22 000 $, on obtient une moyenne qui est supérieure à ce montant. Dans le cas présent, la présence d'un score extrême (150 000 $) rend non appropriée l'utilisation de la moyenne. Face à une telle distribution, on privilégiera l'utilisation de la médiane, qui n'est pas influencée par les valeurs extrêmes.

Il n'est pas toujours possible d'observer à l'œil qu'une distribution n'est pas normale, notamment lorsque l'on est en présence d'une distribution comprenant de nombreuses observations. En ce sens, les mesures de biais et de kurtose sont essentielles afin d'évaluer les mesures appropriées, compte tenu de la distribution des données. Le caractère normal de la forme d'une distribution est aussi un préalable à l'utilisation de nombreux tests statistiques plus complexes.

D — Les mesures de dispersion

Si les mesures de tendance centrale nous renseignent sur la valeur la plus typique d'une distribution, elles ne nous disent pas tout de ce qui caractérise une distribution. Aussi, il est intéressant d'évaluer l'importance des variations entre les différents scores d'une distribution. Pour ce faire, nous aurons recours aux mesures de dispersion. Il existe plusieurs mesures de ce type, nous en examinerons rapidement trois.

L'*indice de dispersion* permet, comme son nom l'indique, d'évaluer la manière dont les scores se répartissent à l'intérieur de chacune des catégories. Sa valeur varie entre 0 et 1, où 0 indique une dispersion minimale, c'est-à-dire lorsque tous les répondants ont indiqué la même catégorie, et 1, une dispersion maximale, c'est-à-dire lorsque les réponses des répondants se distribuent également à travers toutes les catégories de réponses. Cet indice ne permet pas cependant d'évaluer la position de chaque répondant par rapport à la valeur la plus typique du groupe. Il s'agit par ailleurs de la seule mesure de dispersion utilisable avec des variables de niveau nominal ou ordinal. Sa formule mathématique est la suivante :

$$D = \frac{k(N^2 - \sum fi^2)}{N^2(k-1)},$$

où k = le nombre total de catégories de la variable ;

       N = le nombre de répondants à la question ;

$\sum fi^2$ = la somme des carrés des fréquences de chacune des catégories de réponses de la variable analysée (Tremblay, 1991 : 242).

Utilisons la variable 4, «occupation», laquelle, parce qu'elle est nominale, se prête bien à l'utilisation de l'indice de dispersion. Soit la distribution de fréquences suivante :

V4 Occupation du répondant	N	%
1. Sur le marché du travail	10	55,6
2. Sans emploi	5	27,8
3. Étudiant	2	11,1
4. Retraité	1	5,6
Total	18	100,0

L'examen de cette distribution nous apprend que $k = 4$, que $N = 18$, que $\sum fi^2 = 130$ (soit $100 + 25 + 4 + 1$). En appliquant ces chiffres à la formule mathématique de l'indice de dispersion, on obtient :

$$D = \frac{4(18^2 - 130)}{18^2(4 - 1)},$$

soit un indice de dispersion de 0,80, ce qui dénote une assez grande dispersion des répondants à travers les différentes catégories de réponses.

L'*étendue* est probablement la mesure de dispersion la plus facile à calculer. Elle s'emploie avec des variables dont le niveau de mesure est au moins à intervalles. Cette mesure est en fait basée sur la différence qui existe entre le score le plus élevé et le score le plus faible. Servons-nous de la variable 11, «intensité de la détresse émotionnelle», afin d'illustrer cette mesure. Les scores des répondants sont les suivants:

Numéro du répondant	V11 Intensité de la détresse émotionnelle
1	6
2	9
3	9
4	11
5	13
6	16
7	20
8	20
9	22
10	24

Le score le plus élevé étant 24 et le plus faible 6, l'étendue de cette distribution est de 18, et la moyenne de 15.

L'*écart type* est aussi une mesure de dispersion qui s'utilise avec des variables dont le niveau de mesure est au moins à intervalles. Cet indice est basé sur le calcul de l'écart des résultats par rapport à la moyenne du groupe. L'écart type sera d'autant plus petit que les résultats se regrouperont autour de la moyenne. L'interprétation d'un écart type tient compte de la grandeur de la moyenne. Par exemple, si une distribution de fréquences fait état d'un revenu annuel moyen de 25 000$, un écart type de 2 500$ sera interprété comme un petit écart type, la variation se situant autour de 10%. Par ailleurs, pour cette même distribution, un écart type de 250$ sera considéré comme un très petit écart type. Imaginons une autre distribution de fréquences faisant état d'un revenu hebdomadaire moyen de 300$. Dans ce cas-ci, un écart type de 250$, comme dans l'exemple précédent, s'avérerait un très grand écart type.

On obtient l'écart type d'une distribution de fréquences en calculant d'abord la variance à l'aide de la formule mathématique suivante:

$$S^2 = \frac{\sum (X - \bar{X})^2}{n},$$

où $\sum$ = la somme de;

X = les scores bruts;

$\bar{X}$ = la moyenne de la distribution;

n = le nombre de répondants.

Servons-nous à nouveau de la distribution de fréquences de la variable 11, «intensité de la détresse émotionnelle», pour appliquer cette formule:

$X = 6, 9, 9, 11, 13, 16, 20, 20, 22, 24$

$X - \bar{X} = -9, -6, -6, -4, -2, 1, 5, 5, 7, 9$

$(X - \bar{X})^2 = 81, 36, 36, 16, 4, 1, 25, 25, 49, 81$

$\sum (X - \bar{X})^2 = 81 + 36 + 36 + 16 + 4 + 1 + 25 + 25 + 49 + 81 = 354$

$S^2 = \dfrac{\sum (X - \bar{X})^2}{n} = \dfrac{354}{10} = 35,4$

En extrayant la racine carrée de cette variance, on obtient un écart type de 5,95, ce qui se révèle être un grand écart type compte tenu de la moyenne de cette distribution, qui se situe à 15.

E — La construction d'un tableau de contingence

Lorsque l'on décrit les résultats d'une étude, il est souvent utile de présenter plus d'une variable à la fois. On élaborera alors un tableau de contingence (fréquemment désigné sous le nom de «tableau croisé») qui permet une telle juxtaposition[7]. Démontrons son intérêt en reprenant l'exemple de l'étude portant sur la durée de la prise en charge de la clientèle de l'équipe de santé mentale (voir le tableau 8.1, à la p. 193). Dans la description des résultats, on pourrait, d'une part,

---

7. Nous classons le tableau de contingence parmi les formes d'analyse univariée lorsqu'il vise à «décrire» les résultats obtenus. Ce même type de tableau sera classé parmi les méthodes d'analyse bivariée lorsqu'il visera à examiner la «relation» existant entre deux variables.

présenter le nombre d'hommes et le nombre de femmes qui sont clients et, d'autre part, le nombre de personnes qui ont été suivies en intervention individuelle ou en intervention de groupe, ce qui donne les deux distributions suivantes:

V1	Sexe	N	%
	F	59	42,1
	M	81	57,9
	Total	140	100,0
V12	Type d'intervention	N	%
	Individuelle	63	45,0
	Groupe	77	55,0
	Total	140	100,0

On peut aussi vouloir faire d'une pierre deux coups et examiner le nombre de femmes et d'hommes qui sont suivis en intervention individuelle et le nombre de femmes et d'hommes qui sont suivis en intervention de groupe. Aussi, en sachant que 17 femmes et 46 hommes sont suivis en intervention individuelle, alors que 42 femmes et 35 hommes sont suivis en intervention de groupe, il est possible d'élaborer un tableau de contingence (tableau 8.7).

TABLEAU 8.7
Exemple de construction d'un tableau de contingence (étape 1)

Type d'intervention selon le sexe				
		Sexe		
Type d'intervention	Nombre	Femme	Homme	Total rangée
Individuelle		17	46	63 45,0%
Groupe		42	35	77 55,0%
	Total colonne	59 42,1%	81 57,9%	140 100,0%

Ces premières informations, c'est-à-dire les chiffres 17, 46, 42 et 35, représentent en fait les fréquences observées[8]. Ces données de départ permettent aussi d'inscrire dans le tableau que 42,1% des répondants sont des femmes alors que 57,9% sont des hommes et que 45,0% des répondants sont suivis en intervention individuelle contre 55,0% en intervention de groupe. On désignera ces proportions par l'expression « pourcentage total[9]. » Par ailleurs, afin de rendre le tableau plus « parlant », on viendra ajouter différents calculs de proportion.

Plus précisément, on calculera :

a) le pourcentage de personnes suivies en intervention individuelle qui sont des femmes (soit [17 × 100] / 63 = 27,0%) ;

b) le pourcentage de personnes suivies en intervention individuelle qui sont des hommes (73,0%) ;

c) le pourcentage de personnes suivies en intervention de groupe qui sont des femmes (54,5%) ;

d) le pourcentage de personnes suivies en intervention de groupe qui sont des hommes (45,5%).

Ces pourcentages s'appellent « pourcentages de la rangée » ou « pourcentages horizontaux »[10], puisque les résultats figurent en ligne et se lisent de gauche à droite.

On calculera ensuite :

e) le pourcentage de femmes qui sont suivies en intervention individuelle (soit [17 × 100] / 59 = 28,8%) ;

f) le pourcentage de femmes qui sont suivies en intervention de groupe (71,2%) ;

g) le pourcentage des hommes qui sont suivis en intervention individuelle (56,8%) ;

h) le pourcentage des hommes qui sont suivis en intervention de groupe (43,2%).

Ces pourcentages reçoivent le nom de « pourcentages de la colonne » ou « pourcentages verticaux »[11] puisque les résultats sont placés en colonne et qu'ils se lisent de haut en bas.

Finalement, on calculera :

i) la proportion de la population totale que représentent les femmes suivies en intervention individuelle (soit [17 × 100] / 140 = 12,1%) ;

---

8. Sur les sorties informatiques, l'abréviation N ou le mot anglais *frequency* seront utilisés.
9. *Total percent* en anglais.
10. *Row percent* en anglais.
11. *Column percent* en anglais.

j) la proportion de la population totale que représentent les hommes suivis en intervention individuelle (32,9%);

k) la proportion de la population totale que représentent les femmes suivies en intervention de groupe (30,0%);

l) la proportion de la population totale que représentent les hommes suivis en intervention de groupe (25,0%).

Ces pourcentages reçoivent le nom de «pourcentages totaux». Sur la base de ces calculs, on obtient le tableau 8.8.

TABLEAU 8.8
Exemple de construction d'un tableau de contingence (étape 2)

Type d'intervention selon le sexe						
Type d'intervention	**Nombre** **% Rangée** **% Colonne** **% Total**	**Sexe**				**Total rangée**
		Femme		**Homme**		
Individuelle		*1*	17	*2*	46	63
			27,0		73,0	45,0
			28,8		56,8	
			12,1		32,9	
Groupe		*3*	42	*4*	35	77
			54,5		45,5	55,0
			71,2		43,2	
			30,0		25,0	
Total **colonne**		59 42,1		81 57,9		140 100,0

Les informations portant sur le croisement d'une catégorie avec une autre (par exemple, les informations qui concernent uniquement les femmes qui sont suivies en groupe) reçoivent le nom de «cellules», alors que les informations compilant les résultats d'une colonne ou d'une rangée (par exemple, les informations portant sur l'ensemble des personnes qui sont suivies en groupe) sont appelées «marginales».

À première vue, il est difficile de saisir la différence d'interprétation entre le pourcentage de la rangée et celui de la colonne. Cette différence repose sur l'ensemble de départ. En effet, si j'analyse le pourcentage de la rangée de la troisième cellule, je dirai: «54,5% des *personnes* (donc hommes ou femmes) *qui sont suivies en intervention de groupe*, sont des femmes», alors que le pourcentage de la colonne se lira ainsi: «71,2% des *femmes* (suivies individuellement ou en groupe) sont suivies en intervention de groupe», ce qui est très différent. Lors de la présentation des résultats, on limitera l'interprétation à l'un ou l'autre des pourcentages selon l'information qui est la plus pertinente. Toutefois, lorsqu'il sera question de vérifier une hypothèse, on interprétera le pourcentage de la colonne. Nous approfondirons cette question dans la partie qui suit.

8.2.2 L'analyse bivariée

Si l'analyse univariée permet de décrire les résultats obtenus, l'analyse bivariée porte sur l'examen de la relation qui unit deux variables. On cherchera donc à vérifier l'existence d'une relation et, s'il en existe une, la force de l'association entre ces deux variables. C'est donc à cette étape de l'analyse que l'on vérifiera nos hypothèses. L'analyse bivariée s'applique aux études supposant qu'il existe certaines relations entre des variables, soit les études au moins de niveau associatif. À ce sujet, notons qu'en sciences sociales particulièrement, on hésite à se situer dans un paradigme explicatif qui cherche à établir des «causes» et des «effets» entre les phénomènes observés. La vérification d'une relation causale présuppose un ensemble de conditions qu'il est souvent très difficile de respecter dans nos contextes de recherche. Aussi, on préfère parler de «recherche associative» plutôt que de «recherche explicative». Que l'on se situe dans un paradigme ou dans un autre, l'analyse bivariée procédera cependant de la même manière.

La première étape de l'analyse bivariée consiste à classifier les variables à l'étude selon qu'elles sont dépendantes, indépendantes ou de contrôle. En effet, il ne s'agit pas ici d'examiner l'ensemble des relations possibles, mais plutôt de se restreindre aux relations que l'on est en mesure d'expliquer. Il peut s'agir des relations précisées dans les hypothèses ou, à tout le moins, de relations qui permettent d'approfondir notre compréhension de l'objet d'étude. Ainsi, l'analyse bivariée visera à mettre en lumière l'existence de relations entre la variable dépendante et la variable indépendante ou entre la variable dépendante et la variable de contrôle. Il est vrai par ailleurs que l'ensemble des autres relations possibles peuvent être d'une grande utilité. C'est le cas, par exemple, de deux variables indépendantes associées expliquant chacune la variable dépendante. Des relations imprévues peuvent alors survenir. Afin de restreindre les possibilités, on examinera les relations qui sont liées aux objectifs de l'étude.

A — Le choix d'une mesure statistique bivariée

Une fois les variables bien déterminées, il s'agit de choisir le test statistique approprié afin de vérifier la présence d'une association entre deux variables. Encore une fois, le niveau de mesure de la variable déterminera le type de test statistique à privilégier. Par ailleurs, comme l'analyse bivariée comprend deux variables qui peuvent être de niveaux de mesure différents (par exemple, nombre de rencontres avec un intervenant = à intervalles; sexe du répondant = nominal), on devra s'appuyer sur la variable dont le niveau de mesure est le plus bas afin de déterminer le test statistique adéquat (voir p. 204). Ainsi, afin de vérifier l'association qui existe entre une variable d'intervalles et une variable nominale, on utilisera des tests statistiques s'appliquant aux variables nominales.

La vérification d'une relation entre deux variables, dont au moins une est nominale, repose sur l'élaboration d'un tableau de contingence semblable à ceux que nous avons présentés dans la section portant sur l'analyse univariée (tableaux 8.7 et 8.8). Toutefois, l'objectif ici ne se restreint plus à décrire simultanément deux variables, mais plutôt à vérifier «si la distribution d'une variable dépend ou est reliée à la distribution d'une autre variable» (Craft, 1990: 61).

Reportons-nous encore une fois au plan d'analyse des données présenté au début de ce chapitre. Sur la base des variables qui y sont présentées, on déduit qu'il faudra examiner l'association qui existe entre la durée de la prise en charge (variable dépendante) et *a*) le type de problèmes vécus et *b*) la satisfaction ressentie par rapport aux services reçus (variables indépendantes). Il serait aussi possible d'examiner les relations qui existent entre cette même variable dépendante et l'ensemble des variables de contrôle. Par exemple, on pourrait se demander si la durée de la prise en charge est associée au sexe du répondant. D'un point de vue purement logique, il n'y aurait pas lieu d'examiner, par exemple, la relation qui existe entre la satisfaction ressentie par rapport aux services reçus (variable indépendante) et le sexe du répondant (variable de contrôle)[12], puisque cette étude ne cherche pas à examiner les facteurs associés à la satisfaction mais bien à la durée de la prise en charge. Toutefois, l'examen d'une telle relation permet de raffiner la compréhension de la relation posée au point de départ.

Afin d'illustrer la manière dont on examine la présence d'une association entre deux variables, nous avons construit un tableau de contingence qui examine simultanément le type de problèmes vécus et la durée de la prise en charge (tableau 8.9).

Il serait trop long de présenter ici l'ensemble des interprétations qui peuvent être faites à partir d'un tableau de contingence. Contentons-nous de tirer les conclusions les plus élémentaires. Le lecteur pourra se référer à de nombreux ouvrages en analyse quantitative qui traitent en profondeur de cette question.

Lorsque l'on construit un tableau de contingence où l'une des variables est considérée comme dépendante de l'autre, il faut tenir compte de l'axe sur lequel

---

12. À moins de vouloir *décrire* ces deux variables simultanément comme nous l'avons fait aux tableaux 8.7 et 8.8.

TABLEAU 8.9

Illustration d'un tableau de contingence

Répartition de la clientèle selon la durée de la prise en charge et le type de problèmes vécus			
Durée de la prise en charge	**Nombre % Rangée % Colonne % Total**	**Type de problèmes vécus** Schizophrénie	Dépression bipolaire	**Total rangée**
Court terme		17 19,8 **21,0** 8,8	69 80,2 **61,6** 35,8	86 44,6
Moyen terme		28 47,5 **34,6** 14,5	31 52,5 **27,7** 16,1	59 30,6
Long terme		36 75,0 **44,4** 18,7	12 25,0 **10,7** 6,2	48 24,9
Total colonne		81 42,0	112 58,0	193 100,1

on place chacune des variables. Gilles (1994) nous rappelle d'inscrire sur l'axe vertical les catégories de la variable dépendante et sur l'axe horizontal, les catégories de la variable indépendante. Lorsque les variables sont positionnées ainsi, on utilise particulièrement les pourcentages de la colonne afin d'examiner la relation entre les deux variables. Les pourcentages de la rangée servent plutôt à décrire simultanément les deux variables.

Aussi, afin de vérifier l'hypothèse à l'étude, on analyse les pourcentages de la colonne (inscrits en caractères gras), ce qui amène les constats suivants:

1. 21% des clients souffrant de schizophrénie ont été suivis à court terme par un intervenant de l'équipe de santé mentale;

2. 34,6% des clients souffrant de schizophrénie ont été suivis à moyen terme par un intervenant de l'équipe de santé mentale;

3.   44,4% des clients souffrant de schizophrénie ont été suivis à long terme par un intervenant de l'équipe de santé mentale;

alors que:

4.   61,6% des personnes souffrant de dépression bipolaire ont été suivies à court terme par un intervenant de l'équipe de santé mentale;

5.   27,7% des personnes souffrant de dépression bipolaire ont été suivies à moyen terme par un intervenant de l'équipe de santé mentale;

6.   10,7% des personnes souffrant de dépression bipolaire ont été suivies à long terme par un intervenant de l'équipe de santé mentale.

Il faut examiner ces résultats en se demandant: Quelle influence a la variable indépendante, c'est-à-dire le type de problème de santé mentale, sur la variable que l'on cherche à expliquer, soit la durée de la prise en charge? Dans le cas présent, il apparaît clairement qu'il existe une relation entre ces deux variables. En effet, les personnes diagnostiquées comme souffrant de schizophrénie sont moins nombreuses à être suivies à court terme et plus nombreuses à être suivies à long terme. À l'opposé, les personnes souffrant de dépression bipolaire sont plus nombreuses à être suivies à court terme, mais moins nombreuses à être suivies à long terme. Sur la base de ce type d'analyse, il est permis de confirmer l'hypothèse voulant que la durée de la prise en charge est associée au type de problème de santé mentale éprouvé par la clientèle. En terminant, notons que l'absence totale d'association entre ces deux variables se serait manifestée par une distribution égale des répondants à chacune des catégories de la variable dépendante, peu importe le type de problème de santé mentale vécu.

Bien qu'une analyse simple de la manière dont les variables se distribuent conjointement nous renseigne sur l'association qui les unit, on peut poursuivre l'analyse en s'intéressant à la probabilité qu'une telle association soit vraie. On examinera donc la différence qui existe entre deux distributions. La première concerne la distribution conjointe que l'on a effectivement obtenue (fréquences observées), alors que la seconde portera sur les fréquences que l'on obtiendrait s'il n'y avait pas d'association entre les deux variables (fréquences théoriques). Cette mesure statistique reçoit le nom de test du khi carré. Plus précisément, ce test se compose de sept étapes:

1.   Énoncer l'hypothèse nulle et l'hypothèse alternative;

2.   Choisir le seuil de signification du test (en sciences sociales, on choisit généralement 0,05);

3.   Déterminer les fréquences observées (f_o) dans les échantillons;

4.   Calculer les fréquences théoriques (f_e) selon la formule:

f_t = (total ligne) × (total colonne) ÷ total général;

5.   Calculer la valeur du khi carré par la formule:

$$X^2 = \sum \left[\frac{(f_o - f_t)^2}{f_t} \right].$$ Plus les f_o et les f_t sont différentes, plus X^2 sera grand, d'où rejet de l'hypothèse nulle;

6. Calculer le nombre de degrés (D) de liberté (L) selon la formule $DL = (L-1)(C-1)$, où L = nombre de lignes et C = nombre de colonnes;

7. Comparer le X^2 obtenu au X^2 critique (table déjà existante) et rejeter ou non l'hypothèse nulle.

Afin d'illustrer concrètement ce type de test, imaginons que l'on désire examiner si le sexe du client a une influence sur la durée de la prise en charge. Le tableau 8.10 (p. 226) est un test du khi carré effectué à l'aide du logiciel SAS. On y retrouve à la fois le croisement des deux variables ainsi que différentes statistiques afférentes[13].

La valeur du khi carré obtenu étant significative ($p \leq 0,05$), on peut rejeter l'hypothèse nulle et, de ce fait, accepter l'hypothèse alternative voulant qu'il y ait une relation entre la durée de la prise en charge et le sexe de la clientèle. La lecture du tableau 8.10 nous apprend que beaucoup moins de femmes (7,69 %) que d'hommes (22,78 %) sont suivies à court terme. Par ailleurs, on remarque que beaucoup plus de femmes (46,15 %) que d'hommes (28,48 %) sont suivies à long terme.

Il est aussi possible d'utiliser une autre famille de statistiques, appelée mesures PRE (*Proportional Reduction in Error*). À la différence du khi carré, les mesures PRE seront «interprétées en termes d'erreurs ou de proportion d'erreurs réduites» (Gilles, 1994: 285). Elles ont l'avantage de comporter moins de limites statistiques et fournissent un indice de prédiction de la variable dépendante à partir de la connaissance de la variable indépendante (De Sève, 1989).

La valeur du khi carré nous renseigne donc sur l'existence d'une relation entre deux variables, dont au moins une est nominale, sans toutefois préciser la force de cette association. Il existe par ailleurs différents indices statistiques basés sur la valeur du khi carré, comme le phi ou le V de Cramer, qui fournissent ce type d'informations. Dans l'exemple précédent, on utilisera le V de Cramer, qui s'avère approprié lorsque l'on a un tableau dont le nombre de lignes ou de colonnes est supérieur à deux. La valeur du V de Cramer obtenu ici est de 0,21, ce qui dénote une faible association entre les deux variables (Craft, 1990). Pour les variables nominales dichotomiques, on utilisera le coefficient phi. Il existe bien d'autres types de mesures d'association (basées sur des mesures PRE ou s'appliquant aux variables ordinales) qu'il est impossible de décrire ici. Elles figurent cependant dans la plupart des volumes d'analyse statistique.

---

13. Nous avons sélectionné les statistiques les plus couramment utilisées. Le logiciel en fournit d'autres de manière standard.

TABLEAU 8.10

Illustration d'un test du khi carré

Croisement de « durée de la prise en charge » par « sexe du répondant »			
Durée de la prise en charge	**Nombre** **% Rangée** **% Colonne** **% Total**	**Sexe du répondant** **Femmes** **Hommes**	**Total rangée**
Court terme		5 36	41
		12,20 87,80	18,39
		7,69 22,78	
		2,24 16,14	
Moyen terme		30 77	107
		28,04 71,96	47,98
		46,15 48,73	
		13,45 34,53	
Long terme		30 45	75
		40,00 60,00	33,63
		46,15 28,48	
		13,45 20,18	
	Total **colonne**	65 158	223
		29,15 70,85	100,00
		Données manquantes = 11	

Statistiques	**Degré de liberté** **Probabilité**	**Valeur**	
Khi carré	2	10,046	0,007
Coefficient phi		0,212	
Coefficient de contingence*		0,208	
V de Cramer		0,212	

*   Le coefficient de contingence est une mesure d'association qui s'adapte aux variables nominales polytomiques. Cependant, comme il ne s'agit pas d'une mesure standardisée, sa
valeur maximale variera selon la taille du tableau. Pour cette raison, on privilégiera l'utilisation du V de Cramer, surtout si l'on désire comparer des tableaux dont la taille varie
(Dayhaw, 1979 : 212).

Par ailleurs, si le niveau de mesure des variables impliquées est ordinal, il est
possible d'utiliser un coefficient nommé « corrélation des rangs de Spearman
(r_s) ». Cette mesure évalue l'importance de la corrélation entre deux variables sur

la base d'une mise en ordre de paires de résultats à intervalles égaux. Enfin, lorsque l'on examine la relation qui existe entre deux variables à intervalles, on aura recours à des mesures statistiques basées sur la notion d'ajustement linéaire. Parmi les plus connues, citons la corrélation de Pearson (r) aussi appelée corrélation des produits-moments. Finalement, toutes les fois où l'on examine une relation impliquant une variable dépendante numérique, on utilisera le test t ou l'analyse de variance. Ces statistiques sont basées sur les différences de moyennes qui existent entre deux groupes (test t) ou plusieurs groupes (analyse de variance). Le tableau 8.11 résume les principales mesures à utiliser selon le niveau de mesure des variables en jeu.

TABLEAU 8.11

Choix des mesures statistiques selon le niveau de mesure des variables à l'étude

Niveau de mesure de la variable dépendante	Niveau de mesure de la variable indépendante ou de contrôle		
	Nominale	Ordinale	Numérique
Nominale	Mesure d'association basée sur le khi carré	Mesure d'association basée sur le khi carré	Analyse de régression logistique
Ordinale	Mesure d'association basée sur le khi carré	Corrélation des rangs de Spearman (r_s)	Analyse de régression logistique
Numérique	Test t ou analyse de variance	Test t ou analyse de variance	Corrélation de Pearson (r) ou analyse de régression

CONCLUSION

Ce chapitre présente des notions élémentaires d'analyse quantitative. Il offre une base permettant de se familiariser avec son vocabulaire, assez technique, il est vrai, de même qu'avec son processus. Le lecteur qui souhaite approfondir les dimensions que nous avons abordées aurait intérêt à se référer aux ouvrages indiqués ci-dessous. Cette bibliographie est suivie d'une série d'exercices permettant au lecteur de vérifier sa compréhension du contenu que nous venons de présenter.

LECTURES SUGGÉRÉES

CRAFT, J.L. (1990). *Statistics and Data Analysis for Social Workers*, Itasca (Ill.), F.E. Peacock, 194 p.

Fox, W. (1999). *Statistiques sociales*, traduit de l'anglais et adapté par L.M. Imbeau en collaboration avec A. Simard et T. Rodon, Saint-Nicolas, De Boeck, Les Presses de l'Université Laval, 374 p.

Gilles, A. (1994). *Éléments de méthodologie et d'analyse statistique pour les sciences sociales*, Montréal, McGraw-Hill, 571 p.

Huot, R. (1999). *Méthodes quantitatives pour les sciences humaines*, Saint-Nicolas, Les Presses de l'Université Laval, 387 p.

Tremblay, A. (1991). *Sondages: histoire, pratique et analyse*, Boucherville, Gaëtan Morin Éditeur, 492 p.

EXERCICES

1. Nous avons relevé l'âge de 20 personnes, ce qui donne les résultats bruts suivants:

    19, 20, 22, 20, 19, 19, 19, 18, 19, 22, 20, 24, 22, 19, 20, 19, 18, 20, 21, 18.

    a) Dressez une distribution de fréquences (avec fréquences et pourcentages cumulés, le cas échéant).

    b) Effectuez les mesures suivantes: mode, médiane, moyenne.

    c) Illustrez cette distribution à l'aide d'un histogramme.

2. Des chercheurs ont voulu vérifier l'hypothèse qui suit: le fait de récidiver pour des conjoints violents qui suivent une thérapie de groupe est influencé par le statut de leur participation (volontaire ou non) au sein de ce groupe. Les données recueillies auprès de 65 conjoints violents révèlent les informations suivantes: 27 ont récidivé; les autres n'ont pas été à nouveau violents envers leur conjointe. Parmi les 27 hommes qui ont récidivé, 22 étaient des clients envoyés par la Cour alors que les autres étaient des clients volontaires. Parmi les hommes qui n'ont pas récidivé, 12 étaient des clients envoyés par la Cour.

    a) À partir de ces informations, construisez un tableau de contingence.

    b) Où sont les marginales dans ce tableau?

    c) Où sont les cellules dans ce tableau?

    d) L'hypothèse est-elle confirmée? Expliquez votre réponse.

    e) A-t-on raison de dire que 68,4 % des volontaires n'ont pas récidivé?

    f) A-t-on raison de dire que 40,0 % des participants à cette étude sont des volontaires et n'ont pas récidivé?

    g) A-t-on raison de dire que 52,3 % des participants sont des non-volontaires?

3. Le tableau de contingence présenté ci-dessous repose sur l'hypothèse suivante: la formule de garde adoptée par les parents à la suite de la séparation est fonction du désir de l'ex-conjoint ou ex-conjointe de partager la garde, compte tenu du sexe du répondant (Beaudry et Parent, 1996). Ce tableau vise à croiser la variable dépendante (la formule de garde adoptée) avec la variable de contrôle (le sexe).

La formule de garde adoptée selon le sexe du répondant

Formule de garde	Nombre % Rangée % Colonne % Total	Sexe		Total rangée
		Masculin	Féminin	
Garde à la mère		36	59	95
Garde au père		17	12	29
Garde partagée		28	41	69
	Total colonne	81	112	193 100,0

a) Calculez les résultats manquants, soit pour les cellules, les pourcentages de la rangée, les pourcentages de la colonne et les pourcentages totaux, ainsi que pour les marginales, les pourcentages de la rangée et les pourcentages de la colonne.

b) Comment interprétez-vous les résultats illustrés dans ce tableau?

c) A-t-on raison de dire que 34,6 % des répondants de sexe masculin ont opté pour la garde partagée?

d) Quelle proportion des répondants qui ont opté pour la garde au père sont de sexe féminin?

e) A-t-on raison de dire que 42 % des répondants sont de sexe masculin?

f) A-t-on raison de dire que 62,1 % des répondants de sexe féminin ont opté pour la garde à la mère?

L'analyse des milieux et des problèmes sociaux

Robert Mayer

MISE EN CONTEXTE

La direction de votre CLSC vous demande, à titre d'intervenant social, de participer à l'élaboration et à la conduite d'une recherche sociale, à l'intention de la Régie régionale de la santé et des services sociaux, portant sur votre milieu d'intervention. La recherche vise à dégager les caractéristiques sociodémographiques du milieu, les principaux problèmes sociaux auxquels il est confronté et ses besoins. Ce chapitre devrait vous être utile pour cette tâche.

INTRODUCTION

L'étude du milieu ou l'analyse de la communauté est de plus en plus une préoccupation importante chez les intervenants sociaux, tant d'ici que d'ailleurs. Par exemple, dans le cadre du mouvement Vivre à Montréal en santé, un regroupement d'organismes communautaires, d'organismes publics et la Ville de Montréal ont élaboré un *Guide pour un portrait de quartier* (Collectif, 1993). Sur le plan des principes, on affirme l'importance des idées suivantes: penser globalement, agir localement; le rôle des quartiers au cœur de la ville ainsi que la promotion de la participation dans la communauté. Plus précisément, ce guide vise à donner à tout intervenant social un outil pour analyser son milieu local et à élaborer des programmes d'intervention (*ibid.*: 14). Ainsi, les individus, les problèmes auxquels ils font face ainsi que leurs besoins sont considérés non plus séparément, mais en fonction du contexte global (le terrain) dans lequel ils apparaissent et s'insèrent (De Robertis et Pascal, 1987: 114).

D'une façon générale, il y a deux façons principales d'aborder l'analyse d'une communauté: d'une part, l'approche dite «objective» (ou macrosociale) et, d'autre part, l'approche dite «subjective» (ou microsociale). Ces catégories reflètent, bien sûr, des courants de pensée importants dans les sciences humaines. L'approche dite «macrosociale» vise essentiellement à déterminer au moyen de vastes enquêtes de type monographique, les besoins et les problèmes sociaux d'un milieu. Quant à l'approche microsociale, elle s'intéresse habituellement aux différents réseaux qui existent dans une communauté. L'intervenant communautaire doit sortir de son bureau ou de son propre réseau et se familiariser avec l'ensemble d'une collectivité. Quoi qu'il en soit, les interrelations entre les approches macrosociales et microsociales sont constantes et complémentaires; souvent, ces approches sont utilisées simultanément.

O'Neill, (1979) et Doucet et Favreau (1991) ont montré, par exemple, que les programmes de santé communautaire au Québec sont tiraillés entre deux conceptions complémentaires de la communauté: une conception épidémiologique de la communauté et une conception sociale. D'un côté, il y a la conception de l'État, c'est-à-dire celle des dirigeants, des ministères et des établissements qui définit la communauté comme une «collectivité locale composée d'une population relativement indifférenciée, sinon par groupes cibles identifiés à partir des âges de la vie (enfants, adolescents, adultes, troisième âge)» et qui disposent «d'un certain nombre de ressources institutionnelles et associatives […]» (*ibid.*: 50). De l'autre côté, il y a tout le secteur communautaire qui conçoit plutôt la communauté «comme collectivité locale dont l'axe majeur renvoie aux classes populaires […] et à des groupes identitaires (jeunes, femmes, personnes âgées, communautés ethniques) à l'intérieur de ces classes» (*ibid.*). La première semble nettement dominante dans le réseau sociosanitaire québécois.

Les deux perspectives débouchent sur des modes d'intervention différents auprès de la communauté. À ce propos, on peut évoquer une double tradition, soit l'analyse épidémiologique et l'analyse sociale de la communauté. Les préoccupations de l'épidémiologie de comprendre et de décrire la répartition des problèmes de santé de la population conduisent à fractionner cette dernière en sous-groupes aussi délimités que possible. Conséquemment, l'approche de travail privilégiée auprès de populations considérées comme relativement homogènes (par rapport à l'âge, au sexe, au lieu de travail, au niveau scolaire, etc.) sera celle dite «par programme». La conception épidémiologique des communautés tend à les fractionner en une série de sous-groupes que l'on «traite» avec des programmes spécialisés. Pas plus que le patient, la communauté n'est alors considérée dans sa totalité, comme une entité complète et complexe. Cette conception tend de plus à professionnaliser la relation avec la communauté: nous sommes les professionnels qui connaissons les besoins de santé de cette population, nous allons donc lui offrir les services que nous jugeons les plus appropriés. De l'autre côté, il y a la tradition de l'analyse sociale de la communauté. Cette seconde conception trouve son fondement en anthropologie et en sociologie, ainsi que dans le secteur du travail social communautaire. La perspective sociale insiste sur la nécessité d'avoir une bonne connaissance de la dynamique d'ensemble de la communauté à laquelle on s'adresse. De plus, cette perspective nous invite à considérer la totalité d'une communauté, à étudier les regroupements naturels et à agir à partir des perceptions de la population plutôt qu'à partir de celles des professionnels.

Sur le plan méthodologique, le guide du mouvement Vivre Montréal en santé favorise une stratégie de collecte de données qui est à la fois de nature quantitative (au moyen des indicateurs sociaux) et de nature qualitative (au moyen des informations en provenance de la communauté). Tout en nous inspirant de cette perpective, nous allons nous concentrer, dans ce texte, sur un nombre de thèmes d'analyse que tout intervenant aura profit à connaître pour bien analyser son milieu d'intervention.

9.1 LA COMMUNAUTÉ ET L'INTERVENTION SOCIALE

Toute forme d'intervention sociale a essentiellement pour objectif de mieux répondre aux besoins des individus et des familles. Pour ce faire, l'intervenant doit bien connaître les caractéristiques de son milieu d'intervention. Ce travail exige le respect d'un certain nombre de principes professionnels:

> Entrer dans le quartier; découvrir le quartier: évaluer besoins et ressources locales; ensuite, définir les enjeux, buts et rôles; prendre contact et réunir les gens; former et mettre en place des structures collectives; clarifier les buts et les priorités; maintenir l'organisation en activité; gérer les relations, qu'elles soient amicales ou conflictuelles; quitter et conclure. (Henderson et Thomas, 1992: 24.)

Ces étapes sont, bien sûr, interdépendantes les unes des autres.

Nous intervenons toujours au cœur d'une communauté, c'est-à-dire auprès d'un groupe d'individus qui partagent un certain espace territorial et ont un certain nombre d'intérêts communs, d'où l'importance de bien la connaître (Rezsohazy, 1985: 4). Les notions de milieu et de communauté sont des notions fondamentales pour tout intervenant social, qu'il soit professionnel ou bénévole. À ce propos, Gingras (1991: 196) rappelle que la connaissance de la communauté est essentielle à toute démarche d'intervention communautaire:

> Connaître la communauté, c'est connaître les réseaux formels, les ressources communautaires, la dynamique des réseaux sociaux informels, les manières de vivre communautaires, l'histoire de la communauté, sa culture. Cette connaissance est à la fois quantitative et qualitative.

De plus, l'intervention sociale doit favoriser «la capacité de la communauté d'améliorer ses conditions de vie, de définir ses propres objectifs de mieux-être, ses propres solutions et d'influencer son environnement social» (Fédération des centres locaux de services communautaires du Québec [FCLSCQ], 1994: 7).

Par ailleurs, il faut se rendre compte que le développement du service social en général et celui de l'organisation communautaire en particulier sont, en bonne partie, une tentative de réponse à un problème plus vaste, celui de la crise de la communauté locale, notamment dans les sociétés occidentales[1]. Pour ces raisons historiques particulières que nous n'avons pas à reprendre ici (Médard, 1969), la communauté a eu et continue à avoir de nos jours, mais dans une proportion moindre, une importance considérable dans la pensée sociale et politique américaine. La plupart des auteurs s'entendent pour souligner que la communauté locale n'est pas disparue, mais qu'elle a plutôt changé de nature; elle est devenue davantage une collectivité. C'est un peu ce que Warren (1969) va appeler le « grand changement ». Warren aborde la communauté comme un système social composé à la fois de forces internes et externes. Les forces internes sont constituées à partir des rapports entre les membres de la communauté; les forces externes sont celles qui découlent de l'intervention d'instances extracommunautaires dans le développement de la communauté. Warren distingue deux modèles principaux de communauté : le modèle vertical, qui reflète la prédominance des relations qui unissent les unités locales aux systèmes extracommunautaires, et le modèle horizontal, qui s'appuie sur la dominance des relations structurelles et fonctionnelles entre les unités locales. Cette distinction, selon Warren, est importante dans la mesure où elle permet de rendre compte d'un phénomène fondamental dans nos sociétés modernes : celui du renforcement du modèle vertical aux dépens du modèle horizontal. Pour toutes ces raisons, il ressort que le concept de communauté est encore au centre de la réflexion de bon nombre d'intervenants sociaux. Au Québec, Poulin (1978a, 1978b) s'est appuyé sur la perspective de Warren pour analyser des communautés québécoises; l'auteur a montré comment le modèle horizontal et le modèle vertical de communauté locale correspondent à des réalités distinctes; bref, comment cet éclairage peut constituer un outil d'analyse concret et utile.

9.2   LES PRINCIPAUX THÈMES DE L'ANALYSE D'UNE COMMUNAUTÉ

D'une façon générale, on s'entend pour dire que l'intervenant social doit être capable d'abord d'expliquer les caractéristiques sociales spécifiques de la communauté où s'insère son intervention, et ensuite de décrire le groupe particulier de la population qui fait l'objet de sa pratique (Henderson et Thomas, 1992).

Dans ce contexte, l'analyse du milieu vise à déterminer les principales caractéristiques d'une communauté afin d'orienter l'action. Très sommairement, on peut dire que l'analyse de la communauté « consiste à analyser la vie collective de l'aire géographique préalablement délimitée » (De Robertis et Pascal, 1987). Afin de ne pas demeurer trop vague, cette recherche peut porter « sur l'ensemble de la communauté (quartier, municipalité); sur une population précise (locataires,

---

1. Cette crise est un phénomène complexe, dont les caractéristiques principales sont, selon Médard (1969) : le déclin de la communauté locale en tant que communauté (lié à l'arrivée d'une société de masse), la crise de croissance des villes et l'inadaptation du système politique local.

familles monoparentales); sur un problème social particulier (violence, pauvreté, environnement)» (Lavoie et Panet-Raymond, 1993: 13). Le milieu peut être plus ou moins étendu, mais il s'agit toujours de vouloir comprendre ce qui constitue sa vie collective.

> Découvrir et comprendre ce contexte global, avec sa vie associative commerciale, économique, ses institutions d'éducation, de santé, de loisirs, ses groupes formels et informels (religieux, politiques, syndicaux, associatifs, etc.), ses personnages clefs, est d'une très grande importance, car ce repérage permet de resituer le problème en question au sein de ce qui constitue la vie du secteur, ses forces, ses limites, ses tensions, ses liens relationnels. (De Robertis et Pascal, 1987: 56.)

Dans cette perspective, l'analyse de milieu peut constituer soit l'analyse d'un espace territorial, soit celle d'un espace social, selon que le chercheur décide de prendre pour objet d'étude un espace géographique (un quartier, par exemple) ou un groupe social (un groupe minoritaire, par exemple)[2].

De son côté, Warren (1969) a abordé l'analyse d'une communauté dans une perspective monographique, ce qui lui permet de dégager 16 dimensions, ou champs d'observation, dont les six principales sont: l'arrière-plan historique et les assises sociales de la communauté, la vie économique, l'habitation, l'éducation, les loisirs et les associations. Ces six éléments sont d'ailleurs ceux que Poulin (1978a) retient comme les plus importants pour obtenir un portrait global et une bonne compréhension des rapports sociaux et des dynamiques entre les différents acteurs d'un milieu. Toutefois, Poulin (1978b: 89) a souligné «qu'il est souvent peu souhaitable et surtout peu réaliste de tenter de connaître la communauté sous tous ces angles avant de commencer une action communautaire»[3].

Pour leur part, Henderson et Thomas (1992) mentionnent les thèmes qui suivent. D'abord la dimension historique. Selon eux, «les problèmes d'un quartier sont en relation avec les gens, les structures collectives et les événements du passé» (*ibid.*: 42). Ils soulignent que cette «dimension historique» a été trop souvent sous-estimée dans la littérature sur l'intervention sociale. Ensuite, il y a la dimension géographique. Selon eux,

---

2. Dans les deux cas, l'intervenant social fait l'hypothèse que «l'appartenance, soit à un espace géographique déterminé, soit à un groupe social» (De Robertis et Pascal, 1987: 118), a un effet sur le comportement des gens qu'il veut comprendre et mobiliser. Ces auteurs proposent une grille qui est basée sur les dimensions suivantes: géographique, historique et démographique. Ils soulignent toutefois «qu'il n'y a pas de grille passe-partout applicable à n'importe quel terrain et à n'importe quel moment» (*ibid.*: 119). En fait, l'élaboration de cette grille est fonction de la nature du milieu et des objectifs d'intervention.

3. C'est donc à partir de ces six thèmes que Poulin a formulé le guide-questionnaire pour l'étude de la communauté. Selon Poulin (1978b: 99), cette information est évidemment nécessaire pour évaluer d'une façon générale «les forces et/ou les faiblesses de la communauté tant au plan de son organisation que de son fonctionnement» et pour évaluer d'une façon plus précise le sentiment d'appartenance à la communauté. En somme, l'auteur (*ibid.*: 100) dit avoir constaté que le nombre de données recueillies était suffisant pour orienter l'intervention éventuelle parce qu'il permet de reconnaître les zones ou les aires de fonctionnement problématique de la communauté.

l'environnement d'un quartier est intéressant à deux titres: il peut comporter certains problèmes préoccupants pour les habitants et, en tant que contexte des conditions locales de travail et de loisirs, il influence les relations sociales. (*Ibid.*: 43.)

Puis, il y a les données sociodémographiques et les données sur la vie sociale, c'est-à-dire les réponses aux questions suivantes: «Quelles sont les relations avec la famille, les voisins, les amis? Quels sont les groupes et quels sont les rôles qu'y jouent les uns et les autres? Comment opèrent les réseaux dans la structuration de la vie locale?» (*ibid.*: 44). Il faut aussi aller chercher les données sur les structures collectives: les administrations locales et centrales (les services scolaires, de santé, de logement, etc.), les entreprises et les commerces, les groupes religieux et le secteur associatif.

Finalement, il y a l'analyse de la culture et du pouvoir local[4]. Il importe donc de connaître les valeurs et les traditions d'un quartier: «Comment les habitants perçoivent-ils leur quartier et ses caractéristiques? Que voient-ils comme problèmes et ressources? Quelles sont leurs attitudes vis-à-vis des groupes, institutions et personnalités locales?» (*ibid.*: 44). Par exemple, sur le plan de la culture, il y a l'analyse des journaux locaux. Quant au pouvoir (l'élite économique, politique, sociale, administrative, religieuse), il s'agit de voir comment les divers représentants de l'élite «exercent le pouvoir» et comment s'exercent le leadership et les influences dans le quartier.

Au Québec, divers intervenants (Blondin, 1968; Gingras, 1991) ont également proposé leur conception de l'analyse d'un milieu social. D'abord, il s'avère essentiel de posséder les informations statistiques sur la structure générale du quartier (par exemple, composition ethnique, socioéconomique, dimension des familles, etc.). Ensuite, il est nécessaire d'effectuer un relevé des ressources communautaires existantes dans le quartier. Puis, il importe de connaître les élites locales dans le quartier ainsi que celles des réseaux sociaux. Quatrièmement, il faut être sensibilisé aux valeurs culturelles propres au milieu d'intervention. Enfin, une attention particulière doit être portée à la détermination des besoins sociaux ainsi qu'à l'analyse des problèmes sociaux. C'est ce schéma que nous allons utiliser pour regrouper nos commentaires et nos suggestions.

---

4. Concernant le «comment faire», Henderson et Thomas (1992: 49) précisent que l'intervenant doit s'efforcer de bien préciser la nature des données à recueillir et indiquent comment le faire: «Il n'y a pas lieu de se précipiter dans une quête fiévreuse de faits, de chiffres, d'opinions. Mais trois questions judicieuses doivent être posées: En ai-je besoin? Pourquoi? À quel moment? Il faut éviter de collecter des données au point d'en être débordé. La meilleure façon est de se fixer un but immédiat et de ne pas emmagasiner à la manière d'un écureuil, pour le jour hypothétique où elles pourraient servir!» Par ailleurs, il faut être conscient que «la collecte des données, l'analyse et la préparation de l'action sont liées. À l'issue de la collecte de données, l'intervenant doit être capable de rédiger un document sur les options possibles et les actions à entreprendre compte tenu des problèmes et des ressources repérés» (*ibid.*: 64).

9.2.1 L'analyse sociohistorique et démographique du milieu

Tous les milieux possèdent évidemment leur histoire. Les quartiers populaires se caractérisent aussi par leurs traditions, parmi lesquelles celles qui touchent l'intervention communautaire. C'est en effet dans les quartiers populaires qu'ont été expérimentées les premières formes d'intervention communautaire. Comme il a été mentionné à la section précédente, une première catégorie d'informations qu'il importe de connaître concerne les statistiques portant sur la structure générale du quartier et aussi la possibilité de pouvoir comparer ce quartier aux autres quartiers environnants. Car, comme le souligne Warren (1969), chaque quartier a sa personnalité propre[5]. Dans ce sens, les données sociodémographiques, socioéconomiques, la composition ethnique, etc., sont importantes. S'agit-il de gens âgés? De jeunes couples? De chambreurs? Quelle est la densité de la population? Quels sont les taux de naissance et de décès? Combien de personnes sont sans emploi et vivent de l'assistance sociale? Quelle est la moyenne du revenu? Quelles sont les statistiques sur la criminalité? Et ainsi de suite.

Par exemple, les travaux du Conseil des affaires sociales et de la famille (1989, 1990, 1992) ont montré que, sur le plan territorial, dans l'ensemble du Québec, et plus particulièrement dans les grands centres urbains, les milieux défavorisés sur le plan socioéconomique sont aussi caractérisés par des taux élevés de délinquance juvénile et d'abandon scolaire. C'est dans ces mêmes quartiers que l'on trouve le plus grand nombre de logements surpeuplés (Robichaud et Quiviger, 1990: 78).

Gingras (1991) souligne que les données statistiques peuvent également permettre aux intervenants d'avoir une vision plus «globale» de leur milieu d'intervention. Ces données concernent:

> la population en croissance ou en décroissance, la répartition de la population selon les groupes d'âge, la répartition selon le statut civil, le niveau de scolarisation des hommes et de femmes, le nombre de familles monoparentales en fonction de l'âge des enfants et de leur répartition sur le territoire,

---

5. Warren (1969), à l'aide de diverses variables (l'enracinement, l'interaction et les liens avec l'extérieur), propose une typologie composée de six types de quartiers qui peut s'avérer utile à tout intervenant social. Cette typologie est encore en vogue et elle a été utilisée par Guay (1984). Les six types de quartiers définis par Warren sont les suivants: le quartier intégral, très bien adapté à l'environnement urbain, dont les résidants proviennent souvent des classes moyenne et supérieure et sont impliqués autant dans leur propre quartier que dans des activités extérieures; le quartier paroissial, un quartier ethnique ou un village rural homogène replié sur lui-même et qui garde une certaine indépendance par rapport à la communauté; le quartier diffus, qu'on trouve dans les nouveaux lotissements de la banlieue où les résidants, même s'ils ont beaucoup en commun, ne sont pas impliqués dans leur quartier ni dans des activités extérieures; le quartier tremplin, caractérisé par une population d'étudiants ou de jeunes couples qui s'entraident beaucoup et qui sont impliqués dans des activités politiques ou autres, mais qui ne sont pas attachés à ce quartier de passage; le quartier transitoire, un quartier hétérogène où une partie de la population est très changeante, où il y a souvent des cliques qui ne coopèrent pas beaucoup entre elles; enfin, le quartier anomique, qui est, comme son nom l'indique, un milieu sans aucune vie de quartier, où l'anonymat est un style de vie et où il n'y a aucune cohésion ni organisation.

l'origine ethnique et l'importance numérique des diverses communautés, l'occupation et la répartition par secteurs d'emploi, les taux d'activité et d'inactivité, le nombre de bénéficiaires d'aide sociale et leur répartition sur le territoire, les principales sources d'emplois dans le milieu, le taux de criminalité, les types et la répartition sur le territoire. (1991 : 41.)

Ce profil sociodémographique doit être replacé dans son contexte historique, d'où l'importance de connaître l'histoire du quartier. À ce propos, on doit signaler que de nombreux groupes sociaux tentent de raviver l'histoire de leur milieu ; les intervenants sociaux auraient tort de se priver d'une telle mine d'informations utiles pour alimenter une mobilisation populaire qui puise à la fois dans le passé et le présent.

Mais pour que l'utilisation des statistiques soit pertinente et efficace, il faut d'abord procéder à un choix et il faut surtout s'efforcer d'établir des liens entre les différentes données afin qu'elles fassent sens. Par exemple, et sans entrer dans une analyse inutilement détaillée, certains auteurs ont souligné qu'à regarder de plus près l'évolution historique de certains quartiers urbains au Québec, on s'est rendu compte que la détérioration sur le plan du logement était toujours accompagnée d'importantes transformations sur le plan de la structure industrielle, de la structure démographique et de la structure spatiale de ces quartiers (Couillard et Mayer, 1980). L'analyse de la transformation du tissu urbain doit aussi tenir compte de l'évolution des groupes sociaux.

La plupart des auteurs s'entendent pour souligner que nous avons assisté au cours des trois dernières décennies à une transformation sensible du tissu social. Par exemple, les diverses opérations de « rénovation urbaine » dans les quartiers populaires des principales villes québécoises ont entraîné la destruction de milliers de logements de familles ouvrières. Pour ce qui est des groupes les plus démunis (personnes âgées, chômeurs, assistés sociaux, familles monoparentales, etc.), on les a placés dans des logements municipaux. De plus, on a fréquemment assisté à la disparition de toute une série de services traditionnellement offerts dans les quartiers (fermeture d'usines, d'églises, d'écoles, de cinémas, de services de loisirs, etc.). Ce processus de changement est venu modifier l'équilibre fragile entre la vie privée, la vie sociale et la vie de travail. Autrefois intégrés, ces milieux de vie se complétaient pour assurer une solidarité de base. Avec l'éclatement du tissu social traditionnel, l'individu se retrouve souvent seul ou avec son réseau familial.

Toutefois, si nous pouvons constater que ces transformations ont modifié sensiblement le paysage urbain, elles n'ont pas fait disparaître pour autant la communauté locale. Guay (1984) a bien décrit les transformations du quartier urbain actuel par rapport au quartier d'autrefois. Il y a maintenant une plus grande diversité professionnelle, le réseau familial est dispersé géographiquement, les gens qui ont les mêmes intérêts et les mêmes besoins se sont regroupés en diverses associations, et c'est « là qu'ils retrouvent leur sentiment d'appartenance et le support à leur identité personnelle plutôt que dans leur lieu géographique de résidence» (*ibid.*: 89). En somme, «les clubs sportifs, les associations professionnelles ou encore les groupes d'entraide ont maintenant remplacé la vie de communauté qui existait dans le quartier» (*ibid.*). Plus fondamentalement, on a assisté à une transformation de la structure du pouvoir; le quartier n'est plus un important centre de décisions (*ibid.*). Du côté des relations sociales, la majorité des études démontre que le voisinage urbain persiste malgré les changements, mais qu'il prend des formes variées. Quant à la cohésion sociale et à la solidarité,

> elles ne sont pas complètement disparues, elles sont plutôt comme en sourdine, en puissance, et ne se manifestent qu'à l'occasion d'un danger ou dans un contexte qui exige que les voisins s'entraident pour affronter une situation problématique qui les touche tous. (*Ibid.*: 90.)

C'est pourquoi, que ce soit sur une base individuelle (Watters, 1978) ou en groupe, il est toujours nécessaire de procéder à une analyse sommaire de son milieu d'intervention. En guise d'exemple, citons Barnabé et Doré (1989), qui ont mené une recherche dont l'objet était le repérage des zones de pauvreté du CLSC La Source et l'étude de leurs caractéristiques.

Selon Favreau et Fréchette (1995: 77), les nouvelles caractéristiques de la pauvreté en milieu urbain relèvent d'abord du quartier «où des facteurs macroéconomiques se conjuguent avec des facteurs plus spécifiquement locaux pour structurer ou déstructurer des milieux». Les communautés locales qui sont confrontées à un fort taux de pauvreté vivent alors un «cycle négatif de changement social» caractérisé par les éléments suivants:

— sur le plan familial: taux élevé de divorces et de séparations, de familles vivant de l'aide sociale, de familles monoparentales, de jeunes familles avec enfants en situation économique difficile, de familles avec un père de 45 ans ou plus en chômage à la suite d'une mise à pied;

— sur le plan scolaire: taux élevé de jeunes ayant abandonné l'école (décrochage), plusieurs fermetures d'écoles de quartier;

— sur le plan de l'économie locale: fermeture des petits commerces, déménagement de certains services publics (succursales bancaires, bureaux de poste, etc.), fermeture d'usines;

— sur le plan du centre-ville: développement résidentiel de luxe par le secteur privé (gentrification).

Ces auteurs insistent sur la diversité des situations de pauvreté, d'où la distinction entre les quartiers de grande pauvreté, les quartiers en difficulté et les quartiers en voie d'appauvrissement, et ce à l'aide de cinq indicateurs principaux:

1. La situation socioéconomique de la population;

2. La situation de l'économie locale;

3. Le degré de développement de l'infrastructure des services de base;

4   La force du tissu social;

5.   La vitalité communautaire.

Pour leur part, Boisvert et Lemire (1990) ont analysé la qualité des réseaux sociaux dans des communautés rurales caractérisées par un fort degré d'intégration ou de désintégration. Il ressort que, dans les communautés désintégrées, les phénomènes suivants sont très présents:

> augmentation de la criminalité juvénile et adulte, multiplication des problèmes d'alcoolisme et de toxicomanie, délabrement des logements et taudification accélérée provoqués par la spéculation immobilière, appauvrissement d'une part importante de la population et augmentation du nombre de familles éclatées. (Boisvert et Lemire, 1990: 80.)

Par ailleurs, les rapides et nombreux changements sur les plans socioéconomique et démographique finissent par exercer «une influence déterminante sur la qualité du tissu social, sur le degré d'isolement des individus, sur la nature et la densité des liens sociaux et sur l'existence et le maintien de réseaux d'entraide» (*ibid.*). On retrouve également dans ces milieux «une plus forte propension aux dépressions nerveuses, aux actes de violence familiale et conjugale ainsi qu'aux tentatives de suicide et aux suicides réussis» (*ibid.*).

Par opposition, les milieux fortement intégrés sont caractérisés par les éléments suivants:

> l'absence de changements majeurs dans la configuration et la morphologie du quartier, le fort degré d'homogénéité sociale et culturelle des populations résidantes et la relative uniformité des conditions d'existence permettent d'expliquer le maintien des réseaux sociaux. (*Ibid.*: p. 81.)

Par ailleurs,

> le fort sentiment d'appartenance et d'identification au quartier ainsi que l'établissement et le maintien de nouvelles solidarités de voisinage favorisent l'intégration des nouveaux venus et des populations plus marginales du point de vue économique et sociale». (*Ibid.*)

Finalement, la possibilité pour les citoyens de pouvoir compter sur la présence de réseaux sociaux, tant formels qu'informels, les aide à affronter plus facilement le stress quotidien.

9.2.2   L'analyse des ressources du milieu

Lorsque la collecte des informations pertinentes concernant la structure générale du quartier est terminée, il s'agit de procéder à l'inventaire des ressources communautaires. La FCLSCQ (1994: 13) souligne que «la mobilisation des individus dans diverses organisations reflète l'attachement des individus à leur communauté, leur volonté de coopérer dans un processus dynamique et leur engagement envers la collectivité», d'où l'importance de bien évaluer, tant sur le plan quantitatif que qualitatif, les organismes communautaires du milieu.

Précisons d'abord que les ressources incluent ici tous les organismes et tous les regroupements susceptibles d'être utilisés ou mobilisés. Un tel relevé permet de compléter l'image que nous avons déjà du milieu d'intervention et d'établir des contacts avec des représentants des différents mouvements ou des organismes importants et de les préparer à une collaboration efficace. Concrètement, nous savons que bon nombre d'organismes sociaux ont déjà procédé à des inventaires des ressources du milieu. Il ne s'agit donc pas de quelque chose de neuf. Le plus souvent, ces listes, fichiers ou bottins sont publiés et servent d'outils d'information. Malgré leur caractère essentiellement descriptif, ces publications n'en demeurent pas moins un excellent moyen de connaissance du milieu, dans la mesure où elles amènent l'intervenant à dépasser son petit réseau de connaissances, souvent des gens avec lesquels il a des affinités professionnelles et idéologiques, pour découvrir plus objectivement l'ensemble des ressources du milieu. Par exemple, Pineault et Daveluy (1986: 247) ont souligné l'importance de l'inventaire des ressources dans la solution des problèmes de santé. Ils proposent une série d'étapes permettant une recherche complète et rigoureuse: définir les objectifs de l'inventaire, délimiter le territoire, définir le type de ressources et l'information requise, dresser la liste des ressources pertinentes, recueillir l'information et, finalement, analyser les données[6].

Selon De Robertis et Pascal (1987: 57), faire le relevé des ressources consiste à connaître les groupes du milieu ainsi que l'organisation et le fonctionnement des institutions agissant soit sur le secteur concerné ou encore sur le problème étudié et cette connaissance permet d'élaborer des stratégies d'action efficaces et réalistes.

Corin et autres (1990) ont analysé comment le contexte socioculturel en Abitibi joue un rôle majeur dans la construction des problèmes sociaux. Utilisant trois axes d'analyse pour comparer diverses communautés locales, soit intégration/désintégration (qui marque le rapport de la communauté à elle-même), ouverture/fermeture (le rapport aux autres), autonomie/dépendance (le rapport à l'histoire), les chercheurs mettent en évidence, pour chaque communauté, les conditions structurales et les expériences organisatrices à l'œuvre dans la configuration des dynamiques communautaires et la construction sociale des problèmes sociaux.

---

6. Selon Pineault et Daveluy (1986: 247), l'inventaire des ressources constitue une étape essentielle de toute étude de besoins. Cet exercice permet aussi d'évaluer si les besoins repérés «peuvent être satisfaits avec ou sans ressources additionnelles» (*ibid.*). L'inventaire des ressources peut se faire dans une perspective de planification ou de gestion. Dans ce dernier type, le produit fini prend l'allure «d'un répertoire de l'ensemble des ressources de la communauté» (*ibid.*: 248), communément appelé *bottin des ressources*. Cet inventaire peut aussi servir à des fins de planification, comme pour la mise en place d'un nouveau programme ou d'une nouvelle ressource. Toutefois, il faut procéder selon une méthode «systématique dont les principales étapes sont: la définition des objectifs; la délimitation du territoire, la définition des ressources à inventorier ainsi que la nature des informations à recueillir; la collecte et l'analyse des données».

9.2.3   L'analyse des élites locales et des réseaux sociaux

Plusieurs auteurs ont souligné que l'action communautaire a souvent véhiculé une représentation plutôt mythique de la communauté comme univers homogène et unifié de solidarités, faisant ainsi abstraction des rapports sociaux concrets qui structurent toute collectivité (Lesemann, 1979). Ces rapports sont souvent des rapports de pouvoir et de propriété. On peut difficilement passer à côté de cette dimension, d'où la nécessité de bien connaître non seulement ce que l'on appelle communément la «petite élite locale», mais aussi les propriétaires des usines, des commerces, des maisons, du sol (les propriétaires fonciers) et le pouvoir politique dans ses diverses instances (fédérale, provinciale et municipale). En somme, nous croyons fermement que l'intervenant social gagne en efficacité à bien connaître les réseaux de pouvoir locaux. Ainsi, les associations paroissiales et locales, les clubs sociaux, les comités d'école, les caisses populaires, les comités de loisirs, les associations de marchands, les associations ethniques révèlent les structures formelles et informelles du pouvoir local.

Certains auteurs québécois, parmi lesquels Blondin (1965) et Paiement (1990), ont tour à tour souligné l'importance que l'intervenant communautaire doit accorder à la question du pouvoir. Toutefois, il faut bien reconnaître que ce sont les sociologues, surtout américains, qui ont concrètement analysé le pouvoir dans les villes. Ces études sont habituellement groupées sous la rubrique de l'analyse du pouvoir local (*community power structure*)[7]. Les méthodes d'analyse des mécanismes du pouvoir dans une communauté sont nombreuses. Cela s'explique sans doute par le fait qu'en cette matière comme en tant d'autres, il faut éviter toute simplification. Le pouvoir étant une réalité multiforme, il importe de bien en saisir les multiples aspects.

À ce propos, Médard (1969) a souligné l'obligation, pour l'intervenant communautaire, de bien déchiffrer les intérêts du pouvoir en place, par rapport à certains problèmes qui affectent la communauté. Les intervenants sociaux reconnaissent de plus en plus que cette analyse du pouvoir est non seulement utile mais nécessaire[8].

---

7. Plusieurs méthodes sont employées pour définir l'élite d'une communauté. Les principales sont : la méthode dite «de réputation» (*reputation method*) — un groupe désigne l'élite de pouvoir, c'est-à-dire les leaders et les exécutants dans les questions qui touchent la vie communautaire ; la méthode de «position» (*positional method*) — l'élite de pouvoir est formée des administrateurs des principales organisations de la communauté ; et la méthode «fonctionnelle» (*functional method*) — l'élite de pouvoir est déterminée sur la base de la participation ou des fonctions exercées dans le processus de prise de décision relativement aux questions qui touchent aux affaires de la communauté.

8. Par exemple, Blondin (1965 : 60) suggère de faire une analyse de la distribution du pouvoir au moment où on intervient, c'est-à-dire d'évaluer les liens qui peuvent exister entre les différents individus en situation de pouvoir, de déterminer si ceux-ci sont des résidants du quartier ou s'ils habitent ailleurs. À un autre échelon, il importe de connaître les personnes en place dans les organisations locales, telles que la Caisse populaire, la Société Saint-Vincent-de-Paul, etc. Quelquefois, un petit nombre d'individus contrôlent ces organismes pendant plusieurs années et deviennent des facteurs d'inertie. L'analyse du pouvoir, même si elle est sommaire, permet d'avoir une bonne idée des forces en présence et de prévoir les conflits qui pourront naître du processus d'intervention.

Au Québec, plusieurs analystes (Groulx, 1975; Houle, 1972; McGraw, 1978) ont souligné que l'analyse sociale des premiers animateurs sociaux revenait à considérer les problèmes sociaux dans leur milieu d'intervention comme résultant moins des déficiences personnelles ou de la mentalité des gens, comme on le croyait au départ en certains milieux, que de l'inégalité de la répartition des richesses collectives. Selon cette analyse, une stratégie s'imposait et elle consistait à favoriser la mise sur pied de services totalement contrôlés par les gens concernés. En effet, l'organisation de ces services rendait possible l'apprentissage des valeurs propres à la société participante, c'est-à-dire une société égalitaire, fraternelle et juste (Houle, 1972), et permettait également de modifier les mentalités. D'où l'importance accordée aux problèmes d'organisation et de participation ainsi qu'à la notion de pouvoir.

Par ailleurs, l'intervenant social doit tenir compte de la réalité des réseaux sociaux. En plus des rapports à nos «proches», il y a d'autres relations, moins intimes mais assez fréquentes, qui permettent l'ouverture sur le monde; c'est cette participation à divers contextes sociaux (quartier, école, travail, associations, etc.) qui constitue le réseau social. Le réseau social ne sert pas qu'au soutien émotif mais est également utile à la socialisation, au loisir, à l'échange de services, etc. (Guay, 1984: 65). Quoi qu'il en soit, il est indispensable de bien connaître les caractéristiques du réseau, sa structure et ses faiblesses afin de pouvoir planifier une intervention appropriée. D'autres (Paiement, 1990: 26) invitent les intervenants à tracer leur propre carte des réseaux sociaux, c'est-à-dire dresser la liste des gens avec lesquels ils sont en contact quotidiennement.

Ce sont les réseaux sociaux qui dynamisent le tissu social dans une communauté; c'est par eux que se vivent les communications significatives et la solidarité et le soutien entre pairs. Par exemple, Chamberland et Bouchard (1990) montrent que la qualité de la vie sociale est déterminante pour les problèmes de mauvais traitements et de négligence à l'égard des enfants.

Boisvert et Lemire (1990) ont analysé l'impact des réseaux d'entraide sur la santé mentale des populations de quatre communautés. À l'aide d'un ensemble d'indicateurs qui servent à préciser le degré d'intégration ou de désintégration des communautés, ces auteurs concluent à l'influence déterminante de la qualité des réseaux sociaux sur la santé mentale des populations.

Par ailleurs, le phénomène de la désinstitutionnalisation, particulièrement dans le champ de la santé mentale, a suscité, au Québec, la mise sur pied d'une multitude de ressources communautaires à caractère résidentiel (foyers de groupe, maisons d'accueil, etc). La création de ces ressources dites «intermédiaires» ou «alternatives» ne s'est pas faite sans problèmes; elle a en effet provoqué des réactions diverses de la part des communautés, et ce tant en milieu rural qu'en milieu urbain. Or, les travaux de Baillargeon (1991), de Dorvil (1988) et de Gendron et Piat (1991) ont montré que, pour bien comprendre le phénomène de l'intolérance collective à l'égard des ressources intermédiaires, l'étude des types de voisinage et du rôle joué par les preneurs de décisions locaux est impérieuse.

9.2.4   L'analyse des valeurs culturelles

Gingras (1991: 42) signale «qu'une communauté n'est pas nécessairement homogène, il y a des sous-cultures liées à l'âge, au sexe et au quartier». D'où l'importance de cerner ces différences culturelles, notamment à l'aide des informations suivantes:

> la petite histoire de la communauté et son organisation sociale; les habitudes d'aide et d'entraide dans le milieu; la façon habituelle de définir certains problèmes et certaines solutions, ce qui se fait et ne se fait pas dans ce milieu, l'acceptable et l'inacceptable; les valeurs du milieu; l'importance de la famille et les rôles habituellement attribués aux hommes et aux femmes, la nature et l'importance des regroupements paroissiaux, les définisseurs d'opinions dans le milieu; les réseaux d'information; les principales concentrations de population; l'organisation des loisirs; les principaux lieux de rassemblement; les habitudes de consommation; les valeurs et préjugés par rapport à certains groupes tels que les homosexuels, les divorcés et les assistés sociaux; les principaux problèmes sociaux, etc. (*Ibid.*)

À ce propos, rappelons que le modèle de la culture de la pauvreté, élaboré surtout par l'anthropologue américain Oscar Lewis, a trouvé, au cours des années 1960, une large audience dans les milieux du service social tant américains, canadiens que québécois. En effet, même dans notre milieu, de nombreuses recherches ont fait référence à ce modèle et de nombreux auteurs ont tenté d'en vérifier la pertinence par rapport à la réalité québécoise. Ce qui caractérise d'abord la perspective de Lewis, c'est d'aborder la pauvreté, et sa permanence à plusieurs niveaux applicables à différentes sociétés, du moins dans le monde occidental[9]. Lewis souligne que la culture de la pauvreté est à la fois une adaptation et une réaction du pauvre à sa position marginale dans une société stratifiée en classes, hautement individualiste et capitaliste. Il décrit la culture de la pauvreté au moyen d'une centaine de traits sociaux, économiques et psychologiques. Ces traits peuvent être regroupés autour de quatre pôles principaux: la relation entre la culture de la pauvreté et la société dans laquelle elle s'insère; la nature de la communauté locale (*slum community*), c'est-à-dire de la collectivité populaire dont elle émane; la nature de la famille; et finalement les attitudes, les valeurs et la structure de caractère des individus[10]. Toutefois, c'est moins la démarche

9. En gros, ces niveaux sont les suivants: comme mode de vie, comme vision du monde, comme mode d'adaptation, bref, comme culture particulière associée à la marginalité. Pour cet auteur, cette fonction positive d'adaptation est l'aspect essentiel de la culture. En appliquant le concept de culture à l'étude des milieux pauvres, il a voulu attirer l'attention sur le fait que, dans les nations modernes, la pauvreté est non seulement un état de privation économique, de désorganisation ou d'absence de quelque chose mais qu'elle représente également un côté positif dans la mesure où elle est dotée d'une structure, d'un système de rationalisation et d'autodéfense sans lequel les pauvres ne pourraient guère survivre.

10. Non seulement Lewis a-t-il abordé l'analyse de la pauvreté dans les sociétés industrielles avec les concepts théoriques de l'anthropologie, mais également avec les mêmes instruments de recherche. Utilisant l'observation participante avec recours au magnétophone et aux techniques plus usuelles telles que le questionnaire, Lewis présente des transcriptions, les plus fidèles possible, du vécu exprimé.

méthodologique proprement dite que la perspective d'ensemble de Lewis qui a suscité le plus de critiques. Compte tenu de ces limites, d'autres auteurs, surtout au cours de la décennie 1980, devaient trouver la faveur des milieux du service social; un de ceux-ci est Freire.

Freire est certainement l'un de ceux qui ont le plus exhorté les milieux d'intervention sociale à bien comprendre la réalité culturelle de ceux avec qui ils travaillent habituellement, c'est-à-dire les gens des milieux populaires. C'est sans doute dans sa célèbre *Pédagogie des opprimés* que Freire (1974) exposa le plus clairement son modèle d'action sociale culturelle et sa méthode de conscientisation sociale. D'une façon générale, on peut souligner que la perspective de Freire a influencé et orienté plus d'un projet d'alphabétisation, de conscientisation et d'éducation populaire sur les cinq continents.

Plusieurs intervenants sociaux (Blondin, 1965; Grand'Maison, 1969) ont souligné que, pour rejoindre la population d'un milieu donné, il importe de bien saisir ses valeurs propres, tout en étant conscient que cette hiérarchie des valeurs n'est pas forcément homogène dans un milieu et qu'elle varie souvent selon les classes sociales. Cette connaissance ne va pas de soi et exige à la fois de la patience, de l'observation[11] et aussi une certaine dose d'empathie et d'intuition (Guay, 1984: 106). Concrètement, la meilleure façon d'y arriver est l'observation participante et des discussions avec les gens (Paiement, 1990).

Paquet (1989; 1994) explore le champ des valeurs des populations de milieux populaires sous l'angle des attitudes et des représentations liées à la santé. Ensuite, l'auteur confronte cet univers avec celui des intervenants du système de santé. Dans l'ensemble, elle constate qu'il existe une profonde distance culturelle entre ces deux mondes. Ainsi, les gens des milieux populaires accordent généralement une valeur primordiale au quotidien et au présent. Ces gens sont davantage préoccupés par des problèmes liés aux conditions de vie, parfois très lourdes et oppressantes, alors que les classes aisées s'intéressent à des questions relatives à leur sécurité et à l'avenir. L'attachement au foyer, à la vie de groupe, la croyance au destin et le conformisme social sont des valeurs qui singularisent les milieux populaires. En ce qui concerne la santé, les conditions de vie en milieu populaire ainsi qu'une conception fataliste de la maladie sont des traits qui vont à l'encontre de la démarche préventive. Des notions telles que la «santé totale» ou la «prise en main de sa santé», véhiculées à souhait dans le réseau de la santé, trouvent peu d'écho en milieu populaire, car ces notions demeurent abstraites et froides. Constatant que les établissements de santé ont peine à rejoindre les clientèles des

---

11. On peut se familiariser avec le quartier en le parcourant en automobile et à pied. Cela permet d'accumuler une foule d'informations et assure une présence et une visibilité dans le quartier, hors des cadres du travail, ce qui favorise l'acceptation par le milieu. En somme, il faut se mêler à la vie du quartier et engager la conversation avec des informateurs clés, des résidants, tant dans la rue que dans les diverses associations. Il faut également fréquenter les bars, magasiner dans les commerces locaux, assister aux fêtes locales, aux séances du conseil municipal, etc.

milieux défavorisés, l'auteure souligne que les valeurs véhiculées dans le réseau de la santé sont plus proches des planificateurs de services que des utilisateurs. Insistant sur le décalage entre le discours officiel et la réalité, elle convie les intervenants à transgresser leur propre culture pour entrer en relation avec les milieux populaires. À partir de plusieurs sources d'information, notamment l'enquête Santé Québec, Paquet (1989) a montré le lien entre la santé et les inégalités sociales.

Les valeurs particulières d'un milieu peuvent influencer la perception d'un problème. À cet égard, on peut citer la recherche effectuée par Richard (1988), qui visait à évaluer la pertinence de l'intervention en matière de violence conjugale dans les communautés isolées de la région nord-côtière. Les résultats font ressortir toute la difficulté d'intervenir auprès des femmes victimes de violence conjugale qui vivent dans de petites communautés. Plusieurs facteurs expliquent cette difficulté. Il est mentionné notamment que les barrières physiques (distance, pénurie et coût des moyens de transport et de communication, climat difficile) et les barrières socioculturelles (manque d'anonymat, liens de parenté, réticence à révéler les difficultés personnelles, etc.) font qu'il est très ardu pour les femmes de dévoiler leur situation et que, par conséquent, elles limitent toute démarche d'intervention. Par ailleurs, les résultats révèlent que la nature même des petites communautés requiert un modèle d'intervention particulier en matière de violence conjugale, autre que les modèles couramment utilisés.

Colin et autres (1992) ont étudié la situation de jeunes femmes enceintes vivant dans la pauvreté. Cette recherche fait apparaître les multiples efforts que ces femmes doivent déployer quotidiennement pour survivre dans un contexte très difficile. Malgré des conditions matérielles précaires, le projet de maternité, dans lequel elles s'investissent totalement, vient donner un sens à leur vie. Cette recherche a permis de mettre en évidence la différence de valeurs entre ces femmes et les intervenantes des services de santé et des services sociaux. Ainsi, l'expérience de la maternité de ces jeunes femmes est fortement marquée par la peur qu'elles ont de se voir enlever leurs enfants par les représentants des services gouvernementaux.

9.2.5   L'analyse des problèmes sociaux dans la communauté

L'analyse des problèmes sociaux est au cœur tant de l'intervention sociale que de la recherche sociale. Et ce, depuis une longue tradition, surtout américaine, d'enseignement, de recherche et de publication relativement aux multiples problèmes sociaux qui confrontent les sociétés actuelles. Mais malgré cet effort, la notion de problème social suscite encore des débats. Par exemple, pour les tenants d'une sociologie empiriste, le recours au concept de problème social implique un certain jugement de valeur, c'est-à-dire une prise de position, qui est contraire à une approche scientifique des faits sociaux. La question de savoir ce qu'est un problème social a toujours été fort discutée, et les définitions ont varié dans le temps (Mayer et Laforest, 1990). Après avoir proposé une définition de départ, nous allons concentrer notre réflexion sur l'analyse méthodologique des problèmes sociaux.

Il est généralement reconnu qu'un problème social «suppose une certaine conception de la réalité sociale et il renvoie à un jugement de valeur, c'est-à-dire des normes collectives» (Dumont, 1994: 2). Plus explicitement, un problème social

> peut être défini comme une situation donnée ou construite touchant un groupe d'individus qui s'avère incompatible avec les valeurs privilégiées par un nombre important de personnes et qui est reconnue comme nécessitant une intervention en vue de la corriger. (Langlois, 1994: 1108.)

Dans cette perspective, plusieurs dimensions sont à prendre en compte: la constatation d'une situation problème (dimension objective), l'élaboration d'un jugement sur celle-ci (dimension subjective), la volonté d'intervention afin de modifier la situation et enfin le contexte sociétal dans lequel se pose ce problème (les dimensions spatiale et temporelle).

A — Les débats entre deux grandes traditions analytiques: l'objectivisme et le subjectivisme

Delcourt (1991: 2) signale qu'un des principaux enjeux dans l'analyse des problèmes sociaux

> est de savoir qui les définit: les acteurs qui les vivent ou le scientifique qui observe. D'où deux courants qui s'affrontent pour savoir si, à côté de la définition d'un problème par les acteurs, il y a possibilité d'une définition scientifique autonome.

Nous sommes donc en présence d'une double tradition dans l'analyse des problèmes sociaux: la perspective objectiviste et la perspective subjectiviste.

La perspective objectiviste met l'accent sur la recherche des causes plutôt que sur la signification des actes (*ibid.*: 5). Au contraire, les tenants de la perspective subjectiviste dénient «toute valeur à des analyses s'écartant des perceptions et notions exprimées par les acteurs et observateurs sociaux quels qu'ils soient» (*ibid.*: 6). Dans cette perspective,

> la qualification d'un phénomène en tant que problème social n'est pas à rechercher dans l'essence de l'acte et dans l'intention de l'acteur ou encore dans la nature de l'événement qui se produit mais dans la qualification et la dénonciation de ce comportement, dans le repérage de l'intention de l'acteur ou encore de l'événement, notamment par ceux et celles qui en sont affectés ou qui en ont été les témoins. (*Ibid.*: 36.)

Dans ces cas, les problèmes sociaux «n'existeraient donc pas en tant que tels, séparément de l'étiquetage et de la dénonciation de ceux qui sont dérangés par

quelqu'un ou quelque chose qu'ils qualifient de menaçant ou de dangereux»
(*ibid.*). Selon cette approche, l'objectif analytique

> est d'analyser où, quand et comment naissent et s'affinent la définition, la
> qualification et la classification des actes ou des événements ou encore la
> désignation/stigmatisation des personnes impliquées et finalement leur
> dénonciation et leur accusation. (*Ibid.*)

Le rôle du chercheur se borne alors à reconnaître les problèmes tels qu'ils sont
perçus par les acteurs.

Au-delà de leurs différences, Delcourt (1991) insiste plutôt sur la complémentarité des approches subjectivistes et objectivistes. De plus, ce dernier fait
valoir que les problèmes sociaux sont objets d'analyse de la part d'une multiplicité d'acteurs sociaux:

> de la part de ceux qui les créent en étant à l'origine d'une situation ou d'un
> comportement dérangeant; de la part de ceux qui les subissent ou en pâtis-
> sent, comme aussi de la part de ceux qui de l'extérieur les perçoivent, les étu-
> dient et, dans certains cas, les traitent [...]. (*Ibid.*: 3.)

Conséquemment, et selon la nature du diagnostic retenu, on recherchera soit
la médicalisation, soit la judiciarisation ou la criminalisation, soit la psychiatrisa-
tion ou encore l'institutionnalisation des problèmes sociaux. Selon les périodes,
on pourra assister à la démédicalisation d'un problème, comme dans le cas de
l'alcoolisme, ou à la décriminalisation de certains actes, comme pour l'avortement, ou encore à la désinstitutionnalisation de la maladie mentale (*ibid.*). D'où
la nécessité de prendre en compte ces diverses dimensions dans l'analyse des problèmes sociaux.

B — Processus et éléments méthodologiques

L'analyse d'un problème social permet de dresser un portrait général de ce problème au sein d'une communauté; elle vise plus explicitement à en déterminer
«les manifestations, les composantes, les personnes les plus touchées, les secteurs
où le problème se fait le plus sentir, les causes, etc.» (Lavoie et Panet-Raymond,
1993: 17). Pour ce faire, l'intervenant pourra puiser dans deux types principaux
de données: «les données quantitatives, statistiques, factuelles, objectives et les
données qualitatives, dynamiques, subjectives» (*ibid.*: 18).

Pour plusieurs auteurs, les problèmes sociaux apparaissent essentiellement
comme des problèmes de valeurs pouvant être cernés à la lumière de ce qu'une
société juge être bien ou mal. On se trouve donc en présence de plusieurs définitions selon les individus et les groupes impliqués. Par ailleurs, certains auteurs
suggèrent que le problème social soit défini comme

> un état jugé déficient par l'individu, le professionnel ou la communauté,
> alors que le besoin correspond à l'écart entre un climat optimal, défini de

façon normative, et l'état actuel ou réel (en l'occurrence le problème social). En ce sens, le besoin représente ce qui est requis pour remédier à un problème spécifique clairement identifié. (Tourigny et Dagenais, 1998: 401.)

Dans ce type de recherche, on tente de répondre à un ensemble de questions telles que:

> Combien de personnes sont affectées par le problème? Quelle est la nature du problème social en termes de formes, fréquence, durée, gravité etc.?; Quelle est l'ampleur du problème et comment se distribue-t-il sur un territoire donné?; Quelles sont les causes ou quels sont les facteurs à risque à la source du problème social?; Quelles sont les conséquences à court, moyen ou long terme du problème sur les personnes affectées?; Quelles sont les caractéristiques socio-démographiques, physiques ou psychologiques des personnes affectées par le problème et de leur milieu de vie?; Quelles sont les solutions proposées par les divers interlocuteurs (par exemple les membres de la communauté, les personnes directement touchées, les intervenants) concernés par le problème? (*Ibid.*)

Divers auteurs (Spector et Kitsuse, 1977; Hubert, 1991) ont décrit les étapes de la prise en charge d'un problème social: la prise de conscience, la décision d'intervention, et la prise en charge institutionnelle. Un peu dans la même perspective, Chapdelaine et Gosselin (1984) ont proposé un schéma, dont nous avons retenu sept étapes principales. Ce schéma est souvent utilisé en santé communautaire.

1. *Étape de la prise de conscience et de l'émergence d'une définition d'un problème social.* La naissance d'un problème social surgit lorsqu'un groupe de personnes perçoivent une ou des situations comme étant problématiques et que cela nécessite une intervention. Un problème social est défini comme tel après qu'un certain processus de conscientisation s'est effectué. Au début, la situation sociale n'est pas saisie comme problématique; ce n'est que progressivement qu'une plus grande partie de la population en vient à considérer cette situation comme étant indésirable. Dans cette optique, il est important de s'interroger sur la perception et la définition du problème: Pour qui la situation est-elle indésirable? Qui la définit comme problème? Pourquoi? Comment le problème s'est-il manifesté? Par quoi? Quand? Quels sont les conflits qui se sont manifestés en rapport avec ce problème? Pourquoi? Quelles sont les conditions et les situations qui sont jugées indésirables? (Chapdelaine et Gosselin, 1984; Zúñiga, 1994b).

Selon Henderson et Thomas (1992), pour bien analyser un problème social, il faut d'abord décrire et définir le problème. Ainsi, l'intervenant doit d'abord s'efforcer de décrire les problèmes dans le langage quotidien des gens; cela permet «de partir de l'expérience des gens et de comprendre comment ils les vivent eux-mêmes sans les intellectualiser» (*ibid.*: 65). Ensuite, la définition du problème

> introduit la distinction entre une situation (qui ne constitue pas nécessairement un problème ou n'est pas perçue comme telle) et un problème.

> Une situation devient un problème uniquement quand elle est définie et étiquetée comme telle, habituellement parce qu'elle menace d'importantes valeurs nationales ou locales. (*Ibid.*: 66.)

Par exemple, un intervenant peut être scandalisé par les conditions de logement dans un HLM

> et s'étonner que les habitants ne définissent pas leurs conditions comme inacceptables (ou préfèrent ne pas le faire). La première question est donc de savoir si les habitants considèrent que leur situation constitue un problème et, si c'est le cas, comment et pourquoi il en est ainsi. (*Ibid.*).

2. La seconde étape porte sur l'*importance du problème*. Cette question implique deux dimensions: «la gravité du problème qui est l'aspect qualitatif, et le nombre de personnes exposées ou atteintes, qui est l'aspect quantitatif de ce problème» (Chapdelaine et Gosselin, 1984: 41). Cela dit, outre les dimensions qualitatives et quantitatives, d'autres aspects interviennent dans l'appréhension de l'importance d'un problème:

> Un problème peut être important parce qu'il concerne une communauté défavorisée et que ses conséquences sont telles qu'on peut parler d'importance sociale du problème. De la même façon un problème peut être grave par ses aspects politiques et économiques. (*Ibid.*: 42.)

Ainsi, l'appréciation de l'importance d'un problème est une question complexe qui fait appel à la fois à des dimensions méthodologiques et évaluatives (c'est-à-dire qu'elle appelle un jugement). Selon Henderson et Thomas (1992), il importe de mesurer le problème. Après avoir défini le problème, l'intervenant doit s'efforcer d'en mesurer les diverses dimensions (l'étendue, les effets, etc.). D'où la nécessité d'une série de questions:

> Combien de personnes sont concernées directement ou indirectement? De quelle façon en souffre-t-on? Comment le problème influence-t-il et détermine-t-il divers aspects de la vie? Depuis combien de temps cette situation dure-t-elle et est ressentie comme posant problème? [...] Dans quelle partie du quartier (du grand ensemble, de l'immeuble) rencontre-t-on le problème? (*Ibid.*: 67.)

3. La troisième étape concerne la *compréhension du problème*. Concrètement il s'agit de savoir si l'on possède une connaissance suffisante du problème pour amorcer une intervention. Pour Chapdelaine et Gosselin (1984: 42),

> comprendre un problème, c'est disposer d'une connaissance de ses déterminants (en termes de facteurs de risque, par exemple) et connaître son histoire naturelle [...]. Par ailleurs, dans une perspective systématique il faut également développer une compréhension sociale, politique, économique et environnementale du problème.

En somme, comprendre un problème, c'est en quelque sorte «mettre à jour des liens, des mécanismes sur lesquels nous pourrons agir» (*ibid.*: 52). Pour l'intervenant, les hypothèses qu'il va poser quant à l'origine du problème risquent d'orienter son action[12]. Au terme de ces trois premières étapes, on devrait avoir une idée suffisamment claire du problème pour pouvoir amorcer l'étape de la planification de l'intervention.

4. La quatrième étape consiste donc à *préciser des objectifs d'intervention*. Ainsi, « une fois les objectifs définis, il faut répertorier les moyens dont on dispose pour a) intervenir sur le problème, b) définir une stratégie d'intervention » (*ibid.* : 43). Une fois que le « problème » est venu à l'attention d'un certain public, on doit tenter de promouvoir l'idée d'un effort collectif pour y remédier. Cette étape s'amorce lorsque certains groupes commencent à s'organiser et tentent de s'attaquer au problème. Encore ici certaines questions peuvent être soulevées. Qui ne définit pas la situation comme un problème? Pourquoi? Quelles sont les meilleures stratégies ou tactiques pour stimuler le désir d'une amélioration? Quel est le rôle des médias de masse en ce qui concerne la sensibilisation à certains problèmes sociaux? Comment utiliser ces moyens?

5. La cinquième étape vise à *déterminer la meilleure stratégie d'intervention* afin d'atteindre l'objectif visé. Selon les auteurs, c'est précisément cet aspect qui constitue le plus souvent le « point d'achoppement » des interventions sociales et cela explique « le faible impact de beaucoup d'interventions pourtant menées par des professionnels motivés » (*ibid.* : 45). C'est dire toute l'importance de cette dimension. Concrètement, il s'agit de préciser les principales étapes du projet, et « ceci en tenant compte des systèmes, personnels et organisationnels, où s'inscrira l'action future » (*ibid.* : 53).

6. La sixième étape se rapporte à l'*action* proprement dite. Cette phase doit être « progressive, inlassablement poursuivie, réajustable et souple, en gardant bien les objectifs en tête. Et en prévoyant une constante [...] » (*ibid.* : 53).

7. Finalement, la septième étape concerne l'*évaluation de l'action* (évaluation du processus, de l'atteinte des objectifs, des moyens employés, etc.). Le chapitre 12, qui porte sur l'évaluation, fournit certaines indications sur les stratégies qui peuvent être déployées pour procéder à l'évaluation d'une action.

---

12. Par exemple, si le problème de l'alcoolisme est placé sous la responsabilité d'une agence de santé mentale, les psychologues ou les travailleurs sociaux d'orientation psychiatrique auront tendance à redéfinir le problème précisément en termes de santé mentale (orientation psychiatrique), alors que si la responsabilité du problème de l'alcoolisme est remise entre les mains de la police, le problème sera probablement traité sous l'angle du *law and order*. La spécialisation du personnel devient telle que des « carrières professionnelles » finissent par se constituer autour d'un problème social (pauvreté, délinquance, criminalité, etc.). Ainsi, des individus, se définissant comme des « experts », font carrière à l'intérieur d'une agence spécialisée ou d'une bureaucratie soi-disant centrée sur la solution d'un problème. Ces experts deviennent attachés à « leur » problème social, et tout ce qui est avancé pour diminuer l'importance de ce problème ou l'éliminer prend vite pour eux l'allure d'une menace.

C — Quelques exemples

En puisant uniquement dans le volumineux *Traité des problèmes sociaux* (Dumont, Langlois et Martin, 1994), on peut citer plusieurs exemples d'analyses de problèmes sociaux qui sont significatifs pour des intervenants sociaux. Parmi ces travaux, nous retenons ceux de Bernier et Trépanier (1994) sur la fugue et la prostitution des mineurs ; de Bouchard et ses collaborateurs (1994) sur les mauvais traitements à l'égard des enfants ; de Lemieux (1994) sur la violence conjugale ; de Rondeau (1994) sur la violence familiale ; de Mercier, Fournier et Racine (1994) sur l'itinérance ; et de Perreault (1994) sur le sida.

CONCLUSION

Au terme de cette réflexion, il importe d'insister sur quelques idées de base. D'abord, rappelons que la communauté locale a connu d'importantes transformations mais qu'elle n'a pas disparu ; bien au contraire, elle connaît, en plusieurs milieux, une vigueur inégalée. Par ailleurs, sur le plan de l'analyse, le premier réflexe, dans l'analyse d'une communauté, c'est de vouloir tout étudier ; mais cela s'avère peu réaliste et cela n'est pas nécessaire. Il faut plutôt s'efforcer de faire des choix et surtout d'établir des liens entre un certain nombre d'informations (sur le plan industriel, sur le plan urbain, sur le plan démographique, etc.). Dans le champ des affaires sociales, on est en présence de deux conceptions de la communauté (ou de deux approches) : l'approche médicale (ou épidémiologique) et l'approche sociale (ou communautaire). Au lieu de les opposer, il faut plutôt faire en sorte qu'elles soient complémentaires. En somme, il faut insister sur l'importance du processus de l'analyse de la communauté et sur les transformations du sens d'appartenance. L'enjeu communautaire s'est déplacé. L'identité se construit moins à partir de l'appartenance géographique que de l'appartenance à des groupes sociaux qui partagent les mêmes conditions d'existence et le même vécu. Bref, on peut dire qu'il est trop tôt pour sonner le «glas de la solidarité communautaire». Finalement, il nous semble que le travail social a tout intérêt à renouer avec la tradition des études de milieux et les analyses de communautés, qui ont été à l'origine de son développement. Toutefois, comme nous l'avons vu, même si le modèle type de cette analyse de communauté est encore à trouver, nous savons maintenant qu'elle doit se situer entre la monographie trop strictement empirique et l'interprétation trop vaguement généralisante.

LECTURES SUGGÉRÉES

Blondin, M. (1965). «L'animation sociale en milieu urbain: une solution», *Recherches sociographiques*, vol. 6, n° 3, p. 283-304.

CHAPDELAINE, A. et GOSSELIN, P. (1984). *Pour rendre la santé communautaire,* Montréal, Boréal.

COLLECTIF (1993). *Guide pour un portrait de quartier. Vivre à Montréal en santé,* Montréal, 85 p.

CORIN, E., BIBEAU, G., MARTIN, J.C. et LAPLANTE, R. (1990). *Comprendre pour soigner autrement,* Montréal, Les Presses de l'Université de Montréal, 158 p.

DE ROBERTIS, C. et PASCAL, H. (1987). *L'intervention sociale collective en travail social,* Paris, Le Centurion, 304 p.

DUMONT, F., LANGLOIS, S. et MARTIN, Y. (sous la dir. de) (1994). *Traité des problèmes sociaux,* Québec, Institut québécois de recherche sur la culture.

MAYER, R. (1999). «La recherche», dans H. Lamoureux, J. Lavoie, R. Mayer et J. Panet-Raymond (sous la dir. de), *La pratique de l'action communautaire,* Québec, Les Presses de l'Université du Québec.

MAYER, R. et LAFOREST, M. (1990). «Problème social: le concept et les principales écoles théoriques», *Service social,* vol. 39, n° 2, p. 13-43.

SPECTOR, M. et KITSUSE, J.I. (1977). *Constructing Social Problems,* Menelo Park (Calif.), Cumming.

CHAPITRE 10

L'analyse des besoins

Francine Ouellet et Robert Mayer

MISE EN CONTEXTE

Vous travaillez depuis plusieurs années auprès d'un groupe de personnes âgées qui revendiquent notamment plus de services de maintien à domicile auprès du CLSC local. Après plusieurs tentatives infructueuses, il est décidé d'un commun accord, entre vous et le groupe de personnes âgées, de procéder à une analyse de besoins afin d'étayer vos revendications. Le chapitre qui suit doit vous aider dans cette entreprise.

INTRODUCTION

Faire l'analyse des besoins d'une population, dans une profession de service, c'est aller chercher des informations afin d'être en mesure soit de planifier de nouveaux programmes, services et actions, soit de rajuster des actions en cours. De façon générale, on effectue ce type d'analyse à deux moments: avant la mise sur pied d'un quelconque programme, d'une activité ou d'une intervention, ou pendant son déroulement. Ce peut donc être un point d'arrêt, selon le postulat de l'adaptation nécessaire des services aux besoins changeants d'une population donnée, ou un point de départ au moment de l'évaluation de l'implantation de tout nouveau programme ou service. À titre d'exemple de l'analyse des besoins comme point de départ, mentionnons celle qui a précédé la planification des services donnés par chacun des CLSC, au moment de leur implantation. La seconde perspective, l'analyse des besoins comme point d'arrêt, s'inspire davantage de l'évaluation formative; elle permet de savoir s'il y a ou non un écart entre les besoins d'une population et les activités ou interventions en cours. Il est évident que cette analyse doit être vue comme périodique et cyclique pour qu'un organisme demeure «branché» sur les besoins de son milieu.

Nous discuterons donc, dans ce chapitre, du concept de besoin lui-même, de ses fondements théoriques, de ses caractéristiques, pour finalement aborder, sur le plan méthodologique, les différentes approches de collecte des données sur les besoins. Ces approches se divisent en deux grands courants: l'un déductif et l'autre inductif, chacun correspondant à un certain nombre de techniques. Toutes ces techniques, déjà maintes fois validées, sont facilement utilisables par les intervenants sociaux sur le terrain.

10.1   L'ANALYSE DES BESOINS ET L'INTERVENTION SOCIALE

Pour les travailleurs sociaux, le concept de besoin n'est pas nouveau puisqu'il fait partie du langage quotidien. Par exemple, on évoque fréquemment les besoins des enfants placés, les besoins biopsychosociaux des personnes âgées à domicile, les populations dans le besoin, etc. Malgré le recours fréquent à ce concept, la notion de besoin demeure ambiguë, tant dans la pratique que dans la littérature. Parce qu'il couvre plusieurs dimensions, le concept de besoin demeure difficile à saisir.

Dans l'ensemble, il ressort que le concept de besoin peut avoir à la fois une double dimension (ou signification): une dimension objective et une dimension subjective. Ainsi, d'une part, le besoin correspond objectivement à une nécessité naturelle ou sociale, à une exigence, à une norme, à une obligation. En ce sens, la satisfaction du besoin est considérée comme ce qui est jugé idéal au bon fonctionnement d'un individu, d'un groupe ou d'une communauté. D'autre part, sur le plan de la subjectivité, le besoin n'a d'existence que pour le ou les individus qui le ressentent.

L'analyse des besoins est en quelque sorte «l'essence du travail social» (Bachmann et Simonin, 1981-1982: 29). Vouloir mieux comprendre ce concept central n'est donc pas un «simple détour intellectuel», bien au contraire, il s'agit d'une démarche centrale, dans la mesure où «la perception que nous avons des besoins» oriente le processus d'intervention (*ibid.*: 30). Mais encore ici, le consensus est loin d'être atteint. Il y a d'abord eu la perspective biologique ou médicale où l'on a voulu formuler une définition purement physiologique des besoins, mais il a fallu se rendre compte que «le besoin physiologique à l'état pur est une abstraction scientifique qui ne recouvre aucunement, tout au moins dans les pays occidentaux, les aspects multiples de l'intervention sociale» (*ibid.*: 31). Cette recherche d'une théorie générale des besoins sera également mise en cause par les recherches anthropologiques: «Contestée théoriquement, l'hypothèse d'un processus universel d'émergence des besoins n'a pu trouver de confirmation empirique. Bien au contraire, c'est la relativité de leur genèse que les descriptions de terrain ont mise en évidence» (*ibid.*: 32). Par ailleurs, pour les économistes, le besoin se résume à une demande solvable. En somme, cette réflexion nous amène au constat que le concept de besoin est relatif et complexe: «Il ne saurait y avoir un cadre de lecture privilégié, s'adaptant à toutes les situations, grille universelle qui permettrait de faire l'économie d'une analyse concrète» (*ibid.*: 42). D'où notre intérêt, non pas pour une technique d'analyse des besoins, mais davantage pour une multiplicité d'approches méthodologiques qui tentent de mieux les cerner[1].

Pour Tourigny et Dagenais (1998), l'étude des besoins est proche de l'analyse des problèmes sociaux. Toutefois, et même s'il s'agit de concepts proches, en pratique on tente de distinguer l'analyse des besoins de l'analyse des problèmes sociaux (voir le chapitre 9). Le concept de problème renvoie essentiellement à «l'existence dans la communauté d'un état ou d'un phénomène jugé indésirable» alors que la notion de besoin «réfère, par ailleurs, à l'absence plus ou moins grande d'éléments ou de solutions propres à contrecarrer ou à prévenir un quelconque problème» (Beaudry, 1984: 401). Il s'agit donc de deux concepts différents, de sorte que «l'organisme qui en vient à cerner les problèmes les plus saillants d'une communauté ne peut pour autant prétendre connaître les besoins qu'il faudra combler» (*ibid.*). Pour Pineault et Daveluy (1986: 79), l'analyse des besoins va plus loin que la détermination des problèmes car elle comprend une information sur l'action à entreprendre.

Beaudry (1984: 401) souligne que l'analyse des besoins comporte plusieurs avantages. Elle permet d'abord de mieux ajuster les services aux caractéristiques et aux attentes du milieu. Elle s'avère aussi très utile pour cerner les nouveaux problèmes et besoins qui peuvent surgir à la suite de transformations importantes dans la communauté. Pour leur part, Pineault et Daveluy (1986: 85) relèvent les avantages suivants: l'analyse des besoins constitue un bon indicateur pour évaluer l'efficacité des services et pour mesurer les diverses barrières (d'ordre culturel, linguistique, etc.) qui sont susceptibles de nuire à l'efficacité des programmes mis en place. De plus, elle favorise une meilleure connaissance des ressources communautaires et des pistes de solution mises de l'avant dans la communauté.

10.2 LE CONCEPT DE BESOIN : DÉFINITIONS ET CARACTÉRISTIQUES

Nadeau (1988: 176) signale que le concept de besoin «est à ce point usuel qu'il fait partie du vocabulaire courant et des conversations journalières de tous les individus». Il présente en effet un large éventail des conceptions et des usages de

---

1. Cette démarche est d'autant plus importante que «dans les dérives bureaucratiques, l'argument du besoin des usagers n'est parfois que le manteau pudiquement jeté sur la défense d'intérêts organisationnels, économiques, corporatistes ou tout bonnement hiérarchiques. Les professions de foi les plus contradictoires sont faites au nom des clientèles et de leurs besoins alors que ces dernières n'ont qu'un accès à la parole des plus réduits […]. (Bachmann et Simonin, 1981-1982: 30.)

la notion de besoin véhiculés dans la littérature. La notion de besoin, à force d'être «surutilisée», est devenue une notion floue et ambiguë. Plusieurs auteurs ont élaboré des taxonomies des besoins: St-Arnaud (1974), Maslow (1954), Chombart de Lauwe (1969). Empruntons la définition suggérée par Nadeau (1988: 179) selon laquelle le besoin consiste en «un écart entre une situation souhaitée, désirée, idéale et une situation actuelle, observée». Cette définition, qui présente le besoin en termes d'«écart» est la définition opérationnelle la plus répandue. L'analyse de besoins consiste à analyser ces «écarts existant entre le statut désiré et le statut actuel, ce qui suppose l'accès à de l'information concernant ces deux dimensions» (*ibid.*: 183)[2].

Selon De Robertis et Pascal (1987: 108), les besoins sont «culturellement construits». Pour sa part, Gauthier (1984: 150) précise que l'univers des besoins se divise en trois catégories principales:

> les besoins réels, ceux qui existent objectivement dans l'absolu; les besoins perçus: ceux que la population cible ressent et qui peuvent ne pas faire partie des besoins objectivement définis; et enfin, les besoins mesurables, ceux que la recherche sociale peut cerner. Or, ces trois sous-ensembles, même s'ils chevauchent partiellement, ne sont pas parfaitement superposés.

Il importe aussi de distinguer entre étude de besoins et évaluation de programme. En général, il est estimé que l'analyse des besoins est plus générale et plus globale, alors que l'évaluation des programmes est plus spécifique et plus limitée (Pineault et Daveluy, 1986: 81).

En somme, on doit retenir que la notion de besoin constitue un «concept très relatif» et que «l'étude des besoins d'une communauté est fortement influencée par les valeurs, normes, connaissances et idéologie de ses auteurs» (Beaudry, 1984: 402). Comme quoi il n'est pas question d'en faire une opération purement technique. Beaudry précise, par ailleurs, que la communauté à l'étude pas plus que les praticiens ou experts ne peuvent, à eux seuls, constituer l'unique source d'information dans une analyse de besoins. Celle-ci doit comprendre et refléter l'ensemble des points de vue. Selon Beaudry (1984: 401), «il n'existe pas de définition rigoureuse de l'évaluation des besoins qui puisse satisfaire la majorité des chercheurs».

---

2. De même, selon Beaudry (1984: 400), le principal objectif d'une analyse de besoins «est de fournir aux intervenants et aux gestionnaires des informations valides sur les principaux problèmes vécus dans la communauté et sur les besoins de la population en matière de services». Il signale que tout organisme social se doit de procéder à une telle analyse car cela lui permet notamment «de s'assurer que l'intervention proposée répond à un problème réel et que les solutions préconisées sont conformes aux attentes de la population» (*ibid.*: 401). Cela s'avère d'autant plus nécessaire que l'on «constate très souvent que les programmes mis sur pied découlent prioritairement des intérêts et des idéologies sociales de quelques professionnels ou de pressions exercées par certains groupes de la communauté» (*ibid.*).

Quelques exemples d'analyses de besoin

Béland (1985) procède à l'examen critique de certaines enquêtes de besoins en matière de services de soins a domicile pour personnes âgées, soulignant qu'il n'y a pas de solution unique aux besoins de la population. Pour sa part, Roinsol (1985) a décrit un processus d'enquête de besoins par questionnaire auprès d'une clientèle féminine d'un CLSC en milieu rural. Par ailleurs, dans les plans d'organisation de services (POS) en santé mentale, le ministère de la Santé et des Services sociaux (Gouvernement du Québec, MSSS, 1989) a proposé un outil pour faire une analyse des besoins. Dans une perspective plus quantitative, on peut citer la recherche de Coulombe, Boisvert et Parent (1996) sur les besoins de formation des éducateurs et des infirmières utilisant le plan de services individualisé.

10.3   LE PROCESSUS D'ANALYSE DES BESOINS

Relativement nombreuses et variées, les méthodes pour analyser les besoins peuvent être distinguées selon le type de traitement de l'information. Ainsi certaines recherches visent à compiler l'information déjà disponible, alors que d'autres cherchent plutôt à exploiter ou à recueillir des informations nouvelles. Il ressort que c'est la combinaison de ces diverses méthodes qui permet une meilleure évaluation des besoins. De plus, les analyses de besoins requièrent, pour la majorité, une certaine expertise en recherche, d'où le recours fréquent à des chercheurs professionnels (Pineault et Daveluy, 1986: 94).

Les principales étapes du processus de l'analyse de besoins sont les suivantes. D'abord, il faut «établir la pertinence de faire une étude de besoins» (*ibid.*: 84). Il faut évaluer si les informations existantes ne pourraient pas être suffisantes; sinon, il faut bien identifier les nouvelles données à recueillir. Il importe, ensuite, de déterminer le but de l'étude de besoins; À quoi va-t-elle servir? Puis il faut définir la population à l'étude ainsi que le choix des indicateurs retenus (cf. le type d'information désiré). Après avoir localisé les sources d'information et s'être assuré du financement de l'opération, on passe au choix

> du type d'approche(s) et de méthode(s) pour l'étude de besoins: différentes approches et méthodes peuvent être utilisées [...]. On peut, selon le cas, mettre l'accent soit sur les statistiques existantes, soit sur le développement de nouvelles données, ou encore tenter d'amener un consensus sur les informations disponibles. (*Ibid.*: 85.)

À cette étape, il s'agit de finaliser le protocole de recherche qui précise «l'information désirée, les sources d'information, la méthodologie, les contacts à faire, le budget, l'échéancier de travail ainsi que les ressources requises» (*ibid.*). Dans ce processus, la question de l'échantillonnage des individus ou des organismes à consulter est capitale, car la représentativité des résultats peut être mise en cause.

Puis c'est l'étape de collecte de l'information suivie de l'analyse et de l'interprétation des résultats. La participation de tous les acteurs est particulièrement importante lors de cette étape. Finalement, c'est l'étape de la rédaction du rapport final, qui doit contenir «l'information recueillie en matière de problèmes et de besoins […] de services et de ressources» (*ibid.*).

Pour ce qui est de la collecte de l'information, dans certains cas il s'agit de compiler des données existantes, dans d'autres cas, il faut en chercher de nouvelles; mais c'est généralement la combinaison des divers types de traitement qui permet de produire une analyse des besoins définis (*ibid.*: 94). Pineault et Daveluy (*ibid.*: 78) ont souligné la nécessité d'une double perspective dans l'analyse des besoins:

> une étude de besoins qui n'utilise qu'un processus perceptuel, basé sur l'interprétation du client ou inversement qu'un processus normatif ou rationnel, basé sur l'interprétation du professionnel, peut ne représenter que la pointe de l'iceberg et, en définitive, ne donner qu'une vision partielle de la situation.

L'étude des besoins requiert aussi une bonne préparation, car «elle est relativement coûteuse et elle consomme du temps et de l'énergie» (*ibid.*: 81). Pour toutes ces raisons, on doit s'assurer de sa pertinence et de son utilité.

Sur le plan analytique, il est certain que l'étude de besoins est susceptible de fournir un grand nombre de données, surtout si on a eu recours à diverses méthodes; tout cela fait que le chercheur peut se retrouver «avec des données complexes, difficilement utilisables» (*ibid.*: 253), ce qui pose tout le problème de l'analyse. Selon Pineault et Daveluy (*ibid.*), «l'objectif du planificateur est alors de rendre ces données le plus explicites possible, tout en leur conservant leur cohérence d'ensemble et leur caractère représentatif de la réalité». Pour ce faire, il a habituellement recours à deux types d'analyse: l'analyse convergente des données et l'analyse des problèmes et des besoins cernés[3].

Dans cette perspective, l'étude de besoins correspond à

> une enquête qui cherche à cerner les aspects jugés insatisfaisants d'une même situation. Elle prend souvent (mais pas exclusivement) la forme de consultation auprès des personnes intéressées par la problématique analysée. (Gauthier, 1984: 149.)

Dans cette démarche, l'enquête portera sur deux dimensions: une dimension descriptive qui évalue l'importance du besoin et une dimension évaluative qui cherche à mesurer l'adéquation entre les ressources existantes et les besoins.

---

3. Il s'agit, par exemple, au moyen d'un «atlas sanitaire», à savoir une carte géographique où est indiqué l'ensemble des ressources sanitaires, d'analyser et de présenter les résultats de la recherche. Quant à l'estimation de l'importance du problème ou du besoin, elle se fait à l'aide d'un questionnement sur l'ampleur, la sévérité et les principales tendances concernant l'évolution du problème (Pineault et Daveluy, 1986: 263).

10.4 LES DEUX PRINCIPALES APPROCHES DANS L'ANALYSE DES BESOINS: L'APPROCHE DÉDUCTIVE ET L'APPROCHE INDUCTIVE

Il est généralement admis qu'il existe deux procédures principales pour connaître les besoins: l'approche déductive et l'approche inductive (Ouellet, 1987: 26). Certains chercheurs s'inspirent d'une approche déductive (pour la recherche épidémiologique, par exemple): à partir de la littérature ou d'une recherche antérieure, les chercheurs dressent une liste des besoins préalablement définis des individus. Il s'agit de déterminer le lien ou l'écart entre des objectifs proposés et une réalité. Cette approche se concrétise méthodologiquement par la voie de questionnaires de type sondage auprès d'un échantillon de clients éventuels, de bénéficiaires, de citoyens, etc. C'est la méthode la plus fréquemment utilisée dans le milieu sociosanitaire.

Dans la perspective déductive, la détermination des besoins comprend «l'évaluation de l'étendue et de l'importance de la différence existant entre l'état actuel et l'état désiré» (Pineault et Daveluy, 1986). Dans cette logique, la grandeur de l'écart détermine l'intensité des besoins. Deux étapes sont alors nécessaires: d'abord bien préciser l'étendue du problème étudié et ensuite procéder à l'analyse des données recueillies. La première étape a recours à divers instruments de mesure alors que la seconde «fait davantage appel au jugement sur la signification à donner à l'information recueillie» (*ibid.*). Pineault et Daveluy (*ibid.*: 73) insistent, à juste titre croyons-nous, sur les intérêts conflictuels des divers acteurs en présence ainsi que sur «l'importance des jeux et des enjeux politiques» faisant partie intégrante de tout processus de planification. Il en résulte conséquemment une grande difficulté «d'en arriver à un consensus sur les besoins d'un groupe ou d'une communauté» (*ibid.*). D'où l'intérêt pour les techniques qui visent à cerner le consensus possible.

Une seconde approche plus récente, l'approche inductive, part de la définition que la population elle-même donne de ses besoins et, conséquemment, rassemble des informations sur le vécu d'une situation donnée. Cette approche ne nie pas l'apport d'experts, mais, tout comme les clientèles, les experts sont amenés à exprimer des besoins à partir de leur expérience professionnelle. Différentes méthodologies peuvent être utilisées ici, quoique la tendance majoritaire s'oriente vers les techniques utilisant le petit groupe, ce qui favorise ainsi la démocratisation du processus de décision et l'implication des individus directement concernés. Parmi ces techniques, citons: la technique Delphi, la technique du groupe nominal (ces deux techniques sont présentées plus en détail plus loin), l'entrevue qualitative, etc. L'élément de différenciation avec l'approche déductive vient du postulat que l'individu concerné est le mieux placé pour définir ses besoins.

Il est possible de combiner les deux approches précédentes (l'approche ainsi obtenue est appelée «mixte») dans le but d'accroître l'efficacité et la rapidité du processus, tout en sauvegardant l'expression directe des individus concernés. De plus, plusieurs auteurs décrivent une approche qui utilise les représentants de la communauté comme définisseurs des besoins. Cette approche, bien que couramment utilisée, est source de biais à cause de la représentativité non évidente de ces informateurs. Ainsi donc, pour Pineault et Daveluy (1986), les méthodes utilisées peuvent être de nature soit quantitative (les données statistiques, approche par indicateurs), soit qualitative (recours aux méthodes du groupe nominal, du groupe Delphi, etc.). Par ailleurs, il est évident que certains phénomènes s'appréhendent mieux avec l'aide d'une méthode subjective, par exemple la satisfaction des usagers, alors que d'autres phénomènes (la mortalité hospitalière) s'analysent mieux à l'aide de données statistiques. En ce qui a trait aux pratiques effectives d'analyse de besoins, Ouellet et Lampron (1987) soulignent la dominance des études de type «portrait sociosanitaire» qui ont eu cours à l'étape des demandes d'implantation des CLSC[4].

10.4.1 Les techniques propres à l'approche déductive

L'enquête traditionnelle et l'approche par indicateurs sociaux figurent parmi les techniques les plus fréquemment employées.

A — L'enquête

Souvent utilisée dans l'analyse des besoins, cette technique consiste à procéder, soit par questionnaire ou par entrevue, à une collecte de données auprès d'un échantillon représentatif d'une population donnée. Comme le but de ce chapitre est de présenter l'ensemble des techniques utilisables en analyse de besoins, nous renvoyons le lecteur aux sections des chapitres 4 et 5 qui traitent des techniques du questionnaire et de l'entrevue.

Il est important d'assurer rapidement la mise sur pied d'un groupe de personnes qui sera responsable de définir et de conceptualiser l'ensemble de la démarche suivante. Pour ce faire, Pineault et Daveluy (1986: 83) suggèrent le questionnement suivant: Quelle est la pertinence de cette étude? Que désire-t-on savoir? Pourquoi? Comment va-t-on utiliser cette information? Où peut-on trouver ces informations? Quelles seront les méthodes de collecte? Combien cela va-t-il coûter? Quelle est la durée de l'étude? etc. À vrai dire, ce questionnaire force les personnes responsables à bien planifier les diverses étapes d'une étude de besoins.

Concrètement, une étude de besoins comporte les étapes suivantes (*ibid.*: 84):

---

4. De façon générale, ces études, présentées comme des dossiers, procédaient à l'aide des données démographiques d'un territoire (méthode des indicateurs sociaux) ou encore utilisaient des informateurs clés des milieux concernés. Sur le plan méthodologique, la plupart de ces études sont de type quantitatif et procèdent d'une approche déductive. L'outil privilégié est l'enquête par questionnaire.

1. Mettre sur pied le groupe responsable de l'étude de besoins ;
2. Établir la pertinence d'une telle étude et en préciser les principaux objectifs ;
3. Définir la population à l'étude ;
4. Préciser le type d'indicateurs retenus ;
5. S'assurer du financement nécessaire ;
6. Localiser les sources d'information et choisir le type de méthodologie privilégié (enquête, indicateurs, méthode de consensus, etc.) ;
7. Élaborer le protocole de la recherche ;
8. Collecter les données ;
9. Analyser et interpréter des résultats ;
10. Élaborer et rédiger le rapport final. (*Ibid.*)

Analyser les besoins d'une population signifie que l'on doit procéder selon une certaine logique. Ainsi, avant de passer à l'étape de la collecte des données, il faut évidemment définir le problème ou la situation à l'étude, repérer les sources d'information (les personnes ou groupes qui définissent les besoins), puis recueillir, analyser et valider les expressions de besoins. Définir le problème à l'étude, dans la perspective d'une analyse de besoins, consiste généralement à vérifier les indices, les symptômes ou les indicateurs de malaises dans une population ou à l'intérieur d'un système de distribution de services. Les indicateurs peuvent être appuyés statistiquement ou simplement pressentis par un ou plusieurs intervenants qui, bénéficiant d'une longue expérience dans un milieu donné, sont capables de saisir ce milieu dans ses faiblesses, ses forces et ses besoins. Des appuis théoriques viennent souvent ne faire que confirmer les intuitions de départ d'un intervenant.

En définissant une problématique, l'intervenant-chercheur en circonscrit également les limites pour ce qui est du type de besoins à combler, du domaine ou du champ de pratique concerné, de la population, du secteur ou de la région touchés et de la concentration des problèmes en un lieu donné. Le repérage des sources d'information devient ensuite prioritaire. Qui peut définir les besoins d'une communauté ou d'un groupe ? Qui est le mieux placé pour le faire ? Quelles sont les personnes crédibles ? Sont-elles disponibles ? Quelles sont leurs capacités d'écriture, de parole, etc. ? Bref, selon la situation étudiée, quels seront les critères de sélection des sources d'information ? De prime abord, les populations dans le besoin devraient, selon nous, toujours être la source principale d'information, c'est-à-dire celles qui définissent les besoins.

Viennent ensuite l'étape formelle de la collecte des données sur les besoins, que nous aborderons en détail plus loin, et celle de l'analyse, qui consiste à faire la correspondance entre les besoins inventoriés et les ressources, les contraintes et les possibilités du milieu. L'étape de validation ne se fait pas toujours ; il s'agit de valider, de critiquer et de corriger les données amassées auprès de la population étudiée. Selon le cas, cette validation peut nécessiter une enquête auprès d'un groupe plus large que l'échantillon qui a servi à la collecte des données, mais elle peut aussi prendre la forme d'un forum, d'une discussion en groupes restreints, si l'on privilégie une approche plus qualitative que quantitative.

B — La recherche épidémiologique et la recherche par indicateurs

Selon Bouchard et Boyer (1998 : 558), l'épidémiologie « est l'étude de population afin d'estimer la fréquence d'un problème de santé et les différents facteurs intervenant dans son apparition, sa propagation, son évolution et sa prévention ». Évidemment, ce type d'étude occupe une place importante dans la recherche sociosanitaire et il constitue un outil essentiel dans l'analyse des besoins.

L'épidémiologie consiste principalement « à compter le nombre de cas de désordres dans une population pour en suivre l'évolution et à identifier les groupes de personnes où l'on retrouve les plus hauts taux de désordres » (Landry, 1987 : 54). La recherche épidémiologique se fait en deux phases : d'abord « déterminer la fréquence d'un désordre dans une population », c'est l'épidémiologie descriptive ; ensuite « isoler les variables qui contribuent au développement d'un désordre », c'est l'épidémiologie analytique (*ibid.*). Les deux concepts utilisés pour déterminer la fréquence sont l'incidence et la prévalence. L'incidence renvoie au nombre de nouveaux cas dans une période donnée. La prévalence renvoie à la fréquence d'un désordre ou d'un problème dans une population à un moment donné, c'est-à-dire à la proportion de la population qui présente ce désordre ou ce problème.

Après avoir évalué la fréquence d'un désordre, on doit chercher à isoler les variables qui contribuent à son apparition. Pour ce faire, on compare des populations similaires ou des sous-groupes d'une même population (par exemple, les hommes et les femmes) pour dégager les variables qui distinguent les deux groupes et qui peuvent expliquer la présence de tels désordres. Selon Landry (*ibid.* : 55), la principale faiblesse des études épidémiologiques est la difficulté d'avoir une mesure exacte de l'incidence et de la prévalence d'un désordre. Si on utilise seulement les statistiques provenant des établissements hospitaliers, on oublie les individus qui ne consultent pas. Malgré ce problème de fidélité des résultats, l'épidémiologie permet de planifier ou d'améliorer le système de services de façon à répondre aux besoins de la communauté. Elle permet également de déterminer l'efficacité des services en mesurant leur effet sur la population (par exemple, diminution du nombre de désordres).

La recherche à partir d'indicateurs sociaux se situe dans cette même perspective. Selon Landry (*ibid.* : 56), un indicateur social est

> une mesure quantitative prise à intervalle régulier qui permet de connaître les tendances d'un phénomène à court et à long terme (ex. : taux de divorce, de crime, de chômage, d'hospitalisation, etc.) et qui peut être étudiée selon

certaines caractéristiques personnelles ou certaines conditions (ex.: taux de chômage selon différents groupes d'âge, taux de divorce selon le niveau socio-économique, etc.). L'indicateur social est un indice de la qualité de la vie d'une communauté ou d'une société et il permet de connaître les problèmes sociaux et leur évolution.

Mais le choix des indicateurs sociaux n'est pas facile, et divers critères ont été proposés afin d'aider à sélectionner des variables pertinentes. On doit d'abord pouvoir choisir des variables qui ont une validité et une fidélité adéquates, c'est-à-dire des variables qui peuvent être mesurées et qui ne changent pas dans le temps de façon aléatoire.

Les indicateurs sociaux sont habituellement divisés en deux groupes: les indicateurs descriptifs, qui sont des mesures des conditions sociales générales (par exemple, nombre de médecins dans une ville), et les indicateurs analytiques, qui sont des mesures de bien-être social ayant des relations entre elles.

L'approche par indicateurs consiste essentiellement à inférer les besoins d'une population à partir de données, généralement des statistiques existantes. Ces données peuvent être de divers ordres: social, démographique, sociosanitaire, etc. Ainsi, le travail principal du chercheur consiste non pas à recueillir des données, mais plutôt à choisir, à comparer et à analyser celles qui existent afin de les rendre révélatrices d'indicateurs de besoins (Pineault et Daveluy, 1986). Les besoins sont donc ainsi déduits d'après l'ampleur des écarts (Corin et autres, 1987).

À titre d'exemple, Drolet (1988) a mis en évidence la façon dont cette approche peut servir à reconnaître les clientèles à risque sur un territoire donné. À l'aide de statistiques sur trois indicateurs sociaux (le logement, le niveau socio-économique et l'isolement social), elle en vient à situer géographiquement les clientèles jugées les plus à risque. Toutefois, cette démarche ne permet pas de détecter les personnes dans le besoin (*ibid.*: 44). Pour ce faire, une enquête directe auprès de la population ou toute autre forme plus inductive de collecte de données sur les besoins pourraient être appropriées.

Selon Pineault et Daveluy (1986), l'approche par indicateurs repose sur des données statistiques déjà existantes. Il s'agit de les compiler, d'établir des taux comparatifs, de les analyser et de les interpréter à l'aide de la revue des écrits. Des besoins sont alors déduits, à partir de l'ampleur des écarts révélés. Ainsi, les indicateurs sociaux peuvent être d'excellents outils d'évaluation des besoins (Corin et autres, 1987).

Le recours à une enquête par indicateurs sociaux est particulièrement utile pour mieux cerner l'évolution d'un problème social ou d'un besoin:

Les indicateurs sociaux ont plusieurs fonctions ou utilités pour la planification des politiques:

a) ces données indiquent comment évoluent certaines conditions sociales;

b) lorsqu'elles sont analysées adéquatement, ces informations peuvent servir à estimer l'ampleur d'un problème et sa répartition sur un territoire donné;

c) elles peuvent fournir des indicateurs de l'efficacité des programmes existants. (Tourigny et Dagenais, 1998 : 404.)

Dans ce genre d'étude, la pratique la plus courante consiste à utiliser les banques de données déjà existantes afin de mieux cerner les besoins (par exemple, les données de la Direction de la protection de la jeunesse, de la Fédération des CLSC, etc.). Par ailleurs, les données recueillies à l'échelle nationale par Statistique Canada ou encore par l'enquête Santé Québec constituent de bons exemples d'enquête par indicateurs sociaux[5].

L'approche par indicateurs permet aux chercheurs d'accumuler parfois une somme considérable de données qui peuvent être associées aux caractéristiques du territoire. Cette cartographie du social peut s'avérer un outil très précieux non seulement pour les administrateurs et les chercheurs, mais aussi pour les intervenants sociaux. Ainsi, de nombreux travaux ont bien documenté l'inégale distribution des problèmes sociosanitaires, pour ne prendre que ceux-là, ainsi que la concentration de ces mêmes problèmes dans certains milieux (régions, quartiers, etc.) d'un territoire.

Par exemple, Morin (1994) a souligné l'intérêt d'étudier la dimension sociospatiale comme facteur structurant dans l'organisation et la distribution des services aux populations marginalisées. Concrètement, l'auteur a analysé le lieu d'implantation sur le territoire de Montréal des ressources d'hébergement pour cinq types de clientèles : les personnes psychiatrisées, les personnes avec une déficience intellectuelle, les anciens détenus, les toxicomanes et les personnes sans domicile fixe. Au terme de son analyse, Morin a conclu que, malgré un discours visant l'évitement de la concentration de populations marginales, cette mise à l'écart existe bel et bien à Montréal.

Dans la même perspective, l'inventaire des ressources existantes constitue, selon certains, une autre façon simple et peu coûteuse de procéder à une analyse de besoins. Concrètement, cela consiste

à compiler les services accessibles à un groupe cible sur un territoire donné, sans nécessairement tenter de déterminer les besoins réels de la population. Généralement, cette méthode mène à la production d'une matrice des besoins et des services qui permet de déterminer les forces et les limites de l'ensemble des services offerts. (Tourigny et Dagenais, 1998 : 402.)

---

5. Par exemple, dans le cas de Santé Québec : «Chacune de ces études permet de tracer un portrait, par région administrative, de l'ampleur d'un problème (par exemple, le nombre de personnes affectées) et des caractéristiques des personnes touchées par ce problème. Ce type d'enquête permet de fixer les priorités gouvernementales au niveau provincial, régional et local lors de l'élaboration des services sociaux et de santé et de la répartition des crédits sur le territoire.» (Tourigny et Dagenais, 1998 : 404.)

Du côté des limites, «cette approche présuppose que les services existants correspondent aux besoins de la population» (*ibid.*), ce qui est loin d'être prouvé dans tous les cas. D'autres auteurs procèdent à l'évaluation des besoins en examinant la prestation et l'utilisation des services existants. D'après Tourigny et Dagenais (*ibid.*),

ce type d'analyse consiste à examiner l'utilisation de ces services en termes de:
a) disponibilité (Quelle est la capacité d'accueil d'un service?);
b) connaissance par les organismes de référence (Le service est-il connu des organismes de la communauté?);
c) degré d'acceptation par la population en général (Quelle est la perception du service et de sa clientèle dans la communauté?);
d) accessibilité (Le service est-il facilement accessible physiquement ou en termes de listes d'attente?).

Dans le même esprit, on peut aussi procéder par enquête pour connaître l'opinion des clientèles actuelles ou des anciens utilisateurs des services.

10.4.2 Les techniques spécifiques de l'approche inductive

La grande différence entre l'approche inductive et l'approche déductive repose sur le fait que la seconde permet de déduire les besoins d'une population, alors que la première les infère d'après les données recueillies auprès de cette population. Dans le cas de l'approche inductive, toutes les méthodes concourront non pas à valider un modèle ou une liste de besoins préétablis, mais plutôt à faire parler les personnes elles-mêmes. Aussi, l'approche inductive se concrétise par une méthode plus qualitative et axée sur des personnes représentatives. Plusieurs des techniques suivantes font également appel au groupe. Les intervenants sociaux, généralement habiles dans cette méthode d'intervention, s'y retrouveront certainement.

Parmi ces techniques, mentionnons: la technique Delphi, la technique du groupe nominal, le groupe de discussion ou (*focus group*), les informateurs clés, la technique de l'incident critique, la charrette, le forum communautaire.

A — La technique Delphi

Définition et caractéristiques de la technique Delphi

La technique Delphi était à l'origine «une procédure pour obtenir et organiser les opinions d'experts sur les probabilités d'apparition d'événements futurs» (Nadeau, 1988: 350). Précisons sommairement que la méthode Delphi comporte plusieurs étapes. D'abord, un questionnaire est envoyé à des experts formant un échantillon (panel) à distance. Ensuite, une première synthèse est effectuée, et les positions contradictoires sont envoyées aux experts pour qu'ils précisent leurs opinions. Ils renvoient leurs réponses, à la suite de quoi un nouveau questionnaire est expédié aux experts, et ainsi de suite jusqu'à ce que les réponses soient relativement cohérentes et consensuelles (Mucchielli, 1996: 256). Cette technique s'est toutefois perfectionnée et son utilisation s'est diversifiée de sorte qu'elle est devenue un outil efficace et utile pour l'analyse des besoins. La technique Delphi se rapproche de la technique de groupe en ce qu'elle a recours à l'avis d'experts, mais elle s'en différencie par le fait que les experts émettent leurs opinions par écrit et qu'il n'y a aucun contact entre les participants. Les deux caractéristiques principales de la technique Delphi sont l'anonymat qui tente de réduire l'influence des «superexperts» et la rétroaction contrôlée.

Processus de la technique Delphi

L'application de la technique Delphi suit les neuf étapes successives suivantes:

1. Détermination et formulation du problème à l'étude;
2. Sélection des experts;
3. Élaboration du premier questionnaire et acheminement aux experts;
4. Analyse des réponses obtenues au premier questionnaire (sommaire);
5. Élaboration du deuxième questionnaire et acheminement aux experts;
6. Analyse des réponses obtenues au deuxième questionnaire;
7. Élaboration du troisième questionnaire et acheminement aux experts;
8. Analyse et sommaire des réponses obtenues au troisième questionnaire;
9. Rédaction du rapport final et acheminement au requérant (Nadeau, 1988: 350).

La figure 10.1 illustre le processus de la technique Delphi.

La clé du succès de la technique Delphi repose sur la réussite de la première étape, qui consiste à déterminer et à formuler de façon adéquate le problème à l'étude. Une mauvaise compréhension de la question initiale entraînerait une incapacité d'y répondre de façon adéquate, ce qui peut susciter chez les experts un sentiment de frustration et une possibilité de désistement de leur part.

La deuxième étape, la sélection des experts (de 5 à 15 personnes), nécessite d'abord de préciser les caractéristiques à rechercher chez les experts et le mode de sélection qui servira à recruter les experts. L'expert est défini comme un individu capable d'émettre une opinion informée sur un problème donné ne relevant pas nécessairement de sa spécialité. L'expert, en plus de posséder l'information pertinente, doit se sentir personnellement concerné par le problème, doit être intéressé à participer à cette tâche et enfin doit croire au processus et aux résultats espérés. Il importe également, lors de la sélection des experts, de considérer la diversité de leurs points de vue, de leurs expériences et de leurs compétences. Enfin, il est recommandé que chaque expert soit contacté et informé personnellement afin d'obtenir un consentement de participation éclairé de la part de chacun.

FIGURE 10.1
Le processus Delphi

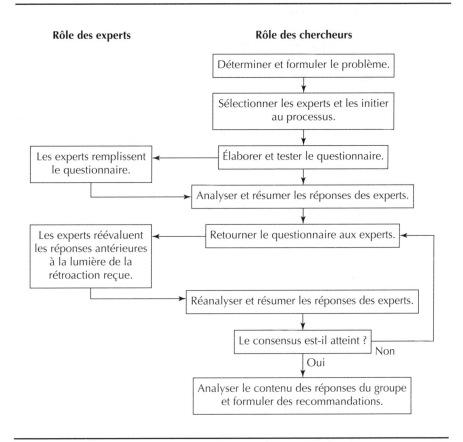

La troisième étape concerne l'élaboration du premier questionnaire. Cette tâche est assez simple puisqu'il s'agit de formuler une question générale. Ce questionnaire comporte habituellement une ou deux questions ouvertes. Ce premier questionnaire est soumis aux experts, et l'analyse de leurs réponses représente la quatrième étape du processus.

L'élaboration du second questionnaire constitue la cinquième étape du processus. Une première indication des priorités peut déjà émerger de cette étape. Le rôle des experts consiste ici à réviser et à commenter la liste des questions. Ils doivent ensuite établir une liste des priorités et retourner leurs réponses à la date fixée. Après la compilation des réponses au deuxième questionnaire (étape 6), le troisième questionnaire est rédigé et acheminé aux experts (étape 7) afin d'obtenir leur réaction sur la moyenne des réponses obtenues à chaque question.

Après l'administration du troisième questionnaire, un consensus est généralement atteint. En cas de difficultés majeures, il pourrait s'avérer nécessaire de poursuivre avec un quatrième, mais il est généralement admis qu'un point maximal est atteint après trois exercices. Les opérations subséquentes tendent à démontrer peu de changement, sans compter qu'une répétition excessive peut devenir inacceptable pour les répondants-experts.

Avantages et désavantages de la technique Delphi

La technique Delphi comporte plusieurs avantages. Un avantage majeur tient à la possibilité de travailler avec des individus vivant dans des régions différentes. Cette technique, souligne Nadeau (1988), est particulièrement utile pour permettre aux membres d'un organisme de fixer les priorités d'action. Par ailleurs, cette technique réduit les influences des sommités ou des fortes personnalités. Elle est relativement rapide et efficace car «elle demande aux participants de se concentrer immédiatement, uniquement et continuellement sur l'essentiel» (*ibid.*: 352). Toutefois, selon Nadeau (*ibid.*: 353),

> il ne faut pas tomber dans l'expertise illusoire en pensant que les groupes d'intérêts concernés sont les meilleurs experts pour le problème considéré; de même, on conçoit aisément que des énoncés trop vagues ou trop détaillés lors de la première question puissent réduire le nombre d'informations exploitables; enfin l'analyse superficielle des réponses peut conduire à des solutions fausses.

Cette technique comporte également des limites. La recherche d'un consensus peut parfois contribuer à mettre de côté des idées «déviantes» du groupe mais non dépourvues d'intérêt. C'est également un processus relativement long (en moyenne trois mois pour l'aller-retour des trois questionnaires) et qui requiert des participants alliant différentes habiletés dans l'écrit, la synthèse des idées, en plus d'être des «experts», notion toujours discutable.

B — Technique du groupe nominal

La technique du groupe nominal fut mise au point aux États-Unis au début des années 1970 (*ibid.*: 352). À l'origine, cette technique servait comme technique de détermination des problèmes. Son utilisation s'est élargie au domaine de la gestion, de la santé, de l'éducation et des sciences sociales. Selon Ouellet (1987) de même que pour Pineault et Daveluy (1986: 236), l'utilisation du groupe nominal est très pertinente lorsqu'il s'agit de procéder à une analyse des besoins.

Cette technique représente une démarche inductive dans l'analyse des besoins dans la mesure où elle «part de l'expérience et de la connaissance de la question étudiée par des personnes qui en ont une expérience directe» (Mucchielli, 1996: 88). Concrètement, cela

> consiste à regrouper un ensemble d'individus sans qu'il leur soit possible de communiquer entre eux, et ce, afin que chaque participant puisse

s'exprimer sans subir de contrainte ou de pression des autres membres. C'est une technique de groupe orientée vers la prise de décision et qui emprunte un certain nombre d'étapes formelles successives et bien définies. (Nadeau, 1988 : 352.)

Généralement, on définit de la façon suivante le groupe nominal : groupe de travail caractérisé par l'absence d'interaction verbale entre les participants. Le qualificatif nominal réfère essentiellement au procédé qui regroupe les individus puisque ce rassemblement ne constitue pas un véritable groupe (Mucchielli, 1996 : 88).

Les participants à ces groupes sont choisis

selon la diversité de leurs expériences et des points de vue exprimés par rapport à la question étudiée. On recherche à travers la composition du groupe la représentativité de l'échantillon et donc des points de vue. Cette dernière caractéristique est plus importante que le nombre de personnes impliquées. (*Ibid.* : 89.)

Le mode de fonctionnement, défini entièrement par l'animateur, s'exerce selon une approche très structurée. Le droit de parole est réparti également entre les divers participants de façon à éviter ainsi la domination de ceux ou celles qui ont plus de faciliter à s'exprimer.

Ainsi, le groupe nominal vise à recueillir des informations de première main, auprès d'un groupe d'« experts » susceptibles d'apporter des points de vue variés, exhaustifs, hétérogènes, sur un problème ou sujet particulier. C'est un processus de groupe qui se veut directif et orienté vers une prise de décision que les participants sont amenés à prendre par le biais d'étapes formelles, successives, bien déterminées. Bien que ce groupe soit axé sur la communication verbale, les échanges s'effectuent toujours par l'intermédiaire de l'animateur. Les occasions de s'exprimer sont ainsi équitables pour chaque participant.

Processus de la technique du groupe nominal

On s'entend généralement pour distinguer sept étapes dans ce processus (Nadeau, 1988 ; Mucchielli, 1996). Sommairement, cette démarche est la suivante :

1. La question initiale : la première étape consiste à formuler la question initiale qui sera soumise aux répondants et qui doit être en lien avec la nature des besoins étudiés. C'est également à cette première étape qu'il faut choisir les experts et établir une formule de notation.

2. La phase de préparation constitue la deuxième étape du processus. Il s'agit d'aménager les lieux physiques et de disposer du matériel nécessaire.

3. Vient en troisième étape la phase dite « d'accueil » qui consiste à recevoir les participants et leur consentement à participer au projet ainsi qu'à les informer des buts de l'exercice, à leur préciser les contraintes et les exigences de la technique et à leur spécifier leurs rôles et ceux tenus par l'animateur.

4. Ensuite c'est l'étape du recueil des énoncés. L'animateur pose une question et les participants, en silence, formulent par écrit le plus grand nombre d'opinions possibles dans un laps de temps déterminé. Ensuite l'animateur demande à chaque participant, à tour de rôle, de communiquer la première opinion inscrite sur sa feuille. Comme le souligne Mucchielli (1996: 89), «chaque participant génère par écrit et en silence autant d'énoncés qu'il le souhaite en réponse à la question. Chacun des énoncés doit être clair, concis et ne comporter qu'une seule idée.» Au fur et à mesure, il écrit cette opinion sur un tableau ou sur des feuilles mobiles et procède à autant de tours de table qu'il y a d'opinions à exprimer. Chaque participant peut juger si son idée est identique à une opinion déjà émise; dans ce cas, il s'abstient de formuler son idée.

5. La clarification: tous les énoncés étant bien en vue, on précise ensuite les idées les unes après les autres. Il s'agit de vérifier si tous les participants attribuent le même sens aux énoncés et s'ils comprennent la logique qui sous-tend chaque opinion.

6. Le vote préliminaire. Cette discussion de groupe est suivie d'un vote individuel sur l'importance relative des énoncés. Les énoncés qui reçoivent le plus de votes constituent les priorités du groupe.

7. Le vote final. Pour diminuer la dispersion des votes et resserrer le consensus, on peut ajouter une étape de discussion des résultats du premier vote ainsi qu'un deuxième et dernier vote.

Avantages et désavantages de la technique du groupe nominal

Plusieurs avantages sont attribués à cette technique. Nadeau (1988: 353) mentionne les suivants: recours à un nombre considérable de participants; coût minime d'exécution; obligation de la part des experts de se concentrer sur le sujet traité; possibilité pour les participants d'émettre, de façon libre, leurs opinions, ce qui évite la perte de leur intérêt et de leur motivation; possibilité d'alterner travail individuel et travail de groupe; atténuation de l'influence des leaders et, enfin, dépersonnalisation des discussions. Pineault et Daveluy (1986: 240) soulignent que cette technique est utile en situation complexe de prise de décision:

> elle permet à tous les participants d'exprimer leurs opinions, sans avoir à se concurrencer comme dans les groupes interactifs; elle permet d'aborder un grand nombre d'idées sans nécessiter des calculs sophistiqués et enfin, elle peut être utilisée pour des opérations de planification ou d'évaluation.

Cette technique relativement rapide peut aussi s'appliquer à divers groupes d'individus (enfants, personnes âgées, etc.) (Mucchielli, 1996: 89). Elle favorise aussi l'alternance du travail individuel et de la discussion en groupe. La possibilité égale pour les participants d'émettre une opinion et d'influencer la décision du groupe fait en sorte que les membres conservent leur intérêt et leur motivation jusqu'à la fin. La technique du groupe nominal permet de plus la participation de plusieurs personnes, tout en évitant les problèmes d'influence engendrés par le groupe non structuré. Cette technique fournit des données qualitatives rapidement et à peu de frais. Ajoutons aussi qu'elle diminue l'émotivité en dépersonnalisant le contenu du débat et qu'elle favorise l'expression de points de vue différents sur un même sujet ainsi que l'exploration d'avenues, de solutions variées.

La technique du groupe nominal comporte également certains inconvénients:

> La rigueur et l'inflexibilité de la technique rendent difficiles les ajustements ou les changements en cours de route; elle exige une certaine rigueur et une certaine tolérance à la frustration de la part des participants, ce qui demande un certain temps; le temps de validation de la question nominale peut être long; la technique ne favorise pas une réflexion poussée sur un sujet donné. (Nadeau, 1988: 353.)

Comme pour la technique Delphi, le processus du groupe nominal oblige, par le processus de vote, «à sélectionner des idées de telle sorte que les positions extrêmes sont rejetées, il y a danger d'en demeurer à un niveau assez général. Par ailleurs la grande structuration du processus peut susciter une certaine frustration» (Pineault et Daveluy, 1986: 240). Une autre limite concerne la superficialité des besoins exprimés (Mucchielli, 1996: 90).

Le tableau 10.1 présente une synthèse de la technique du groupe nominal.

TABLEAU 10.1
Les étapes du groupe nominal

1. À partir de la question nominale présentée par l'animateur et dans un temps limité, les participants sont invités à formuler par écrit et en silence toutes les opinions ou idées qu'ils peuvent avoir.
2. Chaque participant, à tour de rôle, est invité à communiquer l'opinion ou l'idée inscrite en tête de liste. L'animateur écrit celle-ci sur une feuille mobile exposée à la vue de tous. Le tour de table se poursuit tant et aussi longtemps qu'il y a des opinions ou des idées.
3. Une fois l'exercice d'expression des opinions ou des idées terminé, l'animateur passe à la phase de clarification des énoncés. Il s'agit à cette étape de vérifier si les participants donnent le même sens aux énoncés et s'ils les comprennent de la même façon.
4. La phase suivante consiste en un vote individuel et secret sur l'importance relative accordée aux énoncés. Ceux qui reçoivent le plus de voix sont considérés comme prioritaires.
5. La cinquième phase peut être consacrée à une discussion ouverte sur les énoncés et les résultats du vote.
6. La dernière phase est utilisée pour un deuxième et dernier vote. Tout comme à la quatrième étape, les énoncés qui reçoivent le plus de votes sont retenus comme prioritaires.

Source: Nadeau (1988: 353).

Comme complément, le tableau 10.2 permet de comparer les trois techniques que nous venons de présenter: le groupe de discussion ou groupe non structuré à interventions réciproques, la technique Delphi et le groupe nominal.

TABLEAU 10.2

Comparaison entre les techniques des groupes à interactions réciproques, nominal et Delphi

Point de comparaison	Groupe à interactions réciproques	Groupe nominal	Technique Delphi
Méthodologie générale (description).	Rencontres non structurées. Expression libre d'opinions suivie d'une prise de décision basée sur cette discussion ouverte. Évaluation pratique des idées émises.	Rencontres structurées. Égalité de participation dans la production d'idées, leur collecte et leur distribution par ordre de priorité. Participants réunis.	Rencontres structurées. Administration systématique d'une série de questionnaires suivis de rétroactions et d'un vote secret. Participants isolés. Anonymat des participants.
Orientation des groupes face à l'accomplissement de la tâche.	Concentration sur les aspects socioaffectifs des échanges. Efforts orientés vers le maintien de bonnes relations entre les participants. Traitement superficiel des sujets controversés.	Partage de l'attention entre les aspects socio-affectifs des relations interpersonnelles des membres et l'exécution de la tâche.	Orientation exclusive de l'attention vers l'exécution de la tâche. Absence d'information sur les participants.
Comportement du groupe.	Discussion de courte durée. Confusion des étapes de production et d'évaluation. Évaluation hâtive. Adoption prématurée d'une ligne de pensée.	Distinction nette des étapes de production et d'évaluation. Dépersonnalisation du débat. Évaluation basée sur un vote secret.	Distinction nette des étapes de production et d'évaluation. Concentration sur la tâche. Évaluation objective des propositions.
Normes de comportement.	Pressions favorisant l'exécution de comportements normalisés.	Procédé favorisant la tolérance pour la non-conformité des comportements.	L'isolement et l'anonymat des membres sont des conditions qui s'ajoutent à celles prévues dans la technique de groupe nominal pour favoriser le non-conformisme.

TABLEAU 10.2
TABLEAU 10.2
Comparaison entre les techniques des groupes à interactions réciproques, nominal et Delphi (*suite*)

Point de comparaison	Groupe à interactions réciproques	Groupe nominal	Technique Delphi
Égalité dans la participation.	Égalité contrainte par la domination de quelques membres.	Égalité favorisée à toutes les étapes sauf lors de la discussion.	Participation égale favorisée à chaque étape.
Quantité et qualité des idées.	Peu d'idées (effet d'ornière). Idées générales. Exploration d'idées pour obtenir un consensus.	Idées produites plus nombreuses, plus précises et plus diversifiées.	Idées produites très nombreuses, très précises et très diversifiées.
Méthode de résolution de conflits.	Discussions centrées sur le participant. Traitement superficiel du problème. Retrait de participants. Imposition d'idées. Changement de sujet traité.	Concentration sur l'exécution de la tâche. Confrontation et résolution d'idées conflictuelles.	Concentration sur l'exécution de la tâche. Glissement « statistique » vers l'opinion de la majorité.
Sentiment du travail accompli.	Pratiquement inexistant, désintéressement aux suites prévues de la discussion.	Sentiment fort du travail accompli.	Sentiment moyen du travail accompli.

C — Le groupe de discussion (*focus group*)

Le groupe de discussion est une technique abondamment documentée en sciences sociales et très utilisée dans le réseau sociosanitaire afin de recueillir des informations nouvelles qui, souvent, seraient moins accessibles autrement. Pour que ces groupes soient efficaces, ils doivent comprendre de 6 à 12 personnes, et la discussion doit se limiter à deux heures environ. Deux personnes doivent agir respectivement à titre d'animateur et de secrétaire de réunion. Pour Simard (1989: 11), la réussite de cette méthode repose sur quatre facteurs: le recrutement des participants afin de constituer un groupe homogène, l'animation de groupe, l'élaboration de la grille d'entrevue et la synthèse des résultats.

Pour animer un groupe de discussion, les habiletés et les stratégies propres à l'intervention de groupe sont appropriées. L'animateur doit guider le groupe et, comme Bales (1968) nous l'a appris, deux cibles doivent préoccuper l'animateur: le contenu (la tâche) et la relation (les aspects socioaffectifs). Les principes de l'entrevue guidée ou semi-structurée seront de mise.

Il est souhaitable de réunir les participants dans un lieu neutre. Afin de favoriser l'expression la plus libre possible, la disposition en cercle est suggérée. La durée de la discussion est généralement de deux heures environ. Toutefois, le thème central doit être abordé tôt, de façon à permettre une discussion plus souple vers la fin de la rencontre.

Une consigne ou introduction doit être préparée à l'avance afin de présenter clairement l'objectif de la rencontre, la participation attendue, le temps alloué, le caractère anonyme des discussions, les suites prévisibles du projet, etc. Il faut également négocier dès ce moment l'enregistrement de la discussion et son utilité. La grille d'entrevue qui reprend les thèmes prioritaires à débattre pour répondre aux objectifs de l'étude constitue l'outil d'animation (Simard, 1989: 37).

L'ensemble du matériel recueilli est analysé par l'entremise d'une analyse de contenu thématique (voir le chapitre 7). À ce propos, Simard (1989) suggère de tenir compte de la fréquence d'apparition des énoncés, bref de quantifier, et ce afin de faciliter la hiérarchisation des thèmes et des sous-thèmes. Tout au long de cette analyse, il faut reconnaître que le groupe demeure l'unité fondamentale d'analyse. Ainsi, l'examen détaillé du contenu de la discussion d'un ou de deux groupes constitue un point de départ pour la catégorisation, et le contenu des données des autres groupes viendra s'ajouter par la suite soit pour renforcer quantitativement les messages déjà catégorisés, soit pour permettre l'énonciation de nouvelles catégories. Il s'agit ici d'un modèle ouvert au sens où L'Écuyer (1987: 56) l'entend. La transcription des discussions mot à mot doit toujours servir d'illustration dans l'analyse intergroupes et interthèmes. L'essentiel est donc de dégager les divergences et convergences intergroupes, en tenant compte des variables structurelles qui ont servi à l'échantillonnage des groupes et des participants.

Geoffrion (1993) reconnaît à la discussion de groupe les avantages suivants. D'abord, comme les questions sont ouvertes, les participants peuvent prendre le temps de nuancer leurs réponses. De plus, la flexibilité de la méthode, régulée par l'animateur, conduit le plus souvent à une richesse des données. Conséquemment, le groupe de discussion «permet une compréhension plus approfondie des réponses fournies» (*ibid.*: 312). Cette interaction entre les participants crée une dynamique de groupe qui facilite un débat contrasté (le pour et le contre) sur le thème. Il peut arriver que des individus changent d'opinion en cours de route; il est alors intéressant d'analyser les motifs d'une telle évolution. Cette technique est également utile pour explorer des sujets délicats (problèmes de santé ou de sexualité) qui sont difficilement abordables par des moyens plus traditionnels (entrevue individuelle et sondage téléphonique). Finalement, elle fournit l'occasion de rejoindre et de faire participer des groupes souvent délaissés (les personnes illettrées ou les enfants).

Du côté des désavantages, Geoffrion spécifie les éléments suivants. Comme l'échantillonnage des participants n'est pas statistiquement représentatif de l'ensemble de la population étudiée, on «ne peut extrapoler les résultats à cette population» (*ibid.*: 314). De plus, l'animateur peut, volontairement ou non, «influencer les résultats des groupes de discussion par ses opinions personnelles» (*ibid.*). De même, la dynamique du groupe peut mal tourner et produire «des effets négatifs» (*ibid.*). La validité des résultats du groupe de discussion peut être, quelquefois, mise en doute. Dans ces circonstances, il peut être utile d'ajouter une étude quantitative afin «de contrevérifier et de quantifier les résultats du groupe de discussion» (*ibid.*: 316).

En somme, le groupe de discussion «consiste à réunir un groupe d'individus dans un même lieu et à leur demander de s'exprimer sur un ou plusieurs thèmes donnés» (Nadeau, 1988: 349). Il s'agit d'une technique somme toute assez simple, largement utilisée et qui comporte de nombreux avantages: «les participants se sentent directement concernés, l'approche est rapide et peut donner de bons résultats en très peu de temps» (*ibid.*). Parmi les inconvénients les plus fréquemment cités sont la nécessaire participation des individus et le risque du monopole des discussions par des participants vedettes. Par ailleurs, c'est une méthode qui ne vise pas le consensus. Le chercheur mise sur la force de l'interaction en groupe et sur les possibilités d'accéder à une saturation de contenu par l'hétérogénéité des représentations.

D — L'approche par informateurs clés

Un informateur clé est une personne qui représente un groupe ou un sous-groupe d'une communauté et qui est considérée comme ayant une bonne connaissance de celle-ci (Pineault et Daveluy, 1986: 226). Cette technique, associée aux sociologues et aux anthropologues, est aussi utilisée par les intervenants sociaux qui œuvrent dans les communautés.

Concrètement, la démarche est relativement simple: il s'agit de sélectionner des personnes clés, soit en se les faisant désigner par échantillon boule de neige (voir le chapitre 5), soit en partant de listes de responsables d'organismes ou d'établissements, soit en contactant directement des gens élus, administrateurs ou simples citoyens susceptibles de nous indiquer des noms de personnes clés. Selon la taille de la population à rejoindre, le nombre d'informateurs peut varier (allant de quelques-uns à plusieurs dizaines, selon le cas). À l'aide d'une entrevue ou d'un questionnaire, tous les informateurs sont soumis sensiblement au même questionnement.

Sans nécessairement rechercher le consensus, il se peut que la plupart des opinions émises par ces informateurs soient concordantes, notamment quant aux besoins prioritaires. À cause de cette possibilité, cette technique s'emploie rarement seule. C'est le cas, par exemple, d'une étude de besoins dans un CLSC où plusieurs techniques ont été combinées (approche par indicateurs, informateurs clés, forum communautaire) (Ouellet et Cloutier, 1990). Par ailleurs, le recours à des informateurs clés «évite au chercheur d'avoir à transiger avec un grand nombre de personnes pour l'éclairer dans l'analyse d'une situation donnée» (Mucchielli, 1996: 102). Ainsi, des chercheurs ont eu recours à des anciens toxicomanes afin de mieux connaître le milieu des piqueries dans un quartier défavorisé de Montréal (Bibeau et Perreault, 1995).

L'informateur clé ne fait pas partie de l'échantillon, et sa fonction principale «consiste à orienter le chercheur vers des aspects qui auraient pu lui échapper, à lui donner accès à des expériences qui ne lui seraient pas accessibles directement» (Mucchielli, 1996: 103) ou encore à l'aider dans l'interprétation des résultats. En général, le recours à des informateurs clés ne constitue pas la principale source d'information pour le chercheur; le plus souvent, il constitue une source complémentaire.

Dans une étude de besoins, le recours à des informateurs clés est fréquent. Pineault et Daveluy (1986) rappellent que l'intérêt de cette méthode tient au fait qu'elle «donne un éventail des besoins actuels de la communauté», surtout si l'échantillonnage est représentatif des divers groupes composant la communauté. Cette méthode peut fournir également des pistes de solution et elle est «relativement simple et peu coûteuse» (*ibid.*). Par contre, comme cette méthode repose «sur les perceptions et les impressions des gens et qu'elle porte surtout sur la situation présente, il en résulte que les besoins futurs des individus» sont peu explorés (*ibid.*).

Pour Tourigny et Dagenais (1998: 403), le recours à des informateurs clés présente les avantages et les limites suivants:

> Par exemple, les intervenants ont généralement tendance à surestimer les problèmes et à sous-estimer la capacité des gens à changer. Par contre, cette méthode a l'avantage d'être nettement moins coûteuse et de fournir un regard externe à la situation.

Plusieurs établissements du réseau sociosanitaire québécois, notamment les CLSC, ont utilisé cette technique pour l'appréciation des besoins et des problèmes sociaux des communautés.

Un exemple de recherche par informateurs clés

Une recherche de ce type a permis au CLSC Notre-Dame-de-Grâce d'élaborer une vision plus collective des problèmes de la communauté et, ainsi, de mieux définir ses programmes et ses priorités d'action (Daveluy et autres, 1989). Cette recherche de nature qualitative visait à explorer la nature des besoins des personnes à risque (*ibid.*: 4), et ce d'après la perception des intervenants qui leur viennent en aide quotidiennement. Pour ce faire, on a eu recours à l'approche par informateurs clés, qui favorise l'implication des répondants dans la mise en œuvre des solutions. Mais cette approche a aussi les limites des méthodes fondées sur des perceptions subjectives. Afin de s'assurer de la pertinence des

→

commentaires, deux types d'informateurs clés ont été dégagés afin «d'allier expérience de vie et de travail auprès de la population cible» (*ibid.*: 10). Dans la première catégorie, qualifiée de «généraliste», on a interrogé une soixantaine de citoyens susceptibles de bien connaître les problèmes du milieu (gérant de magasin, directeur de banque, propriétaire et serveur de restaurant, employé de dépanneur, coiffeur, etc.). Ensuite, une quarantaine d'entrevues ont été effectuées auprès de «spécialistes» ou d'intervenants dans le milieu, soit parmi le réseau public ou le réseau communautaire. Daveluy a conclu à l'utilité et à la pertinence de la démarche, «malgré les limites d'une telle étude exploratoire» (*ibid.*: 23).

E — La technique de l'incident critique

La technique de l'incident critique, née au milieu des années 1950, a servi «à recueillir des observations sur des comportements, appelés incidents, qui favorisent ou empêchent l'atteinte des objectifs d'un système» (Nadeau, 1988: 354). Le processus est relativement simple: il s'agit d'abord de décrire les circonstances (le cadre de l'incident), de définir avec clarté et concision l'incident lui-même (comportement) et, enfin, de donner les raisons qui font que «l'incident critique a favorisé ou gêné l'atteinte d'un objectif» (*ibid.*). Pour l'analyse, on classe les observations selon diverses catégories qui regroupent des comportements similaires. Le principal avantage de cette technique est qu'elle porte sur des faits concrets et réels. Par contre, elle exige une grande habileté d'observation et d'analyse. Dans certains cas, on a recours à des images (photos, diapositives, etc.) pour amener les participants à parler de leur vécu quotidien.

La technique de l'incident critique se veut une procédure souple et pertinente «pour l'observation des processus de résolution de problèmes» (Lambin, 1994: 41). Il s'agit essentiellement d'une technique qui vise à «rassembler des données sur des observations faites antérieurement et rapportées de mémoire» (*ibid.*). Par exemple, Lambin (1994) a eu recours à la technique de l'incident critique pour mieux comprendre et décrire la pratique professionnelle de praticiens sociaux auprès d'adolescents vivant une carence relationnelle et orientés vers la pédopsychiatrie. À l'aide d'entrevues individuelles semi-dirigées et d'un questionnaire, elle a déterminé un certain nombre d'incidents critiques négatifs associés au traitement de ces adolescents. L'ensemble du matériel recueilli a été analysé au moyen d'une analyse de contenu thématique. De cette analyse, il est résulté la description des trajectoires types qui conduisent soit à des interventions cliniques positives, c'est-à-dire qui facilitent le traitement, soit à des interventions cliniques négatives, c'est-à-dire qui obstruent le traitement. En somme, cette technique permet de cerner des facteurs qui peuvent être associés tant au cadre de l'intervention qu'au contenu même de l'intervention.

D'autres analyses, telles que celles de Nadeau (1989), de Roy (1991) et de Legault et Lafrenière (1992), constituent des exemples de l'utilisation de cette technique pour l'étude de l'étiologie sociale des troubles mentaux ainsi que pour une meilleure compréhension des relations interculturelles.

Cette technique comporte deux difficultés particulières: la détermination des incidents critiques et le choix des experts. En effet,

> les incidents doivent être précis, concis et doivent représenter l'action, le geste ou l'attitude qui a eu un effet déterminant sur la situation. La sélection des experts [...] est primordiale, car l'essence de la technique repose sur la capacité d'observer directement ou rétroactivement une situation, de l'analyser et d'identifier les éléments qui l'influencent le plus. Ainsi, une mauvaise sélection des experts peut fausser la collecte de données et, par conséquent, les résultats. (Lambin, 1994: 45.)

En somme, la méthode des incidents critiques consiste à recueillir auprès des professionnels concernés des «descriptions d'événements remarquables (en bien ou en mal) qui illustrent tel ou tel problème dont on s'occupe dans la recherche» (Mucchielli, 1996: 100).

F — La charrette

La charrette est un dérivé des procédés de prise de décision en groupe, par lesquels les membres d'une communauté particulière planifient eux-mêmes la mise sur pied de nouveaux programmes ou services, ou évaluent la pertinence des services existants (Johnson et autres, 1987). Cette méthode repose sur l'idée qu'une décision, pour être valable, doit être prise de façon communautaire. Les besoins définis sont censés refléter ceux de la communauté.

Concrètement, la charrette est conduite par un comité directeur, dont l'une des premières tâches est de constituer des groupes qui représentent différents points de vue sur une situation donnée. Ces groupes, hétérogènes entre eux, fonctionnent comme des groupes de tâche et déterminent leurs propres objectifs, stratégies et solutions. Par la suite, le comité organise ce que l'on nomme la charrette conférence, qui s'étend généralement sur une période de cinq à dix jours. Son mandat est d'entendre les différents groupes, d'intégrer tous les travaux de ces groupes et de tracer des lignes directrices. Ce procédé, qui rejoint en quelque sorte celui de nos commissions parlementaires, peut s'avérer un outil fort intéressant dans une perspective communautaire. Évidemment, comme plusieurs autres techniques de collecte de données, le choix des groupes cibles et des experts demeure un élément majeur.

G — Le forum communautaire

Certains chercheurs estiment que les individus et les groupes les plus démunis arrivent rarement et difficilement à exprimer leurs besoins, d'où la nécessité de promouvoir des moyens pour «conscientiser, organiser et mobiliser» ces personnes afin qu'elles puissent mieux définir leurs propres besoins et exercer une meilleure emprise sur les services qui leur sont offerts (Tourigny et Dagenais, 1998 : 404). Le recours au forum communautaire constitue un bon moyen pour pallier cette difficulté, puisqu'il constitue une assemblée ouverte à tous les membres d'une communauté (Pineault et Daveluy, 1986 : 242). On pourrait aussi utiliser l'expression audience publique. Comparativement à la charrette, le forum ne limite pas la participation à quelques groupes. Au contraire, tous les membres de la communauté sont invités à venir exprimer leur point de vue sur des besoins particuliers à combler.

Visant l'expression du plus grand nombre de personnes possible, la tenue du forum se doit d'être connue par l'ensemble de la population concernée et lui être accessible. L'organisation propre aux assemblées délibérantes est alors mise en place. Cette démarche comporte toutefois une limite importante : comme dans le cas de la charrette, la sous- ou surreprésentation d'opinions peut fausser le portrait des besoins d'une communauté ou le rendre incomplet ; la réponse aux besoins ne serait alors pas adéquate. Pour ces raisons, cette technique s'utilise davantage comme complément à d'autres méthodes.

Un exemple de forum communautaire est le Parlement de la rue organisé à l'automne de 1997 par divers groupes communautaires. Ses membres ont «siégé» pendant plus d'un mois, jour et nuit, dans le Vieux-Québec, afin de recevoir les doléances des individus et des organismes afin d'améliorer le projet de loi relatif à la sécurité du revenu et de recevoir également les suggestions relatives à l'élaboration d'une politique de «pauvreté zéro».

CONCLUSION

En somme, l'étude de besoins requiert une bonne préparation ainsi que l'implication des milieux concernés. Habituellement, elle se déroule par étapes successives ou concomitantes au cours desquelles diverses tâches sont à accomplir pour parvenir à la prise de décisions. L'étude des besoins requiert de l'analyse, de la synthèse et de l'interprétation. La créativité est requise «pour l'exploration des pistes de solutions et alternatives d'intervention, démarche préalable à l'établissement des priorités d'actions» (Gouvernement du Québec, MSSS, 1989 : 20).

Nous avons vu précédemment que le concept de besoin est défini différemment selon les auteurs. Toutefois, la définition la plus courante est celle qui pose le besoin comme un écart entre une réalité et la situation désirée. Pour mesurer le besoin, il s'agit alors de déterminer le meilleur moyen pour permettre l'expression des écarts. Certaines méthodes s'inspirent d'une approche déductive, d'autres, d'une approche plus inductive. Dans ce chapitre, nous avons dressé un inventaire de techniques et d'outils généralement bien connus des intervenants sociaux ou, à tout le moins, qui se rapportent à un univers familier.

Comme synthèse, le tableau 10.3 présente les principales caractéristiques des techniques utilisables en analyse de besoins.

TABLEAU 10.3
Techniques utilisables en analyse des besoins — synthèse

Approche de la technique	Technique	Mode de fonctionnement	Caractéristiques des participants et des groupes	Nombre de participants	Énergie, temps et ressources
Déductive	Le questionnaire (*survey*)	Enquête	Échantillon représen-tatif d'une population	Élevé	Modérés à élevés
Déductive	L'entrevue de face à face ou par téléphone	Enquête	Échantillon représen-tatif d'une population	Élevé	Modérés à élevés
Déductive	L'approche par indicateurs	Recherche documentaire et statistique	—	—	Modérés
Inductive	Les informateurs clés	Enquête	Personnes-ressources dans la population concernée	10 à 15	Minimes
Inductive	Le groupe de discussion	Interaction contrôlée	Plusieurs groupes hétérogènes d'une même communauté	Plus ou moins 10 par groupe	Modérés à élevés
Inductive	Le groupe de discussion	Interactions réciproques non structurées	Experts	10 à 12	Minimes
Inductive	La technique Delphi	Recherche d'un consensus	Experts	5 à 15	Élevés
Inductive	La technique du groupe nominal	Recherche d'un consensus	Experts	7 à 10	Minimes
Inductive	La charrette	Forum public	Groupes hétérogènes d'une même commu-nauté	Indéfini	Minimes à modérés
Inductive	Le forum communautaire	Forum public	Tout membre d'une communauté donnée	Indéfini	Minimes

Si l'on se fie à différentes expériences comme celles que nous avons relatées dans ce chapitre, il est opportun de penser qu'il y a de la place pour la créativité dans le domaine de l'analyse des besoins. Nous sommes loin maintenant de l'époque où seul le sondage était reconnu crédible et valide. Les intervenants peuvent maintenant avoir recours à diverses techniques, dans la perspective toujours essentielle d'adapter une pratique à des besoins présents dans une communauté.

Malgré sa simplicité apparente, l'analyse des besoins exige une bonne dose de connaissances techniques (échantillonnage, questionnaire, etc.). De plus, il faut reconnaître que l'analyse professionnelle des besoins est parfois critiquée. Par exemple, McKnight (1977: 12) dénonce principalement les effets abrutissants engendrés par la triple conception «professionnaliste» du besoin qui, premièrement, considère le besoin comme un manque «fâcheux pour soi ou comme un vide chez autrui», qui, deuxièmement, situe la déficience chez le client, indépendamment des facteurs et du contexte sociopolitiques dans lequel il s'insère, et qui, troisièmement, définit le besoin en termes de spécialisation[6].

Pineault et Daveluy (1986: 263) ont raison de souligner que «la façon de poser le problème est fondamentale. Elle conduit le but qui donnera la direction au programme; de ce fait, l'analyse conditionne la solution du problème». D'où l'importance que le plus grand nombre de gens puissent participer, dans la mesure du possible, à ce processus.

LECTURES SUGGÉRÉES

COLLECTIF (1992). *Connaître ses clients et leurs besoins: guide pratique d'analyse des besoins* (version française de *Enjoying Research, How-to Manual on Needs Assessment*), Québec, Les Publications du Québec, 300 p.

DAVELUY, C. et autres (1989). *La face cachée. Les besoins prioritaires en matière de santé et de bien-être des groupes à risques de Notre-Dame-de-Grâce et Montréal-Ouest: perceptions de la communauté*, Montréal, Centre local de services communautaires Notre-Dame-de-Grâce/Montréal-Ouest.

DROLET, M. (1988). *La démarche d'analyse des clientèles à risque du CLSC Les Forges*, Trois-Rivières, CLSC Les Forges, 154 p.

PINEAULT, R. et DAVELUY, C. (1986). *La planification de la santé*, Montréal, Agence D'Arc, 480 p.

SIMARD, G. (1989). *La méthode du Focus Group*, Laval, Mondia éditeur, 102 p.

---

6. Ainsi, les experts professionnels définissent le besoin comme une déficience, et l'individualisation et la simplification de la personne s'ensuivent. Il est donc possible de dégager trois affirmations du système des services: vous êtes déficient; c'est vous le problème et vous avez une série de problèmes. Voilà! Replacés dans la perspective des intérêts du système des services, ces postulats deviennent: nous avons besoin de problèmes; nous avons besoin de vous dire lesquels; et finalement nous sommes la solution à votre problème. Ainsi, l'idéologie professionnelle se caractérise par une vision du monde «où nos vies et nos sociétés sont traitées comme une série de problèmes techniques […] C'est une idéologie qui métamorphose le citoyen en client, les communautés en une juxtaposition d'individus déficients […]» (McKnight, 1977: 18). Cette vision du monde produit donc des effets «abrutissants» pour le consommateur de services, qui se trouve incapable de toute emprise sur la définition des problèmes de même que sur les solutions à apporter.

CHAPITRE 11

La recherche dite « alternative »

La recherche-action, la recherche participative, l'intervention sociologique, la recherche féministe et la recherche conscientisante

Robert Mayer et Francine Ouellet

MISE EN CONTEXTE

En tant qu'intervenant social, vous pourriez être invité à participer à l'un ou l'autre des types de recherche suivants: un projet de recherche-action pour l'élaboration d'un nouveau modèle de pratique sociale ou une recherche féministe afin de valider un mode d'intervention auprès des femmes; une démarche de recherche conscientisante afin de déterminer les valeurs culturelles propres à un groupe auprès duquel vous intervenez; une démarche d'intervention sociologique auprès de gens qui participent à des mouvements sociaux, etc. Le chapitre qui suit vise à présenter brièvement ces diverses modalités de recherche, qui se veulent, par leurs démarches respectives, plus proches de l'action sociale que les procédures de la recherche dite «traditionnelle».

INTRODUCTION

Au cours des décennies 1970 et 1980, la recherche sociale a pris un essor à l'intérieur de plusieurs organismes du champ des services sociosanitaires. Elle va aussi devenir une composante importante des services sociaux et va progressivement s'intégrer dans les préoccupations professionnelles des praticiens sociaux. De plus, des chercheurs et des intervenants sociaux vont notamment tenter d'élaborer des modèles de recherche plus adaptés à un champ de pratiques professionnelles comme celui du travail social. C'est alors qu'apparaissent de nouveaux termes pour parler de la recherche sociale: recherche-action, recherche qualitative, recherche militante, recherche féministe, enquête conscientisante, intervention sociologique, etc. (Deslauriers, 1991: 25). La particularité de ces nouvelles pratiques de recherche est qu'elles visent à établir des rapports plus égalitaires entre les chercheurs et les intervenants et à mettre au point de nouveaux modèles d'intervention: intervention de réseaux, prise en charge par le milieu, intervention féministe, etc. Dans ce chapitre, nous voulons présenter quelques-unes des nouvelles formes de recherche, notamment la recherche-action, la recherche participative, l'intervention sociologique, la recherche féministe et la recherche conscientisante.

11.1   LA RECHERCHE-ACTION

11.1.1   Présentation et définition

La recherche-action est devenue, surtout au cours des années 1980, un thème à la mode au Québec. Elle s'est développée dans divers domaines, notamment dans les secteurs de la santé et du travail social. Dans un des rares livres québécois sur le sujet, Goyette et Lessard-Hébert (1987: 17) soulignent l'importance quantitative grandissante des pratiques de recherche-action tout en nous prévenant qu'il «existe une diversité de définitions, de conceptions et de pratiques de recherche-action».

Certains signalent que la société actuelle est entièrement fondée sur le principe de la division. C'est par rapport à ce contexte de division que la recherche-action apparaît comme un outil intéressant, car elle a pour but de relier ce que la recherche classique tend à séparer: la théorie et la pratique, la recherche et l'action, l'individuel et le communautaire, l'affectif et l'intellectuel, etc. (Bolle De Bal, 1981: 576). Ainsi, Martin (1985) explique cet intérêt des intervenants sociaux pour la recherche-action par le fait que celle-ci est vue comme un moyen d'améliorer la pratique professionnelle. Bernier (1978) et Zúñiga (1981) ont souligné que l'intérêt des intervenants pour la recherche-action est motivé par plusieurs raisons. D'abord, elle semble ouvrir une possibilité «de faire de la recherche» qui apparaît comme moins codifiée, moins ritualisée et moins exigeante que les modèles classiques. Elle semble aussi offrir des méthodes plus aptes à l'analyse des pratiques professionnelles. Enfin, elle semble inviter chercheurs et praticiens à une collaboration plus égalitaire. Du côté des chercheurs, il ressort que la recherche-action implique une transformation du rôle du chercheur; ce dernier devient un conseiller, un interrogateur plutôt qu'un transmetteur de savoir ou un directeur de projet. Dans ce sens, plus qu'une simple transformation de son rôle, c'est davantage une «conversion» qui est ici exigée du chercheur. Mais dans l'ensemble, il ressort que l'équilibre entre la recherche et la pratique demeure généralement fragile et varie grandement (Blanchet et autres, 1984; Sauvin, Dind et Vuille, 1981).

Pour plusieurs auteurs, le concept de recherche-action fait partie de ces concepts fourre-tout qui doivent leur popularité autant à leur pouvoir d'évocation qu'à leur utilité sur les plans de la description et de l'analyse (Martin, 1987; Rosweber, 1995). Mais au-delà de la diversité des définitions, nous nous rallions aux conceptions de Rhéaume (1982) et de Gauthier (1984: 462) pour qui la recherche-action n'est pas une nouvelle technique de collecte d'information, mais plutôt

> une modalité de recherche qui rend l'acteur chercheur et qui amène l'action vers des considérations de recherche. Elle est différente de la recherche fondamentale qui ne fonde pas sa dynamique sur l'action et de la recherche appliquée qui ne considère encore les acteurs que comme des objets de recherche et non comme des sujets participants.

Elle se caractérise également «par la production d'un savoir qui se développe dans et par l'action réalisée par des groupes sociaux» (Rhéaume, 1982: 44).

La recherche-action s'efforce de rendre compte de la dynamique de la pratique sociale. La source des interrogations provient de la pratique elle-même et «l'analyse des données s'intègre dans un processus d'interprétation réciproque entre chercheurs et praticiens puisque la signification de l'action reste polysémique et nécessite un travail d'interprétation» (Groulx, 1998: 42). Sur le plan analytique, les visées «de découverte et de changement remplacent celles d'explication et de causalité» (*ibid.*: 43), ce qui rend inopérants «les termes de variables, d'opérationnalité de concepts, de validité, de mesures» (*ibid.*).

Au cours des années 1970, la recherche-action sera associée à une certaine conception professionnelle de la recherche dans la mesure où elle va viser le développement d'un savoir professionnel et l'amélioration de l'efficacité des pratiques d'intervention. Pour ce faire, on évoque le concept de praticien-chercheur dans la mesure où le savoir est tiré de la pratique par un processus de recherche qui vise à produire un savoir valable et utile pour l'action (Groulx, 1984).

11.1.2 Les caractéristiques de la recherche-action

A — Le processus

On s'entend généralement pour dire qu'aujourd'hui comme hier il n'y a pas de «visée commune» chez ceux qui se disent impliqués dans les recherches-actions au Québec (Gauthier, 1984). Plusieurs auteurs résument ainsi les principales caractéristiques de la recherche-action: il s'agit d'une démarche collective intégrant à la fois une stratégie de recherche et une stratégie d'action; elle est menée par une équipe multidisciplinaire au sein de laquelle les chercheurs et les acteurs sont engagés dans une relation de collaboration et de concertation; et elle est centrée sur une situation concrète qui fait problème.

Goyette et Lessard-Hébert (1987: 2) précisent que la recherche-action apparaît à la fois comme une stratégie de recherche, d'intervention et de formation. Il est aussi convenu que la démarche de la recherche-action relève d'une logique qui n'est pas strictement linéaire comme celle d'une certaine tradition de la recherche sociale. Elle peut être représentée, selon Goyette et Lessard-Hébert (1987: 160), comme un cercle ou une spirale où le retour des informations entre les différentes phases ou au niveau de l'ensemble de la démarche est recherché et accepté comme une source possible de modifications (choix) quant au déroulement de la recherche ou de l'action.

Ces auteurs insistent particulièrement sur le caractère cyclique de la recherche-action.

Paillé (1994c) estime que la recherche-action peut être décrite par trois caractéristiques principales: il s'agit, dans la majorité des cas, d'une recherche appliquée, d'une recherche impliquée et d'une recherche engagée. La recherche-action est appliquée dans la mesure où elle prend comme point de départ l'action du sujet. Elle est impliquée puisqu'elle s'effectue avec le sujet (ou l'acteur). Par ailleurs, «l'engagement du chercheur, de l'acteur et du milieu est une caractéristique intrinsèque de la recherche-action» (*ibid.*). Le plus souvent, la recherche-action est de nature qualitative et elle présente les caractéristiques suivantes:

> 1) elle est naturaliste […], c'est-à-dire qu'elle s'effectue sur les lieux mêmes de l'action, avec les acteurs concernés, à l'aide de procédés très peu encombrants; 3) elle fait appel […] à des méthodes qualitatives de cueillettes de données (interviews, observation, collecte de documents); 3) elle recourt essentiellement à des méthodes d'analyse qualitative […]; 4) et elle donne lieu à un compte-rendu et à une analyse de l'action […]. (*Ibid.*)

Dans la pratique, les formes de recherche-action ainsi que la logique d'ensemble du processus de recherche varient d'une expérience à l'autre: «elle [la recherche-action] se rapproche le plus souvent du pôle exploration/découverte (logique inductive) mais il arrive qu'elle tende vers le pôle vérification/preuve (logique hypothético-déductive)» (*ibid.*).

B — L'objet de la recherche

En recherche traditionnelle, la construction de l'objet de recherche se fait selon une démarche en trois temps: l'objet de recherche est conquis, construit et constaté (Bourdieu, Chamboredon et Passeron, 1968). Par contre, en recherche-action, la construction de l'objet de recherche procède d'une démarche où cela devient un «objet approché, co-instruit et effectué» (Barbier, 1996: 86). Ce dernier (*ibid.*) insiste sur le fait que

> l'objet devient de plus en plus co-instruit au fur et à mesure que l'analyse se fait plus soutenue par l'ensemble du chercheur collectif et que les hypothèses d'action et d'élucidation sont produites et discutées dans le chercheur collectif et qu'elles sont mises à l'épreuve auprès des membres du groupe-cible.

L'objet de la recherche-action est habituellement défini en fonction d'une expérience, d'un problème concret, plus ou moins immédiat, vécu soit par le chercheur lui-même, soit par des acteurs, praticiens ou clients (Goyette et Lessard-Hébert, 1987). Un besoin sert souvent de départ à une recherche-action, besoin qui peut être d'ordre individuel, professionnel ou social, selon le cas. Par ailleurs, l'objet de recherche n'est généralement pas choisi ou défini par des personnes autres que celles qui vivent la problématique. Toutefois, dans la pratique quotidienne, ce sont souvent les praticiens qui définissent les besoins de la recherche-action en cernant les situations qui constituent la problématique (Chambaud, Mayer et Richard, 1986).

Concernant la formulation du problème, Barbier (1996: 35) estime que la recherche-action «n'a pas à formuler *a priori* des hypothèses et des préoccupations théoriques, ni à les traduire en concepts opératoires susceptibles d'être mesurés par des instruments standardisés (questionnaires tests)». Dans ce type de démarche, il est clair que le processus de recherche s'amorce à partir d'un problème qui vient de la communauté «qui le définit, l'analyse et le résout» (*ibid.*: 40). Dans ce cadre, le rôle du chercheur n'est pas de provoquer mais de favoriser la prise de conscience de ce problème et d'aider les individus et les groupes à le solutionner par une action collective (*ibid.*: 35).

C — La méthode

De façon générale, on s'entend pour dire que la recherche-action n'a pas de spécificité méthodologique (Goyette et Lessard-Hébert, 1987). Il s'agit surtout de mettre à l'épreuve une conception particulière du processus de connaissance. En fait, la méthode peut être l'objet d'une «négociation» entre chercheurs et participants. Aussi, Goyette et Lessard-Hébert (1987: 158) parlent de la «souplesse méthodologique» qui caractérise la recherche-action. Leurs propos rejoignent les résultats du séminaire de l'Inserm (1985: 43), au terme duquel les participants ont conclu que la recherche-action «n'a pas de méthodologie propre», d'où la nécessité d'adapter les diverses techniques de collecte de données à ce type de recherche.

Goyette et Lessard-Hébert (1987: 145) insistent sur la diversité des instruments en recherche-action. Les instruments de collecte de données utilisés les plus fréquemment sont, comme dans l'ensemble des sciences humaines, l'enquête (par questionnaire ou entrevue), l'observation et l'analyse documentaire. À ce propos, Rhéaume (1982: 55) a bien résumé le débat sur la méthodologie de la recherche-action: pour quelques-uns, elle ne serait qu'une façon particulière d'utiliser certains outils de la recherche scientifique classique, alors que, pour d'autres, la recherche-action est avant tout une sorte de projet caractérisé par «l'articulation nouvelle d'une science et d'une pratique d'intervention». En somme, la recherche-action ne prétend aucunement remplacer les autres formes de recherche. Elle n'est pas non plus une autre méthode de recherche et, comme l'a signalé Rhéaume (*ibid.*: 49), si elle peut quelquefois entraîner des procédés nouveaux, elle s'appuie dans l'ensemble sur diverses méthodes d'utilisation assez générale en sciences sociales. La recherche-action est donc davantage un nouveau rapport avec le savoir, ou encore une façon particulière de concevoir la recherche, qu'une nouvelle méthode de collecte de données. Elle constitue aussi une véritable remise en question de la division sociale du savoir et du pouvoir entre les divers partenaires engagés. Elle comporte un mode d'interaction entre les chercheurs, les praticiens et les diverses «clientèles» visées par le processus (Lefrançois, 1992).

Concernant le devis de la recherche-action, Morin (1991-1992, t.2: 22) précise «qu'il n'y a pas de recette toute faite ni d'application magique de solutions. Ce sont les données qui commandent le design, tout comme cela se fait dans d'autres approches de recherche.» Quant aux étapes, on ne peut pas imaginer «un ordre précis dans le déroulement» (*ibid.*: 72). Habituellement, les chercheurs proposent «un plan qui se déploie à travers un ensemble de cycles en spirales; lors de l'application de chaque étape, on observe, évalue et corrige les actions avant de passer à une autre action» (*ibid.*: 78). Ce cycle comprend quatre étapes principales: l'idée, la reconnaissance, le plan et l'implantation. Selon Morin, on fait appel à la recherche-action «lorsqu'il y a une exigence de participation des intéressés pour la solution du problème» (*ibid.*: 115).

Pour Barbier (1996: 100), toutes les techniques habituelles en sciences sociales peuvent ici être utiles, mais il importe que le chercheur en recherche-action ait le souci «de proposer des dispositifs d'enquête pertinents» par rapport à la culture des gens avec qui il veut collaborer. Cela exige évidemment du temps ainsi qu'une «écoute sensible» de la part du chercheur. Puis, à l'aide d'un langage commun, on peut passer à l'établissement du contrat ouvert, formel et non structuré (Morin, 1991-1992, t. 2: 134). Ainsi, après avoir bien décrit la nature du problème, bien établi un objectif de changement, s'être bien entendu sur la nature de la tâche, on peut passer à la précision du plan de recherche (Pini, 1981: 24).

En somme, la recherche-action ne prétend pas à une unité méthodologique et instrumentale; le consensus entre les chercheurs tourne autour de la souplesse et du pluralisme méthodologique (Goyette et Lessard-Hébert, 1987: 157). Si elle n'a pas, à proprement parler, de spécificité méthodologique, elle reflète plutôt une certaine remise en cause du processus habituel de la recherche sociale (Zúñiga, 1981). Par exemple, lorsqu'elle permet notamment de remettre le savoir dans les mains des individus et des collectivités, de traiter les participants comme des sujets actifs, d'affirmer le critère d'utilité pour la communauté ou le groupe de participants (Blanchet et autres, 1984: 351).

En prenant comme point de référence la recherche scientifique, cette comparaison conduit trop souvent à définir la recherche-action «par la négative» (Goyette et Lessard-Hébert, 1987: 1). Or, souligne Van Trier (1980: 179), la spécificité de la recherche-action tient précisément au fait que le chercheur intervient d'une manière active sur le terrain étudié et qu'il vise, par cette intégration de recherche et d'action, un double objectif: produire du changement social et de nouvelles connaissances scientifiques. En fait, si d'un côté, les détracteurs de la recherche-action s'en prennent à sa valeur scientifique, d'un autre côté, souligne Van Trier (*ibid.*: 189), «l'aversion à la recherche de type positiviste sert en général de base à l'argumentation du caractère propre et de la légitimité de la recherche-action»[1]. Pour notre part, et malgré les apparences de notre modèle (voir le tableau 11.1, p. 320), nous voulons éviter de présenter la «science positive comme une sorte de repoussoir et la recherche-action comme un idéal situé aux antipodes du premier» (Chambaud, Mayer et Richard, 1986: 21). En ce sens, nous rejoignons Dionne (1987: 37), pour qui il est essentiel d'éviter d'avoir une attitude trop «sectaire» et de s'attacher uniquement à la recherche-action. En définitive, ce que nous cherchons à faire ici, c'est plutôt extraire des écrits sur la recherche-action des guides théoriques et méthodologiques pour une démarche novatrice de recherche en travail social.

11.1.3   Les étapes de la recherche-action

Comme toute forme de recherche, la recherche-action comporte un certain nombre d'étapes essentielles. Pour plusieurs auteurs (Goyette, Villeneuve et Nézet-Séguin, 1984: 54; Wiener, 1986: 30), le processus de la recherche-action rejoint celui de la recherche traditionnelle et comporte les étapes classiques de toute recherche:

1. La phase préparatoire et la formulation des problèmes;
2. La négociation d'accès au terrain;
3. La collecte des données;
4. Leur analyse;
5. La présentation des résultats;
6. Le retour à l'action et l'évaluation, qui sont des étapes plus particulières à la recherche-action.

Toutefois, pour chacune de ces étapes, il y a une certaine spécificité de la recherche-action qu'il importe d'examiner.

A — La phase préparatoire

En recherche-action, le problème de recherche «n'est pas formulé à partir de préoccupations théoriques» (Fontan et Laflamme, 1990) venant du chercheur lui-même ou d'une quelconque revue de la littérature, mais il trouve plutôt «son origine dans un problème, une crise, un besoin social» (Lapassade, 1989) qui proviennent de la communauté. La demande doit être formulée à partir des

---

1. Lapassade (1989) précise que, dans la tradition positiviste par exemple, le rôle de la science est de décrire, d'expliquer et, si possible, de prévoir les phénomènes sociaux. Dans cette perspective, le chercheur devait se tenir à distance des phénomènes étudiés, car c'était là la garantie de demeurer un observateur neutre des phénomènes sociaux ainsi que le gage de la démarche scientifique. Au contraire, la démarche de la recherche-action met l'accent sur la connaissance pratique des individus et des groupes, et elle fait sienne un principe de l'anthropologie qui veut que les «membres d'un groupe social connaissent mieux leur réalité que les personnes extérieures au groupe» (Lapassade, 1989: 21).

problèmes réels et non posée par hypothèse. Barbier (1996) estime qu'habituelle-ment une recherche-action vient du milieu, d'un groupe aux prises avec certaines difficultés (de fonctionnement, d'organisation, de mobilisation) et décide de recourir à une aide externe. À cette étape, ce qui importe le plus, c'est de bien cerner le problème ou la situation insatisfaisante en tentant de répondre aux questions centrales suivantes: «quoi, qui, avec qui, où, quand, comment» (*ibid.*: 85). Dans cette dernière perspective, le rôle du chercheur est précisément d'aider la communauté à déterminer quels problèmes sont prioritaires, à bien les tra-duire en termes de recherche ainsi qu'à préciser les types de données les plus adé-quates pour bien analyser et, possiblement, solutionner ces problèmes. Pour fonctionner, toute recherche sociale doit autant que possible partir d'une demande concrète ou d'un problème social.

Par ailleurs, beaucoup d'auteurs insistent sur l'importance d'aboutir à une entente contractuelle, à un contrat ouvert (Barbier, 1996; Morin, 1992), qui va baliser à la fois les objectifs d'intervention et de recherche. Ainsi, le contrat précise notamment les fonctions de chacun, les finalités de l'action, les enjeux financiers et le code éthique de la recherche (Barbier, 1996: 85). Ainsi, on peut dire que le contrat balise l'émergence du chercheur collectif.

Selon l'Inserm (1985: 32), la phase préparatoire vise à évaluer la faisabilité du projet, à préciser la démarche de recherche, à assurer la collaboration des partici-pants et à prévoir les zones de conflits possibles. Le travail de recherche com-mence, précise Hess (1983), dès la phase de négociation, dès que le client invite le chercheur à s'entendre avec lui sur les conditions de la recherche-action. Cette phase de négociation est très importante, car c'est le passage d'une demande — encore vague — en commande, c'est-à-dire l'acte par lequel le client donne à sa demande un cadre plus formel. Au cours de cette phase, donc, les membres du groupe cherchent à clarifier les enjeux majeurs du processus de recherche-action, à reconnaître leurs compétences mutuelles et complémentaires, et à expliciter leurs craintes, leurs intérêts et leurs expériences. Souvent, à cette phase, le groupe effectue certaines activités de formation, des visites ou des consultations.

Par rapport au processus d'ensemble de la recherche, on peut constater qu'en recherche-action, davantage que dans les autres formes de recherche, chaque étape a un impact sur l'ensemble du processus (Barbier, 1996: 86). Par ailleurs, l'objet de la recherche devient davantage co-instruit

> au fur et à mesure que l'analyse se fait plus soutenue par l'ensemble du cher-cheur collectif et que les hypothèses d'action et d'élucidation sont produites et discutées dans le chercheur collectif et qu'elles sont mises à l'épreuve auprès des membres du groupe cible. (*Ibid.*: 88.)

Au cours de cette étape de planification, Barbier (*ibid.*) distingue deux opérations complémentaires. La première concerne la formulation d'un diagnostic qui s'appuie principalement sur une écoute sensible du vécu. Le second moment concerne la formulation de références théoriques qui visent à mieux orienter l'action (*ibid.*: 89). Toutefois, il importe de souligner que ces activités ne sont pas de l'unique ressort de l'équipe de recherche, mais qu'elles font appel à la participation et à la responsabilité de tous.

En somme, cette étape d'analyse devrait être entreprise par l'ensemble des personnes qui composeront l'équipe de recherche-action afin d'en enrichir le contenu et surtout de situer tous les participants au même degré d'information. Par la suite, il importe d'établir le cadre général du projet en précisant les résultats que l'on souhaite atteindre, les étapes que l'on prévoit devoir franchir, les mécanismes qui assureront une rétroaction efficace et, enfin, le mode de fonctionnement (à tout le moins provisoire) que doit adopter l'équipe.

B — La collecte et l'analyse des données

La recherche classique s'efforce de définir, de décrire et de justifier clairement les choix effectués en matière d'instruments de collecte des données, d'échantillonnage, etc. En recherche-action, le choix d'un échantillon représentatif ne se pose pas puisqu'il n'y a pas d'intention de généralisation des résultats. Quant aux instruments de recherche, ils «peuvent être semblables à ceux de la recherche classique, mais, en général, ils sont plus interactifs et ils font davantage appel à l'implication de l'acteur (discussion de groupe, jeux de rôle, etc.)» (*ibid.*: 35). En recherche-action, les instruments de collecte de données sont plutôt de nature qualitative et «interactive» (par exemple, les discussions de groupe, les entrevues en profondeur), et on a souvent recours à l'observation ainsi qu'à la photographie et à la vidéo. Au lieu de s'en tenir à une observation «de l'extérieur», la recherche-action valorise plutôt «une approche dite de l'intérieur, où chaque observateur serait en même temps (ou devrait d'abord devenir) un acteur de la situation problématique» (Morin, 1991-1992, t. 2: 217).

En recherche-action, les données ne sont pas interprétées par le seul chercheur mais par l'ensemble du collectif de recherche. L'analyse du matériel se fait habituellement par l'intermédiaire de discussions de groupe (Barbier, 1996: 36). Généralement, l'origine des hypothèses de recherche provient principalement de l'expérience personnelle des praticiens et de l'observation des situations d'action plutôt que de l'étude approfondie de la littérature comme dans le cas de la recherche fondamentale. Par ailleurs, selon Patry (1981: 28), on semble s'orienter de plus en plus «vers la recherche d'un accord inter-subjectif» concernant l'analyse des données. Cette orientation serait plus conforme au caractère participatif de la recherche-action. Entre la collecte des informations et l'analyse comme telle, Bernier (1983) identifie une phase de *conceptualisation*. C'est le temps où l'on cherche «des mots pour le dire», d'une première description de ce qui a été entrepris sur le terrain ou, encore, d'une première mise en forme de ce qui a été discuté. Pour préparer l'analyse, ajoutent Goyette, Villeneuve et Nézet-Séguin (1984: 60), le praticien-chercheur prend des notes concernant le déroulement par rapport aux objectifs, aux moyens d'action, aux instruments et à l'échéancier. Les étapes de la démarche sont notées et périodiquement évaluées. Quant à l'analyse finale, elle doit viser à découvrir comment les résultats contribuent à la solution du problème.

Pour sa part, Morin (1991-1992) propose de centrer l'attention sur la participation et les relations entre les divers acteurs, car, pour lui, il s'agit là d'une caractéristique centrale de la recherche-action. D'autres mentionnent la production de nouvelles connaissances (Barbier, 1996 ; Gauthier, 1984). Mais c'est précisément en ce qui concerne la production de ce nouveau savoir et des résultats scientifiques que le bât blesse. Comme l'a signalé Ardoino (1983 : 22), il faut bien reconnaître que la contribution théorique du courant de recherche-action dans le champ des sciences sociales apparaît plutôt mince. Trop souvent, l'effort de production et de systématisation de connaissances a été sacrifié au profit d'un souci de transformation immédiate (Wiener, 1986 : 31). À ce propos, Goyette et Lessard-Hébert (1987 : 181) ont souligné la pauvreté des cadres théoriques de certaines recherches-actions qui tomberaient dans une sorte de «dataïsme» (accumulation de données descriptives), c'est-à-dire une approche technicienne de la recherche, sans lien avec une formalisation théorique déjà faite ou à faire. Or, en recherche-action, comme pour la recherche qualitative en général, le processus d'analyse des données pose un problème particulier, d'une part parce que le problème abordé est habituellement complexe et, d'autre part, parce que les chercheurs sont impliqués dans l'action (Morin, 1991-1992, t.2 : 187).

C — Les particularités de la rédaction et la diffusion du rapport de recherche

À propos de la présentation et de la diffusion des résultats, Barbier (1996 : 36) note qu'habituellement

> la recherche classique donne lieu à un rapport écrit rédigé dans une langue savante à l'intention d'autres chercheurs ou de lecteurs éclairés. Les résultats sont communiqués sous forme de séminaire, colloque… le plus souvent universitaires.

À l'opposé, en recherche-action, le chercheur présente d'abord les résultats, préalablement discutés avec les autres participants à la recherche, au groupe de personnes ou à la communauté que touche principalement la recherche. En effet, la dimension de la rétroaction, centrale en recherche-action «impose la communication des résultats de l'enquête aux membres impliqués dans celle-ci en vue de l'analyse de leurs réactions» (*ibid.*). Par la suite, le chercheur a tout le loisir de présenter les résultats, comme toute autre recherche, «à la cité savante» (*ibid.*).

En recherche-action, le but de la rédaction et de la diffusion du rapport de recherche est de faire partager le contenu à la plus grande majorité possible des acteurs concernés. On doit pouvoir retrouver dans le rapport tous les éléments habituels du processus de la recherche. Pour que chacun soit en mesure d'avoir accès au rapport de la recherche, le niveau de langage doit être accessible à tous.

Souvent, les chercheurs sont confrontés à des difficultés qu'ils ne rencontrent pas dans les recherches plus traditionnelles. Une grande partie d'entre elles sont liées à deux exigences fondamentales en recherche-action : la diffusion des résultats auprès des acteurs et la nécessité de refléter, dans le rapport, le point de vue de l'ensemble de l'équipe ainsi que les démarches ayant conduit aux résultats. Plusieurs questions découlent de ces exigences : Quel doit être le contenu du compte rendu ? Quel est son objectif ? Qui doit le rédiger ? Comment le rédiger ? Voyons comment les auteurs, à partir d'expériences vécues, répondent à ce sujet.

En ce qui concerne le contenu, Alary (dans Beausoleil et autres, 1988) estime que le compte rendu d'un projet doit fournir une représentation fidèle du cheminement par lequel le groupe est parvenu à la découverte et au changement. Il doit indiquer comment l'analyse a été conduite et ce qui en est ressorti. Il ne s'agit donc pas d'une

> description des faits suivie d'une analyse théorique qui emprunte aux modèles connus [mais d'une] description analytique où l'on devrait retrouver les répétitions, les incohérences et même les contradictions inhérentes au caractère mouvant d'une pensée collective en pleine élaboration […]. (*Ibid.* : 181.)

Le compte rendu d'une recherche-action devrait refléter ce qui caractérise cette dernière, c'est-à-dire, comme le rappelle Lambelet (1984 : 120), l'apport particulier et l'influence mutuelle des chercheurs et du groupe dont ils font partie. Malheureusement, on retrouve rarement la description et l'analyse de ce processus dans les rapports de recherche.

Les problèmes ne tiennent cependant pas seulement au contenu du rapport, mais aussi à son ou à ses auteurs. À ce propos, Le Boterf (1981b : 46) nous rappelle que la production d'un rapport de recherche-action exige du temps ; or, si les chercheurs disposent du temps requis, les acteurs, eux, doivent habituellement en retrancher à leurs loisirs. Aussi, dans la plupart des cas, le compte rendu est essentiellement produit par les universitaires (Beausoleil et autres, 1988 : 178). Or, trop souvent, note Charlot (1983), l'intérêt principal de ces chercheurs est la publication de leurs travaux et l'avancement de leur carrière. Pour Le Boterf (1981b : 46), il faut éviter que l'inégalité des membres du groupe en matière de temps et de maîtrise de l'écriture produise une inégalité dans le pouvoir de rendre compte du processus de recherche-action. Idéalement, avancent Beausoleil et ses collaborateurs (1988 : 181), la rédaction devrait provenir « de l'intérieur du groupe […] être davantage partagée par les praticiens et les universitaires ». C'est, en quelque sorte, faire appel à l'écriture collective, ce qui, nous dit Desroches (1984), ne va pas de soi.

Quant au rapport final de la recherche-action, Morin (1992 : 142) propose un plan facilement adaptable selon les situations particulières et les spécificités des situations concrètes. Ce dernier insiste sur la description détaillée du rôle et des tâches des acteurs sur le terrain et, pour ce faire, il propose le plan suivant :

a) présentation du problème par les acteurs du terrain ;

b) description du contexte du terrain ou du cadre théorique général ;

c)   analyse des résultats selon les étapes d'une planification en spirale;

d)   comparaison avec des expériences semblables ou des théories pertinentes;

e)   conclusions.

Quant au style du rapport, il est souvent plus littéraire que les modèles de la recherche classique, et ce en raison du degré d'implication des acteurs qu'exige le processus de recherche-action.

D — Le retour à l'action, l'évaluation et la fin de la recherche

Le retour à l'action est une autre démarche spécifique de la recherche-action qui la différencie des autres modèles de recherche plus traditionnels. La recherche-action doit se faire en vue de l'action. Le fait de vérifier sur le terrain sert à confirmer ou à infirmer l'utilité du schéma conceptuel que l'on s'est donné. Elle permet d'apporter des modifications ou de faire des ajustements qui orienteront le processus méthodologique et d'être en mesure de sélectionner ou de privilégier un modèle d'intervention (Bernier, 1983). En recherche-action, les résultats font l'objet de discussions entre le chercheur et le groupe étudié (Barbier, 1977).

L'évaluation de l'action est souvent vécue avec un stress, puisqu'elle apparaît souvent menaçante pour les divers partenaires impliqués. Ils ont souvent l'impression que c'est leur personnalité, leurs interventions, leurs activités qui sont jugées. Pour ces raisons, l'évaluation doit être faite de façon concrète et constructive. Cela étant dit, que doit-on évaluer? Les effets du projet sur la population ainsi que son degré «d'efficacité et d'acceptabilité par la population», nous dit l'Inserm (1985: 33). Mais Le Gall et Martin (1983: 175) estiment qu'il faut évaluer aussi bien le processus que les résultats de la recherche-action. Pour Gauthier et Baribeau (1984: 293), l'évaluation est souvent moins compliquée qu'on le pense; il s'agit de systématiser ce que l'on a déjà fait. Par ailleurs, l'évaluation sommative d'une recherche-action

> tente de comprendre ce qui est de l'ordre du changement réel dans les attitudes, les comportements des personnes et des groupes ou dans la situation problématique. Ce changement est-il permanent, exhaustif et transférable éventuellement? (Barbier, 1996: 103.)

Mais à quel moment peut-on estimer pouvoir mettre un terme au processus de recherche-action? Lorsque l'«effet de saturation» se fait sentir ou encore lorsqu'il y a «redondance des propositions avec, en parallèle, l'absence de nouvelles orientations ayant pour effet de rénover voire de détruire les anciennes» (Le Gall et Martin, 1983: 178). La saturation des informations semble un indice important qu'il est temps de quitter (Morin, 1991-1992: t.2: 186). Pour Barbier (1996: 103), une recherche-action est terminée «lorsque le problème initial est résolu, si tant est qu'il puisse l'être réellement. Seules les personnes concernées peuvent l'affirmer en fin de compte.» C'est finalement le groupe cible qui a le dernier mot. Quoi qu'il en soit, nous sommes d'accord avec Barbier (*ibid.*: 104) lorsqu'il conclut: «une recherche-action plus qu'aucune autre recherche pose plus de questions qu'elle n'en résout.»

11.1.4   Critique de la recherche-action: difficultés et limites

Malgré ces différences et ces spécificités, Barbier (*ibid.*: 36) estime qu'une bonne partie de la production de la recherche-action demeure proche du modèle de la recherche classique, dans la mesure où ce type de recherche maintient le rôle traditionnel du chercheur expert. Certains auteurs plaident plutôt pour la reconnaissance des limites et des difficultés associées à la pratique de la recherche-action. Par exemple, Troutot (1980: 194) estime qu'il faut être bien conscient que la recherche-action ne constitue «qu'un moment du processus de transformation sociale et ne doit pas être confondue avec l'action politique». Pour sa part, Dominice (1981: 51) souligne la lenteur des négociations avec les personnes et groupes concernés, la mouvance de l'objet d'investigation, l'instabilité des données d'analyse, la nécessité que les chercheurs assument des tâches d'animation et de formation à la recherche auprès de ceux qui participent à celle-ci et les difficultés financières liées au fait que la recherche-action prend du temps.

> De son côté, Bouvette (1984: 37) a insisté sur
>
> la faible crédibilité dont jouit cette forme de recherche dans les milieux scientifiques, le peu de ressources disponibles en termes de subventions et de support technique ou académique et enfin, la faiblesse de la formation des chercheurs dans ce genre de recherche.

À ces difficultés, Beausoleil et ses collaborateurs (1988: 178) ajoutent la tendance actuelle à la préférence des gestionnaires pour les études d'expert «qui contiennent des recommandations précises et immédiatement applicables» et la réticence de nombreux universitaires «à modifier leur rôle». Bref, estime Gauthier (1984: 466), il faut éviter «d'idéaliser la recherche-action» et prendre conscience que la pratique de la recherche-action ne va pas sans difficultés.

Il ressort que la pratique de la recherche-action comporte des exigences particulières (Caouette, 1991: 114). D'abord la recherche-action exige du chercheur une intégration et une implication dans un milieu de pratique professionnelle. Ensuite, la recherche-action «exige que le chercheur délimite de façon expérientielle le problème tel qu'il est vécu par ceux qui y sont confrontés ou par les intervenants qui travaillent dans le milieu» (*ibid.*). Ainsi, la recherche-action «redéfinit les problématiques sociales à partir des préoccupations des acteurs sociaux» (Deslauriers et Kérisit, 1994: 77). Évidemment, cette démarche implique la gestion de certaines tensions par rapport à la démarche traditionnelle de recherche: longueur du processus, instabilité des données recueillies. Mais la pratique de recherche-action n'est évidemment pas qu'une source de difficultés, elle constitue souvent une occasion de faire des apprentissages multiples (Blanchet et autres, 1984) et elle peut «constituer le médium par excellence de l'intégration des trois missions principales de l'université: la formation, la recherche et le service à la collectivité» (Caouette, 1991: 117).

Au cours des années 1990, de nouvelles tendances vont se manifester. Par exemple, les travaux de Morin (1991-1992) et de Côté-Thibault (1991, 1992) vont s'efforcer de mettre à jour des protocoles de recherche-action plus adaptés aux intervenants sociaux et particulièrement aux éducateurs. Ainsi, Morin tente de dégager un protocole contenant les principaux éléments inhérents à tout processus de recherche-action, à savoir le contrat, la participation, le changement de discours et l'action. Pour sa part, Côté-Thibault précise que, par protocole de recherche-action, il faut entendre

> un outil à la fois conceptuel et opérationnel: conceptuel dans le sens où il propose un ensemble d'indicateurs au praticien tout au long des diverses étapes de la recherche-action, afin de guider sa réflexion; opérationnel, dans le sens où il (permet)… de planifier les actions du praticien de façon plus éclairée». (1992: 95.)

À cette volonté de préciser le protocole s'ajoutent un certain nombre de critères qui guident la démarche: la nécessité d'établir un dialogue entre praticiens et chercheurs afin de développer une dialectique théorie-pratique; la reconnaissance de l'autonomie du praticien et le respect de son savoir d'expérience, etc. En somme, nous sommes d'accord avec la conclusion de Pini (1981: 60) selon laquelle, «tant sur les plans conceptuel et méthodologique, de nombreux problèmes restent donc à préciser si l'on entend parvenir à une définition claire et fonctionnelle de ce qu'est la recherche-action». Mais malgré les difficultés mentionnées, cela ne signifie nullement que la recherche-action doit être abandonnée, car ce type de recherche est utilisé avec succès par bien des chercheurs.

En terminant, on méditera «les dix commandements de la recherche-action» mis au point par Chambaud et Richard (1984: 47) à la suite d'une autocritique sévère de leur propre expérience:

1. D'une demande concrète, tu partiras;
2. Au départ, une situation saine et claire tu chercheras;
3. Le principe de la recherche-action, tu posséderas (et non tu connaîtras);
4. La recherche et l'action, jamais tu ne diviseras;
5. Une équipe de recherche avec les acteurs, tu composeras;
6. Plusieurs patrons, jamais tu n'accepteras (ni, dans la mesure du possible, l'autorité d'un organisme qui joue un rôle direct de pouvoir);
7. Un contrat de travail clair, dès le début, tu négocieras;
8. Une évaluation permanente, par différents moyens, tu chercheras;
9. Une optique de solution au problème social, jamais tu n'oublieras;
10. Le pouvoir aux acteurs, tu rendras.

Quelques exemples de recherche-action

Au cours des vingt dernières années plusieurs projets ont été élaborés dans une perspective de recherche-action. À titre d'exemples, mentionnons la recherche-action effectuée par Bernier (1983) qui consistait à améliorer un modèle d'intervention antistress. L'intervention de réseau dans le champ de la santé mentale a également donné lieu à plusieurs expériences de recherche-action (Blanchet et autres, 1984 : Brodeur et Rousseau, 1984 ; Daher, 1980). Signalons la recherche-action féministe qui visait à mettre au point un programme de formation adapté à l'intervention auprès des femmes violentées (Rinfret-Raynor, Pâquet-Deehy et Larouche, 1985). De même, indiquons les travaux de recherche-action sur la problématique du chômage et de la réinsertion des chômeurs sur le marché du travail (Boyer et Guédon, 1989), en alphabétisation (Hautecœur, 1991) ainsi que sur l'intégration professionnelle des jeunes en usine (Paillé, 1994b).

11.2 LA RECHERCHE PARTICIPATIVE

11.2.1 Introduction

L'enquête participative est née du travail auprès des populations défavorisées des pays en voie de développement. L'un des précurseurs de cette approche est Freire, qui a travaillé dans le domaine de l'éducation aux adultes en Amérique latine (Brown, 1985). Cette approche, qui prit son essor dans les années 1960-1970, a été mise en œuvre dans différents pays (Brésil, États-Unis, Canada, Inde, etc.) et avec différentes populations : ouvriers agricoles, petits paysans, groupes défavorisés des villes, immigrants, autochtones, etc. (Colin, Ouellet, Boyer et Martin, 1992 : 31).

Plusieurs chercheurs (Humbert et Merlo, 1978 ; Grell, 1984a) ont noté que, dans l'enquête classique, la plus fréquemment utilisée encore de nos jours, il s'agit d'une investigation menée par un ou plusieurs chercheurs sur une population considérée comme objet d'étude. Au contraire, dans le cas de l'enquête participative, il s'agit essentiellement de faire en sorte que l'ensemble de l'enquête, de l'élaboration des questionnaires aux conclusions, soit un travail d'équipe entre enquêteurs et enquêtés (Caillot, 1972). Selon LeBoterf (1981b : 222), les techniques d'enquête non seulement recueillent les dires mais obligent à dire. La recherche participative doit précisément permettre d'éviter ce piège et favoriser au maximum l'expression et l'émergence de la parole des enquêtés. De plus, il est nécessaire de rompre la domination de l'écrit, de promouvoir l'utilisation des moyens d'expression des enquêtés. Pour être réellement participative, la recherche doit faire en sorte que les participants puissent s'exprimer selon leurs codes respectifs (*ibid.*: 226). La rétroaction est une activité de « retour » aux enquêtés des informations recueillies au cours d'une enquête; ce retour est au cœur de la recherche participative et de l'enquête de rétroaction.

11.2.2   Définition

La caractéristique principale de la recherche participative consiste à procéder à une enquête dont l'ensemble de la démarche, de l'élaboration des instruments d'enquête aux conclusions, est un travail d'équipe entre enquêteurs et enquêtés (Caillot, 1972, Le Boterf, 1981b). La recherche participative repose donc sur la participation active de la population cible et le retour des résultats aux participants. La discussion collective et les interactions entre participants et entre chercheurs et participants sont aussi les éléments centraux de la recherche participative (Colin, Ouellet, Boyer et Martin, 1992: 31). Dans cette perspective, la recherche est en même temps une action. Elle modifie et transforme le milieu dans lequel elle intervient. Les attentes de la population, ses représentations et ses réactions au processus doivent être incluses dans la recherche. Finalement, le processus de recherche peut être conçu comme une occasion de formation pour la population enquêtée. Le chercheur devient également animateur. L'enquête-participation poursuit donc à la fois des objectifs de formation et d'action (Le Boterf, 1981b).

Dans un récent document publié par Santé Canada (Simard et autres, 1996), la recherche participative est définie comme « une enquête systématique, menée en collaboration avec les personnes touchées par la question étudiée, qui vise à éduquer, à intervenir ou à apporter un changement » (Green, O'Neill et Rootman, 1994: 4). Dans le domaine particulier de la promotion de la santé, par exemple, ce type de recherche a trouvé des solutions à des problèmes de santé et des moyens pour mettre en oeuvre ces solutions » (Simard et autres, 1996: 4). Le principe fondamental de la recherche participative « est l'engagement actif de tous les participants/es dans la réalisation et la prise de décision concernant le processus de recherche » (*ibid.*). La recherche participative commence généralement par un problème, c'est-à-dire une question précise qui touche la vie quotidienne des gens d'un milieu donné. La plupart des définitions de la recherche participative comprennent les trois éléments suivants: recherche, éducation et action.

L'enquête de rétroaction (*feedback*) est une forme de recherche participative qui s'effectue habituellement dans un milieu organisationnel (une institution, une entreprise, etc.). Lescarbeau (1994) définit ce type d'enquête *feedback* comme un outil d'intervention efficace au sein d'une organisation. Il la situe principalement comme méthode d'enquête pour améliorer la gestion des entreprises. Mais au-delà de cette application plus particulière, on peut facilement l'utiliser ailleurs et à d'autres fins. Selon Lescarbeau (1994), ce n'est pas la méthode de collecte des données qui fait la particularité de ce type de démarche, mais plutôt l'application d'une séquence d'étapes.

Généralement, on définit la méthode de l'enquête de rétroaction comme une méthode de diagnostic et d'intervention dans une organisation (Goyette et Lessard-Hébert, 1987; Lescarbeau, 1994). Son processus comprend trois phases principales. La première consiste à entrer dans l'organisation. C'est la phase où on établit un contrat entre le chercheur et le demandeur. Dans un second temps, on procède à la collecte et à l'analyse de l'information. C'est le moment où on établit un comité de liaison entre le chercheur et le système et où on effectue le choix des méthodes. Finalement, on arrive à la session de rétroaction, où on présente au client des informations regroupées par thèmes et où le client s'approprie son diagnostic pour ensuite fixer des objectifs et un plan d'action. Ce qui caractérise en grande partie l'enquête de rétroaction, c'est l'étape de retour d'information.

11.2.3   La méthodologie

Au niveau de la recherche, il est précisé que la recherche participative peut utiliser n'importe quelle méthode de collecte de données et que la méthode est en fait moins importante que le processus collectif de réflexion et d'action que suscite la recherche participative. La recherche participative est donc avant tout une «façon de travailler» plutôt que l'application de tel ou tel type d'outil de collecte ou d'analyse de données.

Sur le plan méthodologique, l'enquête participative repose sur l'analyse de la situation problème, sur la compréhension du point de vue des acteurs. Elle doit favoriser au maximum l'expression et l'émergence de la parole des enquêtés. Par conséquent, les données sont principalement produites au moyen d'outils qualitatifs tels que entrevues, observation, analyse documentaire, sans pour autant que les méthodes quantitatives soient totalement exclues (Le Boterf, 1981b: 78).

Dans la recherche participative, la collaboration entre les chercheurs et la communauté se concrétise à l'ensemble de la démarche. L'idée principale à la base d'une recherche participative est que les participants du milieu ont leur propre perception du problème étudié et des solutions pour le résoudre. Ils sont donc plus à même de savoir comment analyser un problème propre à leur milieu et y trouver des solutions. Du point de vue de l'efficacité, l'enquête participative repose sur une l'hypothèse selon laquelle la plupart des changements venus ou imposés d'en haut sont rejetés ou déviés de leur intention première. Les seuls changements durables sont ceux qui sont négociés entre les différents acteurs au cours de confrontations réciproques. Suivant cette perspective, l'enquête participative recherche de façon permanente l'équilibre entre la participation du groupe et celle des spécialistes.

Concrètement, Le Boterf (1981b) propose un modèle en quatre phases. Premièrement, le montage institutionnel et méthodologique de l'enquête: il s'agit de la phase préparatoire qui fait partie intégralement du processus de recherche. On y décide des objectifs et de la méthodologie de la recherche, des zones qui seront enquêtées, de la constitution de comités de travail, de la répartition des tâches, du budget, de l'échéancier, etc. Dans la deuxième phase, on procède à l'étude préliminaire et provisoire de la zone de la population concernée. Il s'agit de déterminer la structure sociale de la population cible, de découvrir son univers vécu et son histoire, de connaître les données socioéconomiques et technologiques qui la caractérisent. À la fin de cette phase, on organise une rétroaction auprès de la population concernée. Lors de la troisième phase, on effectue l'analyse critique des problèmes considérés comme prioritaires par la population et qu'elle veut tenter de résoudre. Une rétroaction est de nouveau nécessaire après cette phase. Finalement, la dernière phase correspond à la programmation et à la mise en application d'un plan d'action. La participation de la population est aussi nécessaire à cette étape qu'aux étapes antérieures. Un processus de rétroaction est de nouveau mis sur pied afin de procéder à une évaluation permanente du plan d'action. Toutefois, il faut noter que ce modèle n'est pas le seul modèle possible d'enquête participative, plusieurs façons de faire peuvent être valables (Colin, Ouellet, Boyer et Martin, 1992).

Quelques exemples de recherche participative

Au Québec, comme ailleurs, plusieurs chercheurs ont eu recours à ce type de recherche. Par exemple, Hétu (1981) relate une expérience de recherche participative menée avec la collaboration des syndicats locaux sur les problèmes du bruit industriel. De son côté, Skutezki-Odier (1985) estime que ce type de recherche est tout à fait adapté pour analyser le vécu des personnes âgées. Pour leur part, Bolzman, Fibbi et autres (1988) ont mené une enquête participative auprès des responsables d'associations d'immigrés. Un peu dans la même perspective, Eustache et Ouellet (1991) ont mené une recherche participative auprès de familles haïtiennes afin de mieux connaître leur situation familiale vécue au Québec. La recherche menée par Colin, Ouellet, Boyer et Martin (1992) offre un autre exemple de recherche participative dans le réseau sociosanitaire montréalais. Il s'agissait d'une enquête cherchant à mettre à jour la vision de femmes enceintes en situation d'extrême pauvreté relativement à leurs conditions et préoccupations de vie, à la maternité, à leurs réseaux d'aide, à la santé et aux rapports qu'elles entretiennent avec les professionnels de la santé et des services sociaux. Dans cette recherche, la rencontre de groupe a été privilégiée, et les données ont été recueillies en mettant en œuvre des outils d'animation tels que photos-langage, dessins, sketches, lettres, remue-méninges, chansons. C'est donc la mise à jour d'une vision du monde par les acteurs eux-mêmes qui est explicitement recherchée.

11.3   L'INTERVENTION SOCIOLOGIQUE

11.3.1   Présentation

L'intervention sociologique a été élaborée principalement par Touraine, l'un des sociologues français qui ont sans doute eu le plus d'influence au Québec, particulièrement auprès de la récente génération d'intervenants sociaux. Il a fait plusieurs voyages au Québec et enseigné dans les départements de sociologie d'universités de Québec et de Montréal, et, surtout, ses nombreux livres ont servi d'ouvrages de référence à plusieurs chercheurs et intervenants sociaux d'ici. La connaissance de l'œuvre de Touraine est donc importante pour mieux saisir une certaine sociologie québécoise. Toutefois, il faut tout de suite préciser que nous n'aborderons pas ici l'ensemble de l'œuvre de Touraine; nous traiterons de la production de l'auteur qui s'amorce avec la parution de son livre *La voix et le regard* (1978). Cet ouvrage présente la nouvelle perspective d'analyse sociologique qui nous intéresse maintenant: l'intervention sociologique.

Touraine estime que la situation sociopolitique des pays occidentaux s'est carrément transformée et que, conséquemment, on ne peut plus faire de la recherche sociale comme avant. Dans cette perspective, l'intervention sociologique se rapproche de la recherche militante, dans la mesure où elle nécessite la participation de militants qui travaillent dans divers mouvements sociaux, mais elle s'en distingue parce qu'elle met davantage l'accent sur l'obtention d'une connaissance plutôt que sur une action proprement dite. Pour que l'intervention sociologique soit possible, un certain nombre de conditions doivent être remplies (Hamel et Léonard, 1981 : 127). Premièrement, il est essentiel d'entrer en relation avec le mouvement social en tant que tel. Les membres de groupes et les militants qui acceptent de participer à la démarche doivent le faire en tant qu'acteurs et en tant que militants. Deuxièmement, il ne faut pas en rester au discours idéologique; il est important de remonter aux actions, aux stratégies, de comprendre les acteurs et le groupe dans leur rôle militant. Cela implique que le groupe soit confronté avec une série d'interlocuteurs différents, depuis des adversaires jusqu'aux personnes de la base sociale. Troisièmement, il est indispensable, au cours de l'intervention, de faire ressortir l'enjeu du conflit. C'est la responsabilité de l'équipe de recherche. Enfin, l'analyse doit être considérée comme un élément de l'action militante au même titre que l'action concrète.

C'est dans le prolongement de son intérêt pour l'étude des mouvements sociaux que Touraine a mis au point une nouvelle méthode d'analyse des rapports sociaux qu'il nomme *intervention sociologique*. Comme les rapports sociaux ne sont pas immédiatement visibles, la fonction de la sociologie, par l'« intervention sociologique », sera précisément de les faire apparaître et d'en dégager la signification profonde. Cela est possible à condition de reconnaître que ce qui empêche la transparence des rapports sociaux provient de l'ordre et de sa domination (Touraine, 1980). L'objectif de l'intervention sociologique est alors de comprendre comment se construisent et se développent les mouvements sociaux (Touraine, 1984). Cette méthode essaie de dégager les potentialités qui se trouvent dans ces mouvements, selon une démarche dans laquelle se mêlent induction et déduction, et en faisant vivre à un groupe les conflits qui agitent la société en général. Ainsi, l'intervention sociologique peut se décrire comme un long processus qui, à partir de la mise en interrelation des chercheurs et des acteurs concernés, aboutit à l'instauration d'un va-et-vient entre l'analyse et l'action, entre les chercheurs et les acteurs (Hamel et Léonard, 1981 : 126).

11.3.2 L'intervention sociologique comme processus méthodologique

Essentiellement, cette méthode

> est appliquée au sein d'un groupe de personnes impliquées dans une action collective qui, en compagnie d'alliés et d'adversaires, font l'analyse de cette action à la demande et sous la direction d'une équipe de sociologues acquis à la théorie des mouvements sociaux. (Archambault et Hamel, 1998 : 137.)

Cette méthode implique une équipe de recherche composée de quelques personnes. Ce groupe est en fait considéré comme une représentation d'un mouvement social plus large.

L'intervention sociologique se présente comme une démarche novatrice non pas tant par son sujet, l'étude des conflits sociaux, que par son processus. On veut étudier l'action collective en travaillant avec des petits groupes. À ce propos, Minguet (1980) a rappelé que l'intervention sociologique se fonde sur quatre principes fondamentaux :

1. La situation de recherche doit être mise en relation avec les acteurs du mouvement social ;

2. Cette situation doit dépasser le discours idéologique pour permettre de saisir l'engagement des participants du groupe militant et, pour cela, on doit considérer les situations dans lesquelles les différents partenaires (dirigés et dirigeants) s'affrontent ;

3. Il s'agit de repérer, dans les conduites collectives, les principes fondamentaux de tout mouvement social, c'est-à-dire le principe d'identité, le principe d'opposition et le principe de totalité ;

4. La méthode conjugue l'autoanalyse d'un groupe militant et l'action du sociologue aidé par son appareil théorique.

Voyons maintenant ce qui caractérise les différentes phases de cette démarche.

11.3.3 Les principales étapes de l'intervention sociologique

Sans entrer dans les détails, cette méthode s'opère au sein d'un groupe de participants, voire de militants d'une action collective qui, en compagnie d'alliés et d'adversaires, en font l'analyse à la demande et sous la direction d'une équipe de chercheurs acquis à la théorie des mouvement sociaux (Archambault et Hamel, 1998).

Cette équipe comprend notamment un « agitateur », chargé de conduire les discussions constituant, en bref, l'autoanalyse du groupe, et un « analyste », responsable de la mise à jour de la « théorie » émanant de cette analyse et présentée, sous forme d'hypothèse, à l'ensemble du groupe. Si l'hypothèse recueille l'assentiment du groupe, il y a donc conversion, selon la terminologie utilisée, et cette hypothèse peut valoir comme explication sociologique, sa vérification étant faite à chaud.

A — La constitution des groupes

La première étape de l'intervention sociologique est celle de la constitution d'un ou de plusieurs groupes. Concrètement, cette étape consiste à instituer deux groupes parallèles d'une dizaine de militants qui représentent différentes tendances ou qui appartiennent à différentes organisations d'un même mouvement et à entreprendre avec eux une démarche d'autoanalyse qui vise à dégager l'enjeu social du conflit dans lequel ils se trouvent engagés. Ces personnes parlent pour elles-mêmes et leur prise de position n'engage personne d'autre. Dans cette phase, l'intervenant est en position à la fois d'intériorité et d'extériorité. L'extériorité, souligne Fortin (1982: 122), provient du fait que le chercheur travaille avec un groupe « artificiel » qu'il a lui-même créé. Par ailleurs, le chercheur est solidaire du mouvement social des membres du groupe, mais il ne s'identifie pas au groupe, il est médiateur entre le groupe et le mouvement social (Touraine, 1980: 330).

B — La mise en situation

Après que chaque membre s'est présenté, le groupe est immédiatement mis en situation de débats et de confrontation avec des interlocuteurs qui sont « des partenaires sociaux ou encore des adversaires dans la vie réelle » (Touraine, 1980: 326). Par exemple, un groupe d'étudiants pensent-ils que les capitalistes veulent contrôler l'université? On fait alors venir des représentants du Conseil du patronat. Il s'agit donc, d'emblée, de créer des rapports sociaux et de les animer. Le groupe vit en son sein les problèmes de la lutte, mais surtout s'engage dans une analyse de ces problèmes[2]. Différents effets peuvent découler de cette

---

2. Une division des rôles entre deux chercheurs devient alors très importante. L'un, l'*agitateur*, soutiendra le groupe en rappelant, par exemple, les actions militantes passées et leur importance pour l'opinion publique. Quant au *secrétaire*, il n'interviendra guère, mais constituera dans un certain sens la mémoire du groupe en rédigeant des comptes rendus complets des séances ou en assurant leur enregistrements, en fournissant au groupe les documents demandés et en rédigeant des notes de synthèse qui seront utilisées par la suite (Doise et Lorenzi-Cioldi, 1989: 185).

confrontation: renforcement de l'identité du groupe, mais aussi clivages internes et redéfinition des adversaires.

C — La phase d'analyse ou de conversion et le rôle des chercheurs

Cette étape est l'étape centrale du processus. Il s'agit, selon Touraine (*ibid.*: 327), de faire en sorte que le groupe devienne analyste du mouvement social «qui peut être présent dans la pratique». Le rôle des chercheurs est ici essentiel, car eux seuls peuvent faire accomplir au groupe un tel passage. Éloignant le groupe d'une réflexion centrée sur lui-même comme groupe, les chercheurs doivent le pousser à analyser les problèmes du mouvement social, faisant passer les militants à une critique de leur idéologie, ce qui ne veut pas dire que ces derniers abandonnent leurs objectifs de militants. À ce stade, la tension de la position contradictoire du chercheur est telle que Touraine propose une répartition des tâches dans une équipe de chercheurs afin de mieux assurer leurs rôles d'interprète et d'analyste. Le groupe peut accepter ou refuser les hypothèses proposées par l'équipe de recherche; l'essentiel n'est pas son acquiescement, mais plutôt de savoir si ces hypothèses permettent au groupe une nouvelle interprétation de son histoire et l'élaboration d'un programme d'action.

D — La phase de la sociologie permanente

La sociologie permanente se définit le passage de l'analyse à l'action. Cette étape s'amorce lorsque le produit de l'analyse est communiqué à d'autres groupes de militants; elle constitue le véritable test de la validité de la démarche dans la mesure où l'intervention est susceptible de se prolonger, par les initiatives des militants, au sein de leur propre mouvement.

11.3.4   Critique de l'intervention sociologique

Les critiques de l'intervention sociologique, de l'aveu de Dubet et Wierviorka (1981: 115), sont diverses. Il faut reconnaître qu'il est difficile d'évaluer cette méthode. Pour certains, elle est nouvelle et séduisante, alors que, pour d'autres, elle est peu scientifique. Son grand avantage est qu'elle permet d'aborder l'analyse empirique des mouvements sociaux. Toutefois, malgré son intérêt, elle suscite des réserves dans la mesure où elle impose un certain type de logique scientifique qui n'est peut-être pas facilement applicable à une population socialement et culturellement démunie (Ivanovic et Sommer, 1981). De plus, cette méthode demeure fort coûteuse et nécessite une intervention de longue durée, un minimum d'une année selon Touraine (1980: 328), ainsi qu'une équipe de recherche stable, suffisamment homogène et dont les membres sont bien entraînés à travailler ensemble (Fortin, 1982; Gagnon, 1987).

Quelques exemples de recherche en intervention sociologique

Bélanger et Lévesque (1987) ont montré, avec plusieurs exemples à l'appui, comment la perspective d'analyse élaborée par l'intervention sociologique est au cœur de l'analyse de plusieurs mouvements sociaux québécois. Parmi les recherches ayant eu recours à l'intervention sociologique, on peut citer celles de Dupuis (1985) sur le Regroupement des organismes communautaires et culturels de Rimouski, de Fortin (1985) sur le réseau des coopératives d'aliments naturels, de Saucier (1983) sur les coopératives d'habitation, de Mercier (1990) sur les comptoirs alimentaires ainsi que le travail de Lesage (1986) auprès d'un groupe de jeunes chômeurs.

11.4 LA RECHERCHE FÉMINISTE

11.4.1 Présentation

S'interroger sur la recherche féministe, c'est d'abord reconnaître son lien avec le mouvement féministe et plus particulièrement avec l'intervention féministe (Descarries-Bélanger, 1985)[3]. L'origine de la recherche féministe est à situer dans le contexte du mouvement de lutte des femmes des années 1970 (Beattie, 1987; Dagenais, 1987, 1996). En rupture avec la recherche traditionnelle de type patriarcal, la recherche féministe met l'accent sur le savoir et le vécu des femmes (Bouchard, 1986). Ainsi l'objectif de ce type de recherche vise à la fois la transformation des rapports sociaux de sexes ainsi qu'une meilleure connaissance de la réalité sociale en tenant mieux compte du point de vue spécifique des femmes (Beattie, 1987).

L'analyse de l'oppression et de l'exploitation des femmes a conduit au rejet de la production d'un savoir fait et centré sur les hommes. En réaction à ce modèle dominant le développement de connaissances, où priment les valeurs d'objectivité, de neutralité et de rationalité, les féministes ont développé des méthodes se rapprochant davantage des valeurs dites «féminines» comme la

---

3. La recherche féministe, bien que récente, a déjà suscité l'intérêt de plusieurs chercheuses tant en Amérique du Nord qu'en Europe. C'est véritablement dans les années 1980 que le poids de la recherche féministe se fait sentir au Québec sous l'influence d'une production de recherches de plus en plus riche et diversifiée. On peut noter, par exemple, la constitution de groupes de recherche féministes universitaires tels le Groupe d'intervention et de recherche sur les femmes (GIRF) de l'Université du Québec à Montréal, le Groupe de recherche multidisciplinaire féministe de l'Université Laval (GREMF) ou encore le Groupe de recherche sur les femmes et la normativité de l'Université de Montréal. La naissance en 1988 d'une des seules revues francophones exclusivement consacrées à la réflexion théorique et pratique féministe, *Recherches féministes*, témoigne de cet essor. Pour avoir une idée de la production récente dans ce champ, voir la recension des écrits de De Koninck et autres (1994).

valorisation du vécu, de l'intuition et de la subjectivité. Dans ce sens, on peut penser que la recherche féministe est plus proche du qualitatif que du quantitatif, bien que certaines féministes (Eichler, 1986) affirment l'utilité et la complémentarité de ces deux modes de connaissances. Pour les féministes, les problèmes des femmes ne sont pas, pour la grande majorité, d'ordre intrapsychique, biologique ou personnel, relevant du domaine privé, mais plutôt d'ordre social, résultant de conditions de vie aliénantes engendrées par des rapports de sexes inégaux. Bien que récente, la recherche féministe a largement contribué à cette prise de conscience. Elle a de plus produit un nombre sans cesse croissant de recherches sur le vécu des femmes par rapport au travail, à la maternité, etc.·

La recherche traditionnelle a été jugée partielle et partiale (Juteau-Lee, 1983: 11), précisément parce qu'elle exclut de l'analyse les rapports sociaux de sexes. La recherche féministe a un objectif politique, un rôle militant, dit Beattie (1987: 135), car elle vise le changement social. Dans cette perspective, la dénonciation du sexisme en recherche est une tâche importante de la recherche féministe. À ce propos, Eichler (1986) dénonce un certain nombre de problèmes généraux qu'elle appelle des «péchés capitaux sexistes»: à savoir la surgénéralisation ou la sous-spécification des femmes, le postulat d'un dualisme naturel entre les sexes ou encore celui d'une réalité sociale identique pour les deux sexes, etc. Selon Beattie (1987) et Ouellet (1991), les principaux paramètres de la recherche féministe sont les suivants: le vécu des femmes comme point de départ, l'intersubjectivité, la collectivisation, la femme comme sujet, l'attitude empathique à l'égard des participantes et la multidisciplinarité comme mode de connaissance afin de favoriser une approche globale «holiste» de la réalité féminine.

11.4.2 La méthode

En favorisant le point de vue et l'expérience des femmes, la recherche féministe tend à se rapprocher de la recherche qualitative. Elle se veut aussi plus engagée socialement en faveur de la cause des femmes. Elle est aussi généralement de caractère multidisciplinaire. Toutefois, la recherche féministe tient ses caractéristiques moins de sa méthodologie que du questionnement qu'elle provoque sur la réalité sociale. En effet, sur le plan de la méthode, la recherche féministe n'est pas en soi si différente des processus habituels de recherche (Ouellet, 1991). C'est à la fois le questionnement qui l'oriente et le rapport plus étroit entre les chercheuses et le terrain qui lui donnent une certaine spécificité. Cette spécificité consistera notamment à considérer la variable genre ou rapport de sexes de façon fondamentale tout au long du processus. La recherche féministe vise également à favoriser des relations égalitaires entre les diverses participantes ainsi qu'au partage de leur vécu. De plus, de par son insertion dans le milieu, elle cherchera à resituer les problèmes des femmes dans leurs dimensions sociopolitiques et à susciter des actions favorisant l'amélioration de leur condition dans la société (Archambault et Hamel, 1998: 135). Dans cette perspective, on peut dire que la recherche féministe est liée étroitement au féminisme en tant que mouvement social (Beattie, 1987). Toutefois, elle se distingue de l'intervention en ce sens qu'elle n'est pas un substitut à l'action, elle cherche plutôt à l'orienter et à l'alimenter.

La recherche féministe est donc fondamentalement en rupture avec la recherche traditionnelle. Rupture tant sur le plan épistémologique, théorique que politique. Rupture « avec le patriarcat », pour reprendre les propos de Bouchard (1986). Selon Nadig (1987), trois orientations particulières caractérisent la recherche féministe : son orientation thématique (étude de thèmes féminins), son orientation idéologique (hypothèse de domination de la femme) et son orientation politique (désir d'égalité et lutte pour le changement). Les chercheuses féministes, note Bouchard (1986 : 236), en plus d'avoir le mérite d'avoir reconnu ces « structures de domination, d'exploitation, d'oppression et de non-pouvoir des femmes dans les sociétés patriarcales » qui constituent des « nouveaux concepts fondamentaux pour la recherche », ont également mis en lumière d'autres dimensions qui sont importantes pour la recherche sociale : le « silence qui cache et entoure le vécu des femmes » ; l'« isolement dans lequel sont entretenues les femmes ». Ces concepts, précise Bouchard (1986), sont « fondamentaux pour structurer la recherche féministe ».

Pour bien comprendre les particularités de la recherche féministe, il faut préciser ses différences par rapport à la recherche traditionnelle, notamment par rapport à trois moments clés, soit les phases de rupture, de construction et de vérification. À propos de la phase de rupture, que l'on retrouve dans tous les manuels de méthodologie, Bouchard (*ibid.* : 231) s'interroge sur le sens de cette mise en garde concernant « le chercheur » (presque toujours au masculin), qui est invité à prendre un certain recul vis-à-vis de « ses façons habituelles de voir les choses, ses préjugés, ses opinions, ses désirs ou tous autres biais personnels ». Faire preuve de vigilance devant des données qui semblent être des « évidences », cela va presque de soi. Toutefois, le plus souvent, ajoute Bouchard (*ibid.* : 237), pour préciser cette exigence de rupture, on fait appel à la nécessaire distinction entre le sens commun et l'approche scientifique. Voilà précisément ce qui fait problème pour l'approche féministe, car il faut bien reconnaître que beaucoup de groupes sociaux veulent s'exprimer, mais ils n'ont pas d'autres canaux d'expression que l'expérience vécue. Bref, dans la perspective féministe, la rupture, s'il doit y en avoir une, s'effectue par rapport à la pensée patriarcale.

Concernant l'analyse des données, Bouchard souligne que certains acquis quant aux modes de fonctionnement des groupes féministes permettent d'améliorer l'analyse des données : la « collaboration multi-femmes », la critique féministe des approches, l'échange et la confrontation constante des résultats de chaque recherche avec l'ensemble des autres recherches et avec la perception des autres groupes de femmes. Dans cette perspective, la recherche féministe

> se présente comme un enjeu politique, un mode d'expression de la parole des femmes, un lieu de prise de conscience collective, un moyen d'intervention

et un modèle de production de connaissances et de prise en charge autonome [...]. (*Ibid.*: 238.)

Ainsi, la recherche féministe confirme l'expérience des femmes et la ratifie
comme légitime et efficace (Beattie, 1987).

11.4.3   Postulats de la recherche féministe

La littérature féministe nous permet d'avancer un certain nombre de postulats
qui peuvent guider la pratique de la recherche féministe. Le premier postulat pose
la reconnaissance de l'existence de rapports sociaux de genre. Dans cette perspective, il faut non seulement reconnaître les différences en termes de socialisation
des sexes, mais également expliquer ces différences en fonction de la domination
du modèle patriarcal dans plusieurs sociétés (Beattie, 1987 ; Dagenais, 1987). Un
second postulat concerne la nécessité de garder une attitude critique, notamment
à l'égard du pouvoir. En conséquence, la recherche féministe doit être conduite
de façon à faciliter la prise de pouvoir et la croissance des participantes, des infor-
matrices et des clientes.

Le troisième postulat stipule la nécessité de dire autrement ou de «renom-
mer». Cela signifie ici dire autrement et, plus précisément, rendre crédible et pertinent ce qui est dit. La recherche féministe répond à ce besoin dans la mesure où
elle permet de valider l'intuition et le récit des expériences individuelles et collectives dans leur contexte. Un quatrième postulat vise la valorisation du processus
tout autant que le résultat ou le produit final. En recherche féministe, le processus
formatif est fondamental parce qu'il permet un questionnement et des rajuste-
ments en cours de route. Finalement, un cinquième et dernier postulat affirme
que le privé est politique. Ce postulat à lui seul est presque devenu un symbole
féministe. Il concerne autant l'intervention que la recherche féministe. La
recherche féministe doit donc s'efforcer d'analyser le public et le privé dans la vie
des femmes (comme des hommes) d'une façon interreliée afin d'éviter tout
réductionnisme.

Quelques exemples de recherche féministe

Dans le secteur de la santé, Aubin (1986) s'est penché sur l'oppression vécue
par les femmes dans le cadre des interventions en santé mentale et en éducation. Drolet (1987) s'est interrogée sur la définition de l'autonomie chez les
adolescentes usagères du centre de santé des femmes de la Mauricie. Morissette
(1991) a analysé les conditions sociales d'émergence de l'alcoolisation à risque
chez des femmes au travail au moyen d'entrevues semi-directives. Une autre
recherche a été menée par un groupe de femmes de la région de Cowansville
(Collectif par et pour elle, 1987) sur l'influence de la pornographie sur la violence des hommes. Analysant le point de vue des victimes, Pâquet-Deehy et

Rinfret-Raynor (1987) ont mené une étude clinique exploratoire sur l'intervention de groupe comme modèle d'intervention féministe auprès des femmes violentées. Le Bossé, Lavoie et Martin (1991) ont procédé à des entrevues auprès de professionnels de la santé (médecins et infirmières) pour analyser l'influence du contexte de travail (caractéristiques organisationnelles, rôles que s'attribuent les professionnels) sur leurs attitudes à l'endroit des femmes violentées. Chamberland et autres (1995) ont mis sur pied et analysé le développement d'un groupe de jeunes filles de milieux défavorisés, sensibilisées aux activités scientifiques (Les scientifines).

11.5 LA RECHERCHE CONSCIENTISANTE

11.5.1 Définition

La recherche conscientisante peut être considérée comme une forme de recherche militante qui s'inscrit dans une démarche active de connaissance des traits culturels de la classe populaire. Lesire (1983: 26) définit ainsi la recherche conscientisante: «C'est l'investigation des conditions sociales d'existence des catégories sociales de milieu populaire, pour que ces catégories prennent conscience des blocages à leur épanouissement et se mobilisent contre ces blocages.» De même, Humbert (1987: 92) précise que l'objectif de cette recherche est le changement social et la transformation des structures et des mentalités par la libération du dynamisme populaire.

11.5.2 Origine et développement

Larivière (1988: 78) a rappelé que l'approche conscientisante découle principalement, mais non exclusivement, des écrits et de la méthode d'alphabétisation de Freire, éducateur catholique brésilien. Pour ce dernier, le but de l'éducateur n'est plus seulement d'apprendre quelque chose à ses interlocuteurs, mais de rechercher un moyen de transformer le monde dans lequel ils vivent opprimés[4]. S'inspirant de l'approche de Freire, un courant a pris forme à l'intérieur de l'Institut œcuménique pour le développement des peuples (INODEP), une organisa-

---

4. Après avoir vécu deux coups d'État, au Brésil (1964) et au Chili (1973), Freire a dû se réfugier à l'étranger. L'éducateur brésilien a expérimenté sa méthode avec un demi-succès auprès de travailleurs immigrés en France, avant de s'engager une nouvelle fois dans une vaste campagne d'alphabétisation-conscientisation dans les États africains de culture dominante portugaise, alors récemment décolonisés (Freire, 1974).

tion française vouée au développement international, issue de la gauche catholique, qui a promu la pratique de la recherche conscientisante (Hess, 1981).

La recherche conscientisante est une technique utile pour les intervenants sociaux dans la mesure où elle favorise «la prise de conscience par une population de ses conditions d'existence et de ses moyens de s'engager dans la voie de son changement» (De Robertis et Pascal, 1987: 287). Selon Larivière (1988: 79), ce courant de l'intervention sociale a été important au Québec. En effet, on le retrouve à des degrés divers dans les cours d'alphabétisation-conscientisation donnés tant à Montréal qu'en milieu rural et surtout au Regroupement des organisateurs(trices) communautaires du Québec (ROCQ), qui s'est transformé en 1983 en un collectif d'intervenants en conscientisation (Ampleman, Doré et autres, 1983; Comeau, 1989).

En somme, on ne peut qu'être d'accord avec Fontan et Laflamme (1990: 469), qui associent l'enquête conscientisante aux pratiques d'organisation communautaire en service social. Dans cette perspective, il s'agit alors de mettre le processus d'enquête au service des participants: «Enquêter, former, éduquer, se libérer, voilà les temps forts d'une méthode de travail qui vise à démocratiser et à démystifier le travail de recherche scientifique» (*ibid.*: 470).

11.5.3 Les principales caractéristiques de la recherche conscientisante

Humbert et Merlo (1978: 6) soulignent que, à l'opposé de l'endoctrinement idéologique et du spontanéisme, la conscientisation est fondée sur le postulat que personne ne libère personne, que personne ne se libère seul, que les hommes se libèrent entre eux (Freire, 1974). La conscientisation est donc essentiellement un type d'intervention, la recherche conscientisante, un instrument de connaissance et de conscientisation débouchant inévitablement sur l'action. Sur le plan méthodologique, les chercheurs ne font pas participer la population à une recherche conduite par eux; ils deviennent eux-mêmes participants. Ils agissent à titre «de personnes-ressources» dans le cadre de recherches menées par les groupes. La diffusion des résultats ne se limite ni aux commanditaires, ni au milieu des «initiés», ni seulement à une portion limitée de la population, mais bien à l'ensemble de la population visée (Lamoureux, Mayer et Panet-Raymond, 1984: 87).

11.5.4 La perspective de la conscientisation

Humbert (1987) souligne que la conscientisation n'est pas une «nouvelle recette d'intervention» ni une «baguette magique» qui pourrait servir de «thérapie psychologique» ou encore d'«aspirine» à des personnes ou à des groupes qui vivent de multiples problèmes sociaux. Le processus de conscientisation est essentiellement une méthode d'éducation populaire. Selon Ampleman, Doré et autres (1983: 10), les pratiques de conscientisation se veulent

> des activités concrètes de formation dont le but est d'amener des personnes immergées dans des situations d'exploitation économique, de domination politique et d'aliénation culturelle, à prendre une distance critique face à leur situation et à s'engager dans une action collective pour la transformer.

La conscientisation s'inscrit donc entre la réflexion et l'action, entre la théorie et la pratique. Le collectif québécois (*ibid.*: 257) insiste sur cette dimension. Si l'on veut éviter que le processus de conscientisation tourne en manipulation politique, en imposition idéologique ou en cathéchisation, on doit insister sur son caractère d'engagement (*ibid.*: 93). Bref, comme l'ont signalé Fontan et Laflamme (1990: 470), l'enquête conscientisante utilise les techniques courantes de collecte des données, mais à la différence de la pratique habituelle en recherche, l'objectif recherché ici est de déboucher sur une stratégie d'action.

11.5.5   Les étapes du processus de recherche conscientisante

Humbert et Merlo (1978: 8) soulignent que la recherche conscientisante exige du temps, souvent plus d'une année. À chaque étape, différents acteurs prendront une place plus ou moins grande. Au début, lors de la phase préparatoire, les *animateurs* (à l'origine du projet) ainsi qu'un groupe local de militants-chercheurs seront les principaux acteurs. Durant toute la phase d'exécution, l'accent sera davantage porté sur un échantillon de la population à l'étude. Finalement, c'est toute la collectivité qui sera concernée, lors de la divulgation des résultats et de l'élaboration de stratégies d'action.

A — La phase préparatoire

Humbert (1987: 94) insiste sur le fait que la recherche conscientisante

> n'est jamais décidée d'ailleurs, parachutée à partir d'un laboratoire d'experts, ou de l'intérêt d'animateurs. Elle est soit demandée par un ou plusieurs groupes du terrain, soit décidée à l'occasion d'un événement ou d'un fait, entre les deux types d'acteurs qui la mettront en place.

Selon De Robertis et Pascal (1987: 288), la « constitution du groupe — issu de la population — qui partagera avec l'équipe de travailleurs sociaux la direction et la concrétisation de l'enquête » est centrale dans le processus de la recherche conscientisante. S'il n'existe pas déjà de groupe, les intervenants sociaux peuvent prendre l'initiative de le former.

B — L'élaboration des thèmes et des instruments de recherche

L'observation du milieu permet de dégager des thèmes d'enquête. Durant cette étape de structuration, le rôle des animateurs est capital (Ampleman, Barnabé et autres, 1987 : 100). Par ailleurs, avant d'aller sur le terrain, il faut fabriquer les outils de collecte des données et il faut aussi préparer les membres du groupe à agir en tant que chercheurs. Relativement à la fabrication des outils de collecte des données, il faut s'efforcer de respecter les références culturelles des milieux populaires. Selon Humbert et Merlo (1978 : 35), une fois que les enquêteurs seront groupés et qu'ils auront choisi le thème de la recherche, ils définiront leurs instruments d'enquête. De Robertis et Pascal (1987 : 288) soulignent que l'étape du choix de la technique de recherche à utiliser est délicate dans la mesure où celle-ci doit être à la fois simple et scientifique.

C — La collecte des données et le traitement des résultats

La phase d'analyse des résultats varie selon qu'il s'agit de questions fermées ou de questions ouvertes. Dans ce dernier cas, il faudra, nous dit Humbert (1987 : 103), repérer

> les thèmes clés autour desquels on greffera des thèmes satellites (qui renforcent, éclairent, précisent les thèmes clés). Cela suppose une formation à l'analyse de contenu, à la production de synthèses qui relèvent les courants d'opinion, les positions susceptibles de provoquer des débats intéressants.

Selon Humbert et Merlo (1978 : 63), il s'agit de mettre dans un ensemble ordonné les différentes informations recueillies au cours de l'enquête. On en fait l'analyse quantitative et qualitative selon la nature des données.

D — La rédaction du rapport, la diffusion des résultats et le retour à l'action

En ce qui concerne le rapport écrit, Ampleman, Barnabé et autres (1987) soulignent qu'on doit le rédiger en deux étapes : d'abord, le comité de rédaction écrit une première version qui est soumise aux enquêteurs ; ensuite, lorsque ces derniers se sont prononcés, le rapport final est achevé. Cette étape, selon De Robertis et Pascal (1987 : 288), est fondamentale car « sans diffusion des résultats auprès de la population enquêtée on ne peut parler d'enquête conscientisante ». Il ne suffit cependant pas, ajoutent les auteurs, de communiquer ces résultats, mais il faut bien susciter un débat. En recherche conscientisante, le groupe choisit le mode d'expression (pièce de théâtre, bande dessinée, vidéo, etc.) qu'il juge le plus pertinent pour présenter les résultats de la recherche. Par exemple, Arsenault (1991) explique sa démarche de recherche auprès de parents qui ont un enfant atteint de troubles mentaux sévères, mais qui, au moyen de séances de discussions de groupe, en arrivent progressivement à passer d'une perception individuelle à une vision plus collective de leurs problèmes.

Pour Humbert et Merlo (1978 : 74), le meilleur instrument de diffusion est le *portrait robot*, que constitue une synthèse des principaux résultats de l'enquête. Cet outil sert à provoquer une prise de conscience, puis il devient une base de référence pour amorcer une discussion sur les stratégies d'action. Les travaux d'Ampleman, Barnabé et autres (1987), Ampleman, Doré et autres (1983) et Barnabé (1985) illustrent bien ce processus.

11.5.6 Limites et apports de la recherche conscientisante

Comme on peut le constater, la méthode de recherche conscientisante, comme le montrent, entre autres, les travaux de l'INODEP, n'est pas tellement différente du processus habituel de recherche en sciences sociales; on y trouve sensiblement les mêmes étapes, de la définition de l'objet de recherche à l'analyse du matériel. Le caractère distinctif de l'enquête conscientisante, c'est son but: susciter une plus grande conscience de la situation et une action transformatrice qui devrait en découler. Toutefois, certains chercheurs ont soulevé plusieurs questions relativement à l'utilité et aux limites de ce type de recherche. Par exemple, selon Deslauriers (1984: 16), l'enquête conscientisante consiste à vulgariser le processus de recherche scientifique tel qu'il est traditionnellement défini, mais dans un but d'action politique; il se demande si cela ne constituait pas un détour inutile. Larivière (1988: 79) s'interroge sur la négation, de la part de l'intervenant, de sa « supériorité » culturelle et sociale lorsqu'il intervient auprès de personnes de milieux populaires. Un peu dans le même sens, Comeau (1989: 138) indique que certains critiquent ce processus de conscientisation à cause du rôle de direction assumé parfois par les intellectuels.

Humbert souligne d'autres limites que comporte l'enquête conscientisante: elle exige une bonne marge de liberté car elle ne peut être menée dans des situations de forte répression. Elle demande beaucoup de temps et d'investissements de tous les acteurs. Par ailleurs, elle n'est pas l'instrument sociologique universel, utilisable à volonté et partout où même l'instrument « quasi obligé de toute mobilisation populaire » (Humbert, 1987: 104). Mais, comme nous l'avons dit, la recherche conscientisante permet de concilier les considérations de recherche et d'action et le fait que le milieu populaire se donne des moyens d'acquisition de connaissances pouvant lui permettre de mieux orienter et nourrir son action de libération.

Un des apports intéressants de l'approche de conscientisation fut d'avoir renouvelé la « boîte à outils » de l'intervenant social et du chercheur militant. En effet, ce mouvement a suscité la création et la fabrication de divers instruments de travail relativement simples mais surtout utiles et efficaces. Toutefois, et c'est là un danger dont sont conscients les auteurs, il ne faut utiliser ces outils comme des « recettes » sans lien avec l'effort de théorisation et de volonté de changement social dans lesquels ils ont été créés. Cet outillage ne vise qu'un seul but: attirer l'attention sur l'importance de la culture populaire dans l'action sociale (Hurtubise, 1991: 155). Parmi les nombreux outils, Ampleman, Barnabé et autres (1987: 205) cite les outils suivants utilisés au cours d'une session de formation: « macaron; exposé éclair sur affiches; vidéo; jeu des mots; photo-langage; grille de travail; jeu de présentation; la technique de l'entrevue; questionnaire; double-portrait; panel; journal de bord».

Finalement, nous pouvons conclure que, comme l'ont montré, entre autres, les travaux du Collectif québécois de conscientisation, la classe opprimée met au point des mécanismes de dépréciation de soi, d'ordre tant individuel que collectif, par exemple des sentiments d'impuissance, d'incompétence et d'infériorité. Cette situation est généralement le résultat de l'exploitation économique et sociale, qui a pour effet principal de décourager les gens de lutter pour leurs droits. Dans une telle perspective, l'intervention selon le modèle proposé par Freire est autant bénéfique que nécessaire.

Quelques exemples de recherche conscientisante

Le Collectif québécois de conscientisation a poursuivi sa réflexion et a produit toute une série d'analyses qui abordent des réflexions plus théoriques sur l'approfondissement de l'approche de la conscientisation comme stratégie d'intervention communautaire (Ampleman, Barnabé et autres, 1987; Ampleman, Doré et autres, 1983; Ampleman et autres, 1994; Barnabé et Brosseau, 1994; Girardi, 1994; Humbert, 1994), ou d'ordre plus pratique, présentant des pratiques conscientisantes sur divers terrains de luttes sociales (Belleau, 1994; Gaudreau, 1994).

Ampleman, Barnabé et autres (1987) ont décrit un processus de formation auprès d'intervenantes des services de santé et des services sociaux qui œuvrent dans les milieux défavorisés. D'abord, à l'aide du photo-langage, les participantes sont amenées à faire un double portrait: celui de l'intervenante et celui de la classe populaire. Il semble que cet exercice permet de questionner «la perception que les participantes ont d'elles-mêmes et des personnes de milieu populaire» (*ibid.*: 190).

CONCLUSION

Au cours des années 1980, le contexte de la pratique de la recherche sociale va sensiblement se modifier. En effet, la majorité des constats émanant d'organismes gouvernementaux vont déplorer l'état de développement de la recherche sociale. Tour à tour, on déplore la faiblesse de son infrastructure, l'insuffisance des résultats, la faible présence de la recherche dans les milieux de pratique, la pénurie de recherches sociales dans les institutions du réseau sociosanitaire (CSS, CLSC, DSC) et le caractère peu scientifique de celles qui sont produites. Dans l'ensemble, il y a consensus pour dire qu'il s'agit moins d'un problème d'intérêt pour la recherche que d'une absence de ressources humaines et financières pour ce type d'activité (Tremblay et Poirier, 1994). Par ailleurs, plusieurs auteurs dénoncent l'«inféodation» de la recherche sociale à l'État, c'est-à-dire au service de la prise de décision technocratique (Lefrançois, 1990; Zúñiga, 1994a).

Progressivement, la contestation du positivisme et l'éclatement des paradigmes dominants en sciences sociales conduisent au questionnement de la recherche sociale classique (Soulet, 1986: 21). C'est dans une telle perspective que l'on a assisté au retour du sujet et à la réhabilitation du qualitatif dans le domaine de la recherche (Fortin, 1982). De plus, la remise en question de la méthode quantitative s'accentue en soulignant notamment ses limites quant à la compréhension de la complexité des rapports sociaux et, surtout, en contestant sa prétention à s'imposer comme la seule approche scientifiquement valable. On conteste également l'idée d'une seule méthode avec des règles parfaitement prédéfinies; au contraire, on favorise une pluralité de méthodes qui peuvent mieux s'adapter à la diversité des lieux et des objets de recherche. La recherche qualitative va donc favoriser l'établissement de nouveaux objets de recherche: le vécu quotidien, l'imaginaire, la socialité, etc. (Le Gall et Martin, 1986).

En guise de complément, le tableau 11.2 (p. 323) présente une comparaison des divers types de recherche alternative.

Par ailleurs, la recherche sociale devient aussi plus accessible aux praticiens, plus populaire auprès des gestionnaires et plus orientée vers la description ou l'analyse de situations concrètes, de clientèles et d'effets de programmes (Lacroix, 1984: 31). Dans un tel contexte de transformations, il n'est pas trop surprenant de voir la recherche sociale alternative s'orienter vers des préoccupations pratiques qui se traduisent notamment dans des projets d'expérimentation sociale, des études d'impact et des recherches évaluatives (Lefrançois, 1990).

TABLEAU 11.1

Comparaison entre la recherche sociale classique et la recherche-action*

Processus	Recherche classique	Recherche-action
1. Position et rôle du chercheur	• Le savoir appartient au chercheur • Rôle d'analyste ou d'expert • Position de détachement • Chercheur envisagé comme observateur neutre et objectif • La neutralité et l'extériorité sont nécessaires pour assurer l'objectivité	• Le savoir se construit dans l'interaction entre la population, les intervenants et les chercheurs • Collaborateur dans l'action • Implication personnelle • Multiplicité des rôles assumés par le chercheur (scientifique, acteur social, intervenant, etc.) • Équilibre recherché entre engagement et neutralité
2. Buts et finalités de la recherche	• Le savoir pour le savoir • Finalités de connaissance : description, explication, prévision • Connaissances généralisables à de grands ensembles de population • Démonstration ou développement de théories • Les sujets de la recherche sont des objets de recherche • Vérification (des faits, des théories, etc.) • Recherche de la connaissance scientifique • Recherche de l'objectivité et de la logique rationnelle	• Interaction plus personnelle • Le savoir pour le savoir-faire • Finalité de connaissance pratique de la dynamique de l'action • Connaissances applicables à des cas concrets pour améliorer une situation insatisfaisante • Les sujets sont de véritables acteurs • Description des phénomènes et compréhension des significations • Recherche du sens de l'action et de la connaissance pratique • Recherche de la compréhension qui s'appuie sur l'intention, l'observation et l'expérience
3. Choix du problème de recherche	• Question de départ : précise, détaillée, opérationnelle • Définition neutre, objective et théorique du problème • Définition préalable par le chercheur du problème • D'après des éléments divers — intérêts personnels du chercheur — consultation de la littérature et auprès d'autres chercheurs — demandes provenant de personnes ou d'organismes qui subventionnent la recherche	• Question de départ : moins précise et moins détaillée • Définition progressive de l'objet de recherche (rétroaction/contrat terrain) • Définition interactive du problème • Une situation qui fait problème isolée à partir d'une réflexion sur la pratique (rôle des praticiens et des acteurs) • Il n'est pas formulé à partir de préoccupations théoriques, mais il trouve son origine dans un problème social ⟶

* Ce tableau non normatif que nous présentons à des fins pédagogiques s'appuie sur divers tableaux comparatifs (entre autres : De Bruyne et autres, 1974 : 226 ; Goyette et Lessard-Hébert, 1987 : 194 ; S. Landry, 1993 ; Lapassade, 1989 : 20 ; Susman et Evered, 1978 : 600).

TABLEAU 11.1

Comparaison entre la recherche sociale classique et la recherche-action (*suite*)

Processus	Recherche classique	Recherche-action
4. Formulation de la problématique	• Revue exhaustive de la littérature sur le sujet pour que la recherche se situe dans la suite logique des connaissances déjà accumulées • Rôle central du chercheur	• Questions conjecturales, définies au cours de la recherche et induites de la pratique • Importance du collectif de recherche
5. Hypothèses de recherche et variable(s)	• Problématique déterminée d'avance et procédure préétablie • Rôle central de la théorie dans le devis de recherche • Démarche déductive • Hypothèses déduites de la théorie et définies au départ • Hypothèses de recherche hautement précises et concrètes • Variables peu nombreuses provenant du laboratoire ou de la théorie et soumises à un contrôle maximal • Valorisation de la méthode expérimentale ou quasi expérimentale (quantitative)	• Problématique ouverte • La théorie émerge progressivement du processus de recherche • Démarche surtout inductive • Hypothèses, s'il y a lieu, reliées à la définition du problème et aux objectifs de l'intervention • Variables nombreuses venant du terrain et soumises à un contrôle minimal • Choix parmi une diversité de méthodes de collecte et selon les besoins du terrain (qualitative)
6. Échantillon	• Importance accordée au choix de l'échantillon • Échantillon aléatoire et représentatif de l'ensemble de la population • Préoccupation de la généralisation universelle indépendante de tout contexte • Les cas individuels n'ont d'intérêt que pour autant qu'ils représentent une population • Vise à obtenir des différences significatives (sens statistique) entre les groupes	• Importance accordée au caractère illustratif ou exemplaire des cas • Échantillon non probabiliste sélectionné par le collectif de la recherche-action • Généralisation limitée et dépendante du contexte • Les cas individuels peuvent être sources de connaissances • Vise à obtenir les différences et similitudes des expériences individuelles
7. Phase de la collecte des données	• Planification détaillée avant d'entreprendre la recherche • Plusieurs processus de contrôle et recours à des instruments de collecte de type quantitatif (surtout le questionnaire), etc.	• Planification générale (on ne peut pas tout contrôler) • Tendance à l'utilisation combinée de méthodes de collecte qualitatives (observation, entrevue, documents) →

TABLEAU 11.1

Comparaison entre la recherche sociale classique et la recherche-action (*suite*)

Processus	Recherche classique	Recherche-action
8. Traitement et analyse	• Valorisation de l'analyse statistique plus ou moins complexe (quantitative) • Résultat intégré d'abord dans la théorie puis, éventuellement, dans la pratique • Analyse faite par le chercheur en fonction de la théorie • Valorisation de la validité scientifique par l'évaluation des pairs • Description détaillée et efforts pour cibler les principales variables • Description détaillée des outils (c.-à-d. les tests statistiques) et des étapes de l'analyse • Met l'accent sur la mesure, la preuve et la certitude • Données exprimées selon le point de vue et le langage du chercheur ou dans le cadre d'une théorie	• L'analyse qualitative est souvent la plus appropriée • Résultats intégrés d'abord dans la pratique: construire des modèles d'intervention • Consultation possible et travail en équipe pour l'interprétation des résultats • La validité est fonction de la validation des résultats par les acteurs et les chercheurs • Efforts pour donner un statut au «vécu» individuel, au sens commun et à la connaissance des acteurs sociaux • Effort pour expliquer le passage entre les données analysées et l'explication construite • Met l'accent sur le sens, la compréhension et la plausibilité • Données exprimées selon les significations des acteurs et l'analyse des chercheurs
9. Conclusions et utilité des résultats	• Documentation des connaissances • Accent mis sur l'extension et le caractère de généralisation des résultats • Sur le plan pratique, faible application dans le milieu • Critères de réussite: cohérence logique, prédiction et contrôle	• Application directe et pratique des résultats dans le milieu • Accent mis sur la profondeur et la qualité des résultats • Expérience acquise faiblement généralisable • Critères de réussite: efficacité des actions entreprises
10. Diffusion (c.-à-d. rapport de recherche) et retour à l'action	• L'information est remise d'abord aux bailleurs de fonds et aux décideurs • Diffusion générale et surtout écrite (p. ex.: publications) • Pour les pairs (p. ex.: congrès) • Langage savant pour des revues scientifiques et professionnelles (livres) • Rédigé uniquement par les chercheurs	• L'information est d'abord remise aux participants • Diffusion écrite ou autre (audiovisuelle, théâtre), bande dessinée, etc. • Diffusion dirigée et processus de rétroaction vers le groupe • Discussion sur le «Que faire?», pistes d'action • Rapport collectif ou individuel

→

TABLEAU 11.1
Comparaison entre la recherche sociale classique et la recherche-action (*suite*)

Processus	Recherche classique	Recherche-action
10. Diffusion (c.-à-d. rapport de recherche) et retour à l'action (*suite*)	• Logique traditionnelle et reconstituée (langage spécialisé) • La publication constitue un but important de la recherche • L'action possible n'est pas du ressort du chercheur	• Logique réelle (vécue) et concrète : faire indirectement revivre l'expérience (langage plus familier) • Réflexions sur l'écriture collective • La publication n'est pas toujours l'utilisation unique des données • Les résultats peuvent donner lieu à la détermination de nouveaux besoins
11. Évaluation	• Le chercheur évalue lui-même le processus	• Un processus collectif d'évaluation peut être mis en place

TABLEAU 11.2
Comparaison de divers types de recherches dites «alternatives»

	Recherche-action	Recherche conscientisante
Définition Caractéristiques		• Démarche active de connaissance des traits culturels d'une classe populaire
Buts	• Développer savoir professionnel et améliorer l'efficacité des pratiques d'intervention • Articulation pratique-théorie	• Faire naître une dynamique d'analyse critique
Méthodologie	• Réalisation d'un projet d'intervention précis	• Analyse des valeurs culturelles • Décodification par la population des résultats de l'enquête
Positionnement du chercheur	• Le chercheur travaille avec des intervenants et une population déterminée. • Collectif chercheurs-praticiens	• Le chercheur travaille avec une population déterminée ou avec des citoyens de groupes sociaux • Collectif chercheurs-population
Dangers	• La recherche disparaît au profit de l'action	• Manipulation et populisme
Types de projet	• Les situations problèmes reconnues dans ou par un milieu donné	• Regard critique sur la réalité et formation politique à partir du processus de conscientisation • Projet de mobilisation populaire ⟶

TABLEAU 11.2

Comparaison de divers types de recherches dites «alternatives» (*suite*)

	Recherche-action	Recherche conscientisante
Étapes	1. Phase de formulation du problème 2. Phase d'accès au terrain 3. Collecte des données 4. Analyse et présentation des résultats 5. Retour à l'action et évaluation	1. Étape préparatoire et constitution du groupe 2. Élaboration des thèmes et instruments de recherche 3. Collecte des données et analyse des résultats 4. Diffusion et retour à l'action

	Recherche féministe	Recherche participative	Intervention sociologique
Définition Caractéristiques			
Buts	• La pratique féministe est basée sur le vécu social des femmes	• Susciter la collaboration entre les individus participants et avec les chercheurs	• Susciter l'autoanalyse chez des participants à des mouvements sociaux
Méthodologie	• Mise sur pied d'un collectif d'intervention	• Participation à un projet précis	• Constitution de groupes de discussion
Positionnement du chercheur	• La chercheuse travaille avec des groupes de femmes	• Le chercheur travaille avec des individus dans la population	• Le chercheur travaille en équipe avec des participants à des mouvements sociaux
Dangers	• Valorisation de l'anlyse féministe au détriment du point de vue de femmes non militantes	• Renforcement du pouvoir et de la crédibilité des élites	• Maintien de la distance entre chercheurs et participants
Types de projet	• Projet de sensibilisation	• Enquête selon les besoins et les problèmes dans une population	• Mise sur pied d'un collectif de réflexion
Étapes	1. La femme comme sujet et valorisation de son expérience 2. L'intersubjectivité et la multidisciplinarité 3. La collectivisation	1. L'organisation institutionnelle et méthodologique de l'enquête 2. Étude de la zone et de la population concernées 3. Analyse critique des problèmes 4. Programmation et élaboration d'un plan d'action	1. La constitution des groupes 2. La mise en situation 3. La phase d'analyse 4. Le passage de l'analyse à l'action (ou la phase de la sociologie permanente)

LECTURES SUGGÉRÉES

AMPLEMAN, G., BARNABÉ, J. et autres (1987). *Pratiques de conscientisation 2,* Montréal, Collectif québécois d'édition populaire, 366 p.

AMPLEMAN, G., DORÉ, G., GAUDREAU, L., LAROSE, C., LEBŒUF, L. et VENTELOU, D. (1994). «La conscientisation, définition et principes d'action», *Les Cahiers de la conscientisation,* nº 1, Montréal, Collectif québécois d'édition populaire.

BARBIER, R. (1996). *La recherche-action,* Paris, Anthropos, 110 p.

BARNSLEY, J. et ELLIS, D. (1992). *La recherche en vue de stratégies de changement: guide de recherche-action pour les groupes communautaires,* Vancouver, The Women's Research Center, 102 p. (Diffusion au Québec par Relais-Femmes, Montréal.)

COLIN, C., OUELLET, F., BOYER, G. et MARTIN, C. (1992). *Extrême pauvreté, maternité et santé,* Montréal, Éditions Saint-Martin, 257 p.

DAGENAIS, H. (sous la dir. de) (1996). *Science, conscience et action: 25 ans de recherche féministe au Québec,* Montréal, Les Éditions du remue-ménage.

DESCARRIES, F. et CORBEIL, C. (sous la dir. de) (1993). *Recherche-action et questionnements féministes,* Institut de recherches et d'études féministes (IREF), Montréal, Université du Québec à Montréal.

GOYETTE, G. et LESSARD-HÉBERT, M. (1987). *La recherche-action: ses fonctions, ses fondements et son instrumentation,* Québec, Les Presses de l'Université du Québec, 204 p.

LAVOIE, L., MARQUIS, D. et LAURIN, P. (1996). *La recherche-action: théorie et pratique. Manuel d'autoformation,* Québec, Les Presses de l'Université du Québec, 230 p.

TOURAINE, A. (1978). *La voix et le regard,* Paris, Seuil.

CHAPITRE 12

L'évaluation
de l'intervention et
l'évaluation de programme

Daniel Turcotte et Caroline Tard*

MISE EN CONTEXTE

Comme praticien social, vous travaillez dans une maison de la famille. Enfants et parents participent à plusieurs activités structurées que vous animez avec des collègues: ateliers de stimulation précoce, programme d'aide à la lecture et à l'écriture, programme de développement des habiletés parentales, etc. Parallèlement à ces activités structurées, vous offrez une aide psychosociale de façon individuelle aux parents qui le désirent. Règlement des conflits conjugaux, amélioration de la communication parents-enfants, développement personnel sont parmi les cibles principales de votre intervention individuelle ou de couple.

L'intervention prend tout votre temps et votre énergie et, pris dans ce tourbillon, vous avez peu d'occasions de prendre du recul et d'examiner en détail les résultats de votre action. En général, vous êtes satisfait de votre travail, les activités se déroulent bien, les enfants et les parents semblent contents, et vous considérez qu'ils évoluent de façon positive. Mais que pouvez-vous dire de plus des changements produits par vos interventions? Ce chapitre présente certaines façons de faire susceptibles de vous aider à porter un meilleur jugement sur les effets de votre action.

INTRODUCTION

L'évaluation est avant tout un regard critique sur l'action. Évaluer, c'est porter un jugement sur l'intervention à la lumière d'informations pertinentes, et cela dans le but de prendre une décision. Par exemple, on peut

---

* Caroline Tard travaille à l'Université Laval. Elle possède un baccalauréat de l'Université de Montréal et un diplôme de maîtrise en service social de l'Université Laval. Elle a participé à plusieurs recherches menées par le Centre de recherche sur les services communautaires de l'Université Laval.

évaluer un programme ou un projet pour décider s'il doit être poursuivi tel quel, modifié, adapté partiellement ou encore si certaines de ses activités doivent être supprimées. En évaluant, on juge donc du mérite et de la valeur d'une intervention, d'un projet ou d'un programme, dans une perspective de changement.

Pour les praticiens sociaux, l'évaluation constitue un aspect essentiel de l'intervention elle-même. Pour Zúñiga (1994a), l'«évaluation dans l'action» est surtout et avant tout une composante essentielle de la capacité des acteurs de mener à terme une action et de l'améliorer, ainsi que l'expression de leur capacité d'apprendre dans l'action. Évaluer, écrit-il,

c'est:
— faire état du déroulement d'une action;
— constater ses résultats par une cueillette et une analyse systématique et complète des données pertinentes;
— porter un jugement sur ces résultats en les comparant avec les objectifs selon des critères préétablis, explicites et les plus consensuels;
— tirer du processus une meilleure compréhension de l'action et des pistes de modification de l'action en cours pour la rendre plus appropriée aux buts visés. (Zúñiga, 1994a: 72.)

L'évaluation permet donc de développer et d'approfondir la prise de conscience et la réflexion, qui font toujours partie d'une intervention, mais qui peuvent être négligées dans le feu de l'action ou quand le travail devient trop lourd ou trop routinier. Bien que l'évaluation puisse porter sur différents objets, il est possible de distinguer deux grandes orientations en cette matière: l'évaluation de l'intervention et de l'évaluation de programmes. L'*évaluation de l'intervention* vise à mesurer les résultats d'une intervention s'adressant à un système-client unique: une personne, une famille, un petit groupe. L'*évaluation de programme* porte sur les actions s'adressant à plusieurs clients ou à une communauté. Ces deux orientations sont brièvement présentées dans ce chapitre.

12.1   L'ÉVALUATION DE L'INTERVENTION

D'une façon générale, l'évaluation de l'intervention est davantage orientée vers la pratique que vers la recherche en ce sens qu'elle est plus utilisée par les intervenants que par les chercheurs. Ce type d'évaluation, qui porte sur l'examen des changements produits par l'intervention sur un système-client, comporte certaines exigences. Ainsi, pour être en mesure d'évaluer s'il y a des changements et s'ils vont dans la bonne direction, il est essentiel que les objectifs visés soient clairement définis au départ. En effet, c'est à partir de ces objectifs que se fera le choix des aspects qui seront mesurés afin de déterminer si l'intervention est efficace ou non.

Isaac et Michael (1971) rappellent que les objectifs d'intervention doivent être formulés clairement en des termes précis et non ambigus. Ils précisent que les objectifs devraient:

— décrire le comportement terminal attendu de la part du client;

— préciser les conditions ou restrictions qui permettent de juger si le comportement attendu est acceptable ou non;

— prévoir les critères nécessaires à leur atteinte.

D'après Suchman (1967), le contenu des changements attendus peut être de l'ordre des connaissances, des habiletés, des attitudes et des comportements. Un changement des connaissances pourra se mesurer par la capacité de la personne de s'exprimer sur les ressources disponibles, les avantages et les inconvénients de tel service, les effets de telle maladie, etc. Les habiletés sont repérables dans la façon de faire les choses. Par ailleurs, un changement dans le domaine des attitudes va généralement donner lieu à des modifications dans les croyances et les valeurs. Enfin, en ce qui a trait aux comportements, comme ils sont directement observables, les changements sont évidemment plus faciles à mesurer. En fait, c'est très souvent à travers les comportements que sont perceptibles les changements d'attitudes, d'habiletés et de connaissances.

Une fois les objectifs précisés, avant d'entreprendre l'évaluation d'une intervention, il est nécessaire de clarifier la cible d'intervention, les orientations théoriques et les modalités d'intervention. En effet, une information sur l'efficacité ou sur l'efficience d'une intervention ne pourra avoir de sens si ce qui est évalué n'est pas bien décrit. Pour faciliter cette description, il est généralement préférable de penser à un modèle qui guide l'action et de déterminer les tâches liées aux étapes clés du modèle. Ainsi, une intervention peut être décrite sous l'angle de phases ou d'étapes de déroulement. Ces étapes sont généralement présentées de la façon suivante (Toseland et Rivas, 1998; Tripoli, 1983):

1. la préparation ou la planification;
2. la prise de contact ou le démarrage;
3. l'exécution ou la phase de travail;
4. l'évaluation ou la terminaison.

L'idée à retenir est la division de l'intervention, pour une observation plus approfondie de ce qui est accompli. L'intervention étant planifiée selon des objectifs, des cibles et des modalités d'action, l'étape suivante consiste à définir la stratégie d'évaluation. Sur ce plan, il est important de s'assurer que la démarche privilégiée et les aspects mesurés sont appropriés à la nature de l'intervention. Il existe différentes stratégies pour mesurer les résultats produits par une intervention; quatre d'entre elles seront brièvement présentées dans le cadre de ce chapitre:

— l'évaluation sur système unique;

— l'échelle d'atteinte des objectifs;

— l'échelle d'impact différentiel de l'intervention;

— l'échelle d'évaluation des problèmes cibles.

Ces différentes stratégies ne sont cependant pas toutes également appropriées à la situation particulière de l'intervenant, d'où l'importance de bien choisir celle qui sera utilisée. Bloom et Fisher (1982, cités dans Sheafor, Horejsi et Horejsi, 1994) mentionnent sept critères à considérer dans le choix d'une stratégie d'évaluation:

1. La *fidélité*. La stratégie d'évaluation s'appuie sur des mesures constantes;
2. La *validité*. Elle mesure effectivement ce qu'elle prétend mesurer;
3. L'*utilité*. Elle est facilement utilisable et fournit des informations qui seront utiles;
4. La *proximité*. Elle fournit des mesures en lien direct avec le problème cible;
5. La *non-réactivité*. Elle n'a pas d'effet sur les aspects mesurés;
6. La *sensibilité*. Elle peut détecter les changements subtils;
7. La *pertinence*. Elle est appropriée au contexte de l'intervention.

12.2   L'ÉVALUATION SUR SYSTÈME UNIQUE

L'évaluation sur système unique repose sur une collecte d'information à plusieurs moments dans le temps sur un seul système-client. Cette stratégie d'évaluation implique un devis de recherche relatif aux modifications que produisent les interventions d'un professionnel sur un aspect circonscrit de la situation du système-client. De façon générale, «l'objectif de l'évaluation sur système unique est de vérifier l'existence d'une relation causale entre l'intervention réalisée et ses effets sur le système qui est objet d'intervention» (Beaudoin, 1986: 62). L'évaluation sur système unique présente les caractéristiques suivantes:

— son devis part de la définition d'une situation sur laquelle l'intervenant et le système-client acceptent de travailler ensemble;

— l'intervenant détermine les indicateurs qui vont permettre de préciser la direction et le degré du changement attendu;

— l'information est recueillie de manière répétée et à intervalles réguliers à l'aide du même instrument de mesure;

— le protocole d'évaluation est mis en œuvre de façon concomitante à l'intervention (Beaudoin, 1997).

12.2.1   La démarche d'une évaluation sur système unique

Grinnell (1997) décrit trois étapes incontournables pour procéder à une évaluation sur système unique: la détermination d'objectifs d'intervention qui sont mesurables, la sélection de la méthode de mesure et la présentation graphique des données.

A — La détermination d'objectifs mesurables

Établir les objectifs d'intervention exige, d'une part, la clarification de la situation problème sur laquelle le système-client veut travailler et, d'autre part, la spécification des modifications qu'il veut apporter à cette situation. Cet exercice n'est pas toujours facile. Le plus souvent, les clients sont préoccupés par plusieurs problèmes et il leur est difficile de déterminer lequel est le plus important; leurs attentes envers l'intervention sont vagues, générales, ambiguës.

Des parents peuvent demander des services parce que leur enfant présente des troubles de comportement à la maison et à l'école. Dans une telle situation, il est nécessaire dans un premier temps de bien cerner ce sur quoi les parents peuvent agir: Sont-ils en mesure de maîtriser le comportement de leur enfant lorsque celui-ci est à l'école? Probablement que non. Par contre, ils sont sûrement en mesure d'avoir de l'influence sur la nature des interactions qui ont cours entre eux et leur enfant lorsqu'il est à la maison: ainsi, il est possible qu'ils puissent augmenter la fréquence des activités satisfaisantes pour eux, contribuant du même coup à diminuer les querelles avec leur enfant. Un tel changement devrait éventuellement améliorer la qualité de la relation avec leur enfant et peut-être même augmenter leur sentiment de compétence comme parent.

Même s'il exige parfois beaucoup de temps, il vaut la peine de s'attarder à cet exercice de détermination des objectifs, car sa portée dépasse le cadre de l'évaluation; lorsque l'intervenant réussit à préciser avec le client ce qui doit être changé et jusqu'à quel point il est possible de le faire, la solution au problème est déjà enclenchée. En effet, si une situation peut difficilement être modifiée lorsque la personne ne sait pas ce qu'elle veut de différent, en contrepartie, préciser des situations, des comportements ou des émotions à modifier constitue un facteur de changement. Donc, poser des objectifs d'intervention précis dépasse le cadre strict de l'évaluation.

B — La sélection d'une méthode de mesure

Une fois l'objectif précisé, l'étape suivante consiste à mettre au point une méthode qui va permettre de situer le cheminement du système-client vers l'atteinte de cet objectif pendant le déroulement de l'intervention. En effet, pour porter un jugement sur la portée de l'intervention en regard de l'atteinte des objectifs, il faut que la situation problème soit opérationnalisée, c'est-à-dire qu'elle soit décrite dans des termes qui en permettent la mesure. Évidemment, si cette opérationnalisation est relativement facile lorsque l'intervention porte sur des comportements, il en va autrement lorsque la situation problème concerne des émotions, des attitudes ou des événements dont le client est le seul témoin.

Ces aspects, qui peuvent moins facilement être mesurés, exigent le recours à des stratégies particulières.

Il existe plusieurs modalités pour obtenir une mesure du cheminement du système-client. Ces modalités, dont on trouve plusieurs exemples dans les ouvrages de Rose (1977), Garvin (1997), Toseland et Rivas (1998), peuvent s'appuyer sur les données recueillies par le système-client, sur les observations de l'intervenant ou sur des rapports fournis par des personnes externes. En outre, elles peuvent nécessiter le recours à des échelles standardisées ou à des instruments mis au point pour les fins expresses de l'intervention. La précision et la pertinence de l'information fournie de même que la souplesse d'utilisation sont généralement les critères qui guident le choix d'une modalité particulière dans une situation donnée. Les modalités les plus fréquemment utilisées dans l'évaluation sur système unique sont : le journal de bord, la grille d'observation, l'échelle d'évaluation et le test standardisé.

Le journal de bord

Il n'est pas nécessaire d'insister sur l'utilité d'un journal de bord pour suivre l'évolution d'une intervention. La plupart des étudiants et des intervenants connaissent cet outil[1]. Le journal de bord met à contribution le système-client en l'invitant à s'arrêter régulièrement sur ses comportements, ses émotions, ses attitudes et à en prendre note. Cet outil présente l'avantage de fournir une information qualitative qui offre la possibilité de comprendre les situations du point de vue de la personne qui consigne l'information. Sa principale limite est qu'il s'appuie sur la mémoire des événements puisque la plupart des personnes notent leurs observations au moment qui leur convient plutôt qu'immédiatement après que des situations se sont produites. En outre, l'analyse et l'interprétation des informations consignées dans un journal de bord sont souvent des opérations exigeantes. C'est pourquoi l'intervenant doit fournir des indications claires sur les données à enregistrer.

> Pour revenir à l'exemple précédent, l'intervenant pourrait demander aux parents de noter les situations conflictuelles vécues avec leur enfant ainsi que leurs réactions, c'est-à-dire ce qu'ils ont ressenti et comment ils ont réagi lors de ces événements.

---

1. Pour plus de détails sur le journal de bord, le lecteur pourra consulter Bloom, Fisher et Orme (1995), Gottman et Leiblum (1974) et Rose (1981).

La grille d'observation

La grille d'observation sert à consigner de façon systématique des informations sur un ou des comportements. Elle peut revêtir différentes formes. Son élaboration dépend du caractère observable de l'objet à évaluer et de ses paramètres. Souvent, elle est associée à une liste de pointage (*checklist*), qui permet d'enregistrer des données et de les interpréter ensuite. Une telle grille peut être utilisée par le client ou par l'intervenant. Lorsque l'information est consignée par le client, le rôle de l'intervenant consiste principalement à déterminer avec la personne quels comportements seront enregistrés et quels procédés seront utilisés pour le faire. Pour s'assurer du succès de cette démarche, il faut bien s'entendre sur la nature des comportements qui vont faire l'objet d'une observation et préciser l'information recherchée par cet exercice. En effet, l'observation peut porter sur la fréquence, la durée ou l'intervalle d'apparition d'un comportement. Par ailleurs, il est souvent nécessaire de fournir un instrument pour guider l'observation.

Dans le cadre d'une intervention de groupe auprès de parents d'adolescents, pendant les premières semaines de l'intervention, chaque parent était invité à choisir un comportement particulier de son enfant qui le dérangeait et à en observer les manifestations avec une grille indiquant le contexte d'apparition du comportement, sa nature, la réaction du parent et le résultat de l'incident. Cette observation visait, d'une part, à obtenir une meilleure image de la relation parent-adolescent et, d'autre part, à aider le parent à faire une meilleure analyse des conséquences de ses actions. L'exemple qui suit illustre à quoi pouvait ressembler le contenu de cette grille d'observation.

GRILLE D'OBSERVATION
Nature du comportement: impolitesse à mon endroit

Moment	Contexte	Comportement de l'enfant	Réaction du parent	Résultat
Lundi 19 h 15	Je lui demande de ramasser son linge	Refuse et est impoli	Je lui lance son linge à la figure	Engueulade de 5 min qui se termine en claquant la porte de sa chambre
Mercredi 7 h 30	Je lui demande d'arrêter d'agacer son frère	Est impoli et me fait des menaces	Je menace de couper sa sortie	Part pour l'école sans déjeuner, en claquant la porte
Jeudi 18 h	Je lui refuse d'aller au centre commercial	Se fâche et me dit des impolitesses	Je finis par lui autoriser une sortie jusqu'à 20 h 30	Je me sens coupable d'avoir cédé; il revient de sa sortie à 22 h 30

L'observation peut également être faite par l'intervenant en cours d'intervention. Par exemple, Bales, Cohen et Williamson (1979) ont élaboré un système d'observation nommé SYMLOG, qui permet d'analyser les normes, les rôles et autres dimensions du fonctionnement d'un groupe. Bien qu'il y ait un risque que les données soient moins fidèles à la réalité, il y a un avantage à ce que l'observation soit effectuée par le client. En effet, au-delà de son aspect évaluatif, un tel procédé peut avoir un effet positif sur l'intervention puisqu'il rend le client plus conscient de ses comportements (Kopp, 1988). Évidemment, l'observation exige que le client soit motivé à examiner son comportement et à en prendre note. Pour ce faire, il est généralement préférable d'accorder une attention plus grande aux comportements que la personne souhaite acquérir ou maintenir qu'aux comportements qu'elle souhaite éliminer. Une telle démarche aide à remplacer les comportements problématiques par des comportements désirés plutôt que de se limiter seulement à éliminer ce qui fait problème. Le choix des comportements qui seront observés doit également être fait avec un souci de réalisme. Il est possible que le client souhaite au départ prendre note de plusieurs comportements simultanément. Mais les plans les plus ambitieux ne sont pas toujours une garantie de succès; l'intervenant doit donc ramener le client à une dimension plus réaliste à la fois quant au nombre et à la nature des comportements à examiner, et quant aux conditions et circonstances dans lesquelles ils doivent être observés. Par exemple, les moments de tension ou les périodes où il y a beaucoup d'agitation ne sont pas les périodes les plus propices pour s'arrêter à examiner son comportement. Donc, pour éviter les difficultés et assurer que l'observation conduit à des données valides et utiles, le choix des comportements à observer et la spécification des instruments à utiliser doivent faire l'objet du plus grand soin.

L'échelle d'évaluation

L'échelle d'évaluation permet de situer certaines caractéristiques des personnes ou des situations sur un point d'un continuum présentant un choix ordonné de catégories de réponses auxquelles des valeurs numériques ont été attribuées. Tout comme pour la grille d'observation, elle est remplie par le client, l'intervenant ou une personne dans l'entourage du client. Parfois, il peut être intéressant que l'échelle soit utilisée par deux personnes différentes afin de comparer les différents points de vue.

> Les deux parents pourraient remplir chacun de leur côté une échelle d'évaluation du comportement de leur enfant; la comparaison de leur point de vue respectif permettrait alors de déceler le caractère subjectif de leur appréciation.

Grinnell (1997) distingue différents types d'échelle d'évaluation; trois de ces types seront présentés brièvement: l'évaluation par énoncés, l'évaluation comparative et l'évaluation par auto-ancrage. L'*évaluation par énoncés* propose une série de choix de réponses à une variable particulière. Les répondants sont invités à indiquer les choix avec lesquels ils sont d'accord ou à choisir l'énoncé qui correspond le plus à leur situation. Voici un exemple d'évaluation par énoncés.

Si quelqu'un vous invitait à décrire comment vous vous sentez actuellement comme parent, quel énoncé traduirait le mieux votre situation?
— Si c'était à recommencer, je n'aurais pas d'enfant.
— Être parent comporte beaucoup plus d'inconvénients que d'avantages.
— Même si c'est difficile, il vaut la peine d'être parent.
— Être parent, c'est une belle expérience.

Avec l'*évaluation comparative*, les répondants sont invités à comparer une personne ou une situation avec d'autres afin de voir où se situent leurs préférences; il s'agit en quelque sorte de les amener à se positionner sur une question projective. Voici un exemple de question basée sur l'évaluation comparative s'adressant aux personnes âgées et portant sur les abus d'ordre économique.

Dans certaines familles, il y a des enfants qui font des menaces à leurs parents pour obtenir de l'argent. Si un de vos enfants vous menaçait pour obtenir de l'argent, indiquez quelle serait votre réaction en classant les possibilités suivantes selon leur probabilité, 1 étant l'option la plus probable et 3 la moins probable.
— J'en informerais la police.
— Je ne ferais rien.
— J'en parlerais avec une personne de mon entourage.

Dans l'*évaluation par auto-ancrage*, appelée également *évaluation par auto-notation*, une variable est présentée sur un continuum allant d'un extrême à l'autre, comme de «bas» à «élevé» ou de «souvent» à «jamais». Les différents points du continuum sont ordonnés en intervalles d'égale valeur auxquels sont associés des nombres. Les répondants sont alors invités à se situer sur l'échelle. Dans ce type de mesure, les référents ou les valeurs particulières de chaque point du continuum sont définis par la personne qui répond. Ainsi, l'évaluation par autoancrage est souvent utilisée pour mesurer des attributs subjectifs comme les émotions, la douleur, la satisfaction. Son utilisation vise à cerner à quel degré l'émotion ou la pensée est ressentie par le personne. L'avantage principal de ce type d'échelle est sa facilité d'utilisation; toutefois, il faut accorder beaucoup de soin à la formulation des énoncés pour s'assurer que l'information reflète fidèlement la réalité de la personne. À cet égard, il est utile de définir les différents points d'ancrage en utilisant des détails précis afin que la personne les interprète de la même façon à chaque utilisation de l'échelle. Voici quelques exemples de questions basées sur l'évaluation par autoancrage qui pourraient être utilisées avec les parents de l'exemple mentionné précédemment.

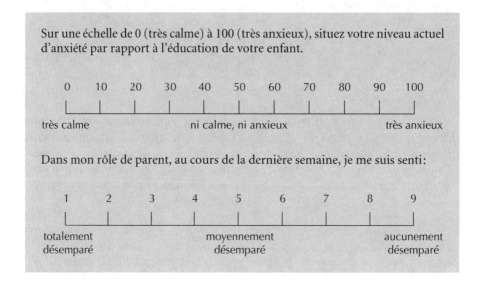

Le test standardisé

Une autre modalité utilisée pour l'évaluation sur système unique est le *test standardisé*. Ce test se présente comme une mesure «dont les procédures d'application et de quantification sont uniformes» (Beaudoin, 1997; 139). Le test standardisé est un instrument dont les propriétés psychométriques ont été vérifiées; l'utilisateur peut donc présumer de sa pertinence pour mesurer une variable particulière. Certains ouvrages sont consacrés exclusivement à la présentation de tests standardisés; c'est le cas, notamment, des ouvrages de Fischer et Corcoran (1994), Nurius et Hudson (1993), Touliatos, Perlmutter et Straus (1990) et Cottraux, Bouvard et Légeron (1985). Il est également possible d'en retrouver des exemples dans certains livres de méthodologie de la recherche comme celui de Royse (1995). Bien que la plupart des tests standardisés aient été conçus en anglais, plusieurs ont été présentés en traduction française dans des revues spécialisées, des rapports de recherche et des thèses.

C — La présentation graphique des données

La troisième caractéristique de l'évaluation sur système unique est la transposition des mesures dans un graphique qui permet de visualiser l'évolution de la situation. Les mesures obtenues à l'aide des instruments conduisent à un nombre ou une valeur qui indique quelle est l'évolution de la situation du client. Cette présentation graphique se fait habituellement en plaçant sur l'axe horizontal les différents moments de mesure et sur l'axe vertical l'acuité du problème telle que l'a mesurée l'instrument utilisé.

Dans l'exemple impliquant les parents de l'enfant qui présente des troubles de comportement, l'intervenant pourrait être intéressé à mesurer de façon continue la fréquence des activités agréables avec l'enfant (par une grille d'observation), les épisodes de colère du père (par le journal de bord) et son sentiment d'adéquation (par autoancrage : « Dans mon rôle de parent, je me suis senti... »). Ces mesures pourraient être présentées dans des graphiques différents, mais elles pourraient également être combinées de façon à montrer jusqu'à quel point ces différents aspects sont reliés. Un tel graphique est de prime abord plus complexe à décoder, mais il fournit des informations plus riches parce qu'il permet de voir l'interrelation entre ces différents aspects.

La figure suivante illustre comment ces trois mesures pourraient être présentées graphiquement dans un même tableau. Il est possible de constater au fil des semaines une augmentation des activités agréables, une diminution des épisodes de colère et une évolution dans le sentiment de compétence du père. Il s'en dégage également que, même s'il y a un plafonnement des activités agréables faites ensemble à partir de la dixième semaine, la situation n'en continue pas moins de s'améliorer : le père est de moins en moins souvent en colère et il se sent davantage compétent.

Évolution de la relation père-enfant

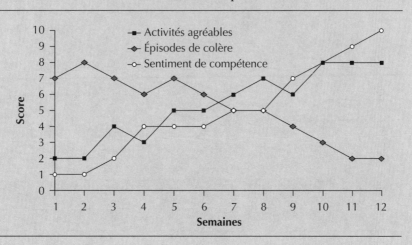

12.2.2 Les types d'évaluation sur système unique

Il existe deux types d'évaluation sur système unique: l'évaluation basée sur un protocole exploratoire et l'évaluation basée sur un protocole formel. Les protocoles exploratoires s'appuient exclusivement sur des mesures prises pendant l'intervention; ils sont donc moins précis pour indiquer si les changements observés sont attribuables à l'intervention puisque la situation qui avait cours avant le début de l'intervention n'est pas mesurée. Toutefois, comme ils font appel à des mesures répétées, ils fournissent une information quantitative qui traduit l'évolution de la situation du système-client sur une certaine période de temps, ce qui permet de juger des effets de l'intervention.

Un intervenant est intéressé à mesurer chaque semaine l'évolution du sentiment de compétence des parents pendant leur participation à un atelier Y'APP (Y'a personne de parfait). Dans ce cas-ci, l'intervenant formule l'hypothèse qu'en participant à des rencontres où il est mis en contact avec d'autres parents qui sont confrontés à des difficultés identiques et en étant mieux informé des besoins de son enfant, le parent va se sentir plus compétent dans son rôle parental. Toutefois, il pourrait arriver qu'un parent, face aux commentaires des autres, développe un plus grand sentiment d'incompétence. Cette situation correspond à celle du parent n° 1 dans la figure qui suit. Dans ce cas, comme les changements ne vont pas dans la direction souhaitée, il y aurait lieu de revoir la stratégie d'intervention.

Évolution du sentiment de compétence parentale de deux parents

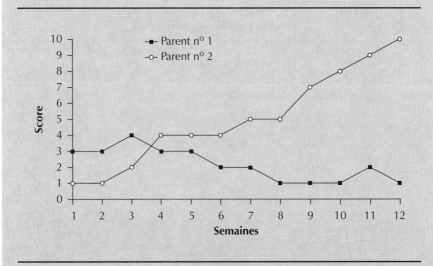

Une limite importante des protocoles exploratoires tient au fait qu'ils ne fournissent pas d'information précise sur la situation du client avant que l'intervention soit introduite. Ainsi, il est possible que la situation constatée lors de la première semaine d'intervention soit attribuable à un événement récent ou au fait de recevoir de l'aide et qu'en ce sens elle ne soit pas un reflet fidèle de la situation habituelle. Les protocoles formels cherchent à remédier à ce problème en mesurant la situation avant le début de l'intervention. Au plan de l'opérationnalisation, ces protocoles passent par les étapes suivantes:

— la définition d'un problème à travailler en intervention et de ses principales dimensions;

— le choix d'une méthode et d'un instrument appropriés pour recueillir l'information;

— l'établissement d'un point de départ qui servira de point de comparaison;

— la collecte des informations pendant l'intervention;

— l'analyse des données en comparaison avec le point de départ.

Donc, dans l'évaluation basée sur un protocole formel, des mesures sont prises avant le début de l'intervention afin d'établir le point de départ (A) et ces mesures sont répétées pendant l'intervention (B). Certains protocoles impliquent la tenue d'une deuxième (C) et d'une troisième (D) procédure d'intervention, alors que d'autres comportent une étape de relâche (A) après un certain temps. Les protocoles les plus fréquents sont les protocoles AB (ligne de départ et intervention), ABA (ligne de départ, intervention, relâche) et $ABAB$ (ligne de départ, intervention, relâche, reprise de l'intervention). Sheafor, Horejsi et Horejsi (1994) rapportent une expérience menée auprès d'un couple vivant des problèmes conjugaux qui illustre ce dernier type de protocole. La figure de l'encadré ci-dessous en illustre le résultat.

Le problème de base reconnu fut celui de la communication entre les deux partenaires. Les objectifs visés étaient d'augmenter les périodes de discussion calme et de diminuer les disputes qui contribuaient grandement au bris de la communication. On a demandé à chacun des conjoints de noter chaque jour, durant les deux semaines précédant l'intervention, le nombre de disputes et de discussions calmes, s'il s'agissait de périodes d'au moins trois minutes. Une première période d'intervention de cinq semaines suivit, puis une période de relâche de trois semaines et une seconde période d'intervention de quatre semaines. L'inscription sur un graphique du nombre hebdomadaire de disputes et de discussions calmes permit de situer l'évolution de la situation à différentes étapes du processus d'intervention: la ligne de départ (A), la première intervention (B), la relâche (A) et la suite de l'intervention (B).

→

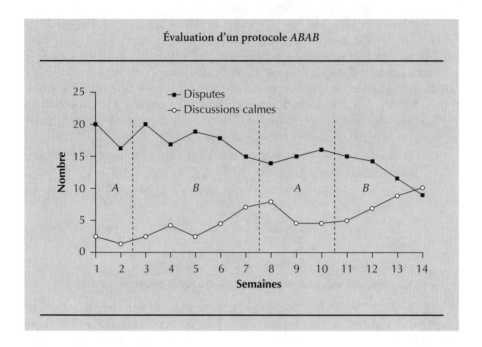

12.2.3   Les avantages et les limites de l'évaluation sur système unique

Le recours à l'évaluation sur système unique peut apporter de multiples bénéfices au processus d'intervention. En posant la nécessité de définir avec précision et de façon opérationnelle le problème du client, l'utilisation de ce type d'évaluation permet de mieux orienter les efforts et de canaliser les énergies. En outre, le fait de mesurer de façon continue l'évolution de la situation conduit à éviter de poursuivre des interventions qui ne donnent pas les résultats escomptés. Enfin, l'utilisation de ce type d'évaluation avec plusieurs clients peut conduire à préciser les stratégies d'intervention appropriées à différentes circonstances.

L'évaluation sur système unique comporte toutefois certaines limites. La première tient au fait qu'il est souvent difficile de pouvoir anticiper le degré de changement possible par rapport à la situation du client à l'intérieur d'une période de temps donné. Ainsi, il est possible qu'une intervention sur six ou huit semaines ne produise pas de changement observable sans que cela signifie pour autant que l'intervention n'est pas appropriée; parfois le changement vient à plus long terme. Une autre limite tient au fait que les résultats obtenus ne sont pas généralisables; une intervention efficace avec une personne peut ne pas donner de résultat avec une autre. La difficulté de trouver des instruments de mesure qui fournissent des indications pertinentes sur la situation du client peut également se révéler un obstacle à ce type d'évaluation. Mais la limite la plus souvent mentionnée par les intervenants dans ce type de recherche tient au fait que les mesures portent sur des aspects très précis de la réalité du client. Cette perspective comportementale empêche d'avoir une vision globale de la situation de la personne ; découper la réalité en réalités observables peut faire obstacle à une perspective qui tient compte des différentes dimensions des situations sociales. C'est pourquoi certaines personnes préfèrent recourir à des procédures plus qualitatives, comme celles qui seront maintenant présentées.

12.3 L'ÉCHELLE D'ATTEINTE DES OBJECTIFS (EAO)

L'échelle d'atteinte des objectifs permet d'évaluer jusqu'à quel point les changements qui se sont produits pendant une intervention sont allés dans la direction visée. Cette stratégie a comme principal avantage de pouvoir être adaptée aux objectifs individuels de chaque client ; c'est pourquoi elle est utilisée dans plusieurs domaines d'intervention. Alter et Evens (1990), Beaudoin (1997) et Grinnell (1997) présentent différents modèles d'échelles d'atteinte d'objectifs (EAO). Bien que ces échelles soient moins difficiles à appliquer que plusieurs autres stratégies d'évaluation, l'intervenant peut néanmoins en tirer de l'information intéressante sur l'atteinte des objectifs.

À partir des indications d'Alter et Evens (1990) et de Sheafor, Horejsi et Horejsi (1994), il est possible de distinguer six principales étapes dans l'utilisation de l'EAO :

1. Déterminer un ou quelques problèmes sur lesquels va porter l'intervention ;

2. Établir, pour chaque problème, cinq niveaux possibles d'objectifs en les situant sur une échelle allant de −2 à +2 selon les paliers suivants :
   −2 résultat très inférieur aux attentes de départ,
   −1 résultat inférieur aux attentes de départ,
    0 résultat conforme aux attentes de départ,
   +1 résultat supérieur aux attentes de départ,
   +2 résultat très supérieur aux attentes de départ.
   Pour chacun de ces niveaux, les résultats attendus doivent être formulés de façon opérationnelle en précisant les comportements ou les indicateurs d'état émotionnel qui vont permettre de porter un jugement sur le degré d'atteinte des objectifs ;

3. Attribuer à chaque problème une pondération reflétant son importance par rapport aux autres. Par exemple, si le problème 1 est deux fois plus important que les deux autres, une valeur de 10 pourrait lui être attribuée, comparativement à 5 pour les deux autres ;

4. Établir, pour chaque problème, à quel niveau se situe la personne au début de l'intervention. Cette donnée situe le point de départ ;

5. Prendre des mesures à différents moments du processus d'intervention et, idéalement, lors d'une relance quelques mois plus tard ;

6. Calculer un score global d'atteinte des objectifs selon la procédure sui-
    vante:
    — établir le score de chaque objectif (différence entre le point de départ
      et la dernière mesure),
    — multiplier le score de chaque objectif selon la pondération établie,
    — additionner le score pondéré de chaque objectif.

Le tableau ci-dessous montre un exemple d'échelle d'atteinte d'objectifs chez
une personne confrontée à des sentiments dépressifs. À partir des objectifs
d'intervention, des niveaux possibles de réussite ont été précisés en indiquant
des possibilités extrêmes. Comme la dépression constitue le problème principal, elle appelle une pondération plus élevée (20) que les deux autres problèmes, soit l'anxiété et la perte d'appétit, qui ont reçu respectivement une cote
de 10 et de 5. Le score d'atteinte des objectifs pour cette intervention peut se calculer de la façon suivante:
— Score de chaque objectif: 1: −2 à +1 = 3   2: −1 à +2 = 3   3: 0 à +1 = 1
— Score selon la pondération: 1: 3 × 10   2: 3 × 20   3: 1 × 5
— Score total EAO: 30 + 60 + 5 = 95

Échelle d'atteinte d'objectifs

Niveaux	Anxiété Pond. 10	Dépression Pond. 20	Perte d'appétit Pond. 5
Résultat très inférieur aux attentes (−2)	Quatre récurrences du sentiment d'anxiété chaque jour*	Suicide	Refuse de manger chaque jour
Résultat inférieur aux attentes (−1)	Trois récurrences du sentiment d'anxiété chaque jour	Une ou plusieurs tentatives de suicide*	Mange un repas par jour
Résultat attendu (0)	Deux récurrences du sentiment d'anxiété par jour	Aucune tentative de suicide; idées suicidaires	Mange deux repas par jour*
Résultat supérieur aux attentes initiales (+1)	Une seule récurrence du sentiment d'anxiété par jour**	Aucune tentative de suicide; réflexion sur les causes possibles de la dépression	Mange trois repas par jour**
Résultat très supérieur aux attentes (+2)	Aucune récurrence du sentiment d'anxiété	Aucune tentative de suicide; reconnaissance de deux causes de la dépression**	Mange trois repas par jour et collationne entre les repas

* Point de départ   ** Dernière mesure

Source: Adapté de Toseland et Rivas (1998) par F. Ouellet et D. Turcotte.

L'évaluation de l'atteinte des objectifs est une stratégie souple qui peut être adaptée à n'importe quelle situation d'intervention et qui présente un niveau de validité rarement remis en question. Elle présente toutefois deux limites. La première tient à l'impossibilité d'attribuer directement les changements à l'intervention, du fait de la multiplicité des facteurs qui peuvent influencer la situation du client. La seconde concerne la difficulté que pose parfois la formulation de diverses alternatives en regard des objectifs visés (Alter et Evens, 1990). Bien que l'échelle d'atteinte d'objectifs ait fait l'objet d'un certain nombre de critiques (Seaberg et Gillespie, 1977), elle représente une option intéressante pour les intervenants qui veulent évaluer les résultats de leur intervention.

12.4 L'ÉCHELLE D'IMPACT DIFFÉRENTIEL

L'échelle d'impact différentiel (EID) vise à obtenir le point de vue du client sur les changements qui se sont produits dans sa situation depuis le début de l'intervention et sur l'impact de l'intervention dans l'apparition de ces changements. Horejsi (1972, cité dans Sheafor, Horejsi et Horejsi, 1994) a utilisé cette stratégie pour évaluer les changements produits chez de jeunes contrevenants dans le cadre de leur participation à un programme d'accompagnement. Il a interrogé leurs parents pour savoir si les jeunes avaient modifié leurs comportements sous divers aspects. Lorsque les parents indiquaient qu'ils avaient observé un changement, il leur demandait alors dans quelle mesure ils croyaient que ce changement pouvait être attribuable à la participation au programme. Voici un exemple de question :

> Concernant la fréquence avec laquelle vous avez des disputes avec votre enfant, est-ce que la situation s'est améliorée, est demeurée la même ou s'est détériorée ?
>
> *a)* ___ améliorée   *b)* ___ la même   *c)* ___ détériorée
>
> Si vous avez répondu *a* ou *c* : À votre avis, dans quelle mesure la participation au programme a-t-elle eu une influence sur ce changement ?
>
> ___ Le programme a eu une influence majeure.
>
> ___ Le programme a eu une certaine influence.
>
> ___ Le programme a eu une influence mineure.
>
> ___ Le programme n'a rien à voir avec ce changement.

Magura et Moses (1986) ont mis au point une échelle de ce type dans leur questionnaire *The Parent Outcome Interview*. Cet instrument vise à obtenir l'évaluation que font les parents des services reçus auprès d'un organisme à l'enfance. Voici quelques exemples de questions tirés de cet instrument :

Dans l'ensemble, par rapport au(x) problème(s) pour le(s)quel(s) vous avez demandé de l'aide, si vous comparez votre situation actuelle avec celle que vous viviez lors de votre premier contact avec l'organisme, diriez-vous que:

____ la situation s'est beaucoup améliorée?

____ la situation s'est un peu améliorée?

____ la situation est la même?

____ la situation s'est un peu détériorée?

____ la situation s'est beaucoup détériorée?

Si la situation s'est améliorée: Pensez-vous qu'il y aurait eu cette amélioration sans l'aide de l'intervenant social?

_____

_____

_____

Si la situation s'est détériorée ou est restée la même: Pourquoi pensez-vous que les services qui vous ont été donnés n'ont pas amélioré la situation?

_____

_____

_____

Depuis que vous êtes entré en contact avec quelqu'un de l'organisme pour la première fois, par rapport à votre façon d'éduquer votre enfant, avez-vous l'impression que les choses sont:

____ beaucoup plus faciles maintenant?

____ un peu plus faciles maintenant?

____ comme elles étaient avant?

____ un peu plus difficiles maintenant?

____ beaucoup plus difficiles maintenant?

Si la situation s'est améliorée: Pensez-vous qu'il y aurait eu cette amélioration sans l'aide de l'intervenant social?

_____

_____

_____

Si la situation s'est détériorée ou est restée la même: Pourquoi pensez-vous que les services qui vous ont été donnés n'ont pas amélioré la situation?

_____

_____

_____

L'échelle d'impact différentiel a comme principale limite de s'appuyer strictement sur le point de vue du client, qui peut être porté à formuler une appréciation positive pour «faire plaisir» à l'intervenant ou parce qu'il arrive mal à discerner l'effet réel de l'intervention. Le jugement porté sur l'intervention à l'aide de cette échelle doit tenir compte du fait qu'elle traduit la perception du client à un moment précis dans le temps. Cette remarque vaut également pour la stratégie suivante.

12.5 L'ÉCHELLE D'ÉVALUATION DES PROBLÈMES CIBLES

L'échelle d'évaluation des problèmes cibles (EEPC) est une stratégie qui consiste à apprécier à différents intervalles l'*évolution de la situation* du système-client en regard des problèmes cibles définis au départ, afin d'établir si la situation s'améliore, reste stable ou se détériore. Elle est particulièrement appropriée lorsque les problèmes sont bien circonscrits, mais que les résultats attendus sont difficiles à préciser (Hudson, 1997). L'utilisation de cette échelle se fait généralement en cinq étapes (Alter et Evens, 1990; Beaudoin, 1997):

1. La première étape consiste à choisir les personnes qui vont être associées à l'évaluation et qui, conséquemment, vont être appelées à remplir le formulaire;

2. Lors de l'étape suivante, chacune de ces personnes est invitée à faire une liste des problèmes qui devraient être au centre de l'intervention;

3. La troisième étape consiste à établir le point de départ. Ainsi, le degré de sévérité de tous les problèmes mentionnés à l'étape 2 est évalué à l'aide de l'échelle suivante:
   PA (problème absent),
   PG (problème peu grave),
   G (problème grave),
   TG (problème très grave),
   EG (problème extrêmement grave);

4. À intervalles réguliers de même qu'à la fin de l'intervention, le degré de sévérité des problèmes est réévalué selon la même échelle par toutes les personnes concernées;

5. À la fin de la période d'intervention, une appréciation de l'évolution de la situation en regard de chaque problème et une évaluation globale sont formulées par chaque personne impliquée à l'aide d'une échelle à cinq niveaux:
   1. Détérioration de la situation,
   2. Absence de changement,
   3. Légère amélioration,
   4. Grande amélioration,
   5. Très grande amélioration.

Cette démarche est illustrée dans le tableau 12.1, qui présente à quoi ressemble le formulaire d'évaluation des problèmes cibles au terme d'une démarche d'intervention.

TABLEAU 12.1

Échelle d'évaluation des problèmes cibles

Problèmes cibles	Degré de sévérité				Appréciation	
	Début	Temps 1	Temps 2	Fin	Début-fin	Globale
Selon le père :						
— comportements agressifs de l'enfant envers son frère	TG	G	PG	PG	5	4
— comportements destructeurs de l'enfant envers les objets	G	G	PG	PG	4	
Selon la mère :						
— manque de soutien du père dans la discipline de l'enfant	EG	G	G	PA	5	5
— refus d'obéir de l'enfant	EG	TG	G	G	4	

L'échelle d'évaluation des problèmes cibles présente plusieurs avantages. Simple et facile d'utilisation, elle peut aider à clarifier les problèmes rencontrés par les personnes et à orienter les interventions vers des cibles précises. Elle présente toutefois des limites. Ainsi, elle s'attarde sur les problèmes sans nécessairement conduire à une description des résultats attendus. En outre, il est difficile d'en établir la fidélité : elle peut conduire à des jugements très subjectifs s'il n'y a pas d'indicateurs précis et opérationnels de changements (Beaudoin, 1997).

Cette section sur l'évaluation de l'intervention a présenté différentes stratégies auxquelles peuvent recourir les intervenants pour porter un jugement sur les effets de leurs interventions. Certaines de ces stratégies sont plus faciles d'utilisation, d'autres plus complexes. Par ailleurs, chacune conduit à des résultats qui comportent certaines limites. Elles n'en demeurent pas moins pertinentes pour recueillir de façon plus systématique des données sur la portée de l'action. Le tableau 12.2 fournit un portrait sommaire de chacune de ces stratégies en ce qui concerne son but, son contexte d'utilisation et ses modalités d'application.

TABLEAU 12.2
Sommaire des stratégies d'évaluation de l'intervention

	Évaluation sur système unique	Échelle d'atteinte des objectifs	Échelle d'impact différentiel	Échelle d'évaluation des problèmes cibles
But	Vérifier l'existence d'une relation causale entre l'intervention et les changements du système qui est objet d'intervention	Mesurer le degré d'atteinte des objectifs visés par le client	Cerner la perception qu'a le client des changements survenus dans sa situation depuis le début de l'intervention et dégager les facteurs de changement	Évaluer l'évolution de la situation du client par rapport aux problèmes cibles définis au départ
Contexte	Quand l'intervention porte sur des aspects qui peuvent être mesurés sur le plan de la fréquence, de l'intensité, de la durée	Pertinente lorsque l'intervention touche différents aspects abordés simultanément. Peut être utilisée sans que le client participe activement	Particulièrement utile quand aucune stratégie d'évaluation n'a été prévue au début de l'intervention : mesure rétrospective	Appropriée quand les problèmes sont bien circonscrits et que les résultats attendus sont difficiles à préciser
Modalités	Mesures régulières (sur un ou quelques aspects) représentées dans un graphique. Étapes : — détermination d'objectifs mesurables — choix d'une méthode de mesure — prises de mesure répétées — présentation graphique	Appréciation à la fin de l'intervention par rapport à différentes éventualités prévues au départ. Étapes : — détermination des objectifs — anticipation de cinq niveaux d'atteinte — pondération des objectifs — prises de mesure répétées — calcul d'un score global	Administration à la fin du processus d'un questionnaire touchant différents aspects de la situation problème. Étapes : — élaboration du questionnaire — collecte des données — calcul d'un score global	Appréciation régulière du degré de sévérité des problèmes importants. Étapes (chaque personne impliquée) : — sélection des problèmes majeurs — niveau initial de difficulté — réévaluation du niveau de difficulté — appréciation globale de la situation

12.6   L'ÉVALUATION DE PROGRAMME [2]

Évaluer un programme d'intervention, comme un groupe de développement des compétences parentales ou un atelier de stimulation précoce, commande des stratégies plus englobantes que l'évaluation de l'intervention individualisée. Le concept de programme inclut en effet l'ensemble des éléments nécessaires pour la mise en œuvre des interventions. Un programme comporte en général plusieurs objectifs spécifiques d'intervention, propose un certain nombre d'activités structurées et s'adresse à des groupes plus ou moins importants de clients.

Avant même d'envisager l'évaluation d'un programme, particulièrement sous l'angle de ses résultats, il est nécessaire de s'assurer qu'il est effectivement possible de l'évaluer. En d'autres mots, il faut vérifier l'évaluabilité de ce programme. En effet, évaluer de façon prématurée un programme qui n'est pas évaluable risque de produire des résultats inutiles ou qui peuvent même nuire à la suite du programme. Lecomte et Rutman (1982) indiquent qu'un programme doit répondre à trois conditions préalables pour être évaluable:

1.   Le programme doit être clairement articulé;

2.   Le programme doit avoir des objectifs précis;

3.   Il doit exister un lien logique entre les objectifs énoncés, les interventions qui ont pris place et les résultats attendus.

Un programme peut être évalué selon deux angles principaux[3]: son déroulement — on fait alors référence à une évaluation formative — et ses effets ou ses résultats — il s'agit alors d'une évaluation sommative. L'évaluation formative se fait pendant le programme alors que l'évaluation sommative a lieu à la fin du programme; dans les deux cas, toutefois, il est essentiel d'en planifier l'exécution avant même de commencer le programme, sinon des informations indispensables à l'évaluation risquent de ne pas être collectées au moment opportun. La distinction entre ces deux types est donc reliée à la fois à l'objet de l'évaluation et aux étapes de l'action, comme l'illustre le tableau 12.3.

Ces deux types d'évaluation ne sont pas mutuellement exclusifs; en fait, ils se complètent. Parfois, il est nécessaire d'entreprendre une évaluation formative d'un programme avant de pouvoir en évaluer les résultats, notamment pour permettre de mieux définir les objectifs et d'établir le lien logique entre les objectifs, les activités et les effets attendus. De la même façon, une évaluation peut montrer

---

2.   Cette section s'appuie en partie sur le contenu d'un volume sur l'évaluation de programme (Tard et autres, 1997) rédigé dans le cadre de l'évaluation du Programme d'action communautaire pour les enfants (PACE), recherche subventionnée par Santé Canada. Le lecteur est invité à s'y référer pour des exemples supplémentaires.

3.   Nous ne traiterons pas ici de l'évaluation des effets d'un programme, car il est rare que les intervenants aient à entreprendre une telle démarche. L'évaluation de l'impact porte sur les retombées à long terme pour la population ou pour la société dans son ensemble.

TABLEAU 12.3
Distinction entre les types d'évaluation

Type d'évaluation	Objet de l'évaluation	Étape de l'action
Évaluation formative	Évaluation de la mise en place, de l'exécution ou du déroulement d'un programme	Pendant l'intervention
Évaluation sommative	Évaluation des effets ou des résultats d'un programme pour les participants	Une fois l'intervention terminée ou après un nombre significatif d'activités du programme

que la raison pour laquelle un programme n'a pas atteint les résultats escomptés est qu'il n'a pas été implanté tel qu'il avait été prévu.

Quatre questions permettent de guider le chercheur dans la démarche d'évaluation de programme, qu'elle soit formative ou sommative:

1. *Que cherche-t-on à savoir?*
2. *Quelle est l'information nécessaire?*
3. *Quelles sont les sources d'information possibles?*
4. *Comment recueillir l'information?*

12.6.1 L'évaluation du déroulement d'un programme ou l'évaluation formative

A — Que cherche-t-on à savoir?

Lors d'une évaluation formative, le chercheur tente de déterminer comment le programme se déroule pour vérifier s'il est mis en œuvre comme il a été convenu. S'il s'avère qu'il n'est pas exécuté selon le plan établi, il est important d'en comprendre les raisons. Un programme bien planifié est structuré de façon à répondre à un certain nombre d'objectifs. Il est pensé pour une clientèle précise, et les activités proposées visent l'atteinte des objectifs. Si le programme n'est pas exécuté selon la planification, si la clientèle qui y participe n'est pas celle à qui il est destiné ou si les activités ne se déroulent pas comme elles devraient, le programme n'est plus celui qui a été pensé au départ. Rien ne dit alors que les objectifs d'intervention escomptés seront effectivement atteints. Une évaluation formative permet de saisir les changements apportés au programme initial ainsi que la portée de ces changements sur l'atteinte des objectifs d'intervention.

Selon Lecomte et Rutman (1982: 32),

La recherche formative se documente sur ce qui se passe pendant le déroulement du programme et peut ainsi renseigner [...] sur les activités du programme et sur quelques-unes de leurs conséquences, procurant par ce moyen des raisons de changer ou de modifier le programme et de réviser ses objectifs et les résultats attendus.

Ainsi, l'évaluation formative permet de faire les ajustements nécessaires, au cours du déroulement du programme, pour en améliorer les composantes et ainsi favoriser l'atteinte des résultats escomptés. Pour Stufflebaum (dans Zúñiga, 1994b), l'évaluation formative a également un potentiel d'éducation et de changement important: «Le but le plus important de l'évaluation de programmes n'est pas de les mettre à l'épreuve, mais de les améliorer.»

B — Quelle est l'information nécessaire pour mener à bien une évaluation formative?

Pour répondre à ces interrogations, le praticien doit traduire les questions générales en indicateurs spécifiques. Ces indicateurs peuvent porter sur quatre éléments:

— les *participants*: caractéristiques sociodémographiques (âge, sexe, lieu de résidence, situation de famille des parents, niveau de revenu, etc.), mode d'inscription au programme (par qui ont-ils été envoyés?), type de participation aux activités (assiduité, abandon, etc.);

— les *activités*: Comment les activités se décident-elles? Comment se planifient-elles? Comment se déroulent-elles? Quel est l'arrimage entre ces activités et les objectifs du programme? Si les d'activités ne se déroulent pas comme il a été convenu, qu'est ce qui rend impossible de suivre le plan? Quelles sont les caractéristiques des intervenants (expérience de travail ou de bénévolat, niveau d'étude, temps consacré au programme, etc.)?;

— les *services produits*: activités exécutées (nombre d'activités, fréquence, difficultés éprouvées, etc.) et personnes rejointes (taux d'assiduité aux différentes activités, etc.);

— la *satisfaction de la clientèle*: taux et motifs de satisfaction des participants.

C — Quelles sont les sources d'information possibles lors d'une évaluation formative?

Pour obtenir l'information requise par une évaluation formative, différentes sources de renseignements peuvent être mises à contribution:

— les *documents écrits*: il existe généralement des textes qui présentent le programme en précisant les buts et objectifs, les activités et les tâches des différents intervenants; parfois il est possible d'utiliser les fiches d'inscription des participants, les fiches de présence aux activités, le journal de bord tenu par les participants ou les intervenants, etc.;

— les *responsables et les intervenants du programme*: les personnes engagées dans le programme sont en mesure de fournir des indications sur la façon dont se déroule concrètement le programme, sur l'articulation des activités avec les objectifs d'intervention, sur l'organisation du travail dans l'équipe d'intervenants, sur les problèmes qu'ils éprouvent et la façon dont ils les résolvent, sur les ajustements à faire pour mieux atteindre les objectifs, etc.;

— les *participants*: on cherchera à connaître leurs caractéristiques, la façon dont ils vivent le programme, ce qu'ils apprécient du programme et ce qu'ils aiment moins, leur degré de satisfaction à l'égard des activités, etc. Il est également intéressant de tenter de recueillir l'avis des participants qui ont abandonné en cours de route pour connaître les raisons de leur abandon.

D — Comment recueillir l'information au cours d'une évaluation formative?

Suivant les sources d'information utilisées, le chercheur aura recours à différentes méthodes connues pour recueillir les données nécessaires à l'évaluation. Dans le cas des documents écrits, il s'agit généralement de faire une analyse systématique de leur contenu. Si l'information est recueillie auprès des intervenants ou des participants, l'entrevue et le questionnaire seront privilégiés.

En résumé, il faut retenir que l'évaluation formative se fait pendant le cours de l'action et que l'information est recueillie tout au long du déroulement des activités. L'analyse de cette information permet de constater l'application adéquate ou non du programme, de mettre en évidence les difficultés qui se posent et ainsi de rajuster le tir avant la fin du programme. L'évaluation formative permet également de clarifier les objectifs du programme et le lien logique entre les objectifs énoncés, les moyens utilisés et les résultats escomptés, bref, à en accroître l'évaluabilité, particulièrement lorsqu'une évaluation des résultats du programme est envisagée. C'est ce type d'évaluation qui sera maintenant abordé.

12.6.2 L'évaluation des résultats d'un programme ou l'évaluation sommative

A — Que cherche-t-on à savoir?

La question au cœur d'une évaluation sommative est de savoir si le programme atteint ses objectifs, en d'autres mots, de chercher «à établir si une action produit les résultats ou les effets escomptés» (Beaudoin, Lefrançois et Ouellet, 1986). Même si les résultats d'un programme n'apparaissent qu'à la fin du programme ou après un nombre significatif d'activités, l'évaluation sommative doit se planifier dès la mise en place du programme puisqu'elle implique très souvent des comparaisons entre les comportements ou les attitudes des participants avant qu'ils n'entreprennent le programme et après qu'ils l'ont terminé ou qu'ils ont participé à un certain nombre d'activités. Une évaluation sommative implique un questionnement sur deux aspects de la réalité: la mesure des changements et l'attribution des changements (ces changements sont-ils dus au programme ou à d'autres facteurs?).

L'évaluation sommative peut conduire à juger de l'*efficacité* d'un programme, c'est-à-dire de sa capacité d'atteindre les objectifs visés, et de son *efficience*. Évaluer l'*efficience* d'un programme implique l'analyse du rapport entre les résultats obtenus et les coûts engendrés. Par exemple, deux programmes peuvent être également efficaces, mais différents quant à leur efficience; l'un a atteint les résultats escomptés à haut coût, tandis que l'autre a atteint les résultats à un coût moindre. On a donc intérêt à prendre ces deux notions en considération.

B — Quelle est l'information nécessaire pour mener à bien une évaluation sommative?

L'information à recueillir dans le cadre d'une évaluation sommative concerne principalement les changements qui ont eu lieu chez les participants en rapport avec les activités auxquelles ils ont participé. L'information doit donc décrire: la situation des participants avant et après leur participation au programme, les activités auxquelles ils ont participé (combien? à quel rythme?, etc.) et la nature de leur participation (assiduité, ponctualité, engagement, etc.).

C — Quelles sont les sources d'information possibles lors d'une évaluation sommative?

Pour recueillir l'information nécessaire à une évaluation sommative, le chercheur se tournera généralement vers les participants au programme pour mesurer leurs connaissances, habiletés ou comportements en début et en fin de programme, ou après un certain nombre d'activités. Mais il peut également consulter les intervenants qui sont en contact direct avec les participants au programme puisque ces personnes sont généralement en mesure de fournir des données sur la situation des participants au tout début du programme et à la fin. Par l'observation systématique des comportements des participants, ils sont à même de suivre leur progression et de comparer leur situation au début du programme avec celle à la fin (ou après un nombre significatif d'activités).

D — Comment recueillir l'information au cours d'une évaluation sommative?

L'information utilisée dans le cadre d'une évaluation sommative peut être recueillie de trois façons principales: les grilles d'observation, les échelles standardisées et les entrevues qualitatives. Le recours à des grilles d'observation nécessite que l'information soit consignée de façon rigoureuse et constante pour que les données puissent être utilisées pour comparer la situation des participants au début et à la fin du programme. À cet égard, les échelles standardisées, lorsqu'elles portent sur une information pertinente et qu'elles sont bien utilisées, fournissent généralement de meilleures garanties quant à la valeur des données recueillies, mais elles ne sont pas toujours exemptes de biais. Dans certaines situations, l'entrevue qualitative centrée sur les changements que les participants perçoivent dans leur propre comportement grâce aux activités du programme constitue la modalité de collecte de données la plus appropriée.

12.6.3 Les deux aspects de l'évaluation sommative: la mesure et l'attribution des changements

De façon générale, l'évaluation sommative est moins flexible que l'évaluation formative; elle fait appel à des devis de recherche précis pour *mesurer* les changements observés chez les participants et pour *attribuer* ces changements au programme. L'exemple suivant illustre différentes stratégies possibles pour couvrir ces deux aspects de l'évaluation sommative.

Les objectifs spécifiques d'un programme de développement des compétences parentales offert à la maison de la famille sont les suivants: à la fin du programme, les parents connaîtront mieux le processus de croissance physique et affective de leurs enfants et seront en mesure de fournir à leurs enfants des soins physiques adéquats et de répondre à leurs besoins affectifs.

A — La mesure des changements

Pour mesurer les changements apparus chez les parents entre le début et la fin du programme (ou après un certain nombre d'activités), il est nécessaire d'obtenir de l'information sur la situation des parents avant le programme et leur situation à la fin du programme par rapport à des éléments qui sont en lien direct avec les objectifs du programme. Par exemple, on pourrait mesurer en début et en fin de programme leur connaissance du processus de croissance physique et affective d'un enfant, leur façon de prendre soin de leur enfant et leurs réactions à certains comportements de ce dernier.

Cette collecte d'information pourrait être faite à l'aide d'instruments de mesure standardisés, comme des tests de connaissance sur le développement de l'enfant et des échelles de mesure du sentiment de compétence parentale. Ces instruments permettraient de comparer les scores des parents avant et après le programme, et d'observer ainsi si un changement a eu lieu. Ces données pourraient être complétées par l'observation des comportements des parents en présence de l'enfant ou par des entrevues qualitatives avec les parents sur leur façon de réagir à certaines situations. Les entrevues aident parfois à découvrir des aspects de la réalité qui n'avaient pas été anticipés ou à envisager la réalité dans une perspective plus globale. Dans le cadre d'une évaluation sommative, il est souvent utile d'allier les instruments de mesure standardisés et les entrevues qualitatives afin d'obtenir un portrait plus complet de la situation.

B — L'attribution des changements au programme

Lorsque des changements sont mesurés chez les participants à un programme, cela n'implique pas nécessairement que le programme en soit la cause. Il est possible que des éléments extérieurs aient provoqué ces changements. Cook et Campbell (1979) mentionnent certains de ces éléments qui remettent en question la validité interne d'une évaluation en étant à la source de changements attribués faussement au programme. Ce sont:

— les événements extérieurs qui surviennent dans la vie des participants en dehors du programme;

— la maturation, c'est-à-dire les modifications qui se produisent naturellement avec le temps;

— l'instabilité de l'instrument de mesure;

— l'effet des tests;

— la variation de l'instrumentation, résultant d'un changement dans les outils utilisés ou chez les personnes qui procèdent à l'évaluation;

— l'attrition, c'est-à-dire la perte de répondants.

Le choix d'un plan d'évaluation approprié contribue à réduire ces sources de biais qui menacent la validité interne d'une recherche. Pour illustrer les différentes options possibles dans le choix d'un plan de recherche, cinq devis d'expérimentation sont présentés brièvement ici, répartis en devis «expérimentaux», «quasi expérimentaux» et «à mesure unique». Les devis «expérimentaux» ont comme principale caractéristique d'utiliser un groupe témoin assigné au hasard. Les devis «quasi expérimentaux» s'appuient sur la comparaison de deux groupes semblables, mais dont l'assignation n'est pas faite sur la base du hasard. Enfin, les devis «à mesure unique» portent sur un seul groupe. Le lecteur désireux d'en savoir plus long sur les devis de recherche peut consulter Lamoureux (1995), Selltiz, Wrightsman et Cook (1977), Campbell et Stanley (1966).

Les devis «expérimentaux»

Les devis «expérimentaux» sont appelés ainsi car ils reproduisent les conditions dans lesquelles le chercheur évalue la situation d'observation. Dans ce type de devis, l'assignation à l'un ou l'autre groupe (participants et groupe témoin) se fait au hasard. Le premier groupe (dit «expérimental») participe au programme tandis que le second (dit «témoin») n'y est pas soumis. Le choix au hasard représente la meilleure garantie que les deux groupes sont semblables. Il y a deux variantes dans les devis expérimentaux: le devis classique et le devis «après, avec groupe témoin». La représentation de ces variantes apparaît au tableau 12.4.

TABLEAU 12.4

Représentation des plans d'évaluation

Type de devis	Composition	Mesure avant le programme*	Participation au programme	Mesure après le programme
Devis classique	Groupe participant	H 0_1	X	0_2
	Groupe témoin	H 0_1		0_2
Devis «après, avec groupe témoin»	Groupe participant	H	X	0_2
	Groupe témoin	H		0_2
Devis «quasi expérimental»	Groupe participant	0_1	X	0_2
	Groupe comparaison	0_1		0_2
Devis «avant-après, avec groupe de comparaison»	Groupe participant	0_1	X	0_2
Devis «à mesure unique»	Groupe participant		X	0_2

* H indique l'affectation au hasard; X indique la participation au programme.

0_1 indique la mesure avant le programme; 0_2 indique la mesure après le programme.

Dans le devis classique, des mesures identiques sont prises dans les deux groupes avant le début du programme et à nouveau à la fin du programme ou après un nombre significatif d'activités. En comparant les données des deux groupes, on peut observer s'il y a des différences et attribuer au programme avec un certain degré de certitude les différences observées.

Dans le devis «après, avec groupe témoin», il n'y a pas de mesures avant le programme, elles sont prises après le programme seulement. Ce devis est généralement utilisé afin d'éviter que la mesure avant le début du programme n'affecte les réactions des participants. Tout comme pour le devis expérimental, l'assignation des participants à l'un ou l'autre des deux groupes se fait au hasard.

Les devis expérimentaux ne sont cependant pas toujours applicables, particulièrement dans le domaine des services sociaux et de la santé où il est souvent inacceptable sur le plan éthique d'assigner au hasard des participants à un groupe témoin; cela signifierait qu'une partie des participants serait privée de l'aide ou entrerait plus tardivement dans le programme. On a alors recours à des devis dits «quasi expérimentaux».

Les devis «quasi expérimentaux»

Le devis quasi expérimental se caractérise par le fait que l'assignation au groupe de participants et au groupe témoin n'est pas faite au hasard. En parallèle avec la formation du groupe de participants au programme, il y a constitution d'un groupe formé de personnes qui ont des caractéristiques similaires à celles qui participent au programme; on parle alors de groupe de comparaison.

Parmi les diverses variantes des devis quasi expérimentaux, on retrouve: le devis «avant-après avec groupe de comparaison» et le devis «avant-après avec le même groupe». La première variante reproduit le devis expérimental classique, à la différence que l'assignation des participants à l'un ou l'autre groupe ne se fait pas au hasard. Dans le cas du devis «avant-après avec le même groupe», l'évaluation du programme est faite en comparant la situation des participants avant le programme et leur situation après le programme; le groupe est comparé avant et après le programme, constituant ainsi son propre groupe de comparaison.

Le devis «avant-après avec le même groupe» est simple et facilement applicable. Il permet de déterminer le chemin parcouru par les participants entre le début et la fin d'un programme. Cependant, plusieurs menaces à la validité pèsent sur ce type de devis, car le seul point de comparaison est constitué du groupe avant le programme. Ce type de devis ne permet donc pas d'affirmer avec un degré de certitude raisonnable que les changements observés sont des effets du programme. Il renseigne toutefois sur le cheminement des participants, ce qui constitue une information certes limitée, mais tout à fait intéressante. Voici un exemple.

> Les responsables du programme de stimulation précoce observent les enfants avant le début du programme et mesurent leur développement à l'aide de différentes échelles. À la fin du programme, ces mêmes mesures sont répétées. Les responsables notent des différences intéressantes entre le début et la fin du programme. Cependant, ils ne peuvent affirmer avec certitude qu'elles sont le résultat du programme; elles pourraient être simplement l'effet de la maturation naturelle des enfants.

Les devis à mesure unique

Finalement, il existe un devis qui ne fait appel à aucune comparaison. Parfois, ce devis est le seul qu'il est possible d'utiliser, soit parce que les données avant le programme ne sont pas disponibles, soit parce qu'il n'est pas envisageable de former un groupe témoin. Comme il n'y a aucun point de comparaison, il faut assurer aux données le maximum de validité en utilisant des outils de mesure qui recueilleront l'information qui reflète la réalité avec le plus de précision possible.

Le recours à des méthodes rétrospectives, qui permettent de connaître la situation des participants avant le programme, peut dans certaines situations être tout indiqué. Facilement utilisable, ce dernier devis comporte cependant des faiblesses évidentes et il ne permet pas d'affirmer que les résultats obtenus sont directement liés au programme. Les conclusions d'une évaluation sommative menée avec un devis de ce type doivent donc être très prudentes.

À la suite des ateliers sur les compétences parentales, les questions suivantes sont posées aux parents participants:
1. Avant le début du programme, quelle était votre connaissance des différentes étapes de développement d'un enfant? Situez ce niveau sur une échelle de 1 à 5, sachant que 1 = une très faible connaissance et 5 = une très bonne connaissance.
2. Maintenant que le programme est terminé, quelle est votre connaissance des différentes étapes de développement d'un enfant? Situez ce niveau sur une échelle de 1 à 5, sachant que 1 = une très faible connaissance et 5 = une très bonne connaissance.

En résumé, il faut retenir qu'une évaluation sommative pose un questionnement sur deux plans: celui de la mesure des effets d'un programme et celui de l'attribution des effets au programme. Ce second questionnement commande des stratégies précises qui autorisent à penser, avec plus ou moins de certitude, que les changements observés chez les participants sont bien des effets du programme.

CONCLUSION

Dans ce chapitre, nous avons présenté quelques-unes des stratégies utilisées pour évaluer les effets des interventions. Évidemment, chacune de ces stratégies comporte des forces et des faiblesses dont il faut tenir compte au moment de l'analyse et de l'interprétation des résultats. Plusieurs de ces stratégies sont limitées quant à l'information qu'elles fournissent sur les facteurs sous-jacents aux changements produits. Mais même s'il est difficile d'attribuer ces changements aux seuls effets de l'intervention, il n'en demeure pas moins que les intervenants soucieux d'améliorer leur action ne peuvent se soustraire à la nécessité de mesurer de façon systématique l'évolution de la situation des personnes avec lesquelles ils interviennent. Le développement de la pratique passe inévitablement par l'accumulation de données sur les liens entre les actions posées par les professionnels et les changements dans les situations problèmes. Comme le mentionne Easton (1984: 86), «c'est l'accumulation de nombreux efforts d'évaluation partiels mais convergents — et non pas une seule étude supposée exhaustive — qui constitue finalement la preuve la plus probante d'un lien de cause à effet et la base la plus solide pour des conclusions pratiques».

Pourtant, certains intervenants résistent encore à l'évaluation. Plusieurs raisons peuvent expliquer cette résistance: «certaines d'entre elles sont plutôt contextuelles à la réalité de l'intervention et liées aux circonstances affectant la pratique, alors que d'autres sont plutôt intrinsèques à la place même qu'occupe l'évaluation dans le champ de l'intervention» (Beaudoin, 1986: 53). Dans le contexte actuel marqué par de nombreux questionnements sur les pratiques sociales, par des réductions importantes des fonds publics consacrés aux services sociaux et par une détérioration des conditions de vie, il est incontournable de recourir à l'évaluation pour poser un regard critique sur l'intervention sociale.

LECTURES SUGGÉRÉES

GRINNELL, R.M., Jr. (1997). *Social Work Research and Evaluation: Quantitative and Qualitative Approaches*, 5ᵉ éd., Itasca (Ill.), F.E. Peacock.

ROYSE, D.D. (1996). *Program Evaluation: An Introduction*, 2ᵉ éd., Chicago, Nelson-Hall.

ZÚÑIGA, R. (1994). *Planifier et évaluer l'action sociale*, Montréal, Les Presses de l'Université de Montréal.

Chapitre 3

1. L'avantage relié à l'utilisation d'une méthode d'échantillonnage probabiliste est que celle-ci assure le caractère statistiquement représentatif de la population à l'étude. De ce fait, il est possible de généraliser les résultats obtenus auprès des personnes composant l'échantillon à l'ensemble de la population à l'étude.

2. Toute situation dans laquelle il est impossible de dénombrer la population totale, comme dans le cas des itinérants.

   La méthode non probabiliste est aussi indiquée dans les situations de recherche pour lesquelles il est plus important d'obtenir un caractère représentatif qualitatif que statistique. Par exemple, pour comprendre le vécu de femmes violentées, il peut être plus pertinent de s'entretenir avec des femmes aux prises avec ce problème que de faire passer à un nombre important de femmes battues un questionnaire standard. Par ailleurs, on se souviendra que, lorsque l'on utilise un échantillon relevant de la méthode non probabiliste, la grandeur de l'échantillon est déterminée en fonction du principe de saturation. Ainsi, le chercheur devra mener des entrevues jusqu'à ce que le fait de continuer à faire parler de nouvelles personnes n'amène plus d'éléments nouveaux.

3. Faux. En recherche sociale, la pertinence d'une méthode d'échantillonnage est le principal critère à rechercher. Cette pertinence s'établit selon les objectifs de l'étude et le type de population à l'étude.

4. **Population**: clientèle qui demande des services.

   Méthode d'échantillonnage: probabiliste.

   Taille de l'échantillon: puisque $N = 967$, l'échantillon devra comprendre 278 personnes (selon la table d'estimation de la taille d'un échantillon, niveau de confiance: 95%; précision: ± 5%).

   Technique d'échantillonnage: aléatoire simple.

   Calcul: tirer au hasard 278 numéros allant de 1 à 967. On peut aussi se servir d'une table de nombres au hasard.

5. **Population**: femmes au foyer de la région X.

   Méthode d'échantillonnage: probabiliste.

Taille de l'échantillon: puisque $N = 2\,190$, l'échantillon devra comprendre 327 personnes (selon la table d'estimation de la taille d'un échantillon).

Technique d'échantillonnage: aléatoire stratifié proportionnel.

Calcul:

N	Échantillonnage
$2\,174 = 100\%$	$100\% = 327$
$1\,428 = 66\%$	$66\% = 216$ femmes sans enfant
$240 = 11\%$	$11\% = 36$ femmes avec 1 enfant
$350 = 16\%$	$16\% = 52$ femmes avec 2 enfants
$135 = 6\%$	$6\% = 20$ femmes avec 3 ou 4 enfants
$21 = 1\%$	$1\% = 3$ femmes avec 5 enfants ou plus

6. **Population:** résidants d'une municipalité.

   Méthode d'échantillonnage: probabiliste.

   Taille de l'échantillon: puisque $N = 5\,800$, l'échantillon devra comprendre 370 résidants (selon la table d'estimation de la taille d'un échantillon).

   Technique d'échantillonnage: aléatoire simple ou systématique.

   Calcul: tirer 370 adresses à partir des listes d'adresses civiques de la municipalité, en prenant soin de tirer la première au hasard. Le pas de sondage (K) est déterminé ainsi: $5\,800 \div 370 = 15,7$. Tirer une première adresse entre 1 et 15, qui servira de point de départ, puis tirer une adresse tous les 15 noms.

7. **Population:** proches de personnes atteintes du sida.

   Méthode d'échantillonnage: non probabiliste, car on ne connaît que le nombre de personnes ayant séjourné à la résidence.

   Taille de l'échantillon: jusqu'à saturation, soit autour de 30 personnes.

   Technique d'échantillonnage: de volontaires.

   Comment procéder: on demandera aux proches qui se présentent à la résidence s'ils acceptent de participer à cette étude. De plus, afin d'augmenter le bassin de population, il pourrait être intéressant de contacter d'autres maisons ou d'autres types de services qui s'adressent à des personnes atteintes du sida.

8. **Un échantillon de hasard simple:** tous les noms dans un chapeau ou table de nombres aléatoires (en attribuant un nombre à chaque nom).

   Un échantillon systématique: à partir des listes de l'université. Si, par exemple, $N = 25\,000$, l'échantillon sera ÉCH. $= 381$ (selon la table d'estimation de la taille d'un échantillon), le pas de sondage $K = 25\,000 \div 381$, soit $65,6$. On tirera un premier nom au hasard sur la liste entre le 1er et le 66e nom, puis un nom tous les 66 noms. Si on a tiré au hasard comme premier nom la 40e personne sur la liste, la prochaine sera la 106e ($40 + 66$), puis la 172e ($106 + 66$), etc.

Un échantillon de volontaires: on recrute des volontaires en plaçant des annonces sur les tableaux d'affichage, dans le journal de l'université, dans les revues étudiantes, etc.

Chapitre 4

1. Toutes ces réponses sont vraies.

   Le questionnaire permet la description et la quantification des observations, car il est un instrument standard, c'est-à-dire qu'il présente exactement les mêmes énoncés à des individus ayant des caractéristiques identiques. Il permet de comparer les observations, parce qu'elles sont quantifiées, et de généraliser les résultats à condition d'avoir été rempli par un échantillon représentatif de la population à l'étude.

2. Non. Dans cette situation de recherche, le questionnaire à questions directes ne serait pas un instrument à privilégier, et ce pour deux raisons. La première est reliée au type d'informations que l'on désire recueillir; dans ce cas-ci, on parle de réactions émotives. Si le questionnaire à réponses directes se prête bien à la collecte de faits ou d'opinions, il est beaucoup moins adapté à l'observation des sentiments, du «senti» ou du vécu. La deuxième raison tient à la population à l'étude. Il serait très ardu de demander à un enfant de six ans, qui sait à peine lire et écrire, de remplir seul un questionnaire. Aussi, dans cet exemple, l'entrevue serait un instrument de collecte beaucoup plus approprié.

3. On peut expliquer la réponse de Mme Beaulieu en disant qu'elle est due à une *réaction de prestige*. Ayant eu peur de se faire mal juger en donnant une réponse qui pouvait paraître raciste, elle a préféré ne pas dévoiler sa véritable opinion. Mme Beaulieu s'est donc réfugiée derrière une opinion socialement admise.

4. **Question 4*a***: de type ouverte.

   Objectif: mieux connaître l'opinion réelle de la personne interrogée.

   Question 4*b*: de type fermée, à éventail de réponses.

   Objectif: mesurer l'intensité de l'opinion de la personne interrogée.

5. Il y a dans cet extrait sept erreurs qui peuvent biaiser les réponses qui seront données. Voici ces erreurs par ordre de question.

   Question 5*a*

   L'utilisation d'une question aussi directe au début d'un questionnaire n'est pas souhaitable, puisqu'elle ne respecte pas le principe de l'entonnoir. Ce principe, dont l'application facilite la création d'une relation de confiance avec la personne interrogée, suppose que l'on traite d'abord de questions de faits, pour aborder ensuite des questions d'opinions.

— Le terme «battre» (des enfants) est très chargé affectivement, ce qui ne manquera pas de heurter la personne interrogée et, peut-être, de provoquer une réponse exagérée par rapport à ce que l'on veut réellement mesurer ici.

— Par ailleurs, même si une personne ne désapprouve pas les punitions physiques, il y a tout lieu de croire qu'elle n'indiquera pas son accord possible face au fait de battre un enfant: la réaction de prestige entrera en jeu et viendra biaiser la réponse.

Question 5*b*

— Entre la question 5*a* et 5*b*, on aurait pu ajouter une question filtre du genre: «Avez-vous des enfants?» (Sinon, passez à la question 5*c*.)

— Il y a risque de contagion entre la question 5*a* et 5*b*. En effet, si la personne interrogée a indiqué en 5*a* qu'elle était tout à fait en désaccord avec ce type de comportement, elle aura de la difficulté, à la question 5*b*, à admettre qu'elle donne une fessée à son enfant.

Question 5*c*

— Cette question ne respecte pas le principe de l'univocité, car elle contient, en fait, deux questions. La personne interrogée qui serait en désaccord avec la première question et en accord avec la seconde ne saurait quelle réponse choisir.

— Le choix de réponses est déséquilibré: on retrouve une réponse positive contre deux réponses négatives. Cela biaise la réponse que donnera la personne interrogée en lui laissant croire notamment que le chercheur s'attend davantage à des réponses négatives que positives.

Chapitre 5

1. *a)* Entrevue de recherche structurée (A). Pour établir la stabilité des unions de fait sur une période de cinq ans, il sera nécessaire de rencontrer les personnes interrogées au début de la recherche et, au minimum, cinq ans plus tard. L'utilisation de l'entrevue structurée assurera que des questions identiques seront posées aux répondants, ce qui permettra d'établir les parallèles entre les observations faites au temps 1 et au temps 2 de la collecte.

b) Entrevue de recherche semi-structurée à questions ouvertes (B). Pour aborder un sujet aussi délicat, et afin de bien comprendre le vécu de ces enfants, il est nécessaire d'utiliser l'entrevue semi-structurée. Ce type d'entrevue préserve un certain degré de liberté dans la conduite de l'entrevue et permet d'atteindre, par l'interaction chercheur-interrogé, le degré de profondeur nécessaire lorsque l'on veut recueillir des témoignages. Cette latitude permet au chercheur d'adapter l'entrevue à la situation de chacun des interrogés, ce qui favorise l'expression des personnes interrogées. Ici, l'entrevue à questions ouvertes a été préférée à l'entrevue centrée en raison de l'âge des personnes interrogées. L'expression des enfants sera en effet davantage stimulée si des questions sont proposées.

c) Entrevue en profondeur selon terminologie proposée aux élèves (D)[1]. Pour accéder aux représentations sociales d'un individu, on doit nécessairement se centrer sur un thème (ici le bénévolat), tout en cherchant à atteindre un niveau de profondeur dans l'expression de la pensée. Cela sera favorisé par une attitude peu directive de la part de l'intervieweur et par la mise en place d'un contexte d'entrevue qui laisse une liberté dans le contenu pouvant être abordé.

d) Entrevue clinique (E). Il n'est pas question ici de recherche, mais bien d'offrir une aide clinique à une femme en difficulté.

2. *a*) Entrevue clinique.

   b) Entrevue non structurée en profondeur.

   c) Entrevue semi-structurée centrée.

   d) Entrevue semi-structurée à questions ouvertes.

   e) Entrevue à questions fermées.

3. Erreurs commises par l'intervieweur:

   (3) Afin de sécuriser la personne interrogée et de susciter sa participation, il est important de lui mentionner l'organisme qui a commandé la recherche et de lui expliquer pourquoi il est important d'y participer et que toutes les informations fournies seront traitées de manière confidentielle.

   (10) La résistance de la personne interrogée s'explique par le fait que le chercheur ne lui a pas assuré dès le début que les informations recueillies seraient confidentielles.

   (13) Le chercheur se livre à de l'interprétation. Ce n'est pas parce que M. Gagné a attendu deux ans avant de «savoir quoi faire avec sa mère» qu'il a effectivement utilisé les services de placement. D'autres services ont pu lui être offerts, notamment ceux de maintien à domicile. Il est donc dangereux de déduire des réponses.

---

1. L'étude des représentations sociales peut aussi se faire à l'aide d'une méthodologie quantitative qui appellerait alors une entrevue structurée.

(14) À cause du jugement qu'il porte, le chercheur risque d'influencer la réponse de M. Gagné à la question suivante. Ici, le chercheur n'a pas respecté le principe de la neutralité.

(16) Le chercheur ne respecte pas l'échantillonnage de départ. Il a dit au début de l'entrevue que le nom de M. Gagné avait été choisi au hasard; «une autre personne dans la maison» ne peut donc répondre au questionnaire.

Chapitre 8

1. *a*) Distribution de fréquences

Âge des répondants

Catégories	F	%	F cumulées	% cumulés
18	3	15	3	15
19	7	35	10	50
20	5	25	15	75
21	1	5	16	80
22	3	15	19	95
23	0	0	19	95
24	1	5	20	100
Total	20	100		

Il est aussi possible de regrouper en classes.

Âge des répondants

Catégories	F	%	F cumulées	% cumulés
18-19	10	50	10	50
20-21	6	30	16	80
22-23	3	15	19	95
24-25	1	5	20	100

b) Mode = 19 ans

Médiane = {18, 18, 18, 19, 19, 19, 19, 19, 19, 19 / 20, 20, 20, 20, 20, 21, 22, 22, 22, 24}

$(19 + 20) \div 2 = 19,5$ ans

Moyenne = $398 \div 20 = 19,9$ ans

c)

Distribution des répondants selon l'âge

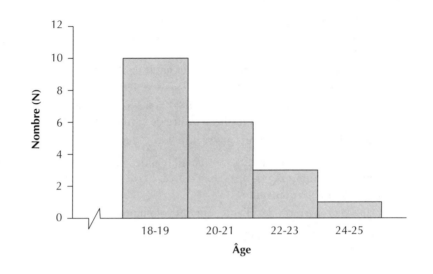

2. *a)*

Prévalence de la récidive selon le statut de participation

Récidive	Nombre % Rangée % Colonne % Total		Statut		Total rangée
			Volontaires	Non-volontaires	
Oui	*1*		5 18,5% 16,1% 7,7%	22 81,5% 64,7% 33,8%	27 41,5%
Non	*2*		26 68,4% 83,9% 40,0%	12 31,6% 35,3% 18,5%	38 58,5%
	Total colonne		31 47,7%	34 52,3%	65 100,0%

b) Les marginales sont entourées d'un trait gras.

c) Les cellules sont isolées par un fond gris.

d) L'hypothèse est confirmée, car :
— 16,1 % des volontaires ont récidivé, contre 83,9 % qui n'ont pas récidivé ;
— 64,7 % des non-volontaires ont récidivé, contre 35,3 % qui n'ont pas récidivé ;
— Ainsi, une proportion beaucoup plus faible de clients volontaires ont récidivé (16,1 %), comparativement aux clients non volontaires (64,7 %).

e) Non, on n'a pas raison de dire que 68,4 % des volontaires n'ont pas récidivé. Cette proportion doit plutôt se lire de la manière suivante :

68,4 % des clients qui n'ont pas récidivé sont des volontaires.

f) Non, on n'a pas raison de dire que 40,0 % des participants à cette étude sont des volontaires et n'ont pas récidivé. Cette proportion doit plutôt se lire de la manière suivante :

40,0 % de l'ensemble des clients sont des volontaires et n'ont pas récidivé.

g) Oui, on a raison de dire que 52,3 % des participants sont des non-volontaires.

3.   *a)*

Formule de garde adoptée selon le sexe du répondant

Formule de garde	Nombre % Rangée % Colonne % Total	Sexe		Total rangée
		Masculin	Féminin	
Garde à la mère		36 37,9 % 44,4 % 18,7 %	59 62,1 % 52,7 % 30,6	95 49,2
Garde au père		17 58,6 % 21,0 % 8,8 %	12 41,4 % 10,7 % 6,2	29 15,0 %
Garde partagée		28 40,6 % 34,6 % 14,5 %	41 59,4 % 36,6 % 21,2	69 35,8 %
Total colonne		81 42,0 %	112 58,0 %	193 100,0 %

b) Parmi tous les répondants ayant opté pour une garde à la mère, il y a 37,9 % d'hommes et 62,1 % de femmes (rangée). Parmi les répondants de sexe féminin, 52,7 % ont opté pour une garde à la mère, 10,7 % pour une garde au père et 36,6 % pour une garde partagée (colonne). Parmi l'ensemble des répondants, 18,7 % sont des hommes et ont opté pour une garde à la mère.

c) Oui, on a raison de dire que 34,6 % des répondants de sexe masculin ont opté pour la garde partagée.

d) Une proportion de 41,4 % des répondants ayant opté pour la garde au père sont de sexe féminin.

e) Oui, on a raison de dire que 42 % des répondants sont de sexe masculin.

f) Non, on n'a pas raison de dire que 62,1 % des répondants de sexe féminin ont opté pour la garde à la mère. Cette proportion doit plutôt se lire ainsi:

— 62,1 % des répondants ayant opté pour une garde à la mère sont des femmes;

— Alors que 52,7 % des répondants de sexe féminin ont opté pour une garde à la mère.

BIBLIOGRAPHIE

AKTOUF, O. (1987). *Méthodologie des sciences sociales et approche qualitative des organisations*, Québec, Les Presses de l'Université du Québec, p. 117-127.

ALTER, C. et EVENS, W. (1990). *Evaluating Your Own Practice: A Guide to Self-Assessment*, New York, Springer, 195 p.

ALTHUSSER, L. (1970). «Idéologie et appareil idéologique d'État», *La Pensée*, n° 151, p. 3-38.

AMPLEMAN, G., BARNABÉ, J. et autres (1987). *Pratiques de conscientisation 2*, Montréal, Collectif québécois d'édition populaire, 366 p.

AMPLEMAN, G., DORÉ, G. et autres (1983). *Pratiques de conscientisation: expériences d'éducation populaire au Québec*, Montréal, Nouvelle Optique, 304 p.

AMPLEMAN, G., DORÉ, G., GAUDREAU, L., LAROSE, C., LEBŒUF, L. et VENTELOU, D. (1994). «La conscientisation: définition et principes d'action», *Les Cahiers de la conscientisation*, n° 1, Montréal, Collectif québécois d'édition populaire.

ANGERS, M. (1992). *Initiation pratique à la méthodologie des sciences humaines*, Montréal, Centre éducatif et culturel (CEC).

ARCHAMBAULT, J. et HAMEL, J. (1998). «Une évaluation partielle de la méthodologie qualitative en sociologie assortie de quelques remarques épistémologiques», dans J. Poupart, L.H. Groulx, R. Mayer, J.P. Deslauriers, A. Laperrière et A.P. Pires (sous la dir. de), *La recherche qualitative: diversité des champs et des pratiques au Québec*, Boucherville, Gaëtan Morin Éditeur, p. 93-154. Avec la collaboration de D. Fortin.

ARDOINO, J. (1983). «Conditions et limites de la recherche-action», *Pour*, n° 90, p. 22-26.

ARSENAULT, R. (1991). «Conscientisation et santé mentale: une pratique en région», *Service social*, vol. 40, n° 3, p. 53-67.

AUBIN, M. (1986). «Recherche féministe, recherche multidisciplinaire», dans H. Dagenais (sous la dir. de), *Approches et méthodes de la recherche féministe*, Actes du colloque organisé par le Groupe de recherche multidisciplinaire féministe, Québec, Université Laval, p. 159-164.

AUBIN, S. (1982). «Élaboration et évaluation d'un projet d'intégration des personnes âgées dites "confuses" en centre d'accueil», *Santé mentale au Québec*, vol. 10, n° 1, p. 110-120.

BABY, A. (1992). «À travers le choix épistémologique ou comment la théorie des deux sacs permet de faire un bilan sommaire de la recherche qualitative», *Revue de l'Association pour la recherche qualitative*, vol. 6, p. 4-20.

BACHMANN, C. et SIMONIN, J. (1981-1982). *Changer au quotidien: une introduction au travail social*, t. 1 et 2, Paris, Études vivantes, 140 p. et 160 p.

BAILLARGEON, D. (1991). «Pas dans ma rue: pour une stratégie communautaire devant l'intolérance», *Service social*, vol. 40, n° 3, p. 126-145.

BALAN, J. et JELIN, E. (1980). «La structure sociale dans la biographie personnelle», *Cahiers internationaux de sociologie*, n° 69, p. 269-289.

BALES, R. (1968). «Phases in group problem solving», dans P.P. Cartwright et R. Zander, *Group Dynamics*, New York, Harper.

BALES, R., COHEN, S. et WILLIAMSON, S. (1979). *SYMLOG: A System for the Multiple Level Observations of Groups*, New York, Free Press.

BARBIER, R. (1973). «Une analyse institutionnelle du service social», *Sociologie du travail*, n° 1, p. 54-83.

BARBIER, R. (1977). *La recherche-action dans l'institution éducative*, Paris, Gauthier-Villars.

BARBIER, R. (1996). *La recherche-action*, Paris, Anthropos, 110 p.

BARDIN, L. (1986). *L'analyse de contenu*, 4e éd., Paris, PUF, 233 p.

BARITEAU, C. (1990). «L'étude du Québec: état des sciences sociales. Où en est l'organisation de l'enseignement et de la recherche», dans F. Dumont (sous la dir. de), *La société québécoise après 30 ans de changements*, Québec, Institut québécois de recherche sur la culture, p. 273-294.

BARNABÉ, J. (1985). «ROSE du Nord: une pratique de conscientisation avec les femmes de classe populaire», *Service social*, vol. 34, no 3-4, p. 249-268.

BARNABÉ, J. et BROSSEAU, F. (1994). «Sensibilisation à la conscientisation», Session d'accueil au Collectif québécois de conscientisation, *Les Cahiers de la conscientisation*, no 3, Montréal, Collectif québécois d'édition populaire.

BARNABÉ, J. et DORÉ, G. (1989). «Le repérage des zones de pauvreté sur les territoires de CLSC: une méthodologie de recherche pour l'action», *Service social*, vol. 38, no 2-3, p. 270-282.

BEATTIE, M. (1987). «Recherche féministe: recherche novatrice», dans J.P. Deslauriers (sous la dir. de), *Les méthodes de la recherche qualitative*, Montréal, Les Presses de l'Université du Québec, p. 133-142.

BEAUD, J.P. (1997). «L'échantillonnage», dans B. Gauthier (sous la dir. de), *Recherche sociale*, Québec, Les Presses de l'Université du Québec, p. 185-215.

BEAUDOIN, A. (1986). «L'insertion de l'évaluation sur système unique dans l'intervention», *Service social*, vol. 35, no 1-2, p. 52-74.

BEAUDOIN, A. (1997). «L'évaluation sur système unique» (document inédit), Québec, École de service social, Université Laval.

BEAUDOIN, A., LEFRANÇOIS, R. et OUELLET, F. (1986). «Les pratiques évaluatives: enjeux, stratégies et principes», *Service social*, vol. 35, no 1-2, p. 188-214.

BEAUDRY, J. (1984). «L'évaluation de programme», dans B. Gauthier (sous la dir. de), *Recherche sociale: de la problématique à la collecte des données*, Québec, Les Presses de l'Université du Québec, p. 389-415.

BEAUDRY, M. (1990). «Les liens entre la recherche et l'intervention critique en service social: réflexion critique», *Actes de la première journée du doctorat en service social*, Québec, École de service social, Faculté des sciences sociales, Université Laval, p. 41-49.

BEAUDRY, M. et PARENT, C. (1996). «L'influence de caractéristiques psychosociales et socio-démographiques sur le partage du temps de garde des enfants entre les parents séparés ou divorcés», dans J. Alary et L.S. Éthier (sous la dir. de), *Comprendre la famille*, Actes du 3e symposium québécois de recherche sur la famille, Québec, Les Presses de l'Université du Québec, p. 247-263.

BEAUSOLEIL, J., GUÉDON, M.C., LARIVIÈRE, C. et MAYER, R. (sous la dir. de J. Alary) (1988). *Solidarités: pratiques de recherche-action et de prise en charge par le milieu*, Montréal, Boréal, 245 p.

BECKER, H.S. (1970). «Problems of inference and proof in participant observation», dans H.S. Becker (sous la dir. de), *Sociological Work*, New Brunswick (N.J.), Transaction Books, p. 25-39.

BÉLAND, F. (1984). «La mesure des attitudes», dans B. Gauthier (sous la dir. de), *Recherche sociale*, Québec, Les Presses de l'Université du Québec, p. 359-389.

BÉLAND, F. (1985). «Les demandes, les besoins et la planification des services sociaux aux personnes âgées», *Service social*, vol. 34, no 1, p. 14.

BÉLANGER, P.R. et LÉVESQUE, B. (1987). «Le mouvement social au Québec: continuité et rupture (1960-1985)», dans P. Bélanger, B. Lévesque, R. Mathieu et F. Midy (sous la dir. de), *Animation et culture en mouvement: fin ou début d'une époque?*, Québec, Les Presses de l'Université du Québec, p. 256-266.

BÉLANGER, P.R., LÉVESQUE, B., BERTRAND, Y. et LEBEL, F. (1986). *La bureaucratie contre la participation: le CLSC de Berthier*, Montréal, Département de travail social, Université du Québec à Montréal.

BÉLANGER, P.R., LÉVESQUE, B. et PLAMONDON, M. (1987). *Flexibilité du travail et demande sociale dans les CLSC*, Commission d'enquête sur les services de santé et les services sociaux, synthèse critique no 13, Québec, Les Publications du Québec.

BELLEAU, M.J. (1994). «Jeunes et autochtones: les défis de l'oppression dans une formation à l'intervention», *Les Cahiers de la conscien-*

tisation, nº 7, Montréal, Collectif québécois d'édition populaire.

BERG, B.L. (1989). *Qualitative Research Method for the Social Science*, Boston, Allyn and Bacon.

BERNIER, D. (1978). «La recherche-action: aspects historiques et applications au service social», *Intervention*, nº 5, p. 9-15.

BERNIER, D. (1983). «L'intervention anti-stress: une approche pertinente pour la formation des intervenants sociaux», *Revue canadienne de service social*, p. 215-227.

BERNIER, L., et TRÉPANIER, J. (1994). «Situations d'enfance en danger: la fugue et la prostitution chez les mineurs», dans F. Dumont, S. Langlois et Y. Martin (sous la dir. de), *Traité des problèmes sociaux*, Québec, Institut québécois de recherche sur la culture, p. 673-696.

BERTAUX, D. (1980). «L'approche biographique: sa validité méthodologique, ses potentialités», *Cahiers internationaux de sociologie*, nº 69, p. 197-225.

BÉRUBÉ, L. (1988). «Autonomie et vieillesse: ambiguïté des termes, conséquences des enjeux», *Les cahiers de la recherche sur le travail social*, Caen, Université de Caen, nº 15, p. 105-114.

BIBEAU, G. et PERREAULT, M. (1995). *Dérives montréalaises: à travers des itinéraires de toxicomanes dans le quartier Hochelaga-Maisonneuve*, Montréal, Boréal.

BINET, L. et SHERIF, T. (1988). *15 ans et en centre d'accueil*, t. III: *Annexe méthodologique*, Québec, Service de la recherche, Centre de services sociaux de Québec, 68 p.

BLAIS, A. et DURAND, C. (1997). «Le sondage», dans B. Gauthier (sous la dir. de), *Recherche sociale: de la problématique à la collecte des données*, Québec, Les Presses de l'Université du Québec, p. 357-399.

BLAIS-GRENIER, S. (1968). «Perspectives de la recherche dans les agences de services social», *Service social*, vol 17, nº 1-2-3, p. 49-64.

BLALOCK, H. (1973). *Introduction à la recherche sociale*, Gembloux, Duculot, 160 p.

BLANCHET, A. et autres (1985). *L'entretien dans les sciences sociales*, Paris, Dunod, 290 p.

BLANCHET, L. et autres (1984). «L'intervention en réseau comme processus de recherche-action», *Revue canadienne de service social*, p. 97-127.

BLONDIN, M. (1965). «L'animation sociale en milieu urbain: une solution», *Recherches sociographiques*, vol. 6, nº 3, p. 283-304.

BLONDIN, M. (1968). «L'animation sociale en milieu urbain: une solution», *Recherches sociographiques*, vol. 6, nº 3, p. 283-304.

BLOOM, M., FISHER, J. et ORME, J. (1995). *Evaluating Practice: Guidelines for the Accountable Professional*, 2e éd., Needham Heights (Mass.), Allyn and Bacon.

BOGDAN, R.C. et BIKLEN, S.K. (1982). *Qualitative Research for Education: An Introduction to Theory and Methods*, Boston, Allyn and Bacon.

BOGDEWIC, S.P. (1992). «Participant observation», dans B.F. Crabtree et W.L. Miller (sous la dir. de), *Doing Qualitative Research*, Newbury Park (Calif.), Sage, p. 45-69.

BOISSONNEAULT, M. et LANDRIAULT, J.P. (1984). «Les services sociaux scolaires: une perspective écologique», *Intervention*, nº 95, p. 21-30.

BOISVERT, R. et LEMIRE, L. (1990). *Regards sur la problématique de la santé mentale: désintégration et réseaux d'entraide dans quatre communautés de la Mauricie*, Trois-Rivières, Centre hospitalier Sainte-Marie, département de santé communautaire.

BOLLE DE BAL, M. (1981). «Nouvelles alliances et reliance: deux enjeux stratégiques de la recherche-action», *Revue de l'Institut de sociologie*, nº 3, p. 573-589.

BOUCHARD, C., GAUTHIER, M.C., MASSÉ, R. et TOURIGNY, M. (1994). «Les mauvais traitements envers les enfants», dans F. Dumont, S. Langlois et Y. Martin (sous la dir. de), *Traité des problèmes sociaux*, Québec, Institut québécois de recherche sur la culture, p. 363-380.

BOUCHARD, P. (1986). «La recherche-action féministe: enjeux et défis», dans H. Dagenais (sous la dir. de), *Approches et méthodes de la recherche féministe*, Sainte-Foy, Presses de l'Université Laval, p. 233-239.

BOUCHARD, S. et BOYER, R. (1998). «L'épidémiologie», dans S. Bouchard et C. Cyr (sous la dir. de), *Recherche psychosociale: pour harmoniser recherche et pratique*, Québec, Les Presses de l'Université du Québec.

BOURDIEU, P., CHAMBOREDON, J.C. et PAS-SERON, J.C. (1968). *Le métier de sociologue*, Paris, Mouton, 430 p.

BOUTIN, G. (1997). *L'entretien de recherche qualitatif*, Sainte-Foy, Les Presses de l'Université du Québec, 169 p.

BOUVETTE, A. (1984). «Hold-up à Mirabel: un anthropologue (s')est compromis», *Anthropologie et Sociétés*, n° 8, p. 29-43.

BOYER, A. et GUÉDON, M.C. (1989). «Chômage créateur: exploration à poursuivre», *Nouvelles pratiques sociales*, vol. 2, n° 2, p. 49-59.

BRIMO, A. (1972). *Les méthodes des sciences sociales*, Paris, Montchrestien.

BRODEUR, C. et ROUSSEAU, R. (1984). *L'intervention de réseaux, une pratique nouvelle*, Montréal, France-Amérique, 222 p.

BROWN, L. (1985). «People-centered development and participatory research», *Harvard Educational Review*, vol. 55, n° 2, p. 69-75.

CAILLOT, R. (1972). *L'enquête-participation*, Paris, Éditions Ouvrières.

CAMPBELL, D.T. et STANLEY, J.C. (1966). *Experimental and Quasi-experimental Designs for Research*, Chicago, Rand McNally.

CAOUETTE, C.A. (1991). «La recherche-action en psychologie de l'éducation: des besoins et des défis de taille», *Revue québécoise de psychologie*, vol. 12, n° 1, p. 111-119.

CAPLOW, T. (1970). *L'enquête sociologique*, Paris, Armand Colin, 267 p.

CARRIER, G., DRAPEAU, S. et CARETTE, A.R. (1995). *Maintenir les frères et sœurs ensemble? Le placement des fratries*, Québec, Centre de recherche sur les services communautaires, Université Laval.

CHABOT, C. (1990). «Pascale Sicotte chez les Gorilles», *Québec-Science*, vol. 28, n° 6, p. 18-23.

CHALIFOUX, J.J. (1984). «Les histoires de vie», dans B. Gauthier (sous la dir. de), *Recherche sociale*, Québec, Les Presses de l'Université du Québec.

CHAMBAUD, L., MAYER, R. et RICHARD, G. (1986). «La recherche-action en santé communautaire, en travail social et en éducation: une pratique nouvelle ou un alibi pour professionnels?», *Service social*, vol. 35, n° 1-2, p. 158-187.

CHAMBAUD, L. et RICHARD, L. (1984). «Le projet santé agricole: éléments d'analyse et de réflexion ou les difficultés de l'approche recherche-action dans le réseau de la santé communautaire», Saint-Jean-sur-le-Richelieu, Hôpital du Haut-Richelieu, 49 p.

CHAMBERLAND, C. (1998). «L'approche milieu dans les Centres jeunesse de Montréal: vers une nouvelle culture de l'intervention», *Défi jeunesse*, vol. 4, n° 3, p. 3-15.

CHAMBERLAND, C. et BEAUDRY, J. (1990). «Paradigme écologique et étude des mauvais traitements», dans R. Tessier (sous la dir. de), *Un paradigme écologique*, Montréal, HMH, p. 122-142.

CHAMBERLAND, C. et BOUCHARD, C. (1990). «Communautés à risques faibles et élevés de mauvais traitements: point de vue d'informateurs-clés», *Service social*, vol. 39, n° 2, p. 76-101.

CHAMBERLAND, C., CARON, R., THÉORÊT, M. et ROY, D. (1995). *Les scientifines en action. Conception, implantation et évaluation*, rapport de recherche, Montréal, École de service social, Université de Montréal, 83 p.

CHAMBOREDON, J.C. (1971). «La délinquance juvénile: essai de construction d'objet», *Revue française de sociologie*, vol. 12, p. 335-377.

CHAPDELAINE, A. et GOSSELIN, P. (1984). *Pour rendre la santé communautaire*, Montréal, Boréal.

CHAPOULIE, J.M. (1998). «La place de l'observation directe et du travail de terrain dans la recherche en sciences sociales», dans J. Poupart, L.H. Groulx, R. Mayer, J.P. Deslauriers, A. Laperrière et A.P. Pires (sous la dir. de), *La recherche qualitative: diversité des champs et des pratiques au Québec*, Boucherville, Gaëtan Morin Éditeur, p. 155-172.

CHARLOT, M. (1983). «La recherche fondamentale loin du terrain», *Pour*, n° 90, p. 47-49.

CHAUCHAT, H. (1985). *L'enquête en psychosociologie*, Paris, PUF, 253 p.

CHEVRIER, J. (1984). «La spécification de la problématique», dans B. Gauthier (sous la dir. de), *Recherche sociale: de la problématique à la collecte des données*, Québec, Les Presses de l'Université du Québec, p. 49-77.

CHEVRIER, J. (1997). «La spécification de la problématique», dans B. Gauthier (sous la dir. de), *Recherche sociale: de la problématique à la collecte des données*, Québec, Les Presses de l'Université du Québec, p. 51-81.

CHOMBART DE LAUWE, P.H. (1969). *Avec une sociologie des aspirations*, Paris, Denoël, 316 p.

CLÉMENT, M. (1992). *Situation à risque de violence pour les personnes âgées: protocole d'évaluation*, Québec, Université Laval, Centre de recherche sur les services communautaires, 27 p.

CLÉMENT, M., OUELLET, F., COULOMBE, L., CÔTÉ, C. et BÉLANGER, L. (1995). «Le partenariat de recherche: éléments de définition et ancrage dans quelques études de cas», *Service social*, vol. 44, n° 2, p. 147-164.

COENEN-HUTHER, J. (1995). *Observation participante et théorie sociologique*, Paris, L'Harmattan.

COLIN, M., LAVOIE, P., DELISLE, M., MONTREUIL, C. et PAYETTE, G. (1992). *Initiation aux méthodes quantitatives en sciences humaines*, Boucherville, Gaëtan Morin Éditeur.

COLLECTIF (1993). *Guide pour un portrait de quartier. Vivre à Montréal en santé*, Montréal, 85 p.

COLLECTIF PAR ET POUR ELLE (1987). *Oser: quand les femmes passent à l'action*, Cowansville, Collectif d'écriture du centre Femmes des Cantons. Avec la collaboration de H. Lamoureux.

COMEAU, Y. (1989). «Le réseau de la conscientisation au Québec», *Possibles*, vol. 13, n° 4, p. 131-140.

COMMISSION D'ENQUÊTE SUR LES SERVICES DE SANTÉ ET LE BIEN-ÊTRE SOCIAL (CESBES) (1972). *Les services sociaux*, vol. 6, t. I, p. 377-396.

CONSEIL DES AFFAIRES SOCIALES ET DE LA FAMILLE (1989). *Deux Québec dans un: rapport sur le développement social et démographique*, Boucherville, Gouvernement du Québec et Gaëtan Morin Éditeur.

CONSEIL DES AFFAIRES SOCIALES ET DE LA FAMILLE (1990). *Agir ensemble*, Boucherville, Gouvernement du Québec et Gaëtan Morin Éditeur.

CONSEIL DES AFFAIRES SOCIALES ET DE LA FAMILLE (1992). *Un Québec solidaire*, Boucherville, Gouvernement du Québec et Gaëtan Morin Éditeur.

CONSEIL DES UNIVERSITÉS DU QUÉBEC (1979). *Problématique de la formation en vue du travail social*, document de travail, Québec, Conseil des universités du Québec, 27 p.

CONTANDRIOPOULOS, A.P., CAMPAGNE, F., POTVIN, L., DENIS, J.L. et BOYLE, P. (1990). *Savoir préparer une recherche*, Montréal, Les Presses de l'Université de Montréal, 197 p.

COOK, T.D. et CAMPBELL, D.T. (1979). *Quasi-Experimentation: Design and Analysis Issues for Field Settings*, Chicago, Rand McNally.

CORIN, E., BIBEAU, G., MARTIN, J.C. et LAPLANTE, R. (1990). *Comprendre pour soigner autrement*, Montréal, Les Presses de l'Université de Montréal, 158 p.

CORIN, E., KOVESS, V., MERCIER, C., MURPHY, H., RENAUD, C. et DULAC, G. (1987). *Les dimensions sociales et psychiques de la santé: outils méthodologiques et perspectives d'analyse*, Commission d'enquête sur les services de santé et les services sociaux, Synthèse critique n° 10, Québec, Les Publications du Québec, 150 p.

CÔTÉ, C. et HARNOIS, Y. (1968). *L'animation sociale au Québec: sources, apports et limites*, Montréal, Éditions Saint-Martin, 419 p.

CÔTÉ, G. et COUILLARD, M.A. (1995). «Itinéraires individuels pour un projet collectif: s'engager dans des groupes de femmes de la région de Québec», *Recherches féministes*, vol. 8, n° 2, p. 107-125.

CÔTÉ, M. (1989). «Fuite et stratégies de survie des jeunes de la rue à Montréal», *Santé mentale au Québec*, vol. 14, n° 2, p. 150-158.

CÔTÉ-THIBAULT, D. (1991). «Développement d'un protocole de recherche-action pour le praticien en éducation», thèse de doctorat, Montréal, Faculté des sciences de l'éducation, Université de Montréal, 303 p.

CÔTÉ-THIBAULT, D. (1992). «Recherche-action et praticiens», *Publications de l'Association de recherche qualitative*, vol. 7, p. 93-120.

COTTRAUX, P., BOUVARD, M. et LÉGERON, P. (1985). *Méthodes et échelles d'évaluation des comportements*, Issy-les-Moulineaux, Éditions EAP, 286 p.

COUILLARD, R. et MAYER, R. (1980). «La pratique d'organisation communautaire à la maison de quartier de Pointe St-Charles», *Revue internationale d'action communautaire*, vol. 4, n° 44, p. 110-120.

COULOMBE, R., BOISVERT, D. et PARENT, G. (1996). «Les besoins de formation des éducateurs et infirmières utilisant le plan de services individualisé», *Santé mentale au Québec*, vol. 21, n° 2, p. 181-199.

CRAFT, J.L. (1990). *Statistics and Data Analysis for Social Workers*, Itasca (Ill.), F.E. Peacock, 194 p.

CRESSEY, D.R. (1953). *Other People's Money: A Study in the Social Psychology of Embezzlement*, Glencoe (Ill.), Free Press.

CROZIER, M. et FRIEDBERG, E. (1977). *L'acteur et le système: les contraintes de l'action collective*, Paris, Seuil.

DAGENAIS, H. (1987). «Méthodologie féministe et anthropologie: une alliance possible», *Anthropologie et Sociétés*, vol. 11, n° 1, p. 19-44.

DAGENAIS, H. (sous la dir. de) (1996). *Science, conscience et action: 25 ans de recherche féministe au Québec*, Montréal, Les Éditions du remue-ménage.

DAHER, P. (1980). «Les pratiques de réseaux: une recherche-action», *Intervention*, n° 58, p. 13-24.

DALY, M. (1973). *Beyond God the Father*, Boston, Beacon Press.

DAUNAIS, J.P. (1992).«L'entretien non directif», dans B. Gauthier (sous la dir. de), *Recherche sociale*, Québec, Les Presses de l'Université du Québec, p. 273-293.

DAVELUY, C. et autres (1989). *La face cachée (les besoins prioritaires en matière de santé et de bien-être des groupes à risques de N.D.G.-Montréal-Ouest: perceptions de la communauté)*, CLSC Notre-Dame-de-Grâce/Montréal-Ouest, Montréal.

DAWSON, B.G., KLASS, M.D., GUY, R.F. et EDGLEY, C.K. (1991). *Understanding Social Work Research*, Toronto, Allyn and Bacon.

DAYHAW, L.T. (1979). *Manuel de statistique*, Ottawa, Éditions de l'Université d'Ottawa.

DEBATY, P. (1967). *La mesure des attitudes*, Paris, PUF, Collection «SUP», n° 25, 202 p.

DE BRUYNE, P. et autres (1974). *Dynamique de la recherche en sciences sociales*, Paris, PUF, 240 p.

DE KONINCK, M., SAVARD, S., PÂQUET-DEEHY, A., DENNIE, M. et TURGEON, J. (1994). «Intervention féministe: parcours et perspectives», *Nouvelles pratiques sociales*, vol. 7, n° 2, p. 155-169.

DE LANDSHEERE, G. (1979). *Dictionnaire de l'évaluation et de la recherche en éducation*, Paris, PUF.

DELCHAMBRE, J.P. (1991). «La construction sociale du décrochage scolaire», *Recherches sociologiques*, vol. 22, n° 1-2, p. 65-88.

DELCOURT, J. (1991). «Les problèmes sociaux d'une société à risque», *Recherches sociologiques*, vol. 22, n° 1-2, p. 1-20.

DEMERS, L. et BÉGIN, C. (1990). «Pouvoirs et contre-pouvoirs dans le secteur de la santé: deux cas de fusion», *Recherches sociographiques*, vol. 31, n° 3, p. 381-404.

DE NEUFVILLE, J.I. (1986). «Entre le savoir et le faire: vers un trait d'union», *Revue internationale d'action communautaire*, vol. 15, n° 55, p. 41-53.

DENZIN, N.K. et LINCOLN, Y.S. (1994). *Handbook of Qualitative Research*, Thousand Oaks (Calif.), Sage, 683 p.

DE ROBERTIS, C. (1981). *Méthodologie de l'intervention en travail social*, Paris, Le Centurion, 316 p.

DE ROBERTIS, C. (1987). *Méthodologie de l'intervention en travail social*, 3e éd., Paris, Le Centurion, 316 p.

DE ROBERTIS, C. et PASCAL, H. (1987). *L'intervention sociale collective en travail social*, Paris, Le Centurion, 304 p.

DESABIE, J. (1966). *Théorie et pratique des sondages*, Paris, Dunod.

DESAULNIERS, J.P. (1978). «Le topless du quartier», *Possibles*, vol. 2, n° 4, p. 147-151.

DESCARRIES-BÉLANGER, F. (1985). «Bilan et enjeux des études féministes au Québec», *Bilan et perspectives de recherches féministes*, ICREF, Perspectives féministes, n° 3, p. 1-16.

DE SÈVE, M. (1989). *Premiers éléments d'analyse des données*, Québec, Laboratoire de recherches sociologiques, Université Laval, coll. «Outils pédagogiques».

DESLANDES, R. (1996). «Collaboration entre l'école et les familles: influence du style parental et de la participation parentale sur la réussite scolaire au secondaire», thèse de doctorat, Université Laval.

DESLAURIERS, J.P. (1982). «Guide de recherche qualitative», *Bulletin de recherche*, n° 62, Sherbrooke, Département de géographie, Université de Sherbrooke, 27 p.

DESLAURIERS, J.P. (1984). «L'enquête conscientisante», texte polycopié, 15 p.

DESLAURIERS, J.P. (1991). *Recherche qualitative: guide pratique*, Montréal, McGraw-Hill, 142 p.

DESLAURIERS, J.P. (1992). «Nouveaux programmes de subvention du Conseil québécois de la recherche sociale: commentaires», *Nouvelles pratiques sociales*, vol. 5, n° 2, p. 157-162.

DESLAURIERS, J.P. (1996). *L'expérience des cuisines collectives au CLSC de Hull*, Hull, Département de travail social, Université du Québec à Hull, 118 p. Avec la participation de Carole Brisebois.

DESLAURIERS, J.P. (1997). «L'induction analytique», dans J. Poupart, J.P. Deslauriers, L.H. Groulx, A. Laperrière, R. Mayer et A.P. Pires (sous la dir. de), *La recherche qualitative: enjeux épistémologiques et méthodologiques*, Boucherville, Gaëtan Morin Éditeur, p. 293-308.

DESLAURIERS, J.P. et HURTUBISE, Y. (1997). «La connaissance pratique: un enjeu», *Nouvelles pratiques sociales*, vol. 10, n° 2, p. 145-158.

DESLAURIERS, J.P. et KÉRISIT, M. (1994). «Les limites du connaître», dans J. Chevrier (sous la dir. de), *La recherche en éducation comme source de changement*, Montréal, Les Éditions logiques, p. 65-85.

DESLAURIERS, J.P. et KÉRISIT, M. (1997). «Le devis de recherche qualitative», dans J. Poupart, J.P. Deslauriers, L.H. Groulx, A. Laperrière, R. Mayer et A.P. Pires (sous la dir. de), *La recherche qualitative: enjeux épistémologiques et méthodologiques*, Boucherville, Gaëtan Morin Éditeur, p. 85-111.

DESLAURIERS, J.P. et PILON, J.M. (1994). «Présentation du dossier: la recherche sociale et le renouvellement des pratiques», *Nouvelles pratiques sociales*, vol. 7, n° 2, p. 29-34.

DESROCHES, H. (1984). «Soliloque sur un colloque», dans A. Morin (sous la dir. de), *L'écriture collective: un mode de recherche-action*, Chicoutimi, Gaëtan Morin Éditeur, p. 159-168.

DIONNE, H. (1987). «L'action de recherche et la recherche-action», dans J.P. Deslauriers, G. Gagnon et autres (sous la dir. de), *Entre le savoir et l'action: choix éthiques et méthodologiques*, Chicoutimi, Université du Québec à Chicoutimi, p. 27-46.

DOISE, W. et LORENZI-CIOLDI, F. (1989). «Sociologues et psychologie sociale», *Revue européenne des sciences sociales*, vol. 27, n° 38, p. 150-195.

DOMINICE, P. (1981). «L'ambiguïté des universitaires face à la recherche-action», *Revue d'action communautaire*, vol. 5, n° 45, p. 51-58.

DORAIS, M. (1993a). «Diversité et créativité en recherche qualitative», *Service social*, vol. 42, n° 2, p. 7-27.

DORAIS, M. (1993b). «Une expérience de recherche qualitative: la méthodologie de tous les hommes le font», *Revue sexologique*, vol. 1, n° 1, p. 125-141.

DORVIL, H. (1988). *De L'Annonciation à Montréal: histoire de la folie dans la communauté (1962-1987)*, Montréal, Émile-Nelligan, 280 p.

DORVIL, H. (1993). «Approche clinique et sociologie de la santé mentale», dans E. Enriques, G. Houle, J. Rhéaume et R. Sévigny (sous la dir. de), *L'analyse clinique dans les sciences humaines*, Montréal, Éditions Saint-Martin.

DOUCET, L. et FAVREAU, L. (1991). *Théorie et pratiques en organisation communautaire*, Sainte-Foy, Les Presses de l'Université du Québec, 460 p.

DOUGLAS, J.D. (1976). *Investigative Social Research: Individual and Team Field Research*, Beverly Hills (Calif.), Sage.

DRAPEAU, S., SAMSON, V., SAINT-JACQUES, M.C. (1999). «The coping process among children of separated parents», *Journal of Divorce and Remarriage*, vol. 31, n° 1-2, p. 15-37.

DROLET, M. (1987). «Intégration de la définition féministe du concept d'autonomie chez les adolescentes usagères du Centre des femmes de la Mauricie», Québec, mémoire de maîtrise déposé à l'École des diplômés de l'Université Laval.

DROLET, M. (1988). *La démarche d'analyse des clientèles à risque du CLSC Les Forges*, Trois-Rivières, CLSC Les Forges, 154 p.

DUBET, F. et WIERVIORKA, M. (1981). «L'intervention sociologique», *Revue internationale d'action communautaire*, vol. 5, nº 45, p. 115-122.

DUCHASTEL, J. (1979). «Chômage, politique sociale et crise», Montréal, *Cahiers du socialisme*, vol. 3, p. 71-119.

DUCHASTEL, J. et VAILLANCOURT, Y. (1979). «Gestion de la crise, politique sociale et stragégies en gestation», *La crise et les travailleurs*, Montréal, Les Presses de l'Université du Québec.

DUMONT, F. (1994). «Approches des problèmes sociaux», dans F. Dumont, S. Langlois et Y. Martin (sous la dir. de), *Traité des problèmes sociaux*, Québec, Institut québécois de recherche sur la culture, p. 1-21.

DUMONT, F., LANGLOIS, S. et MARTIN, Y. (sous la dir. de) (1994). *Traité des problèmes sociaux*, Québec, Institut québécois de recherche sur la culture.

DUPUIS, J.P. (1985). *Le ROCC de Rimouski: la recherche de nouvelles solidarités*, Chicoutimi, Université du Québec à Chicoutimi.

DU RANQUET, M. (1975). «La recherche en service social», *Nouvelles perspectives en «casework»*, Paris, Privat, p. 73-83.

EASTON, P. (1984). *L'éducation des adultes en Afrique noire: manuel d'auto-évaluation assistée*, t. I: *Théorie*, Paris, Kanthala, ACCT.

EICHLER, M. (1986). «Les six péchés capitaux sexistes», dans H. Dagenais (sous la dir. de), *Approches et méthodes de la recherche féministe*, Actes du colloque organisé par le Groupe de recherche multidisciplinaire féministe, Université Laval, p. 17-31.

ELY, M., ANZUL, M., FRIEDMAN, T., GARNER, D. et McCORMACK-STEINMETZ, A. (1994). *Doing Qualitative Research: Circles Within Circles*, Bristol, Falmer.

EMERSON, R.M. (1983). *Contemporary Fieldwork*, Boston, Little & Brown.

FAHMI, K. (1987). *La prostitution des mineurs: contruction d'un problème social*, Montréal, Bureau Consultation-Jeunesse (BCJ).

FAVREAU, L. et FRÉCHETTE, L. (1995). «Pauvreté urbaine et exclusion sociale: les nouvelles figures du travail social auprès des personnes et des communautés locales en difficulté», *Service social*, vol. 44, nº 3, p. 71-93.

FÉDÉRATION DES CENTRES LOCAUX DE SERVICES COMMUNAUTAIRES DU QUÉBEC (FCLSCQ) (1994). *Pratiques d'action communautaire en CLSC*, Québec, 90 p.

FETTERMAN, D.M., KAFTARIAN, S.J. et WANDERSMAN, A. (sous la dir. de) (1996). *Empowerment Evaluation: Knowledge and Tools for Self-Assessment and Accountability*, Thousand Oaks (Calif.), Sage.

FISCHER, J. et CORCORAN, K. (1994). *Measures for Clinical Practice: A Sourcebook* (2 vol.), 2ᵉ éd., New York, Free Press.

FONTAN, J.M. et LAFLAMME, S. (1990). «La méthode sociologique», dans J. Lafontant et autres (sous la dir. de), *Initiation thématique à la sociologie*, Saint-Boniface, Éditions des Plaines, p. 443-447.

FORTIN, A. (1982). «Au sujet de la méthode», dans J.P. Dupuis et autres (sous la dir. de), *Les pratiques émancipatoires en milieu populaire*, Québec, Institut québécois de recherche sur la culture, p. 79-222.

FORTIN, A. (1985). *Le Rézo: essai sur les coopératives d'alimentation saine au Québec*, Québec, Institut québécois de recherche sur la culture, 272 p.

FORTIN, A. (1987a). «Au sujet du savoir», dans J.P. Deslauriers et C. Gagnon (sous la dir. de), *Entre le savoir et l'action: choix éthiques et méthodologiques*, Chicoutimi, GRIR, Université du Québec à Chicoutimi, p. 47-75.

FORTIN, A. (1987b). «L'observation participante: au cœur de l'altérité», dans J.P. Deslauriers (sous la dir. de), *Les méthodes de la recherche qualitative*, Québec, Les Presses de l'Université du Québec, p. 23-33.

FORTIN, M.F., TAGGART, E., KÉROUAC, S. et NORMAND, S. (1988). *Introduction à la recherche*, Montréal, Décarie.

FOULQUIÉ, P. (1978). *Vocabulaire des sciences sociales*, Paris, PUF.

FRAZIER, C. (1978). «The use of life-histories in testing theories of criminal behavior: Toward reviving a method», *Qualitative Sociology*, vol. 1, nº 1, p. 122-142.

FRECHET, G. (1990). «La jeune recherche en sciences sociales», dans F. Dumont (sous la dir. de), *La société québécoise après 30 ans de changements*, Québec, Institut québécois de recherche sur la culture, p. 335-340.

FREIRE, P. (1974). *Pédagogie des opprimés*, Paris, Maspéro.

GAGNON, G. (1987). «L'intervention: place à l'acteur», dans J.P. Deslauriers et autres (sous la dir. de), *Les méthodes de la recherche qualitative*, Québec, Les Presses de l'Université du Québec, p. 121-133.

GAGNON, J. (1984). «Le bar de danseuses nues», *La pornographie et le monde urbain*, Montréal, GRAAV, p. 53-71.

GAGNON, N. et LANGLOIS, D. (1973). *Les techniques de l'échantillonnage*, Québec, Département de sociologie, Université Laval.

GARVIN, C. (1997). *Contemporary Group Work*, 3ᵉ éd., Needham Heights (Mass.), Allyn and Bacon.

GAUDREAU, L. (1994). «Violence en héritage? Une session sur la violence conjugale au carrefour du féminisme, de la conscientisation et de la pastorale», *Les Cahiers de la conscientisation*, nᵒ 6, Montréal, Collectif québécois d'édition populaire.

GAUTHIER, B. (sous la dir. de) (1984). *Recherche sociale: de la problématique à la collecte des données*, Québec, Les Presses de l'Université du Québec.

GAUTHIER, B. (sous la dir. de) (1997). «Introduction», *Recherche sociale: de la problématique à la collecte des données*, 3ᵉ éd., Québec, Les Presses de l'Université du Québec, p. 1-18.

GAUTHIER, F. (1987). *La recherche sociale effectuée en lien avec les milieux de pratique et d'intervention: conditions favorables à sa réalisation: quatre études de cas*, Québec, Conseil québécois de la recherche sociale.

GAUTHIER, F. et BARIBEAU, C. (1984). «Traitement de la qualité d'un plan de recherche-action», dans C. Paquette et autres (sous la dir. de), *Des pratiques évaluatives*, Victoriaville, NHP, p. 286-322.

GÉLINAS, A. et PILON, J.M. (1994). «Le transfert des connaissances en recherche sociale et la transformation des pratiques sociales», *Nouvelles pratiques sociales*, vol. 7, nᵒ 2, p. 75-92.

GENDRON, J.L. (1989). «CLSC 1979-1989: définition d'objectifs et structure de pouvoir», *Intervention*, nᵒ 83, p. 40-50.

GENDRON, J.L. et PIAT, M. (1991). «La recherche américaine sur l'intolérance des collectivités à l'endroit des ressources intermédiaires», *Service social*, vol. 40, nᵒ 3, p. 147-157.

GEOFFRION, P. (1993). «Le groupe de discussion», dans B. Gauthier (sous la dir. de), *Recherche sociale*, 2ᵉ éd., Québec, Les Presses de l'Université du Québec, p. 311-336.

GHIGLIONE, R. et MATALON, B. (1978). «L'analyse de contenu», *Les enquêtes sociologiques: théorie et pratiques*, Paris, Armand Colin, p. 155-190.

GILLES, A. (1994). *Éléments de méthodologie et d'analyse statistique pour les sciences sociales*, Montréal, McGraw-Hill, 571 p.

GINGRAS, P. (1991). *Le traitement en première ligne des demandes individuelles d'aide en CLSC (selon une approche communautaire)*, Québec, FCLSCQ/Gouvernement du Québec, 69 p.

GIRARDI, G. (1994). *La militance et ses défis aujourd'hui*, Les Cahiers de la conscientisation, nᵒ 10, Montréal, Collectif québécois d'édition populaire.

GLASER, B.G. (1992). *Basics of Grounded Theory Analysis*, Mill Valley (Calif.), Sociology Press.

GLASER, B.G. et STRAUSS, A. (1967). *The Discovery of Grounded Theory: Strategies for Qualitative Research*, Chicago, Aldine, 271 p.

GODBOUT, J. (1983). *La participation contre la démocratie*, Montréal, Éditions Saint-Martin.

GODBOUT, J. (1987). *La démocratie des usagers*, Montréal, Boréal.

GOFFMAN, E. (1961). *Asiles: études sur la condition sociale des malades mentaux (1968)*, Paris, Minuit.

GOTTMAN, J. et LEIBLUM, S. (1974). *How to Do Psychotherapy and How to Evaluate It*, New York, Holt, Rinehart and Winston.

GOUVERNEMENT DU QUÉBEC (1988). *Rapport de la Commission d'enquête sur les services de santé et les services sociaux*, Québec, Les Publications du Québec.

GOUVERNEMENT DU QUÉBEC (1989). *Plans régionaux de services en santé mentale: vision d'ensemble et canevas de planification*, Québec, ministère de la Santé et des Services sociaux, 29 p.

GOYETTE, G. et LESSARD-HÉBERT, M. (1987). *La recherche-action: ses fonctions, ses fondements et son instrumentation*, Québec, Les Presses de l'Université du Québec, 204 p.

GOYETTE, G., VILLENEUVE, J. et NÉZET-SÉGUIN, C. (1984). *Recherche-action et perfectionnement des enseignants: bilan d'une expérience*, Québec, Les Presses de l'Université du Québec, 237 p.

GRAND'MAISON, J. (1969). *Vers un nouveau savoir*, Montréal, HMH, 257 p.

GRAVEL, R.J. (1978). *Guide méthodologique de la recherche*, Montréal, Les Presses de l'Université du Québec.

GRAWITZ, M. (1996). *Méthodes des sciences sociales*, Paris, Dalloz, 920 p.

GREEN, W.L., O'NEILL, M. et ROOTMAN, I. (1994). *Study of Participation Research in Health Promotion: Review and Recommendation for the Development of Participatory Research in Health Protection in Canada*, Ottawa, The Royal Society of Canada.

GRELL, P. (1984a). «Espace et séquences de vie: à propos d'une recherche en cours sur le chômage», dans D. Bellemare et C. Saint-Pierre (sous la dir. de), *Les stratégies de reprises*, Montréal, Éditions Saint-Martin, p. 139-151.

GRELL, P. (1984b). «Problématique de la recherche-action», *Revue de l'Institut de sociologie*, no 3, p. 605-614.

GRELL, P. (1985). «Apports des récits de vie dans une recherche sur les modes de débrouillardise des jeunes chômeurs», *Actes du Colloque de l'ACSALF, Le contrôle social en pièces détachées*, Cahiers de l'ACFAS, no 30, p. 159-178.

GRELL, P. (1986a). «Chômer et vivre: une recherche fondée sur 89 récits de jeunes chômeurs de Montréal», *Life Stories — Récits de vie*, no 2.

GRELL, P. (1986b). «Jeunes chômeurs et intervention de l'État», *Actes du Colloque de l'ACSALF, La morphologie sociale en mutation au Québec*, Montréal, Cahiers de l'ACFAS.

GRENIER, L., HOULE, G. et RENAUD, J. (1982). «Sociologie et méthodologie: les pratiques québécoises», *Sociologie et Sociétés*, vol. 14, no 1, p. 133-132.

GRINNELL, R.M., Jr. (1985). *Social Work Research and Evaluation*, Itasca (Ill.), F.E. Peacock.

GRINNELL, R.M., Jr. (1997). *Social Work Research and Evaluation: Quantitative and Qualitative Approaches*, 5e éd., Itasca (Ill.), F.E. Peacock.

GROULX, L. (1975). «L'action communautaire comme diversité et ambiguïté», *Revue canadienne de science politique*, vol. 8, no 4, p. 207-220.

GROULX, L. (1984). «Recherche et formation en service social au Québec: tendances et interprétation», *Service social dans le monde*, no 3, p. 32-39.

GROULX, L. (1985). «Analyse des mouvements sociaux et urbains: question de méthode», *Service social*, vol. 36, no 2-3, p. 300-308.

GROULX, L. (1987). «Conflits d'interprétation et services sociaux», dans R. Mayer et L. Groulx, *Synthèse critique de la littérature sur l'évolution des services sociaux au Québec depuis 1960*, Commission d'enquête sur les services de santé et les services sociaux, Synthèse critique no 42, Québec, Les Publications du Québec, p. 110-131.

GROULX, L.H. (1994). «Liens recherche et pratique: les thèses en présence», *Nouvelles pratiques sociales*, vol. 7, no 2, p. 35-50.

GROULX, L.H. (1998). «Sens et usage de la recherche qualitative en travail social», dans J. Poupart, L.H. Groulx, R. Mayer, J.P. Deslauriers, A. Laperrière et A.P. Pires (sous la dir. de), *La recherche qualitative: diversité des champs et des pratiques au Québec*, Boucherville, Gaëtan Morin Éditeur, p. 1-50.

GUAY, J. (1984). *L'intervenant professionnel face à l'aide naturelle*, Chicoutimi, Gaëtan Morin Éditeur.

GUBA, E.G. et LINCOLN, Y.S. (1989). *Fourth Generation Evaluation*, Newbury Park (Calif.), Sage.

GUBERMAN, N., LEBLANC, J., DAVID, F. et BELLEAU, J. (1993). *Un mal invisible: l'isolement social des femmes*, Montréal, Les Éditions du remue-ménage, 200 p.

GUBERMAN, N., MAHEU, P. et MAILLÉ, C. (1991). *Et si l'amour ne suffisait pas*, Montréal, Les Éditions du remue-ménage.

HAMEL, P. et LÉONARD, J.F. (1981). *Les organisations populaires, l'État et la démocratie*, Montréal, Nouvelle optique, 208 p.

HAMMERSLEY, M. (1989). *The Dilemma of Qualitative Methods: Herbert Blumer and the Chicago Tradition*, New York, Routledge.

HAUTECŒUR, J.P. (1991). *La recherche-action en alphabétisation*, Ottawa, Secrétariat national à l'alphabétisation, 28 p.

HENDERSON, P. et THOMAS, D.C. (1992). *Savoir faire en développement social local*, traduit et adapté par le Groupe européen de travail sur le développement social local, Paris, Bayard Éditions, 236 p. (Traduction de *Skills in Neighbourhood Work*, 1987).

HESS, R. (1981). *La sociologie d'intervention*, Paris, PUF, 208 p.

HESS, R. (1983). «Histoire et typologie de la recherche-action», *Pour*, n° 90, p. 9-16.

HOULE, G. (1972). «L'animation sociale en milieu urbain: une idéologie pédagogique», *Recherches sociographiques*, vol. 13, n° 2, p. 231-252.

HUBERT, M. (1991). «L'approche constructiviste appliquée à la sociologie des problèmes sociaux: élément d'un débat», *Recherches sociologiques*, vol. 22, n° 1-2, p. 21-32.

HUDSON, W.W. (1982). *The Clinical Measure Package: A Field Manual*, Chicago, Dorsey.

HUDSON, W.W. (1997). «Index and scale construction: Client problem assessment», dans R.J. Grinnell, Jr. (sous la dir. de), *Social Work Research and Evaluation*, 4e éd., Itasca (Ill.), F.E. Peacock.

HUMBERT, C. (1987). «L'enquête conscientisante», *Les méthodes de la recherche qualitative*, Québec, Les Presses de l'Université du Québec, p. 91-107.

HUMBERT, C. (1994). «La pensée et le cheminement de Paulo Freire», *Les Cahiers de la conscientisation*, n° 2, Montréal, Collectif québécois d'édition populaire.

HUMBERT, C. et MERLO, J. (1978). *L'enquête conscientisante: problèmes et méthodes*, INODEP, Paris, L'Harmattan, 86 p.

HURTUBISE, Y. (1991). «L'action conscientisante», dans L. Doucet et L. Favreau (sous la dir. de), *Théorie et pratiques en organisation communautaire*, Québec, Les Presses de l'Université du Québec, Québec, p. 147-159.

HURTUBISE, Y. et RACINE, S. (1994). *Une expérience d'utilisation de l'informatique en recherche qualitative*, Québec, Laboratoire de recherche, École de service social, Université Laval, 18 p.

INSTITUT NATIONAL DE LA SANTÉ ET DE LA RECHERCHE MÉDICALE (INSERM) (1985). *La recherche-action en santé*, Paris, La Documentation française.

ISAAC, S. et MICHAEL, W.B. (1971). *Handbook in Research and Evaluation*, San Diego, Robert R. Knapp.

IVANOVIC, J. et SOMMER, M. (1981). «Recherche-action et changement social: une expérience de collaboration entre des chercheurs et des militants retraités», *Revue internationale d'action communautaire*, vol. 5, n° 45, p. 131-140.

JACCOUD, M. et MAYER, R. (1997). «L'observation en situation et la recherche qualitative», dans J. Poupart, J.P. Deslauriers, L.H. Groulx, A. Laperrière et A.P. Pires (sous la dir. de), *La recherche qualitative: enjeux épistémologiques et méthodologiques*, Boucherville, Gaëtan Morin Éditeur, p. 211-249.

JACOB, A. et BERTOT, J. (1989). *Les Salvadoriens à Montréal: leur adaptation*, Montréal, Rose Blanche, 175 p.

JAVEAU, C. (1990). *L'enquête par questionnaire*, Bruxelles, Éditions d'Organisation, 158 p.

JOHNSON, D.E., MEILLER, L.R., MILLER, L.C. et SUMMERS, G.F. (1987). *Needs Assessment: Theory and Methods*, Ames, Iowa State University Press, 328 p.

JORGENSEN, D.L. (1989). *Participant Observation: A Methodology for Human Studies*, Newbury Park (Calif.), Sage.

JOSHI, P. (1979). «L'entrevue», dans G. Bégin et P. Joshi (sous la dir. de), *Psychologie sociale*, Québec, Université Laval, p. 39-58.

JOUTHE, E. et DESMARAIS, D. (1993). «Un projet intercompréhensif de théorisation des pratiques sociales», *Nouvelles pratiques sociales*, vol. 6, n° 1, p. 131-141.

JUTEAU-LEE, D. (1983). «La recherche relative aux femmes au Canada: un état de la question et point de vue sociologique», dans E.J. Lacelle (sous la dir. de), *La femme, son corps, la religion*, Montréal, Bellarmin, p. 199-218.

KATZ, J. (1983). «A theory of qualitative methodology: The social system of analytic fieldwork», dans R.M. Emerson (sous la dir. de), *Contemporary Field Research*, Boston, Little and Brown, p. 127-147.

KELLY, M. (1984). «L'analyse de contenu», dans B. Gauthier (sous la dir. de), *La recherche sociale*, Québec, Les Presses de l'Université du Québec, p. 295-315.

KIDDER, L.H. (1981). «Qualitative research and quasi-experimental frameworks», dans M.B. Brewer et B.E. Collins (sous la dir. de), *Scientific Inquiry and the Social Sciences*, San Francisco, Jossey-Bass, p. 227-253.

KOHN, R. et NÈGRE, P. (1991). *Les voies de l'observation*, Paris, Nathan.

KOPP, J. (1988). «Self-monitoring: A literature review of research and practice», *Social Work Research and Abstracts*, vol. 24, n° 4, p. 8-20.

KORNHAUSER, A. et SHEATSLEY, P.B. (1977). «L'élaboration des questionnaires et les techniques d'interview», dans C. Selltiz et autres (sous la dir. de), *Les méthodes de recherche en sciences sociales*, Montréal, HRW, p. 532-564.

KREJCIE, R.V. et MORGAN, D.W. (1970). «Determining sample size for research activities», *Educational and Psychological Measurement*, vol. 30, p. 607-610.

LACOSTE-DUJARDIN, C. (1977). «La relation d'enquête», *Hérodote*, n° 8, p. 21-44.

LACROIX, B. (1987). «La mémoire orale comme acte culturel», dans G. Lachance (sous la dir. de), *Mémoire d'une époque*, Québec, Institut québécois de recherche sur la culture, p. 15-25.

LACROIX, J.C. (1990). *L'individu, sa famille et son réseau: les thérapies familiales systémiques*, Paris, Les éditions ESF.

LACROIX, L. (1976). «La situation problématique de la recherche dans les centres de services sociaux et ses orientations possibles», *Service social*, vol. 25, n° 2-3, p. 52-79.

LACROIX, L. (1984). «La nouvelle recherche», *Carrefour des affaires sociales*, Québec, ministère des Affaires sociales, vol. 6, n° 2, p. 31-34.

LAFLAMME, M.K. (1994), «Maillon manquant ou maillage déserté», *Nouvelles pratiques sociales*, vol. 7, n° 2, p. 51-60.

LALONDE, L. (1989). «Aspects symboliques de l'identité d'une femme itinérante psychiatrisée», mémoire de maîtrise, Montréal, École de service social, Université de Montréal, 219 p.

LAMBELET, D. (1984). «Notes de lectures», *Connexions*, n° 43, p. 117-121.

LAMBIN, M. (1994). «Les praticiens sociaux et les adolescents vivant une carence relationnelle: interventions cliniques facilitant ou obstruant le traitement, mémoire de maîtrise», Québec, École de service social, Université Laval, 143 p.

LAMOUREUX, A. (1995). *Recherche et méthodologie en sciences humaines*, Paris, Éditions Études vivantes.

LAMOUREUX, H., MAYER, R. et PANET-RAYMOND, J. (1984). «L'intervention communautaire», Montréal, Éditions Saint-Martin, 273 p.

LANDRY, M. (1987). «Tour d'horizon des types de recherche», dans J. Guay (sous la dir. de), *Manuel québécois de psychologie communautaire*, Chicoutimi, Gaëtan Morin Éditeur, p. 49-65.

LANDRY, R. (1985). «Partis politiques québécois, personnes âgées et promesses d'interventions gouvernementales», *Service social*, vol. 34, n° 1, p. 107-129.

LANDRY, R. (1993). «L'analyse de contenu», dans B. Gauthier (sous la dir. de), *Recherche sociale: de la problématique à la collecte des données*, 2ᵉ éd., Québec, Les Presses de l'Université du Québec, p. 337-360.

LANDRY, S. (1993). «Les conditions nécessaires et suffisantes pour parler de recherche-action», *Cahiers réseau de recherches féministes*, Montréal, Université du Québec, n° 1, p. 17-24.

LANGLOIS, S. (1994). «Conclusion et perspectives: fragmentation des problèmes sociaux», *Traité des problèmes sociaux*, Québec, Institut québécois de recherche sur la culture, p. 1107-1128.

LAPASSADE, G. (1989). «Recherche-action externe et recherche-action interne», *Pratiques de formation*, n° 18, p. 17-42.

LAPERRIÈRE, A. (1982). «Pour une construction empirique de la théorie: la nouvelle école de Chicago», *Sociologie et Sociétés*, vol. 14, n° 1, p. 31-41.

LAPERRIÈRE, A. (1984). «L'observation directe», dans B. Gauthier (sous la dir. de), *Recherche sociale*, Québec, Les Presses de l'Université du Québec, p. 227-246.

LAPERRIÈRE, A. (1993). *La construction sociale des relation interethniques et interraciales chez les jeunes de deux quartiers montréalais*, Québec, Institut québécois de recherche sur la culture.

LAPERRIÈRE, A. (1997). «La théorisation ancrée (*grounded theory*): démarche analytique et comparaison avec d'autres approches apparentées», dans J. Poupart, J.P. Deslauriers, L.H. Groulx, A. Laperrière, P. Mayer et A.P. Pires (sous la dir. de), *La recherche qualitative: enjeux épistémologiques et méthodologiques*, Boucherville, Gaëtan Morin Éditeur, p. 309-332.

LAPERRIÈRE, A., COMPÈRE, J., D'KHISSY, M., DOLCE, R., FLEURANT, N. et VENDETTE, M. (1992). «Relations ethniques et tensions identitaires en contexte pluriculturel», *Santé mentale au Québec*, vol. 17, n° 2, p. 133-156.

LARIVIÈRE, C. (1988). «Les discours sur la prise en charge par le milieu», dans J. Beausoleil, M.C. Guédon, C. Larivière et R. Mayer (sous la dir. de J. Alary), *Solidarités: pratiques de recherche-action et de prise en charge par le milieu*, Montréal, Boréal, p. 13-87.

LASCOUMES, P. (1977). *Prévention et contrôle social: les contradictions du travail social*, Paris, Masson.

LASVERGNAS, J. (1984). «La théorie et la compréhension du social», dans B. Gauthier (sous la dir. de), *Recherche sociale*, Québec, Les Presses de l'Université du Québec, p. 114-128.

LAVOIE, F., MARTIN, G. et VALIQUETTE, M. (1988). *Attitude de compétence et niveau d'implication des policiers et des intervenant(e)s psychociaux(ales) face à la femme violentée par son conjoint*, Québec, Université Laval, GREMF, cahier n° 18.

LAVOIE, J. et PANET-RAYMOND, J. (1993). *L'action communautaire: guide de formation sur les étapes de l'intervention communautaire*, Montréal, Centre de formation populaire, 58 p.

LE BOSSÉ, Y., LAVOIE, F. et MARTIN, G. (1991). «Influence du contexte de travail des professsionnels et professionnelles de la santé en regard de leurs attitudes vis-à-vis des femmes violentées en milieu conjugal», *Recherches féministes*, vol. 4, n° 1, p. 119-136.

LE BOTERF, G. (1981a). *L'enquête-participation en question*, Paris, Ligue de l'enseignement et de l'éducation permanente.

LE BOTERF, G. (1981b). «La recherche-action: une nouvelle relation entre les experts et les acteurs sociaux», *Pour*, n° 90, p. 36-46.

LE GALL, D. (1987). «Les récits de vie: approcher le social par la pratique», dans J.P. Deslauriers (sous la dir. de), *Les méthodes de la recherche qualitative*, Québec, Les Presses de l'Université du Québec, p. 35-58.

LE GALL, D. et MARTIN, C. (1983). *Mouvance de la famille: réponses de l'action sociale*, Caen, Centre de recherche sur le travail social, Université de Caen, 340 p.

LE GALL, D. et MARTIN, C. (1986). «Crise et conversion dans le champ du savoir», *Revue internationale d'action communautaire*, vol. 15, n° 55, p. 9-19.

LE POULTIER, F. (1985). «Les travailleurs sociaux et la pratique de la recherche appliquée: analyse critique de cinq modèles de formation», *Connexions*, n° 46, p. 27-44.

LECOMTE, R. (1976). «Les problèmes métathéoriques inhérents à l'analyse de la connaissance de la pratique en service social», *Revue canadienne d'éducation en service social*, vol. 2, n° 1, p. 31-44.

LECOMTE, R. (1982). «Les paradigmes méthodologiques de la recherche évaluative: leurs fondements et leurs répercussions», dans R. Lecomte et L. Rutman (sous la dir. de), *Introduction aux méthodes de recherche évaluative*, Québec, Presses de l'Université Laval, p. 1-21.

LECOMTE, R. et RUTMAN, L. (sous la dir. de) (1982). *Introduction aux méthodes de recherche évaluative*, Québec, Presses de l'Université Laval.

L'ÉCUYER, R. (1987). «L'analyse de contenu: notion et étapes», dans J.P. Deslauriers (sous la dir. de), *Les méthodes de la recherche qualitative*, 2ᵉ éd., Québec, Les Presses de l'Université du Québec, p. 65-84.

L'ÉCUYER, R. (1990). *Méthodologie de l'analyse développementale de contenu*, Québec, Les Presses de l'Université du Québec.

LEFRANÇOIS, R. (1976). «La recherche sociale et l'idéologie», *Service social*, vol. 25, n° 2-3, p. 80-98.

LEFRANÇOIS, R. (1985a). «La recherche sociale comme nécessité», *Revue canadienne de service social*, p. 171-185.

LEFRANÇOIS, R. (1985b). «Les nouvelles approches qualitatives et le travail sociologique», dans J.P. Deslauriers et autres (sous la dir. de), *La recherche qualitative: résurgence et convergences*, Chicoutimi, Université du Québec à Chicoutimi, p. 151-169.

LEFRANÇOIS, R. (1989). « La recherche sociale au lendemain du rapport Rochon », *Nouvelles pratiques sociales*, vol. 2, n° 1, p. 87-97.

LEFRANÇOIS, R. (1990). « Lecture de la recherche sur les problèmes sociaux », *Service social*, vol. 39, n° 2, p. 129-140.

LEFRANÇOIS, R. (1991). *Dictionnaire de la recherche scientifique*, Lennoxville, Les éditions Némésis.

LEFRANÇOIS, R. (1992). *Stratégies de recherche en sciences sociales*, Montréal, Les Presses de l'Université de Montréal, 358 p.

LEFRANÇOIS, R. et SOULET, M.H. (1983). *Le système de la recherche sociale*, Sherbrooke, Département de service social, Université de Sherbrooke.

LEGAULT, G. et LAFRENIÈRE, M. (1992). « Situations d'incompréhensions interculturelles dans les services sociaux : problématique », *Santé mentale au Québec*, vol. 17, n° 2, p. 113-132.

LEGENDRE, R. (1988). *Dictionnaire actuel de l'éducation*, Montréal, Larousse.

LEMIEUX, D. (1994). « La violence conjugale », dans F. Dumont, S. Langlois et Y. Martin (sous la dir. de), *Traité des problèmes sociaux*, Québec, Institut québécois de recherche sur la culture, p. 337-362.

LEMIEUX, V. (1989). « Le pouvoir dans la réalisation des politiques sociales », *Service social*, vol. 38, n° 2-3, p. 179-195.

LEMIEUX, V. et LABRIE, P. (1979). « Le système gouvernétique des CLSC », *Recherches sociographiques*, vol. 20, n° 2-3, p. 175-195.

LÉOMANT, C. (1981). « Quelques éléments à propos de l'approche biographique en sociologie », *Connexions*, n° 32, p. 133-144.

LESAGE, M. (1986). *Les vagabonds du rêve*, Montréal, Boréal Express.

LESCARBEAU, R. (1994). *L'enquête feed-back*, Montréal, Les Presses de l'Université de Montréal, 168 p.

LESEMANN, F. (1979). « Stratégies d'intervention auprès des individus et des collectivités : l'action communautaire », *Les cahiers de santé communautaire*, n° 2, p. 44-54.

LESEMANN, F. (1981). *Du pain et des services*, Montréal, Éditions Saint-Martin, 232 p.

LESIRE, C. (1983). « Une expérience d'enquête conscientisante avec un groupe de femmes en milieu urbain », *La Revue française de service social*, n° 137, p. 20-39.

LESSARD-HÉBERT, M., GOYETTE, G. et BOUTIN, G. (1990). *Recherche qualitative : fondements et pratiques*, Montréal, Agence D'Arc.

LÉTOURNEAU, J. (1990). « Critique de la raison technocratique : Définir une avenue à la jeune recherche québécoise », dans F. Dumont (sous la dir. de), *La société québécoise après 30 ans de changements*, Québec, Institut québécois de recherche sur la culture, p. 341-356.

LÉVESQUE, B. (1984). « Le mouvement populaire au Québec : de la formule syndicale à la formule coopérative ? », *Coopératives et développement*, vol. 16, n° 2, p. 43-67.

LÉVY, F. (1967). « Quelques analyses de contenu », *Bulletin du CERP*, vol. 16, n° 3, p. 191-198.

LEWIS, O. (1961). *Les enfants de Sanchez*, Paris, Gallimard.

LEWIS, O. (1964). *Petro Martinez : un paysan mexicain et sa famille*, Paris, Gallimard.

LEWIS, O. (1966). *La Vida : A Puertorican Family on the Culture of Poverty*, New York, Random House.

L'HOTELLIER, A. et ST-ARNAUD, Y. (1994). « Pour une démarche de praxéologie », *Nouvelles pratiques sociales*, vol. 7, n° 2, p. 93-109.

LINCOLN, Y.S. et GUBA, E.G. (1985). *Naturalistic Inquiry*, Beverly Hills (Calif.), Sage.

LOCKE, F.F., SPIRDUSO, W.W. et SILVERMAN, S.J. (1987). *Proposals That Work : A Guide for Planning Dissertations and Grant Proposals*, Beverly Hills (Calif.), Sage.

LOFLAND, J. (1971). *Analysing Social Settings : A Guide to Qualitative Observation and Analysis*, New York, Wadsworth.

LOFLAND, J. (1976). *Doing Social Life : The Qualitative Study of Human Interaction in Natural Settings*, New York, Wiley.

McGRAW, D. (1978). *Le développement des groupes communautaires à Montréal*, Montréal, Éditions coopératives Albert St-Martin.

McKNIGHT, J. (1977). « Le professionnalisme dans les services : un secours abrutissant », *Sociologie et Sociétés*, vol. 9, n° 1, p. 7-19.

MAGILL, R.S. (1993). « Focus groups, program evaluation, and the poor », *Journal of Sociology and Social Welfare*, vol. 20, n° 1, p. 103-114.

MAGURA, J. et MOSES, B. (1986). *Outcome Measures for Child Welfare Services*, Washington (D.C.), CWLA.

MALENFANT, R. (1989). «Claude Therrien», Communication présentée au colloque CEPAQ, Québec, 25 p.

MANNING, P.K. (1982). «Analytic induction», dans P.K. Manning et R.B. Smith (sous la dir. de), *A Handbook of Social Science Methods*, vol. 2: *Qualitative methods*, Cambridge (Mass.), p. 273-302.

MANSEAU, H. (1988). «La définition ou la fabrication de l'abus sexuel d'enfants au Québec», *Revue internationale d'action communautaire*, vol. 19, n° 59, p. 41-47.

MARQUART, F. (1973). «La recherche peut-elle être sociale?», *Informations sociales*, n° 7, p. 22-34.

MARTIN, C. (1985). «La recherche dans le travail social comme art de convaincre», *Connexions*, n° 46, p. 46-65.

MARTIN, C. (1987). «La recherche-action: un débat qui peut en cacher un autre», *Connexions*, n° 49, p. 95-106.

MARTIN, C. et CHOPART, J.N. (1988). «Derrière l'éclatement: la permanence de la question sociale», *Revue internationale d'action communautaire*, vol. 20, n° 60, p. 79-89.

MARTIN, C. et SOULET, M.H. (1985). «Recherche en travail social ou travail social en recherche», dans J.P. Bailleau et autres (sous la dir. de), *Lectures sociologiques du travail social*, Paris, Éditions Ouvrières.

MASLOW, A.H. (1954). *Motivation and Personality*, New York, Harper and Row, 411 p.

MASSÉ, J.C. et BRAULT, M. (1979). «Maladie mentale et stigmatisation ou comment on devient un malade mental pour la vie», *Santé mentale au Québec*, vol. 4, n° 1, p. 73-82.

MASSÉ, J.C., ST-ARNAUD, M. et BRULAT, M. (1981). «Un modèle interactionniste: la théorie de l'étiquetage appliquée à la maternité hors mariage», *Intervention*, n° 61, p. 23-35.

MASSONAT, J. (1987). «Observer», dans A. Blanchet, R. Ghiglione, J. Massonat et A. Trognon (sous la dir. de), *Les techniques d'enquête en sciences sociales: observer, interviewer, questionner*, Paris, Dunod, p. 17-79.

MAXWELL, J.A. (1996). *Qualitative Research Design: An Interactive Approach*, Thousand Oaks (Calif.), Sage.

MAYER, R. et LAFOREST, M. (1990). «Problème social: le concept et les principales écoles théoriques», *Service social*, vol. 39, n° 2, p. 13-43.

MAYER, R. et OUELLET, F. (1991). «L'analyse des besoins d'une population», dans *Méthodologie de recherche pour les intervenants sociaux*, Boucherville, Gaëtan Morin Éditeur, p. 60-100.

MÉDARD, J.F. (1969). *Communauté locale et organisation communautaire aux États-Unis*, Paris, Armand Colin.

MEINTEL, D. (1992). «L'identité ethnique chez les jeunes Montréalais d'origine immigrée», *Sociologie et Sociétés*, vol. 24, n° 2, p. 73-89.

MERCIER, C. (1990). «Coopératives, groupes populaires et pratiques émancipatoires: le cas des clubs coopératifs de consommation», *Coopératives et développement*, vol. 21, n° 2.

MERCIER, G., FOURNIER, L. et RACINE, G. (1994). «L'itinérance», dans F. Dumont, S. Langlois et Y. Martin (sous la dir. de), *Traité des problèmes sociaux*, Québec, Institut québécois de recherche sur la culture, p. 739-764.

MERTON, R.K. et NISBET, R. (1961). *Contemporary Social Problems*, New York, Harcourt, Brace and World.

MICHELAT, G. (1975). «Sur l'utilisation de l'entretien non directif en sociologie», *Revue française de sociologie*, vol. 16, p. 229-247.

MIES, M. (1983). «Towards a methodology for feminist research», dans G. Bowles et R.D. Klein (sous la dir. de), *Theories of Women's Studies*, London, Routledge and Kegan Paul, p. 117-139.

MILES, M.B. et HUBERMAN, A.M. (1994). *Qualitative Data Analysis*, 2e éd., Thousand Oaks (Calif.), Sage.

MILLS, C.W. (1968). *L'imagination sociologique*, Paris, F. Maspero, 205 p.

MINGUET, G. (1980). «Les mouvements sociaux, la sociologie de l'action et l'intervention sociologique: à propos de deux ouvrages d'Alain Touraine», *Revue française de sociologie*, vol. 30, n° 1, p. 121-133.

MINISTÈRE DE LA SANTÉ ET DES SERVICES SOCIAUX (M.Y. Côté, ministre) (1990). *Une réforme axée sur le citoyen*, Québec, Les Publications du Québec.

MORIN, A. (1991-1992). *Recherche-action intégrale et participation coopérative*, 2 vol.: *Méthodologie et étude de cas* (vol. 1), *Théorie et rédaction du rapport* (vol. 2), Montréal, Agence D'Arc, 222 p. et 201 p.

MORIN, A. (1992). «En quête des composantes existentielles du discours en recherche-action intégrale», *Publications de l'Association de recherche qualitative*, vol. 7, p. 83-91.

MORIN, A. (1993). «Outils de validation et d'analyse des données en recherche-action intégrale», *Publications de l'Association de recherche qualitative*, vol. 8, p. 43-63.

MORIN, P. (1994). «L'autoroute de la marginalisation: de Ville-Marie au Bout-de-l'Île», *Cahiers de recherche sociologique*, n° 22, p. 22-47.

MORISSETTE, P. (1991). «L'alcoolisation à risque chez les femmes au travail: l'expression d'un mal-être professionnel», *Recherches féministes*, vol. 4, n° 1, p. 103-118.

MORSE, J.M. (1994). «Designing funded qualitative research», dans N.K. Denzin et Y.S. Lincoln (sous la dir. de), *Handbook of Qualitative Research*, Thousand Oaks (Calif.), Sage.

MOURANT, F. (1984). «Déviance et délinquance: une revue des notions», *Service social*, vol. 33, n° 2-3, p. 145-170.

MUCCHIELLI, A. (sous la dir. de) (1996). *Dictionnaire des méthodes qualitatives en sciences humaines et sociales*, Paris, Armand Colin.

MUCCHIELLI, R. (1975a). *L'entretien de face à face dans la relation d'aide*, 2e éd., Paris, Les éditions ESF.

MUCCHIELLI, R. (1975b). *Le questionnaire dans l'enquête psycho-sociale*, Paris, Les éditions ESF.

MUCCHIELLI, R. (1979). *L'analyse de contenu des documents et des communications*, Paris, Librairies techniques, 116 p.

MUCCHIELLI, R. (1987). *L'entrevue de groupe*, Paris, Les éditions ESF, 162 p.

MUCCHIELLI, R. (1988). *Opinions et changement d'opinion*, Paris, Les éditions ESF, 150 p.

NADEAU, L. (1989). «La mesure des événements et des difficultés de vie: un cas particulier des problèmes méthodologiques liés à l'étude de l'étiologie sociale des troubles mentaux», *Santé mentale au Québec*, vol. 14, n° 1, p. 121-131.

NADEAU, M.A. (1987). *L'évaluation de programme: théorie et pratique*, Québec, Presses de l'Université Laval, 430 p.

NADEAU, M.A. (1988). «L'analyse des besoins», *L'évaluation de programme, théorie et pratique*, 2e éd., Québec, Presses de l'Université Laval.

NADIG, M. (1987). «Le "savoir s'y prendre" féministe avec la réalité: dix hypothèses pour la recherche féministe», *Revue suisse de sociologie*, n° 2, p. 281-286.

NAMENWIRTH, M. (1986). «Science through a feminist prism», dans R. Bleir (sous la dir. de), *Feminist Approaches to Science*, New York, Pergamon, p. 18-41.

NEUMAN, L.W. (1997). *Social Research Methods*, Boston, Allyn and Bacon, 560 p.

NURIUS, P.S. et HUDSON, W.W. (1993). *Human Services Practice, Evaluation, and Computers*, Pacific Grove (Calif.), Brooks and Cole.

OGIEN, A. (1986). «L'ordre de la désignation: les habitués dans les services hospitaliers», *Revue française de sociologie*, n° 27, p. 29-46.

O'NEILL, M. (1979). «Santé communautaire et communauté: de l'influence de deux conceptions de la communauté sur les interventions québécoises en éducation sanitaire», *Les cahiers de santé communautaire*, n° 2, p. 18-31.

OUELLET, A. (1990a). «Le zen et la recherche créatrice», *Guide du chercheur*, Boucherville, Gaëtan Morin Éditeur, p. 8-36.

OUELLET, A. (1990b). *Processus de recherche: une approche systémique*, Québec, Les Presses de l'Université du Québec, 268 p.

OUELLET, F. (1987). «L'utilisation du groupe nominal dans l'analyse des besoins», dans J.P. Deslauriers (sous la dir. de), *Les méthodes de la recherche qualitative*, Québec, Les Presses de l'Université du Québec, p. 67-81.

OUELLET, F. (1991). *La recherche féministe: un nouvel espace pour l'intervenante-chercheure*, Actes du colloque sur la recherche-intervention, École de service social, Université d'Ottawa.

OUELLET, F. et CLOUTIER, M.H. (1990). *Pour une concertation éclairée: étude de milieu au CLSC Laurentien*, Québec, Laboratoire de recherche, École de service social, Université Laval, 51 p.

OUELLET, F. et LAMPRON, C. (1987). *Bilan des évaluations portant sur les services sociaux*, Commission d'enquête sur les services de santé et les services sociaux, Synthèse critique n° 43, Québec, Les Publications du Québec, 91 p.

OUELLET, F., LINDSAY, J. et SAINT-JACQUES, M.C. (1993). *Évaluation de l'efficacité d'un programme de traitement pour conjoints violents*, Québec, Centre de recherche sur les services communautaires, Université Laval.

OUELLET, F., SAINT-JACQUES, M.C. et LINDSAY, J. (1993). «La violence faite aux femmes en milieu conjugal: une peur qui perdure», *Recherches féministes*, vol. 6, n° 2, p. 39-64.

OUELLET, R. (1983). «Éléments de méthodes de recherche en sciences sociales», *Analyse sociale de l'éducation*, Montréal, Boréal Express.

PAIEMENT, G. (1990). *Pour faire le changement: guide d'analyse sociale*, Outremont, Novalis, 192 p.

PAILLÉ, P. (1994a). «L'analyse par théorisation ancrée», *Cahiers de recherche sociologique*, n° 23, p. 147-181.

PAILLÉ, P. (1994b). «L'intégration des jeunes travailleurs dans des usines du secteur manufacturier», *Recherches sociographiques*, vol. 35, n° 2, p. 217-236.

PAILLÉ, P. (1994c). «Recherche-action», dans Mucchielli, A. (sous la dir. de), *Dictionnaire de la recherche qualitative*, Paris, Armand Colin, p. 193-195.

PALARD, J. (1982). «Le travail social au Québec: de la logique religieuse à la rationalité étatique», *Service social*, vol. 31, n° 1, p. 137-167.

PANET-RAYMOND, J. et POIRIER, C. (1986). «L'utilisation des récits de vie dans une enquête statistique», *Revue canadienne de service social*, p. 23-45.

PAQUET, G. (1989). *Santé et inégalités sociales: un problème de distance culturelle*, Québec, Institut québécois de recherche sur la culture.

PAQUET, G. (1994). «Facteurs sociaux de la santé, de la maladie et de la mort», dans F. Dumont, S. Langlois et Y. Martin (sous la dir. de), *Traité des problèmes sociaux*, Québec, Institut québécois de recherche sur la culture, p. 223-244.

PÂQUET-DEEHY, A. et RINFRET-RAYNOR, M. (1987). «Le vécu des intervenantes dans une formation à l'intervention féministe auprès des femmes violentées», dans G. Larouche (sous la dir. de), *Agir contre la violence*, Montréal, Éditions de la pleine lune, p. 479-524.

PARADIS, M. (1990). *Histoires de passion et de raison: jeunes et itinérants*, Montréal, Les Éditions du remue-ménage.

PARENT, C. et SAINT-JACQUES, M.C. (1999). «Les deux solitudes du service social: la recherche et la pratique», *Revue canadienne de service social*, vol. 16, n° 1.

PATRY, J.L. (1981). «La recherche-action face à la recherche sur le terrain», dans J.C. Calpini et autres (sous la dir. de), *Recherche-action, interrogations et stratégies émergentes*, Genève, Faculté de psychologie et des sciences de l'éducation, Université de Genève, coll. «Pratiques et théorie», cahier n° 26, p. 33-70.

PATTON, M.Q. (1980). *Qualitative Evaluation Methods*, Beverly Hills (Calif.), Sage.

PATTON, M.Q. (1982). *Qualitative Evaluation Methods*, 3e éd., Beverly Hills (Calif.), Sage.

PATTON, M.Q. (1987). *How to Use Qualitative Methods in Evaluation*, Newbury Park (Calif.), Sage.

PATTON, M.Q. (1990). *Qualitative Evaluation and Research Methods*, Newbury Park (Calif.), Sage.

PATTON, M.W. (1980). «Un nouveau paradigme de recherche en évaluation», dans C. Paquette, G.E. Hein et M.Q. Patton (sous la dir. de), *Évaluation et pédagogie ouverte*, Victoriaville, NHP, p. 15-42.

PENEFF, J. (1992). *L'hôpital en urgence*, Paris, Métailié.

PERETZ, H. (1998). *Les méthodes en sociologie: l'observation*, Paris, La découverte.

PERREAULT, M. (1994). «MTS et sida: construction sociale d'une épidémie mondiale», dans F. Dumont, S. Langlois et Y. Martin (sous la dir. de), *Traité des problèmes sociaux*, Québec, Institut québécois de recherche sur la culture, p. 197-222.

PIETTE, C. (1999). *Où va l'université? Le travail professoral: miroir d'une évolution*, Montréal, Hurtubise HMH, 164 p.

PINEAU, G. (1980). *Vie des histoires de vie*, Montréal, Université de Montréal, Faculté de l'éducation permanente, 61 p.

PINEAULT, R. et DAVELUY, C. (1986). *La planification de la santé*, Montréal, Agence D'Arc, 480 p.

PINI, G. (1981). «Pour une définition de la recherche-action», dans J.C. Calpini et autres (sous la dir. de), *Recherche-action, interrogations et stratégies émergentes*, Genève, Faculté de psychologie et des sciences de l'éducation, Université de Genève, coll. «Pratiques et théorie», cahier n° 26, p. 11-31.

PINTO, R. et GRAWITZ, M. (1967). *Méthodes des sciences sociales*, Paris, Dalloz, 934 p.

PIRES, A.P. (1987). «Deux thèses erronées sur les lettres et les chiffres», *Cahiers de recherche sociologique*, vol. 5, n° 2, p. 85-105.

PIRES, A.P. (1989). «Analyse causale et récits de vie», *Anthropologie et Sociétés*, vol. 13, n° 3, p. 37-59.

PIRES, A.P. (1997). «Échantillonnage et recherche qualitative: essai théorique et méthodologique», dans J. Poupart, J.P. Deslauriers, L.H. Groulx, A. Laperrière, R. Mayer et A.P. Pires (sous la dir. de), *La recherche qualitative: enjeux épistémologiques et méthodologiques*, Boucherville, Gaëtan Morin Éditeur, p. 113-169.

PIVEN, F. et CLOWARD, R.S. (1971). *Regulating the Poor*, New York, Random House.

POIRIER, C. et TREMBLAY, M.A. (1994). «L'organisation de la recherche sur les problèmes sociaux: perspectives contemporaines», dans F. Dumont, S. Langlois et Y. Martin (sous la dir. de), *Traité des problèmes sociaux*, Québec, Institut québécois de recherche sur la culture, p. 1081-1106.

POIRIER, J., CLAPIER-VALLADON, S. et RAYBAUT, P. (1983). *Les récits de vie: théorie et pratique*, Paris, PUF.

POISSON, Y. (1990). *La recherche qualitative en éducation*, Québec, Les Presses de l'Université du Québec.

POULIN, M. (1978a). «L'étude monographique des communautés», *Service social*, vol. 27, n° 1, p. 85-100.

POULIN, M. (1978b). «Traditions de recherche sur la communauté et concepts de modèles vertical et horizontal de communauté», *Service social*, vol. 27, n° 1, p. 7-21.

POUPART, J. (1980). «La méthodologie qualitative: une source de débats en criminologie», *Crime et/and Justice*, vol. 7-8, n° 3-4, p. 93-110.

POUPART, J. (1981). «La méthodologie qualitative en sciences humaines: une approche à redécouvrir», *Apprentissage et socialisation*, vol. 4, p. 41-47.

POUPART, J., RAINS, P. et PIRES, A.P. (1983). «Les méthodes qualitatives et la sociologie américaine», *Déviance et société*, vol. 7, n° 1, p. 61-93.

POUPART, R., SIMARD, J.J. et OUELLET, J.P. (1986). *La création d'une culture organisationnelle: le cas des CLSC*, Montréal, Fédération des centres locaux de services communautaires du Québec.

QUÉNIART, A. (1988). *Le corps paradoxal: regards de femmes sur la maternité*, Montréal, Éditions Saint-Martin.

QUIVY, R. et VAN COMPENHOUDT, L. (1988). *Manuel de recherche en sciences sociales*, Paris, Dunod, 271 p.

RACINE, G. (1995). «La production de savoirs d'expérience chez des intervenantes d'organismes communautaires», thèse de doctorat, Montréal, Université de Montréal, programme de sciences humaines appliquées.

RACINE, G. (1997). «La production de savoirs d'expérience: un processus ancré dans la participation à une pratique commune», dans C. Nélisse et R. Zúñiga (sous la dir. de), *L'intervention: les savoirs en action*, Sherbrooke, GGC Éditions, p. 183-196.

RAPPORT DU GROUPE DE TRAVAIL DU COMITÉ DE LA RECHERCHE DE L'UNIVERSITÉ DE MONTRÉAL (1995). *Les politiques d'évaluation de la recherche en sciences sociales*, Montréal, Les Presses de l'Université de Montréal, 55 p.

RAYMOND, H. (1968). «Analyse de contenu et entretien non directif», *Revue française de sociologie*, n° 9, p. 167-179.

REINHARZ, S. (1991). *On Becoming a Social Scientist*, New Brunswick (N.J.), Transaction Books.

RENAUD, G. (1978). *L'éclatement de la profession en service social*, Montréal, Éditions Saint-Martin, 163 p.

REZSOHAZY, R. (1985). *Le développement des communautés: participer, programmer, innover*, Bruxelles, Ciaco éditeur, 180 p.

RHÉAUME, J. (1982). «La recherche-action: un nouveau mode de savoir», *Sociologie et Sociétés*, vol. 14, n° 1, p. 43-52.

RHÉAUME, J. (1993). «Le projet de la sociologie clinique au Québec», dans V. de Gaulejac et S. Roy (sous la dir. de), *Sociologies cliniques*, Marseille, Hommes et perspectives, p. 51-61.

RHÉAUME, J. et SÉVIGNY, R. (1988). *La sociologie implicite des intervenants en santé mentale* (2 tomes), Montréal, Éditions Saint-Martin.

RICHARD, L. (1988). «L'intervention en matière de violence conjugale dans les petites communautés nord-côtières», *Revue canadienne de service social*, n° 15, p. 65-78.

RICHMOND, M. (1917). *Social Diagnosis*, New York, Russell Sage Foundation.

RINFRET-RAYNOR, M. (1987). «Pratique et recherche: éléments de complémentarité dans le développement d'un modèle d'intervention», dans G. Larouche (sous la dir. de), *Agir contre la violence*, Montréal, Éditions de la Pleine Lune, p. 499-520.

RINFRET-RAYNOR, M., PÂQUET-DEEHY, A. et LAROUCHE, G. (1985). «Violence familiale: évolution actuelle au plan de la recherche, de l'intervention et de la formation», *Revue canadienne de service social*, p. 315-331.

ROBERT, L. (1971). «Le comité de citoyens de Hochelaga-Maisonneuve», thèse de maîtrise en sociologie, Québec, Université Laval, 143 p.

ROBERT, L. (1987). «Recherche et pratique sociale: un rendez-vous sans cesse à reprendre», dans J.P. Deslauriers, J.P. Gagnon et autres (sous la dir. de), *Entre le savoir et l'action: choix éthiques et méthodologiques*, Chicoutimi, Université du Québec à Chicoutimi, p. 87-97.

ROBERT, M. (1988). *Fondements et étapes de la recherche scientifique en psychologie*, 3ᵉ éd., Saint-Hyacinthe, Edisem, 420 p.

ROBICHAUD, J.B. et QUIVIGER, C. (1990). *Des communautés actives*, Moncton (N.-B.), Conseil canadien de développement social.

ROINSOL, F. (1985). «Une démarche de recherche-action pour l'analyse de la situation et des besoins des femmes dans Lotbinière», *Service social*, vol. 34, n° 2-3, p. 294-300.

RONDEAU, G. (1994). «La violence familiale», dans F. Dumont, S. Langlois et Y. Martin (sous la dir. de), *Traité des problèmes sociaux*, Québec, Institut québécois de recherche sur la culture, p. 319-336.

RONGÈRE, P. (1979). «L'objet des études documentaires», *Méthodes de sciences sociales*, Paris, Dalloz, p. 52-59.

ROSE, S. (1977). *Group Therapy: A Behavioral Approach*, Englewood Cliffs (N.J.), Prentice-Hall.

ROSE, S. (1981). «Assessment groups», *Social Work Research and Abstracts*, vol. 17, n° 1, p. 29-37.

ROSWEBER, J.P. (1995). *La recherche-action*, Paris, PUF, coll. «Que sais-je?», n° 3008.

ROUSSEAU, J. (1978). «L'implantation de la profession de travailleur social», *Recherches sociographiques*, vol. 19, n° 2, p. 171-187.

ROY, G. (1991). «Incompréhensions interculturelles et ajustements de pratique chez les travailleurs sociaux», *Revue canadienne de service social*, vol. 8, n° 2, p. 278-291.

ROY, J., VÉZINA, A. et CLICHE, A. (1996). *Les aînés et les solidarités dans leur milieu: l'envers du mythe*, Québec, Centre de recherche sur les services communautaires, Université Laval.

ROY, S. (1988). *Seuls dans la rue: portraits d'hommes clochards*, Montréal, Éditions Saint-Martin, 174 p.

ROY, S. et BLONDEL, F. (1993). «La sociologie clinique au cœur de la souffrance humaine», dans V. de Gaulejac et S. Roy (sous la dir. de), *Sociologies cliniques*, Marseilles, Hommes et perspectives, p. 135-142.

ROYSE, D.D. (1995). *Research Methods in Social Work*, 2ᵉ éd., Chicago, Nelson-Hall.

RUDESTAM, K.E. et NEWTON, R.R. (1992). *Surviving Your Dissertation: A Comprehensive Guide to Content and Process*, Newbury Park (Calif.), Sage.

ST-ARNAUD, Y. (1974). *La personne humaine*, Montréal, Les Éditions de l'Homme, 200 p.

ST-ARNAUD, Y. (1992). *Connaître par l'action*, Montréal, Les Presses de l'Université de Montréal.

SAINT-JACQUES, M.C. (1991). «Étude des facteurs de prédiction de la tension de rôle chez les familles recomposées», mémoire de maîtrise, Québec, École de service social, Université Laval.

SAINT-JACQUES, M.C. (1998). «L'ajustement des adolescents et des adolescentes dans les familles recomposées : étude des processus familiaux et des représentations des jeunes», thèse de doctorat, Université de Montréal.

SAINT-JACQUES, M.C., LESSARD, G., BEAUDOIN, A. et DRAPEAU, S. (sous presse). *Les pratiques d'implication parentale dans l'intervention en protection de la jeunesse*, Québec, Centre jeunesse de Québec – Institut universitaire sur les jeunes en difficulté.

SAUCIER, D. (1983). «Les coopératives d'habitation et le changement social», *Coopératives et développement*, vol. 16, n° 2, p. 161-195.

SAUVIN, A., DIND, D. et VUILLE, M. (1981). «Recherche-action et travail social», *Revue internationale d'action communautaire*, vol. 5, n° 45, p. 58-74.

SAVOIE-ZAJC, L. (1997). «L'entrevue semi-dirigée», dans B. Gauthier (sous la dir. de), *Recherche sociale : de la problématique à la collecte des données*, Québec, Les Presses de l'Université du Québec, p. 263-285.

SCHATZMAN, L. et STRAUSS, A.L. (1973). *Field Research Strategies for Natural Sociology*, Englewoods Cliffs (N.J.), Prentice-Hall.

SCHÖN, D.A. (1983). *The Reflective Practitioner : How Professionals Think in Action*, New York, Basic Books. Traduction française par J. Heynemand et D. Gagnon (1994), *Le praticien réflexif : à la recherche du savoir caché dans l'agir professionnel*, Montréal, Éditions logiques.

SCHONBERG, B.V. (1985). *Les points de vue des clients et des citoyens : leur place dans l'évaluation des programmes*, Québec, ministère des Affaires sociales, Direction de l'évaluation des programmes.

SCHWANDT, T.A. et HALPERN, E.S. (1988). *Linking Auditing and Metaevaluation : Enhancing Quality in Applied Research*, Newbury Park (Calif.), Sage.

SCOTT, W. (1968). «Attitude Measurement», *The Handbook of Social Psychology*, 2e éd., Don Mills (Ont.), Addison-Wesley, p. 204-274.

SEABERG, J. et GILLESPIE, D. (1977). «Goal attainment scaling : A critique», *Social Work Research and Abstracts*, vol. 13, n° 2, p. 4-9.

SELLTIZ, C., WRIGHTSMAN, L.S. et COOK, S.W. (1977). *Les méthodes de recherche en sciences sociales* (traduit par D. Bélanger), Montréal, HRW, 606 p.

SÉVIGNY, R. (1993). «L'approche clinique dans les sciences humaines», dans E. Enriquez, G. Houle, J. Rhéaume et R. Sévigny (sous la dir. de), *L'analyse clinique dans les sciences humaines*, Montréal, Éditions Saint-Martin, p. 75-82.

SHEAFOR, B.W., HOREJSI, C.R., HOREJSI, G.A. (1994). *Techniques and Guidelines for Social Work Practice*, 3e éd., Toronto, Allyn and Bacon.

SIMARD, A. (1995). «L'expression de l'entraide selon les étapes de développement du groupe : une analyse appliquée à un groupe de parents d'adolescents», mémoire de maîtrise, Québec, École de service social, Université Laval.

SIMARD, G. (1989). *La méthode du Focus Group*, Laval, Mondia éditeur, 102 p.

SIMARD, M., BEAUDRY, M. et DRAPEAU, S. (1997). «Relations dans la fratrie en contexte de transitions familiales», projet de recherche subventionné par le Conseil de recherche en sciences humaines.

SIMARD, P., O'NEILL, M., FRANKISH, C.J., GEORGE, A., DANIEL, M. et DOYLE-WALTERS, M. (1996). *Guide de réflexion sur la recherche participative en promotion de la santé au Canada francophone*, Ottawa, Société Royale du Canada.

SOULET, M.H. (1986). «Les sciences sociales en quête de scientificité : l'exemple des recherches sociales» *Revue internationale d'action communautaire*, vol. 15, n° 55, p. 21-31.

SPECTOR, M. et KITSUSE, J.I. (1977). *Constructing Social Problems*, Menelo Park (Calif.), Cumming.

STRAUSS, A. et CORBIN, J. (1990). *Basics of Qualitative Research*, Newbury Park (Calif.), Sage.

STRAUSS, A.L. et CORBIN, J. (1994). «Grounded theory methodology : An overview», dans N.K. Denzin et Y.S. Lincoln (sous la dir. de), *Handbook of Qualitative Research*, Thousand Oaks (Calif.), Sage, p. 273-285.

SUCHMAN, E.A. (1967). *Evaluative Research*, New York, Russell Sage Foundation.

SUSMAN, G. et EVERED, R. (1978). «An assessment of the scientific merits of action research», *Administrative Science Quarterly*, vol. 23, n° 4, p. 582-603.

TACHON, M. (1985). «Travail social et gestion des problèmes sociaux», dans F. Bailleau, N. Lefrancheur et V. Feyre (sous la dir. de), *Lectures sociologiques du travail social*, Paris, Éditions Ouvrières, p. 177-187.

TARD, C., BEAUDOIN, A., TURCOTTE, D. et OUELLET, H. (1997). *Outils d'évaluation pour l'amélioration de la qualité des programmes*, Québec, Centre de recherche sur les services communautaires, Université Laval.

TAYLOR, S.J. et BOGDAN, R.C. (1984). *Introduction to Qualitative Research Methods: The Search for Meanings*, 2e éd., New York, Wiley.

TESCH, R. (1990). *Qualitative Research: Analysis Types and Software Tools*, London, Falmer.

TESSIER, R. (1989) (sous la dir. de), *Un paradigme écologique*, Montréal, HMH.

THOMPSON, P. (1980). «Des récits de vie à l'analyse du changement social», *Cahiers internationaux de sociologie*, n° 69, p. 249-268.

TOSELAND, R.W. et RIVAS, R.F. (1998). *An Introduction to Group Work Practice*, New York, Macmillan.

TOULIATOS, J., PERLMUTTER, B.F. et STRAUS, M.A. (1990). *Handbook of Family Measurement Techniques*, Newbury Park (Calif.), Sage.

TOURAINE, A. (1978). *La voix et le regard*, Paris, Seuil.

TOURAINE, A. (1980). «La méthode de la sociologie de l'action: l'intervention sociologique», *Revue suisse de sociologie*, n° 6, p. 321-334.

TOURAINE, A. (1984). «Les mouvements sociaux: objet particulier ou problème central de l'analyse sociologique», *Revue française de sociologie*, n° 25, p. 3-19.

TOURIGNY, M. et DAGENAIS, M. (1998). «Introduction à la recherche évaluative: la recherche au service des intervenants et des gestionnaires», dans S. Bouchard et C. Cyr (sous la dir. de), *Recherche psychosociale: pour harmoniser recherche et pratique*,

Québec, Les Presses de l'Université du Québec, p. 389-435.

TREMBLAY, A. (1991). *Sondages: histoire, pratique et analyse*, Boucherville, Gaëtan Morin Éditeur, 492 p.

TREMBLAY, M.A. (1968). *Initiation à la recherche dans les sciences humaines*, Montréal, McGraw-Hill, 425 p.

TREMBLAY, M.A. et POIRIER, C. (1994). «L'organisation de la recherche sur les problèmes sociaux: perspectives comparatives», dans F. Dumont, S. Langlois et Y. Martin (sous la dir. de), *Traité des problèmes sociaux*, Québec, Institut québécois de recherche sur la culture, p. 1081-1115.

TREMBLAY, N. (1990). «L'analyse qualitative dans la recherche féministe: interrogations et pistes de réflexion», *Questionnements et pratiques de recherches féministes*, Cahier de recherche 1990, Centre de recherche féministe, Université du Québec à Montréal, p. 95-108.

TRIPOLI, T. (1983). *Evaluative Research for Social Workers*, Englewood Cliffs (N.J.), Prentice-Hall, 180 p.

TROGNON, A. (1987). «Produire des données», dans A. Blanchet, R. Ghiglione, J. Massonat et A. Trognon (sous la dir. de), *Les techniques d'enquêtes en science sociales: observer, intervenir, questionner*, Paris, Dunod, p. 1-15.

TROUTOT, P.Y. (1980). «Sociologie d'intervention et recherche-action sociopolitique», *Revue suisse de sociologie*, n° 6, p. 191-206.

TROUTOT, P.Y. (1982). «Les travailleurs sociaux, la dynamique de l'impuissance et les modèles professionnels: une mise en perspective», *Revue internationale d'action communautaire*, vol. 7, n° 47, p. 71-82.

TURCOTTE, D. (1991). «Les liens entre la recherche qualitative et l'action», Actes du Colloque de l'Association pour la recherche qualitative, vol. 4, p. 233-244.

TURNER, R.H. (1969). «The quest for universals in sociological research», dans G.J. McCall et J.L. Simmons (sous la dir. de), *Issues in Participant Observation*, Reading (Mass.), Addison-Wesley, p. 205-215.

TUTTY, L., ROTHERY, M.A. et GRINNELL, R. (1996). *Qualitative Research for Social Workers*, Boston, Allyn and Bacon, 229 p.

VAILLANCOURT, Y. (1993). «Trois thèses concernant le renouvellement des pratiques sociales dans le secteur public», *Nouvelles pratiques sociales*, vol. 6, n° 1, p. 1-14.

VAN DER MAREN, J.M. (1995). *Méthodes de recherche pour l'éducation*, Montréal, Les Presses de l'Université de Montréal, 506 p.

VAN DER MAREN, J.M. et MAINVILLE, S. (1993). «Pour une recherche pertinente aux pratiques professionnelles», *Revue de l'Association de la recherche qualitative*, vol. 8, p. 87-110.

VAN TRIER, W.E. (1980). «Actualités bibliographiques: la recherche-action», *Déviance et société*, vol. 4, n° 2, p. 171-193.

VERDÈS-LEROUX, J. (1978). *Le travail social*, Paris, Éditions de Minuit, 259 p.

VIKEMAN, L. (1990). *Soi mythique et soi historique: deux récits de vie d'écrivains*, Montréal, L'Hexagone, 155 p.

VINET, A. (1975). «La vie quotidienne dans un asile québécois», *Recherches sociologiques*, vol. 16, n° 1, p. 85-112.

WARREN, R.L. (1969). *Studying Your Community*, 3e éd., New York, Free Press Paperback.

WATTERS, C. (1978). «La vraie pauvreté du Centre-Sud», *Le temps fou*, Montréal, mars-avril, p. 9-17.

WEISS, C.H. (1973). «Evaluation research, the political context», dans E.L. Struening et M. Guttentag (sous la dir. de), *Handbook of Evaluation Research*, Beverly Hills (Calif.), Sage, p. 13-26.

WIENER, N. (1986). «La recherche-action: un système particulier de communication», *TSF Magazine*, n° 3, p. 27-32.

WILLIAMS, M., TUTTY, L.M. et GRINNELL, R.M. (1995). *Research in Social Work: An Introduction*, 2e éd., Itasca (Ill.), F.E. Peacock.

YEGIDIS, B.L. et WEINBACH, E.W. (1996). *Research Methods for Social Workers*, Boston, Allyn and Bacon, 271 p.

ZAY, N. (1968). «La recherche dans les agences de service social», *Service social*, vol. 17, n° 1-2-3, p. 5-13.

ZNANIECKI, F. (1934). *The Method of Sociology*, New York, Farrar and Rinehart.

ZÚÑIGA, R. (1981). «La recherche-action et le contrôle du savoir», *Revue internationale d'action communautaire*, vol. 45, n° 5, p. 35-45.

ZÚÑIGA, R. (1986). «Évaluateurs, chercheurs et travailleurs sociaux», *Service social*, vol. 35, n° 1-2, p. 15-32.

ZÚÑIGA, R. (1994a). *L'évaluation dans l'action*, Montréal, Les Presses de l'Université de Montréal.

ZÚÑIGA, R. (1994b). *Planifier et évaluer l'action sociale*, Montréal, Les Presses de l'Université de Montréal.

INDEX DES AUTEURS

Marquis, D., 325
Martin, C., 20, 27, 288, 298, 301, 304, 319, 325
Martin, G., 113, 313
Martin, J.C., 154, 243, 255
Martin, Y., 254, 255
Maslow, A.H., 260
Massé, J.C., 19
Massé, R., 32, 33, 254
Massonat, J., 137, 144
Matalon, B., 166, 169
Maxwell, J.A., 139
Mayer, R., 17, 35, 89, 152, 156, 189, 240, 249, 255, 293, 297, 299, 314
Médard, J.F., 236, 244
Meiller, L.R., 282
Meintel, D., 155
Mercier, C., 25, 309
Mercier, G., 254
Merlo, J., 301, 314-316
Merton, R.K., 12
Michael, W.B., 328
Michelat, G., 166, 167, 183, 186
Mies, M., 56
Miles, M.B., 45
Miller, L.C., 282
Mills, C.W., 12, 35
Minguet, G., 306
Ministère de la Santé et des Services sociaux, 28
Montreuil, C., 202, 248
Morgan, D.W., 86
Morin, A., 292, 294-298, 300
Morin, P., 268
Morissette, P., 176, 312
Morse, J.M., 87
Moses, B., 343
Mourant, F., 19
Mucchielli, A., 87, 122, 172, 173, 175, 176, 178, 270, 272-275, 280, 282
Mucchielli, R., 103, 106, 107, 111, 122, 123, 162, 188

N

Nadeau, L., 282
Nadeau, M.A., 161, 163, 164, 169, 259, 260, 269, 270, 272-275, 279, 281
Nadig, M., 311
Namenwirth, M., 56
Nègre, P., 149
Neuman, L.W., 82, 89, 115, 204
Newton, R.R., 44, 60, 65, 68
Nézet-Séguin, C., 293, 295
Nisbet, R., 12
Normand, S., 192
Nurius, P.S., 336

O

Ogien, A., 154
O'Neill, M., 234, 302
Orme, J., 332
Ouellet, A., 56, 67, 148
Ouellet, F., 17, 23, 31, 80, 170, 263, 264, 279, 301, 304, 310, 325, 351
Ouellet, H., 348
Ouellet, J.P., 26
Ouellet, R., 67

P

Paiement, G., 244, 245, 247
Paillé, P., 172-175, 290, 301
Palard, J., 11
Panet-Raymond, J., 187, 237, 250, 314
Paquet, G., 247, 248
Pâquet-Deehy, A., 301, 309
Paradis, M., 188
Parent, C., 29, 229
Parent, G., 261
Pascal, H., 39, 103, 137, 138, 153, 169, 181, 187, 233, 236, 237, 243, 255, 260, 314-316
Passeron, J.C., 11, 35, 290
Patry, J.L., 295
Patton, M.Q., 24, 58, 87, 115, 121
Payette, G., 202, 248
Peneff, J., 154
Peretz, H., 137, 142, 143, 148, 156
Perlmutter, B.F., 336
Perreault, M., 155, 156, 254, 280
Piat, M., 245
Piette, C., 28
Pilon, J.M., 28, 30
Pineau, G., 181, 187
Pineault, R., 243, 259-265, 267, 272, 274, 275, 279, 280, 283, 285
Pini, G., 292, 300
Pinto, R., 161, 166, 168
Pires, A.P., 25, 35, 36, 68, 87-89, 156, 181, 189
Piven, F., 18
Plamondon, M., 26
Poirier, C., 10, 12, 14, 21, 29, 187, 318
Poirier, J., 182, 184
Poisson, Y., 14
Potvin, L., 86
Poulin, M., 14, 236, 237
Poupart, J., 14, 19, 25, 35-37, 89, 156, 189
Poupart, R., 26

Q

Quéniart, A., 176
Quiviger, C., 239
Quivy, R., 12

INDEX DES SUJETS

Nous reconnaissons l'aide financière du gouvernement du Canada par l'entremise
du Programme d'aide au développement de l'industrie de l'édition (PADIÉ) pour nos activités d'édition.